新闻出版博物馆 文库·史料

甘苦同志

三联书店往事

韬奋纪念馆 编

上海三联书店

新闻出版博物馆 文库·史料

生活周刊社同人合影（1932 年）
后排左起：薛迪畅、王泰雷、孙明心、朱照松、张铭宝、邵公文、董守谋、张锡荣、陈锡麟、严长衍、
　　　　　陈其襄、孙梦旦、邹韬奋、艾寒松、徐伯昕
前排左起：杜国钧、唐敬新、陈文江、陈元、陶亢德、王永德、黄耀伦、高琼云、黄宝珣、汪文豪、
　　　　　邱风和、丁君匋

韬奋回国在轮埠和亲友合影（1935 年）
左起：张仲实、李公朴、艾寒松、陈其襄、沈粹缜、邹韬奋、黄宝珣、
　　　王永德、丁君匋

生活书店同人在汉口中山公园（1937 年）
前排左起：吴全衡、徐启运、沈俊元、薛迪畅
后排左起：周幼瑞、王志万、张通英、方学武、黄洪年

生活书店响应号召为前线战士撰写慰劳信竞赛获奖者合影（1939 年）
前排左起：孙明心、黄宝珣、张知苹
后排左起：张志民、张锡荣

生活、新知衡阳分店同人被捕释放后合影（1940 年）
前排左起：储继、陆仁德、陈在德、金伟民、王产元、王焕洪、方学武、严长庆
二排左二起：吴文琛、王解谷、郭智清、陈日超、小马（生活炊事员）
后排左起：马肇光、刘继武、王仿子、赵海青、沈勤南、曾淦泉

读书出版社同人摄于桂林（1943年）
前排左起：丁渌、石泉安、刘耀新、杨和、龚戈云
后排左起：冼超、范用、金思明、陆家瑞、王坚、杨光仪

重庆三联书店分店同人合影（1946 年）
前排左起：何理立、尹淳、蒋明、王天觉、杨和、吉健生
后排左起：仲秋元、欧阳洪、刘起白、陈国钧、韦起应、卢寄萍、金鸿生

沪店被迫停业后，生活书店留沪同人郊外活动时留影（1947 年）

前排左起：张木兰、黄蒲龄、招展路、王高嵩、薛迪畅

后排左起：董文椿、毕青、董顺华、赵德林、陆正好

庆祝三联书店成立联欢合影（1948 年）

胡绳（左）、邵荃麟在三联书店成立联欢会上（1948年）

沈静芷（左）、黄洛峰（中）、徐伯昕在三联书店成立联欢会上（1948年）

沈阳新中国书局东北区管理处同人合影（1949 年）
前排左起：张岚、李馥春、戴琇虹、陈静美、黎莆茹、娄淑琴
中排左三：华昌泗；左五起：赵志诚、叶然；右一：段宏真；右二：曹路
后排右一：沈静芷；右二：邵公文

三联书店同人游北海公园九龙壁（1949 年）
前排左起：茅盾、胡愈之、邹嘉骊、沈钧儒、沈兹九、沈粹缜
后排左一：邹家华；左二：徐伯昕；左四：沈叔羊；右四：黄洛峰

三联书店广州分店门市部留影

生活·读书·新知三联书店第一次全国分店经理会议开幕纪念留影（1950 年）

三联书店在京同人祝贺黄宝珣八十寿辰合影留念（1986 年）
前排左起：张明西、张子光、朱希、陈国钧、孙安慈、邹竞蒙、黄奇、朱中英、
　　　　　卞祖纪、殷国秀
二排左起：岳剑云、孙洁人、谷军、程浩飞、孙明心、胡绳、陈其襄、黄宝珣、
　　　　　张锡荣、胡耐秋、吴全衡、张国钧、邵公文
三排左起：何理立、王泰雷、赵均、曹辛之、吴彬、李文、丁洁如、仲秋元、
　　　　　徐可倬、沈静芷、赵晓恩、陆婷勋、黄慧珠
四排左起：徐云尧、周积涵、薛迪畅、周保昌、许觉民、甘伯林、陈正为、
　　　　　华棣、招展路、施励奋、王益、顾一凡、李仁哉、莫志恒、王仿子

目 录

生活

读书

三联

编者的话

1988 年,《联谊通讯》作为三联书店北京老同志联谊会的内部通讯诞生。各地老同志时隔多年复通鱼雁,得以在三联"大家庭"中畅叙衷情。联谊会号召征集和整理店史,组织编写回忆录,搜集有关书店和同仁的照片、文物资料等,许多店史资料就在怀人旧忆中留存下来。

韬奋曾总结生活书店最可宝贵的八种传统精神——"一曰坚定,二曰虚心,三曰公正,四曰负责,五曰刻苦,六曰耐劳,七曰服务精神,八曰同志爱",同吃同住、同甘共苦、同志一心,三联同人以其进步和团结的面貌成为近现代书业界一个独特的群体。经过逾四十年沉淀,这些文章在史料价值之外,也传递出"同志爱"的深沉共振。

《联谊通讯》的第一篇"忆同志"是张炜所作《怀念吴新陆同志》,这篇小短文约七百字,忆及张、吴二人 1948 年底在济南光华书店的初遇。此文也是第一期中除却有关联谊会筹备、聚会情况等资讯外,唯一一篇"三联往事"。三个月后的第二期,随即有曾霞初忆华应申,王光忆熊蕴竹,以及杜重远之女为亡父九十诞辰填词

《燕山亭》。以此为起始,怀念故人的文章组成《联谊通讯》史料中重要的一部分。

各地"老三联人"年事已高,这些文章有许多是悼文的面貌,历数往事,情真意切。逢重要人物诞辰或忌辰周年,《联谊通讯》还推出大型专栏或特刊,如 1990 年 6 月"纪念朱枫同志牺牲四十周年"、10 月"纪念黄洛峰同志逝世十周年"、11 月"纪念邹韬奋同志诞辰 95 周年",1991 年 4 月"纪念华应申同志逝世 10 周年",1992 年 4 月"送别张友渔同志",1994 年 3 月"纪念徐伯昕同志逝世 10 周年"等。此外,还有一批文章讲述作者自身与书店的故事,从战争岁月到"我的起点",不同年代"老三联人"在书店的个体故事也折射出时代的波涛。

本辑从《联谊通讯》的上述怀人旧忆中选辑细节详实的一部分,力图呈现"老三联人"之间真实交往状态。文章内容既涉及烽火年代的艰苦斗争,也透出进步事业里的不息希望,更凸显同人间的深厚情义,故而题名《甘苦同志》,望能传达三联同人群体甘苦与共的历史之万一。在文字上,同第一辑一样改正了部分误字、通顺了部分语句、规范了部分表达,根据三联同人通讯录补充了作者和文内主要人物介绍。如有遗漏之处,万望广大读者提供线索,不吝赐教。

上海韬奋纪念馆

二〇二五年三月

前　言

　　1988年，生活·读书·新知三联书店联谊会在北京成立，转眼间已经35个年头了。联谊会成立之初，抗日战争以前和抗日战争时期参加三店工作的老同志多还健在，在徐雪寒名誉会长，邵公文会长，仲秋元、沈静芷、范用三位副会长和曹健飞总干事等同志带领下，联谊会开始了联谊活动和店史的研讨工作。记忆犹新的是在北京老同志联谊会成立大会上，91岁高龄的张友渔同志，年过八旬的胡耐秋（女）、郑易里、黄宝珣（女）、郑效洵等同志都亲临会场，名誉会长徐雪寒在讲话时曾说："我们年纪老了，但还要继续做些工作，活一天，学习一天，工作一天。"在总干事曹健飞主持下，由张炜同志编辑《联谊通讯》，为我们重温三联的韬奋精神起了重要作用。随之，上海、广州、天津、南京、杭州、济南、沈阳、长沙、南宁、重庆、成都、贵阳、昆明、西安和哈尔滨等地也陆续成立了联谊会，贵阳联谊会还编印了《三联贵阳联谊通讯》，出版了"三联贵阳联谊丛书"。在此之前，在1982年，生活、读书和新知的老同志召开革命出版工作50周年纪念会，有同志建议编写三店店史的设想,得到新闻出版总署党史资料征集工作领导小组的支持,现在摆在我们面前的《生活书店史稿》《战斗在白区——读书出版社(1934—1948)》《新知书店的战斗历程》和《生活·读书·新知三联书店文献史料集》等书籍就是在这个时期产生的。

　　我参加工作的时间很晚,1947年夏秋间才在上海参加新知书店,在书店里是小弟弟,当时在国统区,在大哥大姐们的关怀照顾下,开始从事革命的出版工作,后来又到了河北和山东解放区,一度在山东潍坊的光华书店工作,1949年北京(当时叫北平)解放后,调到了北京新中国书局,上海解放后又到了上海三联书店。在上海期间,曾参加中华书局的合营工作,随后又调到北京财政经济出版社和中华书局。1966年爆发“文化大革命”,我成了“黑帮分子”,平反后,随大伙到湖北咸宁文化部“五七”干校劳动,1972年初调北京,相继在《文物》月刊和文物出版社工作,1990年5月离休。在那些年,我的工作单位虽有较大变动,却始终在出版工作岗位上。新知书店店史编辑委员会在1990年6月成立时,沈静芷同志担任编委会召集人,徐雪寒同志为编委会顾问,我也有幸被邀担任编委,是编委中最年轻的,家又在北京,且做过编辑工作,稿件便在无意中渐渐集中到我这里,我成了实际上的“执行编委”,通过这一工作,倒使我对新知书店的历史有了较多的了解,进一步认识到为民族解放、为人民民主,传播新知的出版工作多么重要,我们的前人坚忍不拔为之奋斗终身,甚至献出了宝贵的生命。现在,我虽曾是这个集体的小弟弟,也已经是94岁的老人,来日无多,但能在这个时候见到上海韬奋纪念馆的同志以“三联书店往事”系列推出这批重温三联韬奋精神的书籍，能不兴奋而感动么？为了我国的出版事业，为了建设社会主义的祖国，我衷心祝愿他们能够坚持这样做，并且越做越好！

2023 年 10 月于北京

生活

一个"生活"迷
——怀念毕青同志

杨可扬

　　如果没有 1933 下半年和 1934 上半年在杭州城隍山上一所养蜂学校和毕青(原名毕松青)同窗学习一年的机缘,我大概不会从浙西南一个既不通车也不通邮的山区农村,闯到上海这样一个大城市里工作和生活的吧?

　　30 年代初期,社会上有过什么"教育救国""航空救国""实业救国"等议论和口号,其中"实业救国"一说,确曾在我的脑子里闪过,因此,当我在报纸上看到养蜂学校的招生广告后,就怀着模模糊糊的"理想",跑到杭州学起了养蜂。毕青就是我当时几个比较要好的同学中的一个。

　　经过一年的课堂教学和现场实习,临近学业结束的前夕,我通过家乡的亲友,筹集了一笔资金,决定在遂昌城里,办个养蜂合作社。当毕业离校时,我买了十箱意大利蜂种带回遂昌去,一路上经过火车、汽车、肩挑等折腾,到达目的地时,由于路远天热,竟闷死了一大半。这当头一棒,使我原来的"实业救国"心思也冷了一大半。这时候，我不得不一边教书一边养蜂来减轻开支，勉强维持。结果是，书没教好，蜂也死光，在这局面下，遂昌是待不下去了。怎么办？回老家种田吧，又觉得失面子，于是我想到了正在宁波开青春书店的毕青，便写信去问他，可不可以到他那里帮忙。很快他就来信了，欢迎我去。于是，学期一结束，我便直奔宁波，时间是1935 年初。

青春书店开设在宁波市区的公园路。狭狭的店门，长长的店堂，一律油漆成黑色，它衬托着一本本以白色为主的图书，倒显得很别致，也很精神。这黑白对比十分强烈的设计，就出自毕青的主意，它给我留下很深的印象。

店里已有一位养蜂学校的同学叫袁存夫，还有一位留胡子的青年人叫胡苏，再有一位是会计，一起四五个人，大家的年龄都差不了多少，因此兴趣爱好也比较接近——都喜欢看书。书店生意不太忙，空下来就人手一本地阅读起来。书店里有的是书，我们不仅白天看，晚上钻在被窝里也看，而且看完一本，就往床头上一丢。因为我们四五个人都在楼上席地一溜平铺，时间一久，床头就堆满了书，记得有一次清理床头图书时，竟在书堆里发现一只死老鼠。

书店每周从上海进货一次，这任务都包给宁波轮船上的一名"茶房"去办，当然进什么书刊，是由毕青一手开单的，那位"茶房"只是把添书单带到上海，分别交给各家书店去配货，到时候取来集中装在大麻袋或纸板箱里带回宁波，店里按每次所带的分量，付给他一定的劳务费。

毕青的"生活迷"绰号，就是从他开添书单上被叫出来的。因为凡是生活书店出版的书刊，他几乎一本也不漏地进货，而且数量订得比较足，因此书店的书架上，生活版图书就占了特别重要的位置，不仅如此，他还常常向读者宣传推荐生活版图书。时间一久，大家都觉得他对"生活"有些偏爱，甚至有点着迷，这就是"生活迷"的由来，毕青后来也乐于接受这个恰如其分的绰号。

我们除了贪婪地看书外，也喜欢动笔写点小文章，而且经常在《宁波商报》的报屁股上被采用发表。我则一方面也写点文章，另一方面更醉心于临习丰子恺漫画的格式，画些街头生活漫画。说也凑巧，我第一次拿漫画作品去投稿的刊物，也是生活书店出版发行的《太白》半月刊，后来居然发表了几幅，而且还拿到几块钱的稿费，于是我开始做起了当画家的梦。

1935年秋季开学时，我离开书店到上海，进了新华艺专西画系"深造"，但是两个月后，由于我向亲朋好友要求经济帮助的计划落了空，而不得不自动退学。于是又重新回到宁波。那时书店的情况已不那么好了，有些书刊在宁波已不能公开出售，如杜重远主编的《新生》周刊等，我们就把它们塞在柜台下面，来了老读者偷偷地塞给他（她）们，犹如做地下工作。

过了一段时间，我觉得不能无端地拖累他们，决定再次离开书店。怀着茫然的心情，到了杭州，后又到了上海，靠写文章、画漫画投稿来维持最起码的生活。

1936年下半年吧，书店终于盘给了人家，毕青也到上海读新华艺专了。但是他的"生活迷"却没有随着青春书店的停业而结束。抗战开始①后,他就正式成为"生活"的一个成员了。1938年下半年,他受武汉生活总店的委派,来到当时浙江的政治、经济、文化中心——金华,负责开办生活书店金华分店的任务。

金华生活书店的人员,基本上还是宁波的老人员,袁存夫和胡苏都在。我当时在浙江地方部队的政工队里做政宣工作。我们在金华第一次见面时,毕青就问我愿不愿意参加书店工作,我毫不犹豫地同意了,于是,我们又像三年前在宁波时一样,开始了小集体的生活。

当时的金华,聚集着许多知名的文化人,如邵荃麟、葛琴、聂绀弩、骆耕漠等,因此政治、文化生活相当活跃。以严北溟为主编的《浙江潮》周刊社为基地,每周都有大型的时事座谈讨论会,我和毕青也经常去参加这些活动。记得每次开会前,都由刘良模指挥大家唱抗日救亡歌曲,或教唱新歌。正是由于这些活动,我和毕青还分别秘密参加了"民先"组织。这以后,每逢重要节日,就拉起店里的人员,组成晨呼队,在天蒙蒙亮时,以小跑步的方式走街串巷,边唱歌,边呼口号,宣传抗战。

年底,我被推荐参加了新筹建的《民族日报》工作,到了浙西的天目山麓。当时,金华生活书店,派胡苏到浙西开办生活书店流动供应站,记得《民族日报》对此曾发表过消息,也刊登过广告。五十年后,毕青曾要我写信介绍去临安党史办查找刊有流动供应站消息和广告的《民族日报》,但几经联系,似乎并没有找到这张报纸。

---

① 编者注:此处指1937年抗日战争全面爆发,旧文照录,后文同。

后来由于彼此工作的变动:我致力于美术,毕青热心于书业,虽然同在上海,接触往来就不多了,但是我常常会想起,我在工作和事业上有一些成就,毕青曾提供了我第一个关键性的条件,而使我永记不忘。

毕青,1938年在汉口参加生活书店。后曾任上海书店经理。

杨可扬,1938年在金华参加生活书店。后曾任上海人民美术出版社副总编辑。

原载《联谊通讯》(北京)第27期,1992年8月10日

他的音容犹在
——悼毕青同志

许觉民

　　毕青走了。初起时乃气管炎复发，当不难治疗，但总因他年事已高，体质衰惫，据医生说，更因长期以来严重的营养不良，致抵抗力微弱，终于不治而亡。

　　人总是要死的。人们常说的死而无憾，那是死者生前的誓约，死后对此的检验是后人的事。毕青同志是一生默默地从事于出版工作的人。他80寿辰时，我曾给他祝贺，他来信说，我只是一个普通人，值不得祝贺。本来祝贺寿辰是朋友间的事，难道须有特殊地位的人才有这种特权么？这只是毕青的谦逊处。不过，我们这些普通人的一生也并非那样平坦，倘在经历过种种波折之后，不埋怨，不易志，依然默默而平凡地做自己该做的事，那就是无愧于天地，也可以说是死而无憾的了。但是这还是事情的一面，倘从深一层看，人生的复杂自远不止此，人际处世委实乖变莫测，要之，一个人真的做到不事媚俗，身无谄骨，为人堂堂正正，虽清苦犹甘之如饴，如此则死而无憾矣。我想，毕青是这样走过来的。纵观他一生,只见其默默地工作,不计其他,对不屑为之之事,更嗤之以鼻,他是完全经得起事实检验的,我认为这是一个平凡人的非凡之处。

我从1938年熟识他起,虽然相隔异地时较多,但是联系倒未断过。他在生活书店,擅长于门市工作的经营管理,从武汉起,到金华,以后到上海、香港,他专职的是门市工作。随着经验的增长,他愈做愈精到,精神状态也愈来愈矍铄。我印象至深的是1945年秋上海生活书店复业,门市的设计和安排都是他一人所擘划,不仅图书分类井然有序,将重点图书作突出的布置,而且对读者服务不厌其烦,凡门市没有的书,读者要求代办,他总是在一本练习本上记下,然后由外勤人员到各书店去搜求。门市在开门前一小时,他总是先到,做好有关的布置,下午关门后他总是晚走,数年如一日。他在门市工作的其他同事中之有威信,完全是身教所带来的。他对同事们总是和颜悦色,平易近人,唯有对工作要求严格,毫不含糊,因此大家对他都十分爱戴。

上海解放时,他随大军南下,先在军管会工作,以后调上海三联书店任副经理、经理,一直到合并至中图公司为止。这段时间中,是他工作最辛苦也是他的才能发挥得最出色之时,尤其是在经理王泰雷北调后,他任经理兼书记等工作,成绩斐然。最值得一提的是他大胆提拔新人,培养了不少出版发行工作的有用人才。我当时在北京人民文学出版社工作,因缺乏年轻的出版和校对人员,到上海商之丁毕青,他完全没有本位观念,将最好的有文字能力的青年推荐给了我十多位,这些同志以后大多成了出版社的业务骨干。

粉碎"四人帮"后,他在上海图书公司任经理,日常以"生活"的服务精神教育干部,竭诚为读者服务的要旨也成为这一书店的重要准则。上海图书公司不但做发行,而且还做出版,将解放前的良好读物和价值较高的报刊给以复印,为文化界提供了许多方便,这做出的大量成绩,毕青是积极倡导者之一。他还用《生活日记》《文艺日记》的名称,编印了有作家语录并印刷精美的日记本。我曾收到一本,一见到就想起了当年的《生活日记》,现正由毕青承接着这一传统,不禁为之忻然。

今年5月份我去上海,曾见到毕青,把晤之际,感到他体力尚佳,不期匆匆一晤,竟成永诀。但是他的音容犹在我面前,他那勤奋、淳厚、朴实的形象,永远铭刻于我心中。从容地走去吧,毕青同志!

毕青,1938年在汉口参加生活书店。后曾任上海书店经理。

许觉民,1937年在上海参加生活书店。后曾任中国社会科学院文学研究所所长。

原载《联谊通讯》(北京)第22期,1991年10月20日

缅怀战友陈冠球同志

王泰雷

　　抗日战争以后，生活书店的同志，分赴各地工作。有几位同志后来遇难牺牲，其中就有陈冠球同志，他是在与日寇作战时牺牲的。今天我缅怀战友，为他的因革命英勇而牺牲，深为痛悼！

　　陈冠球（陈明）同志，是江苏海门人，生在贫农家庭，在进生活书店工作以前，他先在上海春明书店当学徒，受尽老板的剥削。1935 年他参加生活书店时，约十九岁，在进货科工作，他工作认真负责，学习努力。邮购读者所需要的书刊，分门别类地向各书店采购，及时地使读者购到需要的书。他每日辛苦奔走，从不积压工作。后来他在邹韬奋同志的教导下，投入到了革命的实际工作中去。

　　1936 年，他参加中国共产党。抗战开始后，他调到上海复社工作，该社出版《鲁迅全集》《西行漫记》等书，影响甚大。复社是胡愈之、张宗麟同志所创办的。1938 年秋，上海已成"孤岛"，环境险恶，法租界巡捕房借口复社为"非法"组织，逮捕了冠球同志。后经王任叔、严景曜同志设法奔走营救，保释出狱。

　　1938 年 2 月，上海文化界爱国人士，在原沪江大学夜大学的基础上,筹组成立了社会科学讲习所(又名社会科学专科大学)。第一届学委会委员包括陈冠球和王进、方行、徐达等同志,由胡愈之、王任叔等同志领导。教授由胡愈之同志等聘请,参加讲学的有郑振铎、陈望道、周予同、王任叔、严景曜、林淡秋、张宗麟、殷扬等同志。那时,上海四周都是日寇占领的沦陷区,在这低气压的"孤岛"上,学习马列主义和国际、国内形势,开展抗日救亡工作,当然是十分困难的,实际上这个讲习所是党为培训地下革命干部,并随时输送干部到江南、苏北参加新四军工作而建立的。在这一时期,我也参加讲习所活动。冠球同志一直参加该所的组织领导工作。

1939年春,经组织决定,冠球同志赴苏北工作,由启东、海门转崇明,他经过千难万险,在敌人遍设岗哨的恐怖处境下,出生入死,与日寇短兵相接。冠球同志任崇明县委书记兼游击支队政委,茅程为支队长。1938—1939年间,青浦、浦东、崇明、启东、海门等地都是上海地下党领导的(由刘少文同志担任领导),王任叔同志等协助动员同学们去敌后工作。冠球同志经常来沪向市委报告工作,他不畏艰险,坚持革命,经受了严峻的考验。当时部队给养非常困难,但经过艰苦努力,崇明终于初步建立了根据地。他每次来上海都要冒着极大风险,冲破敌人的封锁线。他来上海都到我工作的地方来联系,有时请他带人员去参加部队,或带些东西和书刊去,我们能相聚在一起,感到特别快慰!那时形势险恶,生活书店已处于地下活动,我们成了同一战壕的战友,我们相互勉励,常常谈话到深夜。

他自1939年春去崇明,一直坚持到1940年底,历尽艰辛,领导部队与日寇作战。1940 年黄桥八月战斗后,新四军东进,双海成为根据地,并把一部分部队从崇明调到启东、海门,形势十分紧张,战斗异常激烈。当时他先任如皋县委书记兼警卫团政委。1941 年 7 月日寇大扫荡,组织上为了加强启东、海门工作,调他去启东、海门任中心县委书记兼县警卫团政委,与日寇针锋相对、拼死战斗。1941 年 12 月启海县召开大会布置冬季工作时,在县警卫团未到达的情况下,因叛徒的出卖,日寇从南通、启东、海门三路包围启海县委机关,敌强我弱,冠球同志弹尽援绝之后壮烈牺牲,同时牺牲的有县级同志四人和区级同志五人。后来在启海县当地建立陈冠球同志等烈士墓。

冠球同志为了革命,为了抗日救国的民族解放事业,在日寇面前,坚强不屈,壮烈牺牲。他的一生是光辉的一生。我党失去了一支部队的好领导,失去了一个好党员,书店也失去了一个好同志!每当我回忆起陈冠球同志时,都感到无限痛惜,我借此叙述他牺牲的经过时,再次寄以深切的悼念!

陈冠球,1935 年在上海参加生活书店。1941 年去世。

王泰雷,1930 年在上海参加生活书店。后曾在商务印书馆工作。

原载《联谊通讯》(北京)第 3 期,1988 年 10 月 15 日

耿直正派和无私奉献的一生
——悼念陈其襄同志

徐雪寒

陈其襄同志不幸于 1996 年 1 月 18 日上午 8 时 15 分和我们永别了，我们党失去了一位优秀的老党员。几十年来和其襄交往的种种情景，历历在目，恍如昨日，我尤其感到失去了一位令人尊敬的老战友而深为悲痛。

1935 年秋天，新知书店创办不久，我在华应申同志陪同下曾经到生活书店见到过其襄，知道其襄是参加《生活》周刊工作的第一个练习生，这时已经成了业务骨干了。他态度和蔼，思想进步，积极参加社会活动，给我的印象很深刻。抗日战争期间，听说他曾经在南昌、金华等地担任生活书店分店经理。1937 年 10 月在南昌参加中国共产党。他有时到桂林来，也看望过我，但彼此往来不多。

我和其襄接触机会较多是在"孤岛"时期的上海开始的。那时我和应申在皖南事变后奉命从桂林撤退到上海，其襄在这年年初被派到上海，负责掩护和管理上海地区的生活书店，同时担负起经营副业的任务。当时他公开的身份是德和企业公司经理,主要的工作是生活书店的副业机构——正泰商行的经理,和副经理张锡荣同志搭挡,从事敌占区和大后方的跨区长途运输贸易,由于经营得法,业务很兴旺。在从事贸易同时,正泰商行还输送不少干部到根据地去。

在我记忆里,和其襄交往几十年,有三件事给我的印象特别深刻。

第一,1942年10月,韬奋同志从东江根据地途经上海敌占区前去苏北根据地,需要在上海检查耳疾。其襄和锡荣他们竭尽全力安排诊疗,经医生初步诊断为中耳炎后,便为韬奋组织一个临时"家庭",由一位老太太和女儿陪同"女婿"回乡,通过敌人的重重封锁和检查,护送韬奋安全到达苏北。谁知道没有多久,韬奋耳疾恶化,痛苦不堪行动不便,敌人又对根据地疯狂"扫荡",韬奋在1943年春被迫秘密到上海就医。

1943年秋,中共中央通知华中局派人到上海探望和慰问韬奋,并送部分医药费。陈毅同志认为我一定能在上海找到韬奋,是最合适的人选。我到上海后,便到了辣斐德路(今复兴中路)东升里其襄的家里。那时我和其襄之间虽然没有组织关系,但彼此都心照不宣。他见到我去,便告诉我韬奋经上海曾耀仲医师和红十字医院耳鼻喉科主任穆瑞芬医师确诊为中耳癌,而不是中耳炎,已经住院手术治疗。其襄的话,不啻晴天霹雳,使我大吃一惊,我的心不禁隐隐作痛。住院要具保,其襄既要保护韬奋的绝对安全,还要维护处于地下的生活书店的安全,他只好摆出一副资本家的架势，以德和企业公司经理的公开身份出面作保，由锡荣在杭州花钱买了一张假名"李晋卿"的"良民证"，使韬奋住进了特等病房。当时韬奋夫人沈粹缜远在大后方，韬奋手术前也由其襄作为亲戚签了字。上海当时在日本帝国主义铁蹄蹂躏之下，进步人士不断被捕，或遭到杀害，那是腥风血雨的年代，韬奋在上海治疗，必须极其秘密。韬奋中耳癌经穆瑞芬医师手术切除后，病情一度好转，为防止癌细胞遗存扩散，还需要有一段时间进行深度 X 光治疗。病房和 X 光室不在一处，每次治疗都要走一段路，其襄又打通医务人员关系，在没有人照 X 光或很少有人走动的时间，由他们扶着韬奋出病房去 X 光室。平时，韬奋的妹妹邹恩俊、其襄和他的老伴陈云霞同志轮流探视、送营养品和协助护理。后来又转移到了剑桥医院。韬奋在上海秘密治疗的周密安排和巨额的医疗费用这副重担，都压在其襄几位的身上，我把从军部领来的一笔钱交了给其襄，杯水车薪，只能表达中央和华中局领导的一点心意而已，其襄默默地收了下来。然后陪我去医院看望。其襄还一再向我表示，他们会筹措一切需要的费用给韬奋治病的，根据地很困难，不要再送钱来了。

1944 年二三月间，陈毅去了延安，华中局领导人饶漱石突然把我找去，说韬奋在上海病危，决定由我代表中央和华中局再到上海去探望，仍送一笔医疗费用去，希望我尽快成行。我听了十分着急，立即接受了这个任务。这次，我仍旧通过其襄，然后由他陪同去医院看望韬奋。

其襄为了韬奋的绝对安全，先后换了好几个医院，有时还隐蔽在自己家里和他叔叔的家里。后来知道日本人已经风闻韬奋在上海治病的消息，更引起其襄警惕，又转移到生活书店干部毕青同志家里。那时韬奋的病情恶化，耳朵不断流出脓血，不久鼻子完全堵塞，左眼坏死，吞咽食物困难，剧痛次数急剧增加，坐卧不安，有时痛得从床上滚到地上，又从地上爬到床上。开始时每天注射"杜冷丁"麻醉剂止痛。没有人会打针，由云霞出面，请了她的表姐林砚云同志每天来给韬奋打针，并主动承担一些护理工作。后来，"杜冷丁"的作用也越来越小了。1944 年 4 月间，韬奋的生命已经处在垂危之中，韬奋夫人沈粹缜和子女，还有徐伯昕同志也都已到了上海。为了抢救韬奋，其襄和伯昕研究以后，决定再请曾耀仲医师帮助。曾耀仲医师不惜冒生命危险，接纳韬奋住进上海医院。其襄几位将韬奋化名"李晋卿"的良民证，改为"季晋卿"。韬奋在上海医院住了不到三个月，在 1944 年 7 月 24 日不幸与世长辞。当时敌人仍在追寻韬奋的下落，为了不被敌人发现韬奋的遗体，曾耀仲医师将死亡证书上死亡原因填为"肺炎"。为迷惑敌人，由锡荣出面，完全采用旧的披麻戴孝、烧纸钱和做佛事的一套大殓仪式，最后将韬奋的灵柩存放在殡仪馆里。随之，韬奋夫人沈粹缜和女儿邹嘉骊、其襄夫妇到无锡隐蔽。抗日战争胜利后，在 1946 年韬奋逝世二周年，由韬奋生前战友沈钧儒、陶行知等发起举行了一次隆重的纪念仪式后安葬在上海虹桥公墓。

　　韬奋大人沈粹缜和子女，以及伯昕等在上海的安全，稍后伯昕去苏北，在政治上、生活上，也都是出于其襄几位的苦心安排。其襄尊敬韬奋，关心和照料韬奋无微不至，且置个人生死于度外。对生活书店、对革命出版事业忠心耿耿，呕心沥血，是有突出贡献的，我们决不应当忘记他。

其次，1946年，华中局根据中央意见，命我在上海，利用各种社会关系，办一批党领导的经济事业，以便必要时用以对国民党当局进行合法斗争之用。我们需要的干部由华中局通知上海解决。上海局第二书记刘长胜同志随后将其襄、张锡荣、张又新和顾一凡等几位同志的组织关系交了给我。从这时开始，我和其襄之间才开始有了正式的组织关系。其襄在我们开办的同庆钱庄担任总经理（张又新担任副总经理）。一次，我在马斯南路（今思南路）"周公馆"向周副主席汇报办经济事业的情况，周副主席认为像同庆钱庄这样的事业是可以办的，也是办得好的，给以充分肯定。其襄工作认真细致，作风稳健，同庆钱庄一直存在到上海解放，圆满完成了组织上交给他的任务。

第三，1949年5月27日上海解放，我在中共中央华东局财委贸易处（对外称上海市军事管制委员会贸易处），陆续接管了江海关、中央信托局等三四十个单位。根据中央和华东局决定，我们贸易处除了完成接管任务外，应当同时尽快稳定市场，促进城乡物资交流，恢复生产，支援华东各省。其襄这时在贸易处所属上海市贸易总公司任副总经理，共同投入市场斗争。但是这项工作开始时并不那么顺利。上海解放后我们明令废止了国民党政府发行的金圆券，发行了人民币（包括解放区流通的华中币和北海币）。但是人民币刚发出去，很快就又回笼了，很难占领市场，也就难以通过发行货币积累资金，迅速恢复和发展生产事业。问题的症结究竟在哪里呢？像这样的问题,在接管其他大城市时没有碰到过,是一个新问题。一天,其襄专为这件事找到我,说解放前夕,上海流通的货币实际上是银元、金条和美钞,金圆券不断贬值,已经等于废纸。人民币还没有建立信用,而原来操纵银元等货币买卖的投机商都以旧证券交易所为大本营,照常在那里进行黑市投机活动,操纵人民币的流通。其襄的意见很有道理,很重要,确是问题的症结所在。我立即告诉了中国人民银行华东区行行长陈穆,陈穆正为这件事操心。听了我的说明,同样认为其襄的这个意见非常重要。于是,我们两人一同向华东的财委主任曾山作了汇报。曾山也非常重视这个意见,立即带了我们两人又一起去华东局汇报。华东局邓小平、陈毅、饶漱石几位领导人正在开会,他们听完汇报,邓小平果断地立即命令对旧证券交易所这个黑窝子给以严厉打击,务必一网打尽,严加惩处。他说完便和陈毅一起匆匆起身到南京去了。事后知道,原来这时中央已命令二野分兵西征,邓小平要到前线去了。饶漱石立即找了当时担任中共上海市委第二书记的刘晓同志来讨论如何部署。6 月 10 日,在上海解放第十四天,在华东局的直接指挥下,一举彻底歼灭了盘踞在旧证券交易所里的货币投机集团。同时,人民银行挂牌收兑银元、金条和美钞,人民币终于得以流通,迅速占领了上海市的货币市场。这场货币战大获全胜,给市场斗争的胜利创造了前提条件。当时解放战争还在进行,国家财政还很困难,不得不增发部分通货,物价因此难以稳定。关系国计民生的三大商品,就是所谓"二白一黑"(二白,指大米和纱布;一黑,指煤炭),成为上海投机商兴风作浪的投机对象。在中央的支持下，我们利用价值规律和市场规律与投机商经过较量，终于击败了投机商的投机活动，取得了市场斗争的胜利。上海市的物价逐渐平稳地上涨，人心也得以安定下来，这对其他城市也产生良好影响。上海解放之初，我们贸易处和银行有不少干部参加接管工作，也还有上海地下党的干部，但是为什么没有像其襄那样想到这一着，而由其襄首先把这个问题提了出来？这就说明其襄在同庆钱庄时工作深入，有关货币流通等金融工作情况了解透彻，特别对革命胜利初期上海这样一个大城市复杂的经济斗争敏感性很强。

1950年，其襄调到中央人民政府贸易部担任党委委员，任中国花纱布公司总经理。1952年中央人民政府成立对外贸易部和商业部，贸易部建制撤销。我调到对外贸易部担任副部长，其襄的工作单位划归商业部。我们虽工作上联系不多，但个人之间仍常有往来。1954年，我遭潘汉年、杨帆同志冤案株连，1964年虽提前假释出狱，但最高法院尚未给予平反，所以还是"戴罪"之身。后被安排在外文局资料室监督劳动，并借以维持生计。外文局系统虽有不少过去的熟人，恐他们受到牵连，都断绝了往来。我处境之艰难是可想而知的。在这期间，我几次在路上遇见其襄，他总关切地问起我的情况。1976年"四人帮"垮台以后，他们夫妇还常来看望我们，其襄陪同我一起到有关部门了解、疏通和申诉。其襄对同志们的关心和真诚是我终身难忘的。

1974年至1975年间，其襄根据陈云同志意见，参加姚依林同志为组长的国务院调查组，到上海了解出口贸易。回京后，调对外贸易部中国纺织品进出口公司,担任副总经理。后来我在国务院经济研究中心(后并入国务院发展研究中心),为外贸改革问题,还请其襄汇报过几次对外贸易情况。1984年,其襄离职休养。但他离而未休,曾先后担任中国纺织品进出口总公司协理会理事长、中华全国工商业联合会执行委员和中国工商经济开发公司副董事长(副部级)等职,为贯彻执行党的基本路线,建设有中国特色的社会主义鞠躬尽瘁,奋斗不懈。

这些年来,我们的健康状况都不太好,虽经常有电话联系,却很少见面机会。1990年在医院就医时见到,知道他因消化道出血动过几次大手术,但他都泰然处之。1994年年底我正住院治疗,见到他坐在轮椅上,让人推着才能行动。1995年年底,其襄最后一次住院治疗,我也住在医院里,云霞还来看望过我。我曾经请司机同志去看望其襄,其襄思路仍很清楚,还以为他不久可以恢复健康。后来他病情加剧,我们住在同一个医院里,他住在新楼,我住在老楼,咫尺天涯,却无缘相见。1996年1月19日,我要小女儿徐淮前去看望,想不到其襄竟在一天前长逝了。其襄遗嘱不开追悼会,不举行遗体告别仪式,遗体在八宝山革命公墓火化。之后,陈云霞在家里设了灵堂,我要孙女在其襄遗像前献上鲜花一束,以表哀思和悼念。其襄从1927年参加《生活》周刊工作以来将近70年间,为传播进步文化,为抗日救亡,为中国革命和建设事业认认真真切切实实做了许多好事,几十年如一日,是多么难得啊。其襄逝世以后,党组织对他的一生已经作出了充分肯定和高度评价。其襄,你已经将自己的一生无私奉献给了祖国和人民,奉献给了你青年时代为之奋斗的理想和事业,现在以82岁高龄长逝而去,也可以无憾了。其襄,安息吧!

1996年4月8日

本文由作者口述、俞筱尧整理

　　陈其襄,1927年在上海参加生活周刊社。后曾任中国纺织品进出口公司副总经理、中国纺织品进出口总公司协理会理事长、中华全国工商业联合会执行委员、中国工商经济开发公司副董事长。

　　徐雪寒,新知书店创始人之一。后曾任国务院发展研究中心常务干事和顾问,中国国际贸易促进会理事、顾问,生活·读书·新知三联书店北京联谊会名誉会长。

悼念陈文江同志

周幼瑞　方学武

突然接到从郊县青浦打来的长途电话,惊悉 30 年代的老同事陈文江同志因心脏病医治无效于 11 月 29 日逝世,享年 82 岁,学武当即于 12 月 1 日专程前往悼念并慰问家属,又与文江同志生前单位上海科技出版社代表共同商量后事,拟定了讣告、悼词和发抚恤补助等问题。遵照本人遗愿和家属意见丧事简办,于 12 月 2 日在青浦县殡仪馆举行遗体告别仪式。参加的有他的子女、亲属、友好五十余人。上海三联联谊会与方学武、朱芙英、周幼瑞、毕克理、姚光源等分别送了花圈。仪式由上海科技出版社代表郁惟铭主持,金家骏致悼词,长子陈石奇代表家属致了答词。大家对为革命出版工作作出贡献的文江同志表示深切的哀悼。

陈文江同志是江苏昆山石浦乡歇马桥人,出身于教师家庭,从昆山商业学校毕业后考入安禄棉织厂工作。平时爱读书报,尤其对《生活》周刊每期必读,对韬奋先生的言论品德和爱国热情更为崇敬,因而在 1932 年 2 月考进了生活周刊社,担任了订户姓名、地址贴头的蜡纸刻写工作。由于订户日多,刻写任务繁忙,白天刻不完,就晚上接着干。开始时手臂酸痛,甚至抽筋,但他不以为苦,日久天长,锻炼得坚强有力,写来得心应手。因为贴头写得字迹清楚、正确、迅速,同事中无人能及,故有"蜡纸大王"的称号。在生活周刊社工作时期,他亲见亲闻韬奋先生充分发扬民主精神和十分关心同事生活的情形,深受感动,认为这才是言行一致、说到做到、真挚坦诚的人,是全体同事的好榜样。

《生活》周刊被禁停刊后,他就转到生活书店工作,仍为大量期刊订户刻写贴头。1937 年"八一三"抗日战争爆发,他奉命调往汉口。曾参加店内召开的茶话会,听了周恩来同志关于国内战局和国际形势的演讲,大家树立了必胜的信心。后来随着形势的发展,他与幼瑞一起往广州办理《文艺阵地》及其他刊物的发行工作。广州将沦陷时又一起撤退,经香港、梧州到桂林。在桂林曾与胡愈之、张铁生、张志让等先生居住在一起,他们都是专家、学者,平时常相交谈,使他受到很大教益。

生活书店在党的领导下坚持出版发行革命书刊受到反动政府的迫害,桂林分店也于 1941 年 1 月被勒令停业。但在关闭前举行廉价三天,倾销了大量革命书刊。就在廉价最后的一天晚上,忽然涌进一伙国民党的宪兵和特务,借口店堂拥挤,混入坏人,秩序不好,迫令立即关门,而他们却乘机明抢暗偷拿去了许多书刊。书店同事上前阻止竟遭殴打。当时文江同志正担任收款,见势不好,就把抽屉中的钱财迅速转移,未被抢去,而他与陈国梁、袁萍、张天使(别名)几个同事竟被捕去,经过营救才被释放。

抗日战争胜利后陈文江同志回到上海,进中国科学图书仪器公司任职,1956年起在上海科学技术出版社工作,1972年退休定居于青浦城厢镇。幼瑞受上海联谊会委托曾于1991年春天和1992年初夏,两次前往青浦看望。第一次去时见他脸色红润,精神很好。叙谈之下,知他老伴在街道居委会工作,二子一女都已成家立业,对两老都很孝顺。他们住在向南公房,条件很好,生活很幸福。那天我们共进了午餐,他又陪我游了名胜曲水园,还坚持送我进车站,看我上了车才挥手告别。第二次去时他精神萎顿,身体显得很差,说是睡眠不好,胃口不好,两腿无力,走不动路,心情很忧郁。当时我劝他要心胸放宽,适当活动,同时要请教医生诊治服药。分别时他勉强送到了门口,由他夫人代送至路边。本希望他恢复健康,再谋良叙,不料只过了几个月就人天永别了。

陈文江同志从事出版事业几十年,一贯热爱党、热爱祖国、热爱社会主义。他为人正直,待人诚恳,并经常教育子女学习韬奋精神,廉洁奉公,勤奋工作。他退休后因写得一手好字,曾为好几家商店书写招牌,又为图书馆义务服务,发挥余热。他辛勤劳动的奉献精神值得我们学习。对他的逝世深感悲痛,谨写此文以表哀思。

1992 年 12 月 2 日

陈文江,1932年在上海参加生活周刊社。后曾在上海科技出版社工作。

周幼瑞,1935年在上海参加生活书店。后曾在上海书店工作。

方学武,1936年在上海参加生活书店。后曾任上海译文出版社副社长。

原载《联谊通讯》(北京)第30期,1993年2月25日

忆陈原

王仿子

　　春去秋来,陈原同志离开我们一年了。去年突然听到噩耗,我
还不敢相信,因为就在前不久,我和徐砚华走进他的病房,他高兴
地和我们握手的情景还在眼前。他不说话,他不能说话了,他用表
情和我们交流。临别时,他还举手表达谢意。那一天见到的陈原,
跟一年前在天坛医院的陈原比较,病情大有好转。想不到,正在等
待他恢复说话功能的时候,他突然走了。

　　我认识陈原是先从认识他的大名开始的。皖南事变后,我到
香港,在杜国庠主持的孟夏书店做出版。有一天在印刷厂见到吉
少甫在印《苏联名歌选》①,封面上有"陈原编译"四个黑体字。在
那个年头,我等年轻人,不论白天黑夜时不时要哼几句苏联歌曲,
可是从来没有问过,是哪一位像普鲁米修斯把天火盗向人间那样
冒着风险把红色歌曲偷偷运到国民党的白色恐怖中来。原来就是
陈原。从此在我心目中有一个可敬可亲的陈原。

---

① 编者注:陈原编译《苏联名歌集》,1941 年 7 月新歌出版社初版。

几天之后，孟夏书店要出版一本描写波兰人民抗击德国法西斯的《波兰烽火抒情》。作者波兰女作家华西列夫斯卡娅，译者陈原。这一回要由我替陈原出书了。又听说陈原也到了香港，我更高兴，我期待着和这位中国的普鲁米修斯的见面。突然间一声炮响，香港沦陷，在日军的枪口下是见不到陈原了。

五年以后，我在香港生活书店，陈原在上海接替史枚主编《读书与出版》，陈原和我成为同事。全国解放，由生活书店、读书出版社和新知书店联合而成的生活·读书·新知三联书店迁到北京，并入人民出版社，我和陈原又一次成为同事。这一次见到陈原了，他比我想象中的年轻，他的热情、机智和幽默，给我留下深刻的印象。我和陈原第三次成为同事是在 1957 年他出任文化部出版事业管理局副局长的时候。从 1960 年起，在朝内大街文化部大楼东侧五层的一间屋子里，我和他面对面共事七年的历史从此开始。

陈原在出版局的分工是管书。抓书的选题、质量，抓书的政治和技术问题，以及书的停售和纠正不当停售的处理等。有时连书的印数也不得不加以过问。他劳累过度，体弱多病，偶尔要住院疗养。可他给我的印象总是那么精力充沛，从来不会耽搁工作。

出版局有一个审读处，有十多位同志对出版社缴送的样书寻寻觅觅找问题。凡是泄密，地图上的国界线问题，公布了不该发表的数字，还有色情、荒诞、迷信，以及涉及少数民族宗教信仰和风俗习惯种种问题，都在审读的视线之内。审读的成果——集中到陈原的办公桌上，等候他的处理。有时候中宣部一个电话，他要急急忙忙赶去。他把这种情形叫作"打被动仗""救火队"的工作。他几次跟我说起，要把被动扭转为主动。他主张把工作做在出书之前，督促出版社抓选题，制订长远出书规划，加强审校工作，完善规章制度，改善与作者读者的关系，等等。他花了几年时间起草、修订，一稿、二稿、三稿、四稿，修改又讨论，讨论再修改，却是始终不能定稿的《出版社工作条例》就是他企图用众人的智慧和经验来规范出版工作的一项基础工程。

陈原是编辑，又是作者，他对于出版社与作者的关系有深切的体会。一名作者来信，诉说他的一部书稿在某出版社压了三年不作处理，写信去问，不给回音。又发现一部从1954年起涉及三家出版社历时七年未能出版的译稿。等到陈原查问，译者已被划为右派，下放劳动去了。陈原认为这样怠慢著译者的劳动成果是不允许的。他向出版社说："著作者是出版社的衣食父母。"他督促出版社处理被压了七年的译稿，由此在"文化大革命"中多了一个"为右派分子反攻倒算"的罪名。

陈原认为查禁一本书是件必须十分审慎的事情。他牢牢记着解放初期刘少奇同志对出版总署停售书籍过多过滥的批评，说过查禁一本书等于枪毙一个人这样的话。可是，自从开始反对所谓现代修正主义，在反修防修的大潮中，戴着"资产阶级人性论""资产阶级恋爱观""反动资产阶级立场""地主资产阶级立场"等帽子的停售报告从四面八方涌向文化部。还有以"片面强调物质刺激，不谈共产主义觉悟""没有反映三面红旗"等理由准备停售处理的请示报告，统统落在陈原的面前。

陈原面对一摞又一摞的停售报告,苦于一天只有二十四小时。他埋怨开会占用的时间太多,他除了参加学术界、出版界的各种会议之外,还要参加文化部党组扩大会议,中宣部的会议有的也邀请他参加。他只能把停售报告的附件——那本被停售的书带回家里,在深更半夜阅读和思考。第二天他代部起草复文的时候,虽然感觉到疲倦,但如果找到了可以免于停售的理由,也会产生一点轻松的快感。这时候,他一伸手把公文递给我叫我画圈,然后身子往后一靠,是他喘一口气,打开话匣子的时候了。

他要告诉我《达吉和她父亲》这本书为什么不应该停售。他说,这个文学作品的主题是描写解放后的民族团结,是一个有积极意义的主题。书中并无违反区别香花和毒草的六项政治标准的地方,也不违反党的民族政策。把描写父女的亲情说成宣扬资产阶级人性论是不妥的。关于在三家出版社压了七年的译稿《印度经济史》,他认为:除了出版社不重视著译者的劳动成果,对冷门书稿彼此推托之外,出版社的书稿档案不健全,后面的编辑看不到前面已经处理的情形也是一个原因。在陈原的关注下,出版局的内部刊物《出版通讯》发表《人民出版社总编室重视书稿档案工作》一文,介绍人民社的书稿档案管理办法,以此推进出版社的书稿档案管理工作。在当年,人民社的书稿档案工作是得到出版局肯定的。一旦打开话匣子,说古道今,想说就说。他告诉我,1941年他携家带口,一到香港就身无分文了。幸好拿到《波兰烽火抒情》的稿费,才有饭吃。他说,这部稿子是在桂林交给《救亡日报》的,不知是谁把它带到了香港交给了杜老。恰巧当年我在《救亡日报》的南方出版社工作,我说:我可以肯定,除了夏衍,就是林林,不会有第三个人。他对于在逃难时还带着他的译稿的那一位,未能当面道谢,感到歉疚。又一回说到"大跃进",1958年的出版"大跃进"是上海带的头。上海的一家出版社首先把年计划的出书品种、册数和利润翻了几番。文化部发现北京落后了,急起直追,在上海召开"全国出版工作跃进会议"。主持会议的钱俊瑞说,这是一次向上海学先进赶先进的"现场会议"。与会者个个对照上海的跃进指标检查自己的"右倾保守",然后也提出一个翻几番的跃进计划。有了高指标,还得有高速度,于是有人提出把三校、四校改为一校付印。陈原说,他是代表出版局去参加会议的,他对于人们翻几番的高指标不发一言,他只在会上作一个介绍新稿酬办法的发言。说到这里,他流露出一丝机智的微笑。我告诉他,北京也有高指标,我就一天写过一百张大字报。他说这不稀罕,那些县成立的出版社,就是把大字报编起来出书的。一忽儿又转到出书选题。他认为编辑要关心市场需要,但不能跟着市场走。他反对市场要什么就出什么的出版观。他还反对"一窝蜂",反对"风派"。他不赞成把轰动一时的趣闻之类编成书出版,认为这类文字在报纸、杂志上发表就够了,书应该能传之久远,具有传承和丰富人类文明成果的价值。

陈原和我之间的漫谈,一般都是他说得多,我在他富有哲理和睿智的语言中受到教益。因为我和他有类似的经历,他发现我对出版工作的爱好和对经营出版业的种种思考和他有许多共同之处,所以对我也很感兴趣。有一大,他突然蹦出一句:"我们两个人可以去办一个出版社。"这句话说到我的心坎上。我原本不是坐机关的材料,假如真有这么一天,我们两个去办出版社,我自信可以办好。有了这句话之后,再碰到一些不称心不顺手的疑难杂症,有时候就把笔一扔,叹口气说:"唉!不如让我们去办出版社!"

胡愈之出任文化部副部长,重返出版领导岗位,出版局的同志高兴了。因为文化部从来都是戏剧电影唱主角,出版常常摆不上文化部党组的议事日程。胡愈老注重实干,他对我们老坐在办公室做的事情认为是无效劳动。对于陈原带着几个人反反复复讨论修改了十五六次还不能定稿的《出版社工作条例》,他说不如先放一放。他要赶我们下去。他自己带着一名秘书深入江西、浙江的农村作调查,他推动文化部成立了农村读物出版社。他一手抓农村读物,一手抓干部读物。他认为在路线方针确定之后,各项工作能否贯彻关键在干部。干部要做好工作,光有勇气和毅力是不够的,更需要的是知识。他要编一套包括全人类优秀精神文明成果的丛书,用知识去提高各级基层干部为人民服务的科学文化水平。他邀请人民、商务、中华的王子野、陈翰伯、金灿然,中宣部的包之静,还有出版局的王益、陈原,在四川饭店边吃边谈,这次聚餐会成为这套《知识丛书》的发起人会议。胡愈老亲自担任这套书的主编,陈原是不挂名的副主编。在陈原领导之下有一个由范用、倪子明、王城、韩仲民等组成的工作班子,在多方收集意见之后,提出一个有上千个书目的选题计划,还制订了一个供承担出版任务的六家出版社(人民、商务、中华、人民文学、世界知识、科学普及)统一使用的开本、版式设计等技术规格。邀请于光远、姚臻、胡绳等分别主持经济、国际、哲学界人士的座谈会,征求意见,开展组稿工作,当然也得由陈原张罗。他很劳累,又很开心,当他脚步轻快地跨进办公室,有时候还扭一下腰的时候,我知道《知识丛书》的工作又有了新的进展。尤其是在这套书的第一本《诗词格律》出版的时候我在他的脸上看到了灿烂的笑容。

谁也料想不到,正当知识界、学术界、文化出版界为这套书纷纷叫好的时候,风云突变,"文化大革命"一来,就是"知识越多越反动"。偏偏在《知识丛书》的每一本书的扉页上印着培根的名言"知识就是力量",这也成为陈原的一件罪状。"文革"以后,陈原回忆当年的情形道:书上印"知识就是力量"这一行字是胡愈老提出的,或是由我提出,得到胡愈老同意,早已记不得了。造反派要我交代,我只好揽到自己头上。陈原就这样被打倒了。

此时的文化部已经不能按正常的逻辑办事,大批干部下乡参加"四清",我到上海参加印刷业的"四清"运动。在发布"五一六"通知之后,我接到文化部急电,立即返京,陈翰伯、王益、陈原已经不见了,有人警告我:"不要找他们。"军宣队已经进驻文化部。石西民指定我抓两个战备印刷厂的基建工作,同时参加运动。

两个战备厂所以重要,不仅仅因为它是按"备战备荒为人民"的最高指示建设的,还因为其中一个铅印厂是按专门印制毛主席著作而设计的,当时全国处于学习毛著的热潮中。

可是,我却是有点身不由己了。去工厂,上工地,离开办公室一步,都要有军宣队的批准。返京后第一天到办公室,一名军宣队员走进来指着书架说"在你们的办公室找不到一部《毛泽东选集》"。虽然她语气平和,我却感觉到这句话的分量。是的,办公室

里没有《毛选》。因为我们从来不在八小时工作时间之内读书看
报。我有精装、平装两部《毛选》,都放在家里。我订的《人民日报》
也送在家里。陈原的情形和我一样。她说的是"你们的",可见她
已经查过几个或者全部的办公室,已经认定出版局的干部是不读
毛主席的书的。她又指着陈原办公桌上的几本书说:"你们看这样
的书。"语气加重了。几本有裸女插图的书是外文发行所送来请示
能否进口的译书。审查进口图书也是陈原的一项工作,这一次显
然来不及处理他就被集中去了,于是,这几本书成为我和陈原看黄
色书刊的证据。这时候我忽然发觉,在陈原和我不在办公室的时
候,军宣队对这间屋子已经有过仔细的观察。我要把这件事告诉
陈原,但是等不到再见陈原,文化部真的被"砸烂"了。我和陈原在
一间屋子里面对面共事的历史由此结束。

　　再见陈原的睿智和文采是在"四人帮"覆灭、出版界拨乱反正、
推翻"两个估计"的时候。陈原用他的《驳所谓"三十年代黑店"论》
把被颠倒的历史摆正回来。生活・读书・新知三联书店的新老同
人和整个出版界人心大快。

　　等到陈原在商务可以放开手脚的时候,他决心要让这家老店
恢复往日的光采。他当然懂得经过十年动乱,要使商务再创辉煌,
必须从培养人才,提高职工素养入手。这时候,他曾经为之耗费大
量心血的《出版社工作条例》早已烟消云散,无影无踪。他决定办
一次"编辑出版业务讲座",邀请若干老出版,每人讲一课。他自己
带头讲了《编辑的社会职责和自我修养》。承蒙不弃,派我一课。
我因为从来没有做过编辑工作,竭力推辞。他提醒我,把"文革"前

在文化部五楼办公室神聊中说过的集中起来可以讲两个小时。于是有了《编辑要关心书的命运》这样一个题目。后来见面,他埋怨我不该把讲稿在《出版工作》上发表,使他原本要把这次讲座编一本书的计划只好放弃。当我表示歉意时,他又说:某某、某某等的讲稿也公开发表了。这是我和他的最后一次合作。

陈原在商务,忽然又去做语言规范化的工作,我在文物出版社,见面不多了。使我感觉到他还在惦记着我的是从《书林漫步》到《社会语言学》《人和书》《记胡愈之》《陈原出版文集》《新语词》《界外人语》《邀游辞书奇境》等一本又一本给我寄书。在他突然发病的前几天,在电话里他说手边的《总编辑断想》送完了,要等第二批书到再寄给我。这就是我和他的最后一个电话,也是最后一次语言感情的交流。

我也惦记着他。在他八十大寿的前一年,我就早早向商务的杨德炎同志打招呼,要给陈原做寿。走进 1998 年,从年头开始我就等着这一天的到来。忽然有一天从报纸上看到陈原寿庆的报道,虽然有人给我解释,凡是比陈原年长的一律没有邀请,我还是给陈原写信,表达我的失落和遗憾。几天后,接到回信,还是那么风趣,那么亲切。他说:"从广州归来,积牍盈尺,喜得你的手书,赶紧先复。祝'寿'会幸而没有通知你,省得你来听我胡说八道。这样的会我从年头推辞到年尾,终于妥协为让我做一个报告(也算别开生面)了事——商务原要求,我坚决制止,所以没有人通知故人——我们已经理所当然地被遗忘了,止所谓后浪驱前浪,我们只好在浪花中淹没了!""现在你们都住在方庄,几时当去'一网打尽'。"

时光匆匆忙忙跨进 21 世纪,在民族危亡、烽火遍地时刻献身于革命出版工作的这一代,经历过国民党政府压制围剿与反"围剿"斗争的这一代出版人,正在一一凋零。陈原比我小两岁,却是走在我的前头。安息吧,我的朋友。你在文化出版与语言文字方面的业绩,将永远留在人间,我们要怀着感激的心情怀念你。

2005 年 10 月 5 日

陈原,1939 年在桂林参加新知书店。后曾任国家语言文字工作委员会主任。

王仿子,1939 年在衡阳参加生活书店。后曾任文物出版社社长、中国出版工作者协会副主席。

原载《三联贵阳联谊通讯》第 42 期,2006 年 4 月 10 日

悼念程浩飞

王仿子

 1999 年 3 月 28 日上午 9 时,突然间一个电话,传来不幸的消息:浩飞在凌晨三时离开这个世界了。我的思绪好像顿时跌落在一条长长的漆黑的管道,想抓住一点什么,又什么也抓不住。我默默地思念着,从 1996 年黄宝珣大姐谢世以来,接二连三的噩耗,有陈其襄、张锡荣、邵公文、谷军、甘伯林,还有邹师母沈粹缜,今天又是程浩飞,在生活书店一起共患难的亲密伙伴像秋天的落叶,无声无息地一一告别人间。他们走了,我却是不能忘记他们追随韬奋先生,在国民党的白色恐怖年代,为了进步文化事业的生存和发展而奋斗不息。黄宝珣在 1928 年 10 月参加当时只有"二个半人"的《生活》周刊,韬奋先生在《生活史话》的《第一批同事的增加》中说道:"这一年是由两个半人的勉力办着的。黄宝珣女士是加入的第一人。"同年 11 月,陈其襄成为《生活》周刊的第一名练习生。韬奋说他是"本店练习生的开山鼻祖","一位十三四岁的矮矮胖胖怪结实的小弟弟"。他们每一个人都与生活书店一起经历过被迫害的灾难,他们都是生活书店这座革命文化大厦的支柱,虽然说不上有什么丰功伟绩,却是不可缺少的基石和支柱。

全国解放以后,生活书店的创业和对国民党的抗争已经成为历史,不会再有什么人念叨过去的艰辛了。然而,他们曾经为创造今天的世界战斗过的历史却是永恒的。我在敬仰韬奋先生和伯昕同志的业绩时,不能不想起一些看似平凡却又充实的故事。

我和浩飞同在 1939 年参加生活书店,他在重庆,我在衡阳、桂林。第一次见面是 1943 年,我从东江人民抗日游击队回到桂林,在熊佛西主编的《文学创作》月刊工作,他在主持光华行的工作。光华行是生活书店出资与人合伙经营纸张的一家商行,由于当年环境的险恶,连生活书店的招牌都不得不隐藏起来,我们也只能披着生意人的外衣周旋在灰色的环境中。1947 年在香港第二次见面就不同了,生活书店总管理处从上海迁到香港后,建立一个地下党小组,有程浩飞、陈正为、倪子明和我四个党员,在胡绳领导下开展三审三查的整风学习。查阶级、查立场、查斗志,用马列主义作武器,进行一场自我的思想革命。虽然当时没有人人过关的一说,每个人的自觉革命还是十分认真的。对我来说,是入党以后第一次经历这样的阶级教育,我在赤裸裸地检查个人主义、自由主义之后,似乎找到了彻底改造的门径,觉得轻松了许多,与浩飞、正为之间的距离也拉近了许多,从此成为无话不说的真诚的朋友和同志。

那时候浩飞的主要精力放在持恒函授学校,持恒是为了纪念韬奋先生,也是为了推广大众文化,迎接全国解放,由生活书店创办的。1947 年 10 月开学,1948 年 9 月结束,办了两期,有学员 2700 人,多数在香港、澳门,也有在上海、天津,甚至在新加坡、泰国和英国的。担任导师的有邵荃麟、葛琴、胡绳、沈志远、张铁生、宋云彬、曹伯韩等。孙起孟任校长。

持恒虽然只办了两期,由于各位导师的努力,还是播下了革命的火种。在香港的同学后来成立了一个"持恒之家",一名学员说:"'持恒'给了我知识,给了我进步思想和精神力量。"另一名学员翟暖晖在《忆"持恒"》一文中说:"由于受到母校的薰陶,老师的教导,启迪了智慧,认明了方向,一批又一批地走上革命的道路。"

持恒是一所没有课堂、没有校舍的学校,各种教材都是自编自印(刻钢版油印)。因为经费困难,胡耐秋、程浩飞两个主要的专职干部,各支半薪,两个人拿一个人的薪金。虽然如此,丝毫也没有减低他们的工作压力和工作热情。在胡耐秋累病之后,浩飞还兼顾一点教务工作。翟暖晖说到当年的印象道:"程浩飞老师名为总务主任,实际上主管持恒的教务工作,办事严谨,一丝不苟,有条不紊,讲实际,讲效率,的确是一个很好的教务长。他要求学友'勿作空谈,讲求实践'的教导,对于当年充满幻想的我影响很深。"

浩飞曾经是中学教员,他喜欢接近年轻人,他理解年轻人,爱护年轻人,曾经带领一批学生为抵抗日本帝国主义奔走呼号。对我本人而言,他确是像一个老大哥一样出现在我的学习和生活中间。他的海人不倦的态度、诚挚的友情,很自然地把我吸引到他身边。从翟暖晖这一段话,也可以想见浩飞当年在持恒学员身上花的心血和精力以及关心和爱护,否则,不可能对他的个性、特点和作风有如此精确的刻画。

1948 年 4 月,香港生活书店恢复出版《店务通讯》,由浩飞主持编辑工作。《店讯》创刊于 1938 年 1 月，到 1941 年因书店遭受严重的迫害，不得不停刊。书店总管理处迁到香港后，得到一段暂时安定的时间，书店同人又想起《店讯》。《店讯》所以吸引书店同人，因为它是同人共有的一个园地。徐伯昕的复刊词《〈店讯〉复刊的意义》，对于《店讯》是这样说的："是我们这个小小的民主团体里的言论机关，是有关整个店的业务的机关刊物，又是反映同仁对于业务上的意见的园地，……"

浩飞不仅是一位好老师，又是一位好编辑，他进生活书店不久就成为韬奋主编《全民抗战》的得力助手。他在编排、校对等工作之外，有时还陪同韬奋先生跑上真武山去和图书审查委员会的官老爷争辩，以挽救"被人打进棺材"的某篇好文章。韬奋在《抗战以来》一书中曾经记述过一次，碰见一个"摆出十足官架子，放出十足的官腔"，发表"老爷与老百姓不平等"论的官老爷。韬奋说："和我同去的同事程先生，在旁听了也气得目瞪口呆，说不出话来。"这个程先生就是浩飞。韬奋又说："程先生是一位英俊有为，充满着正义感的青年工作者，他是一位最富有责任心的助理编辑。我看他气愤填膺，感慨无极，我安慰他说，这不是消极的气所能解决的事情，我们在这种地方大可长长见识。"官老爷给浩飞长了"见识"，同时也使他更增强了从事出版工作的信念。

1941 年 2 月，韬奋秘密走出陪都重庆，5 月，他主编的《大众生活》在香港出版。浩飞继续用"最富有的责任心"把这本周刊的编排、校对等工作做到精益求精。每到约定收稿这一天，他会一一跑到作者的门上去取稿。遇有作者外出，他便坐在门外的楼梯上等待,直到拿到稿子才罢休。"文革"以后,有一次会上谈到杂志的准期出版时,夏衍忽然想到程浩飞。他说:"程浩飞每到发稿的时候就跑到作家的家里取稿,有时候等着你把稿子写出来,所以《大众生活》从不脱期,错字也很少。"浩飞自己在《韬奋在香港办〈大众生活〉》一文中,亦曾说到当年的情形:"我是这个杂志编辑部除韬奋外的唯一工作人员。我的工作任务是:在韬奋领导下,每天至少一次和韬奋联系编辑业务;列席编辑委员会并做记录;向有关作者约稿并按约定时间向作者取稿;在韬奋审定后集中稿件,划定版样;……,在印刷厂进行初校、二校以至签字付印;……,当时一个人办理这些工作,……没有星期假日,没有白天黑夜,没有固定的工作时间和工作地点,最轻松的时候是每星期五下午从印刷厂取到样本,送给韬奋审阅的时候。"夏公是《大众生活》的编委之一,当然熟知浩飞当年不知疲倦地工作的情形。

《店讯》从1948年4月到9月,出版三期。每期的开头,按韬奋时期的旧例,由伯昕同志写一篇有指导性的文章。胡绳同志写了两篇文章,史枚、毕青、陈正为、张明西、杨文屏、陈怀平、蔡学昌等等,经过浩飞的努力,差不多在港的同人都成为他的作者。我也被逼着写了《略谈推广工作应走的方向》《门市工作门外谈》和《一个提议》。每一篇都是在我疑疑惑惑,还在考虑能不能写的时候,他已经把我拉进选题计划,然后三天两头笑嘻嘻地向我催稿,使得你即使不睡觉也非得交稿不可。

他自己也没有偷懒。他写的《对读者、对同业、对作者》一文,抓住了一个出版业永恒的研究课题。他直言不讳提醒书店同事:

"我们——特别是门市部和邮购科的同事——应该多多检查:我们
出版的经销的书刊,是否符合广大读者的需要? 我们为读者服务
是否尽了我们最大的力量? 我们能不能真正顾到读者的利益? 他
们支付了相当的代价,能否得到他们应有的收获?""我们——特别
是进货、批发及负责对外接洽的同事——应该时时检查:我们和同
业的关系是否搞得融洽无间? 我们常常能为他们着想,尽可能照
顾到他们的利益? ……是单纯地在经济和业务上发生关系,还是
把他们当作朋友看待?""我们——特别是编辑部经常和作家接触
的同事——应该常常检查:我们是否能真正关顾到作家的利益,随
时帮助解决他们困难? 假如他们对我们有意见,或我们对他们有
意见,是否能随时诚恳地解释和改正? ……我们对作家应该负有
些什么责任?"接着说到这三者关系的重要性。他说:生活书店的
事业从一个小小的周刊所以能发展到一个庞大的书店(有 56 处分
支机构),除了全体同事的努力外,不能不提到是依靠了读者、同业
和作者的支持和协助。他说这一点"在韬奋先生所著的《事业管理
与职业修养》中已经有了详细的记载"。但是,他认为近年来由于
内外各种原因,最主要的是遭到国民党不断的压迫,经济情况常常
在风雨飘摇的状态中,因而有些同事"为了顾到店的利益,对于他
人的利益便不能不放到第二位,甚至漠视,……逐渐有了经济主义
的倾向"。最后他呼吁"秉承韬奋先生的遗志",并尖锐地指出经济
主义倾向的危险性。他说:"凡是照顾本店的利益而忽视读者、同
业、作者的利益,这是自私的观点;凡是只顾目前的利益,而忽视远
大的利益,这是近视的观点;一切工作,一切事业,如果抛弃了群

众,欺骗了群众,其结果将不能成功。"

五十年前,浩飞作为一个成熟的进步的出版工作者的言论,不论在过去和现在,国内或国外,都有教育意义。一家出版企业能否处理好读者、同业和作者这三者的关系是一个有关生死存亡的问题。如果把浩飞这段话翻译成今天的语言,就是一个如何处理社会效益与经济效益的问题。过于热衷经济利益的出版企业,一名不成熟的出版人,往往会漠视读者、同业和作者的利益,这样的事例在今天可以说数不胜数。

浩飞在《店讯》上还发表了《干部问题和三家书店合作问题》,还有一篇书店同人建立业余学习座谈会的报道《我们的业余学习座谈会》,这里就不必多说了。

1948年10月,生活、读书、新知三家书店合并建成三联书店之后,大批干部在这年冬到下一年的春天,分批奔赴华北、东北、山东解放区。1949年6月,我从大连到北平,向中共中央宣传部出版委员会报到时,浩飞在出版委员会举办的业务训练班任教务主任。又当老师了,他精神焕发,为课程的安排、教材的准备,又是忙得不亦乐乎。从香港到新解放的北平,我和他一样,正在迎接一个新的世界,新的工作和新的学习环境,新的人际关系,称呼也是新的,一律叫同志,连吃的饭也是新的,第一次吃窝窝头,这新生活让我们欢欣鼓舞。

业务训练班有53名学员,绝大多数是新华书店和新中国书局(生活·读书·新知三联书店在新解放区建立的发行机构)在北平、天津两地新招收的城市知识青年。浩飞仿佛是天生当老师的材料,只要有年轻人围绕在他周围,他老是露着谦逊的微笑,说古论今,谈笑风生。跟他经常接近的几名青年——韩仲民、佟景韩、秦梦莺、张萸等,后来也成为我的比较亲近的朋友。

1949 年 11 月,出版委员会改组为出版总署出版局。1954 年撤销出版总署建制,在文化部设立出版事业管理局。我继续留在出版局,浩飞先后在出版总署和文化部的办公厅任职。虽然我们还在一个大门内出入,但是不在一个党小组内过组织生活了,工作上的接触也少了,倒是经常在游泳池里见面。我去游泳,纯粹是爱好。浩飞好像不尽相同。他在 50 年代后期,积劳成疾,经过几次抢救之后,发现游泳对他健康有益,于是坚持游泳锻炼。有一个时期,他已经红光满面,朋友们都在为他恢复健康高兴。

但他终究逃不脱"文化大革命"对他的摧残,他中风了,经常在医院出出进进。去年听说他又进医院了,病情比以往更为危险,我赶到医院,在他病床前自报姓名时,他突然说出"徐砚华"三个字,使我惊喜。接着他又说一个地名"牛角湾"。似乎他还记得过去在牛角湾我的家里吃徐砚华烧的红烧猪手和腌笃鲜的情形,可是再接下去就无法与他沟通了。我黯然望着他,他能言善辩的语言天才正在渐渐地远去。

我和浩飞相交相知 56 年,他比我年长八岁,永远是我的老大哥。如今他以 91 岁高龄抛下我们走了。我也老了,新朋友的增加不多了,老朋友又走了一个,虽然明明知道是不可抗拒的自然法则,还是免不了思念和哀伤。

安息吧!浩飞同志!

程浩飞,1939年在重庆参加生活书店。后曾任文化部办公厅副主任。

王仿子,1939年在衡阳参加生活书店。后曾任文物出版社社长、中国出版工作者协会副主席。

原载《联谊通讯》(北京)第68期,1999年7月5日

杜重远先生的高尚品德

周幼瑞

　　今年是著名爱国民主人士、政治家、实业家,我们生活书店的前辈杜重远先生 100 周年诞辰,他的抗日救国、丰功伟绩和在新疆被害壮烈牺牲,《联谊通讯》和京、沪等地报刊都有文阐述。我在 30 年代曾受到过重远先生的教诲,他的音容笑貌至今历历在目。那是 1937 年 10 月,"八一三"抗日战争爆发后,我奉徐伯昕先生之命押运纸型、物资撤离上海到达武汉,住在汉口交通路 63 号生活书店汉口分店宿舍里。一天晚上,一位气宇轩昂、体格魁梧的长者,手提简单行李走进隔壁房间。经同事介绍,原来他就是闻名已久的杜重远先生。当时他的知名度很高,军政界、实业界、文化界、金融界都有不少老朋友。有好几家银行自愿给予无限制透支,就是要用多少钱,只要开一张支票去,银行就记在账上将款照付,以后结算。他的地位这样高,经济情况又很好,但他一不住豪华旅馆,二不吃精美饭菜,却甘愿住在我们书店简陋的宿舍里,过艰苦朴素的生活,这种作风使我们由衷敬佩!

　　当时武汉是抗战中心,为了抗日救国,杜重远先生不辞辛劳,日夜奔忙,并经常应人民团体和青年组织邀请向群众作公开演讲。我有幸听过他动人的讲话,受到深刻的教育。他的演讲不用稿子,随口而出,但条理清楚、逻辑性强,而且声音洪亮,不用扩音器,即使坐在后排也能听得很清楚。他还有一个特点:在演讲过程中有时闭一会眼睛,但说话并不停止,演讲继续进行。由于他所讲的内容切合实际,针对时弊,并且具体生动,因此深受群众欢迎。

在同重远先生相处的那些日子里,他对我们书店青年同事非常关心。晚上工作完毕常找我们谈心,了解大家的思想,关心大家的进步,特别是对我们进行爱国主义的教育,要我们多读革命进步的书刊,热爱国家,坚决抵抗日本帝国主义侵略,抗战胜利以后,还要努力把国家建设好。

由于抗战形势转变,上海、南京相继沦陷。武汉这个政治、军事、经济、文化中心,对外交通不便,信件难通,联系通讯都要使用电报,而武汉三镇都没有电报书出售。为了满足用户的需要,我们两位青年同事利用业余时间编写了一本用四角号码检字法和部首检字法两者并列的电报书。编成之后请杜重远先生写序介绍,他立即答应,在百忙之中很快写成。原序摘录如下:

> 国难严重期间,一些京沪救亡的同志们被日本帝国主义的铁蹄驱逐到武汉来。我是住在生活书店里,看见一群天真烂漫的青年朋友每天学习、工作、唱歌、游戏,活活泼泼,委实令人欣羡。他们于工作之暇还有些自修的时间,有的看书,有的写日记,有的编辑一些旁的东西。两个努力自学的青年合

编了一本简明电报书,内容是采用四角检字法和部首检字法,用来非常便当。他们不但能利用他们的业余的时间,还能为群众谋及一些方便,这真是两个好青年。

特志数语,以资介绍。

辽东杜重远谨志

这篇序言,文字不多,但言简意深,充满了对国事的关心和对青年的热爱,他的高尚品德使人钦敬。为了纪念杜重远先生 100周年诞辰,特写此文以表缅怀之情。

1998.4.18

杜重远,《新生》周刊创办人。1940 年代被盛世才秘密处死。

周幼瑞,1935 年在上海参加生活书店。后曾在上海书店工作。

原载《联谊通讯》(北京)第 62 期,1998 年 6 月 10 日

缅怀方钧烈士

朱晓光

　　抗日战争和世界反法西斯战争胜利 50 周年,更使我怀念起抗日战争中惨遭杀害的方钧同志,可惜我今年又患脑血栓,右面偏瘫,连写一篇纪念他的短文都不能动笔了。只好通过口述的方式请人代写。

　　方钧同志是中国共产党的优秀党员,江苏省望亭人(无锡与苏州之间)。我与他认识是在 1940 年 6 月间,那时国民党反动派假抗日、真反共的面目原形毕露,不断在抗日阵营中制造分裂和摩擦,不断掀起反共高潮,而每次反共高潮都要先摧残一批革命的进步文化事业。第一次反共高潮就是从查禁革命书刊、封闭进步书店开始的,生活、读书、新知三家书店,设在国民党统治区的分店相继遭到破坏。

　　我在皖南新四军随军书店时,听说皖北金寨(当时叫立煌)的生活书店被当地顽固派安徽省主席李品仙派军队包围并在深夜纵火烧毁了。因此大家都惦念着该店经理方钧同志和其他同志的安全。大概 10 天以后,方钧同志突然来到皖南,才使我第一次与他见面。原来我们就计划在偷渡长江天险到江北新四军四支队去流动供应时与方钧同志见面的，现在他提前到皖南来与我们见面了，大家都非常高兴。

方钧同志告诉我们，金寨的书店被反动顽固派烧掉了，幸亏早有进步读者相告，我们事前有备。店面上书不多，大部分已隐蔽起来，人也作好随时应变准备。因为事出在深夜，火势很快蔓延到邻近的商号、民宅，一时乱成一团，反动军警也很难控制现场，所以人员不但安全脱险，还在逃出火场后找到联系人，安排好书店的结束工作。避开反动派的关卡和汉奸特务的耳目，绕道到新四军江北指挥部，向有关部门汇报后，经无为县郊渡江到皖南。方钧同志这种对革命事业的忠诚和机警干练的工作作风，大家非常钦佩。

在这之前，设在金华、丽水、龙泉的新知书店和设在皖南屯溪的生活书店都相继停业。大批书籍和李培源、陈怀平、蒋峰北、陈树穗、胡苏等人员都陆续安全转移到新四军驻地。为了加强组织、统一领导，更好地发挥作用，经过两个总店领导徐伯昕、华应申同志同意，皖南新四军中的两个书店（分设在云岭的"战地书店"和中村的"抗敌书店"）于 1940 年 8 月合并为随军书店，由方钧和我负责。

两店合并后，加强了对苏南的一、二支队和皖南的三支队的流动供应，但这段时间并不长，11 月份我从金华出差回到皖南时，部队北移的准备工作更加紧了。我们在先送走三批人、货以后，决定关闭云岭的书店，因此方钧同志也集中到中村和我一起编入教导总队政治处，统由余立金同志领导，准备同大部队一起行动。

1941 年 1 月初,国民党反动派调集了十倍于我的兵力趁新四军北移途中进行突然袭击,发动了震惊中外的"皖南事变"。我和方钧都在事变中被捕,先被关押在浙皖边境的定潭镇,后又被押解到上饶周田村的集中营。

上饶集中营对外名称是"第三战区司令长官司令部训练总队军官大队",实际是戒备森严、暗无天日的法西斯监狱。敌人对我们进行残酷的迫害,妄图磨灭我们的革命意志。刑罚名目繁多,如灌辣椒水、站铁丝笼、上特别操等,而打屁股、罚跪、拳打脚踢更是家常便饭,这非人的生活更激发我们对敌人开展不屈不挠的监狱斗争。

第一年我和方钧同志被编入二中队,他比我大两岁(今年应该是 81 岁了),看起来却比较老成,戴着副深度近视镜,长着很长的胡须,终日沉默寡言,被敌人认为是新四军中的老同志,经常找碴折磨他。有一次他拉痢疾,敌人不让他上厕所,还逼着他不停地跑步。因此他吃的苦比别人更多。我们虽然在一个中队,但在敌人的严密监视下也不能随便来往,只能趁着服苦役、出操、上厕所等机会简短地互通消息,互相关照。

1941 年 5、6 月间,我得病被隔离在所谓的医务所。方钧同志后来被编入三中队,我们更无法联系了。

1942 年春,上饶集中营的形势更加恶劣。一方面,所谓的军官大队改为由大特务头子康泽为主任的"中央战时青年训导团"的东南分团,斗争更加尖锐。另一方面,日寇进犯浙赣路战役开始,上饶将沦为敌区。在沦陷前,集中营慌忙迁至福建建瓯的徐市镇。

一路上敌人押送数百名"犯人"迁移,他们随时将认为是"危险分子"和病残的,就地枪杀。

我于 4 月 27 日,与袁征同志(现名蔡漠,在南京)越狱逃出集中营,便不知方钧同志情况了。

后来知道,集中营连续发生了两次成功的暴动——5 月 25 日"茅家岭夺枪暴动"和 6 月 17 日押往武夷山途中的"赤石暴动",敌人的镇压也更加残酷了,这种血腥的大屠杀,仅赤石暴动的第三天(6 月 19 日),在离赤石街 5 华里的虎山庙附近,一次就杀了 70 多人。方钧同志是否在这里被害就不知道了。

1944 年我在上海遇到徐伯昕同志谈到方钧同志时,也只能谈到这些情况。听伯昕同志说方钧同志生前未成家,家里有一个老母亲,还有一个哥哥,在上海一家绸布店当店员。

1979 年上饶集中营革命烈士纪念馆派人来京,向我了解方钧同志情况时,才知道方钧同志被列入在上饶集中营牺牲的 150 多位烈士名单中。后来看到从茅家岭暴动出来的作家吴越同志写的纪实小说《血染着我们的姓名》中简单的记载:方钧同志是赤石暴动前后在石塘牺牲的。

方钧同志为革命牺牲至今已有 53 年了,他牺牲时只有 28 岁。他的短暂一生是非常坎坷、惨痛的,他与千百万革命先烈一样是为抗战的胜利和新中国的建立而献身的。方钧烈士安息吧,我们永远怀念你。

方钧,曾在生活书店六安支店、立煌支店工作。1942 年去世。

朱晓光,1938 年在武汉参加新知书店。后曾在中国图书进出口总公司工作。

原载《联谊通讯》(北京)第 47 期,1995 年 12 月 15 日

哀思甘伯林同志

许觉民

　　最近邵公文、甘伯林二同志相继作古,令人哀悼不止。虽说这是自然规律,但到底是彼我相处数十年的老同志,情远谊长,如今遽然而别,能不悲恸?

　　回想起我在 1937 年初投考生活书店时,进行口试的便是甘伯林同志,口试时他询问甚详,态度和蔼。我那时是个 16 岁的青年,在一家商号里当学徒,平时受老板或师娘的吆喝,周围也从未遇到过有和蔼的面孔对待我,所以那次口试给了我很深的印象,至今没有忘记。我进书店后,就知道他(那时他名甘蓬园)是书店的副经理。以后又知道他去年从香港来,原是协助韬奋先生在香港创办《生活日报》的。他对香港的地面熟悉,报纸的办理登记、应对港英政府的查询、寻找可靠的印刷厂、租下报社的办公用房等,全由他一手承担。报纸虽出了五十余天不得不停办,但他从筹备到善后的才干及汗马功劳是非常值得尊敬的。我一直视他为我的一位师长。

　　伯林同志到生活书店工作后建树甚多,由于他熟悉港澳南洋方面的情况,生活书店香港分店和新加坡分店都是他经手建立的。熟悉情况很重要,由于他善于与人交往,加上他的一口粤语,很快就在上述分店的业务上打开了局面,团结了同业开展进步书刊的发行。

伯林同志的一大特点是好学,读书读报是他到老年时仍持之以恒的习惯,对有些在阅读中遇到的问题,他常常寻根问底,求一究竟。有好几次,他托我查找有关学识上的资料,我查到后再告诉他。谈这类问题时,他总在电话中讲,因为发音低,他嗓音还有些沙,他说得很吃力,我耐心地听,每次电话总要半小时以上。不过我对他的那种好学求知的精神十分感动,我感到他的生命力很强。

这次他病了,等我知道时他已出医院了,不过几天,忽报噩耗,竟来不及一面。他享年95岁,可谓高寿,如今他静静地安息了,而他的工作精神却在我们的心中常在。

甘伯林,1936年在香港参加《生活日报》工作。后曾在文化部计财司工作。

许觉民,1937年在上海参加生活书店。后曾任中国社会科学院文学研究所所长。

原载《联谊通讯》(北京)第61期,1998年4月15日

戈宝权纪事

许觉民

　　我和戈宝权有同事之谊,那是在抗战结束后 1946 年的上海生活书店。此时我也在书店工作,和他在同一办公室内。他只做半天的编辑工作,其余时间兼职于苏商《时代》杂志编《高尔基研究》的专栏。他还编译《普希金文集》,这本文集是迄今为止编得最好、译文也最佳的一本普希金文集。他爱好俄罗斯文学,除了普希金外,他也十分爱好托尔斯泰和谢甫琴科。我和他同事的时候,常听到他朗诵普希金的诗,虽然带有他家乡的口音,但抑扬顿挫的音调却十分动听。

　　他平时穿着整齐,他是留苏的,举止高雅,一望而知是一位学者。然而他的生活却十分俭朴,我时常看到他在我们办公不远的地方,马路人行道边的一个摊子上吃碗面条当作晚餐,那是在上海收入最低的人就餐的地方。他西装革履,夹杂在一些穿着极随便的人中一起挤在摊子边的长条凳上,似乎有点不协调,他却不在乎这些。有一次我问他为什么不到面馆里去吃,他回答我这儿比面馆要便宜一半,而味道却很好。

他的唯一嗜好是收藏书籍，很多人知道，他收藏《列夫·托尔斯泰全集》。煞费苦心，断断续续收集了好多年才收齐的。这套书不要说在中国是罕见的，就说在俄罗斯，齐备的人也不多。俄国文学中其他作家的全集、精印本，他见到就买。一部分是他留学时积累起来的，也有更多是在他担任我国驻苏使馆工作时大量购买的。他很节俭，但买书却很舍得花钱，当时他的工资收入大部分买了书。我曾到他的北京寓所中去看他的藏书，多得不可胜数，可惜我不懂俄文，否则正是一个借书的好地方。

他不仅收藏俄文书，其他的外文书也收有不少，中文典籍也有相当数量。这些书，成了他以后做研究的重要工具。他还有一个别人绝少有的本领，就是能准确无误地说出外国读物在中国第一个译本的译者和出版者为谁、出版年份。我已不记得他写过多少在中国第一个译本的文章，印象中曾记得的是托尔斯泰的作品在中国第一个译本的文章，文章中还登载着第一个译本的书影。这是版本学和图书馆学的事情，他附带做着。我读他这些文章，觉得极为有趣。

1959 年我和罗竹风去东欧，回国时经莫斯科，当时戈宝权正在我驻苏使馆工作，我们去访他，想在莫斯科逗留几天看看。他很热情地招呼我们，安排我们在莫斯科的北京饭店住了三天。那几天他因公务忙，没有时间陪我们，我们自己在红场、高尔基公园、马雅柯夫斯基广场各处走了走。

十年浩劫中，他自然也受到了冲击，他顽强地顶住了那种不实之词的压力，在身心受到损伤之际，仍不忘研究他的学问。改革开放以来,他致力于著译,大约因伏案过久,终致眼疾频发,不得已而中止了读写生涯。他在 80 年代一次访美中,忽然不能走动了,经检查是由神经系统引起的瘫痪。美国的医药费是惊人的,他只得中止访问而回国治疗。有一次我去看他,目疾与瘫痪均未见好转,但他谈锋之健依然,笑声朗朗,宛若往时,他的乐观精神是他最大的支撑力,我看了既感动又高兴。谈话中知道他停止了一切读写,已将视之如命的大量藏书捐赠给某大学的图书馆了。这是些海内很难觅到的图书,他为了嘉惠后学,慨然捐赠,确是一个学者高尚情操之表现。想当初他为这些书的搜求,耗尽心力,在战乱中保存这些心爱之物而想尽办法,看起来是个人的事,如今他终于捧出了他的无私之心,将之贡献于社会。这是我感到他的最可爱和可敬处。

戈宝权,1940 年在重庆参加读书出版社《文学月报》编辑工作,1946 年在上海参加生活书店编辑部。后曾任中国驻苏联大使馆临时代办、文化政务参赞,中国科学院文学研究所研究员和学术委员,中国社会科学院外国文学研究所学术委员兼苏东文学研究室主任。

许觉民,1937 年在上海参加生活书店。后曾任中国社会科学院文学研究所所长。

原载《三联贵阳联谊通讯》第 39 期,2005 年 8 月 18 日

赤胆忠心为人民

——深切悼念谷军同志

周幼瑞

刚从《联谊通讯》上读到有关谷军同志近况的两则"简讯",正为他为人正直、对人热情、关心联谊会工作深感敬佩的时候,突然接到噩耗,惊悉他已于 9 月 24 日病逝,出于意外,格外使我悲痛!

我与谷军同志相识于 1935 年,当时在生活书店,虽不是同一部门(他在会计课,我在发行课),但同住在环龙路书店宿舍,上下班时经常同进同出。二人同样出身于贫困家庭,又在旧社会中同受过煎熬,因为有共同的语言彼此常诉说心里话,并且相互关心,相互照顾。

1937 年抗日战争爆发,谷军同志就调往西安,后来又去了革命圣地延安,从此 50 多年来未曾相见。直到《联谊通讯》出版才得知他健在的情况,我们就互相通信诉说了别离之情,还互寄了照片。每次收到他因目力不济而字迹潦草歪斜的来信总让我十分感动。他还在三年中寄来了两本自费出版的诗文集《生命进行曲》和《我的延安三部曲》,读了非常激动。今年春天,蒙北京"生活书店史稿"编写组李文、许觉民等老同事厚爱,来信来电要我赴京参加史稿编写工作,我本想到京后利用时间看望几位久未晤面的老同事,曾拟了一张名单,其中就有谷军同志的姓名、地址,准备到了北京就去看他。只是由于我家住房在市中心,急需拆迁,家中子女又以我耄耋之年不宜远行而不放走,因而赴京之行未能实现,失去了与老友相晤的机会,实深遗憾!

从谷军同志几年来给我的信件和文集中,给我印象最深的有以下几件事:

(一)与毛主席亲切晤谈。1938 年 11 月 21 日在日寇飞机空袭下,谷军同志陪同李公朴先生到达延安,住进陕甘宁边区政府招待所。当天晚上,毛主席就来看望他们,亲切握手热情叙谈。在谈话中谷军曾汇报了生活书店抗战一年多来在出版、发行、宣传抗战的书刊中受到广大读者欢迎和在西北地区设立分支店的情况,得到了毛主席的赞扬,主席并对当时抗日战争的发展形势作了分析,对出版发行工作的路线方针作了重要的指示,这是党对书店的关怀。

(二)受到诬陷蒙受奇冤。1943 年 7 月,延安整风运动进入审干阶段。康生凭借权势掀起了"抢救失足者"运动,大批青年被诬蔑为国民党和日本的特务,受到连续审讯,并被使了陪绑、赴刑场、假枪毙等恐怖手段,无辜青年受屈招认,造成冤案。谷军同志不幸也被牵连。严酷的折磨使他身心遭到严重摧残。后来经过 28 个月图圄生活才被释放。

(三)对党忠诚坦率陈言。谷军同志立志坚定敢同不正之风作斗争,有话就向党说。在党七十周年时,他曾上书党中央提出了"端正党风,消除腐败"的建议书,托他的领导郁文同志转递,曾收到中共中央办公厅秘书局回信,告知已送到中央领导同志,并认为这是一位老共产党员的一片赤诚之情。

(四)热爱人民,乐善好施。1991年,我国不少地区遭受特大水灾,灾区人民生活极其困苦,他曾在离休费的收支结余中捐赠了一千元,1992年为救济失学青少年又向"希望工程"捐赠六百元,为庆祝党七十周年生日,交纳党费七十元,对三联联谊会的会费也以他的店龄计算交纳,即去年交了六十三元,今年又交六十四元。乐善好施的精神处处体现了他对党对人民的一片热忱。

(五)留下了宝贵的遗产。谷军同志一家三口,生活依靠离休费维持。多年来他家中不添新家具,没有电气化,始终艰苦朴素,省吃俭用,把节省下来的钱除了捐助灾区人民、失学少年和有困难的同志外,还自费印制出版了两本诗文集《生命进行曲》和《我的延安三部曲》,分赠各地的老战友、老同事、老同学、新邻居和青少年。这是他留给后人的宝贵财富,送给我们的珍贵纪念品。

谷军同志全心全意为党为国为人民,他的高贵品质永远是我们学习的好榜样。

谷军,1931年参加生活周刊社。后曾在中国科学院工作。

周幼瑞,1935年在上海参加生活书店。后曾在上海书店工作。

原载《联谊通讯》(北京)第47期,1995年12月15日

不会忘记宣誓
——怀念华风夏同志

范　用

　　一九四九年十月二十八日,华风夏同志在重庆英勇就义,至今五十周年。

　　以前,我只听说风夏被捕牺牲,详情如何,不知道。去年编三联书店照片集,风夏妹妹华成寄来遗照,并附重庆纪念烈士特刊中有关风夏的记载,方知风夏是怎样被国民党杀害的:

　　　　华健(风夏)烈士,男,三十岁。中学时候就接受了无产阶级的理论,参加革命。抗战期间前来四川搞学生运动,后到延安进党校,在北方工作。一九四五年曾出席党第七次代表大会,不久由延安派回西南工作,担任川康特委委员兼川北地委书记。

　　　　他的党名叫康永明(小康),短小精干,工作负责。

　　　　一九四九年一月十日由川北返成都,十三日同蒲华辅在茶馆吃茶被逮捕,在成都受尽酷刑,坐老虎凳,烧八团花……,

背部都烧烂了,解到重庆渣滓洞许久才好,洗澡时背上一团团的香火印还看得很清楚。在敌人严刑拷打下,他一直保持了英勇坚定最高度的革命气节。在渣滓洞七室与王敏、吕英组织设计小组,帮助难友学习,并拟定学习提纲《对新社会的认识及其在新社会之下处事做人的态度》。同室难友对他的印象极佳,他看问题,分析时事都很深刻,报告支部工作最为精采,好多室都转述过。

去年(一九四九年)十月间蒋匪帮节节失败,我人民解放军正准备向西南进攻的时候,他同另外五位难友从渣滓洞提进城,二十八日在大坪枪毙。临刑时特务要他们跪下,他不跪,并高呼口号,英勇就义。

华健烈士的妻子(小徐),他们才结婚三个月,在华被捕时小徐已有身孕。

风夏爱人徐邦嘉,一九五四年参加进藏工作,一九八一年逝世。遗腹女小康今在外交部工作,已经是一位负责干部,风夏后继有人,可慰。

我与风夏相识于一九三八年,当时我在读书生活出版社工作,由武汉撤退到重庆,风夏在生活书店工作,两家出版社在一条街上(武库街,今民生路)。读书生活出版社还没有门市部,每天中午饭后,我总要到生活书店浏览新书杂志,很快就和生活书店的同志混熟了,李济安(李文)、范广桢(吴彬)、张国钧、吴全衡一帮年轻人,把我看作小弟弟,十分亲热。有时我还上二楼邮购、批发部玩,认识的人就更多。华风夏做会计工作,给我的印象书生模样,文质彬彬,眉目清秀,衣着整洁,见了总是笑眯眯的。不像我大大咧咧,穿件工装裤,没有袜子,还自以为"普罗化",可笑之至。这种习气,后来懂事了一点,才改掉。

一九三八年冬,读书生活出版社同事赵子诚(刘大明)跟我说,我们参加共产党好不好,我说好啊,可是找谁去加入呢?其实子诚已经是个党员,这样,他成了我的入党介绍人。第二年开春,他通知我组织上已经批准吸收我为党员,带我到中营街会文堂书局二楼读书生活出版社租用的宿舍秘密履行入党手续。那是一间只放了两张竹床的小房间,我和子诚先到,过了一会进来一人,华风夏,是代表上级来监誓的。我才知道原来他也是党员,怪不得他平日老成持重,说话谨慎。

入党仪式很简单,桌上放了一张从书上剪下来的马克思像,举手宣誓。誓词是写好的,没有几句,念了即毁去。至今我牢牢记住的是"永不叛党,保守党的秘密,遵守党的纪律"这几句。风夏讲了党员应当注意的事情,勉励我要努力学习,给我起了一个党名"叶琛",以后开会都以党名相称,以防隔墙有耳。

第一次过组织生活,在冉家巷新知书店宿舍。党小组四个人:赵子诚、徐律、陆量才(陆家瑞)、范用。学习的第一个文件,是《秘密工作纲要》。那时,组织关系在重庆市,属青委系统。杨述、许立群、张国钧都在青委,是解放后知道的。当时,许立群在打铜街一家银行工作,我听过他一次报告,是在南岸的一个山上。

后来,组织关系转到八路军办事处南方局,由徐冰单线联系,不再开小组会。赵子诚、李济安、张国钧、范广桢先后去了延安或太行。我也要求去延安学习，没有被批准，说我年纪还小，过两年去也不迟。结果，来了皖南事变，说工作需要留在重庆，再也走不成。

解放以后填表，入党介绍人要两个人，徐律说他也是我的入党介绍人，那时我们同在人民出版社工作。没有想到十几年后，他在浙江省文化局局长兼浙江人民出版社社长任上，于"文革"中被迫害致死。凤夏、徐律都是名副其实合格的党员，我所尊敬的兄长，入党见证人，竟然都未尽天年死于非命，痛哉！

一九四〇年，我花两块大洋买到上海复社出版的斯诺的《西行漫记》和斯诺夫人韦尔斯的《续西行漫记》精装本，厚厚的两大本，鲜红的封面，烫有金字。我郑重其事在内页签上我的党名"叶琛"。后来这两本书不知被多少知心朋友传阅。可以说，这两本书影响了许多我们这一代年轻人的一生，叶琛是其中的一个。《共产党宣言》使我知道马克思主义（虽然很皮毛）；《西行漫记》告诉我什么是中国共产党，共产党员是怎样的人。

《西行漫记》中《一个共产党员的来历》这一章我早已读过，那是在八一三抗战不久，这一章以《毛泽东自传》为书名在上海出版了单篇本，记得是汪衡翻译，黎明书局出版的，很快镇江就有出售。我在伯先公园对面一个小书店买到这本小册子，一头钻进一家澡堂，脱了衣服一口气看完，当时心情之兴奋，难以言述。我还是个小学生，非常幼稚，只觉得共产党员真了不起，原来共产党员是这样的人。没有想到，两年之后，我也成了一名共产党员，何其幸也。

可是,要做一个真正的共产党员,又谈何容易。这是做了党员之后才渐渐懂得的,革命绝不是什么罗曼蒂克(说实话,当年我确有此种心态,十五六岁的少年嘛,懂得什么)。两本正续集《西行漫记》至今珍藏,完好无损,也很不容易。

六十年了,回忆往事,常常想起华风夏同志、徐律同志,想起入党之日风夏对我的勉励。他日地下相见,风夏与我一定会亲热地以"永明""叶琛"相呼!

1999 年 5 月 13 日

华风夏,1936 年在上海参加生活书店。1949 年去世。

范用,1938 年在汉口参加读书生活出版社。后曾任人民出版社副总编辑、副社长,生活·读书·新知三联书店总经理。

原载《联谊通讯》(北京)第 68 期,1999 年 7 月 5 日

哀悼胡耐秋同志

许觉民

　　耐秋同志的逝世，使三联同志中间失去了一位可敬的老大姊。她在生活书店时，一直做刊物的编辑工作，是韬奋先生得力的助手之一。我记得她来书店后不久，八一三抗战爆发，韬奋先生刚从苏州狱中释放出来不几天，立即创办《抗战》三日刊，胡耐秋就调入做编校工作。上海沦陷后，书店内迁，韬奋在武汉创办《全民抗战》周刊，她也在那里工作。武汉沦陷后，刊物迁重庆，她仍在那里。到全国各地生活书店被封，韬奋愤而辞去国民参政员，至香港创办《大众生活》，她依然在该刊工作。她长期在韬奋主编的刊物做事，对韬奋的经历、个性、作风十分了解，抗战结束后，在上海她用"杨明"的笔名写了一本《韬奋先生的流亡生活》，先在《民主》周刊连载，以后印了单行本。这本书详述了韬奋一生中被反动派迫害而被迫流亡的真实写照。

　　耐秋同志为人和蔼，她的年龄比我们不少人大得多，俨然是生活书店中的一位老大姊。我记得1937年上海沦陷后，韬奋先生提出到内地去发展文化出版工作，为抗战服务。书店的人员也就分批地转向内地。其中有一批同事搭外商轮船到香港,转走广州到武汉去(当时南京已沦陷,长江轮已不通)。我正好在这批人员中,我记得还有杨文屏、范广桢、方钧等十几个人,耐秋同志也在里面。我们十几个人经香港、广州,从广州到武昌,在火车上,因敌机不时空袭,火车时开时停,坐了一个星期才到武昌。一路上我们虽然并没有一个领头的,但是很自然地大家都听耐秋同志的指点,她照顾大家下车躲避空袭,购买糕点分发给每人充饥,随时数点人数有无走失。这虽不是什么了不起的大事,但是这种对大家关心和服务的精神是值得学习的。所以这件小事我至今没有忘记。

1943 年,徐伯昕和胡耐秋两位从内地来到沦陷区的上海,他们是来看视秘密在沪治疗癌症的韬奋先生的,那时韬奋的病情已十分严重,瘦弱异常,他们会同沈粹缜同志轮流看视和处理有关事务,直至 1944 年韬奋不治逝世为止。我记得在上海殡仪馆秘密治丧殡殓的那一天,到的人也不少,都是书店的同事,有沈粹缜、邹嘉骊、徐伯昕、胡耐秋、张锡荣、陈其襄、叶籁士、王泰来、毕青和我。当时由耐秋同志经办一些事务,如张挂挽联(韬奋化名为季晋卿)、发黑纱佩带、烧化纸箔(作为掩护),办得井井有条,神情自若。在敌寇的眼皮底下为韬奋先生治丧,尽管大家很悲痛,但都很镇静。当时耐秋同志的处事熟练、镇定,尤为难得。

60 年代,我搬家至北京东总布胡同弘通巷 1 号居住,适与伯昕、耐秋二位为邻,自此后经常见面。那时伯昕同志在"民进"中央,她在全国妇联工作,经常听到他们谈论各方面的问题。"文革"后,一开始我就被定为"黑帮",住进了牛棚。一次被准回家取衣服,听家人说耐秋同志来过,问起我的事,最后说了一句"我就不相信许觉民会是黑帮"。我听了,忙向家人说,不要再向别人说了,倘为造反派知道了,弄不好也会把说这话的人也弄成"黑帮"。但是我听了她那句话,心里似乎松动了些,自信世上还是有人认为我不是"黑帮"的。

伯昕同志逝世后,三联的老同志仍不时地去看望她,她总是坐在书桌前读书或者写着什么,她和蔼慈祥依旧,还常常问起她记忆中别的久未见面的三联老同志。到她过 90 岁以后,行动渐渐不便了,她依然很乐观,对三联书店的事业再度兴旺起来感到高兴;她还经常阅看《联谊通讯》,她说虽不能为它写点什么,但她的心情总是和大家联系在一起。她一生做了不少事,我不能为她写出具体的事迹来,我只能从细微处看到她的为人,她的品德,她的默默地工作,只求在事业上增添一份热力而不求闻达的美好素质。

胡耐秋,1937 年在上海参加生活书店。后曾任中华全国妇联书记处书记。

许觉民,1937 年在上海参加生活书店。后曾任中国社会科学院文学研究所所长。

原载《联谊简讯》(北京)第 6 期,2003 年 6 月 25 日

往事漫忆·怀人篇

陈　原

　　11月5日中午接到曹健飞电话,告我今天早晨胡绳在沪辞世。我怅然,一时竟说不出话来。人说八十出头不算老,干嘛说走就走了呢。5月中,戈宝权在南京走了,我女儿给我打电话告我噩耗,我也怅然,第二天我想写一篇怀旧文章,写下题目《葆荃你慢点走,等等我……》,开了个头,却写不下去,至今未成文;如今胡绳又走了。几十年交往的师友竟一个接着一个走了,一阵寂寞和多少有点忧伤的感情袭击我的心房。流逝的岁月,过电影似的一幕一幕展现在我的眼前。我们这一代人,年轻时生活在一个暗无天日的天地里,生活在后来被称为白区或国民党统治区里,我们的心向着北方的太阳,我们带着那个时代青年人拥有的美丽理想走进社会,我们在恶劣的环境下苦斗,不知疲倦,不怕艰险,然后我们经历了战争与革命,然后盼到了人民胜利的日子。然后又尝遍种种失误的苦果,直至艰难地熬过"史无前例"的十年浩劫,好容易才迎来了改革开放的春天,然而,一个接一个地走了……

　　往事如烟——不,往事并不如烟!

胡绳、叶籁士和我，年轻时都眷恋过世界语，都热衷过拉丁化新文字运动。老叶在世的最后几年，在卧病中常常追怀往事，给我讲述一些值得记念的人和事。他叨念最多的是胡愈老，还有逝去了的世界语者乐嘉煊和徐沫；也常常提到那时还健在的胡绳。我听他不止一遍地讲过，30年代搞语文运动少不了一个胡绳，解放后思想界和文化界活动，也绝对不可缺少一个胡绳。他说这话时是严肃的、诚恳的，带着无比的敬意。当叶籁士离开我们后不久，许多朋友就着手编辑《叶籁士文集》，大家采纳我的提议，请胡绳为文集写序言，我说只有胡绳能写好这篇序言，因为他们两人相知甚深。因此我们特别叮嘱殷国秀亲自出马去促成此事。胡绳很快就满足了我们的愿望，序言在1995年6月写成，题名为《叶籁士和世界语》，刊在同年九月出版的《叶籁士文集》里。

胡绳这篇序言，用平易的语言，将老叶的人品和对事业的奉献写活了；不但如此，它还精辟地分析了30年代党领导下跟"左联"同时存在的"语联"的历史，当然也深刻地总结了30年代我国进步世界语运动的历史——他是哲学家，又是历史学家，对问题的剖析自然举重若轻。这篇三千字的短文，刻画出一个时代，刻画出那个时代的一个侧面（并非不重要的侧面），也刻画出时代人物的心态。这虽是一篇序言，可它确实是一篇极有说服力的马克思主义历史论文。

他用寥寥几十个字描画了叶籁士这个令后人景仰的可敬的语文战士的形象，他说："凡和他共过事的同志都不会忘记他的踏实的工作作风、诚恳的工作态度和不知疲倦的工作精神。"

上引的这几句话，我想，完全可以照样用到胡绳这个思想精英的身上。此刻,我一遍又一遍重读这篇序言,如闻其声,如见故人,仿佛老叶和老胡都在我的身边,我仿佛听到他们在我耳边给我打招呼:往这边走,往这边走,别拐向那边……这声音久久在我的耳边盘旋。如果我记得不错,胡绳是叶籁士的入党介绍人;而叶籁士则是我的入党介绍人。他们,老叶和老胡,都是我的引路人。

我首次跟胡绳同在一个屋子里共事是在 54 年前——抗日战争胜利的第二年(1946)。那是生活书店在国统区最后一个编辑集体,坐落在上海迈尔西爱路霞飞路口①中央药房楼上。组成编辑部的五个人,先后从重庆回到上海,胡绳是我们编辑部的主持人。五人中年纪较大的是沈志远,另外就是戈宝权、史枚和我,全是二三十岁的"小青年"。沈志远年过四十,胡绳那时还不到三十岁。

所谓编辑部其实不过是一个十几平方米的二楼前厅,纵横交错放着不大的办公桌椅。那时没有像现在的出版社那么多的"官"衔,也没有评什么职称,大家按照粗略的分工,自觉地肩负着力所能及的任务,有时也聚在一起议论选题和书稿,有时则热烈地讨论或争论某些学术问题。

沈志远(1902—1965)是著名的经济学家,曾在莫斯科中山大学学习,在国内几所大学教过书,出版过不少马克思主义的哲学经济学著译。此时他负责编大型的学术杂志《理论与现实》。他很忙,因为他在编辑部外还积极参加民主运动。史枚(1914—1981)除了主编一个还没有扩版的小杂志《读书与出版》外,日常大小事

———————
① 编者注:今茂名南路淮海中路口。

务都是他张罗的,仿佛是编辑部的总管。戈宝权(1913—2000)跟我两人只上半天班,戈有半天在苏联塔斯社工作,我则半天在外边筹备由渝迁沪的一份杂志《民主世界》复刊。我帮史枚组织社会科学书稿,同时帮宝权看一些文艺翻译。学术界先辈郑振铎戏称我是两栖类动物,就是因此而发的。

我们这个编辑部不像现在的出版社,编辑们组稿满天飞。一则因为当时政治气候忽晴忽雨,工作还没能充分展开;二则那时的作者大都群集在几个大城市,彼此比较了解,一封约稿信就解决问题;三则我们那时也没能报销那么多的出差费。举个例说,我们当时继续编辑"青年自学丛书",创始另外一套篇幅不大的知识读物,我们商定选题后就物色作者,凡是在上海的作者,就由史枚或我分别登门拜访,洽谈内容和写法,彼此意见一致,就算约了稿,一般没有订书面合同。如果作者在外地,就由史枚或我去信接洽。记得有一回拟出版一本国际问题的小册子,我们认为请张明养来写最合适不过,可是张明养还滞留重庆,我就用生活书店编辑某某的名义,冒昧给他去信约稿——我那时不认识张明养,不过读过他写的文章,而他也曾在生活书店出过书。他很快就给我回信,说他那一阵没有空,推荐他的高足戴文葆来写,认为一定能写好。他说得很真切,很诚恳,我就写信去约戴文葆,我并不认识戴,不过我们信任张明养。事情就这样办妥了,戴文葆就成了我们的新作者。后来他们都回到上海,都成为我的好友,解放后也都成了同事。这个例子说明当时我们编辑部跟作者的关系是融洽的,是互相信任和互相信赖的。

政治形势日益恶化,蒋介石决心挑起内战,中共代表团从白区撤退。撤走前夜，周恩来同志在马斯南路①办事处跟留沪的文化界人士话别，那天被邀请的有五六十人，杜老（国庠，1889—1961）跟我都去了。周公讲了一个多小时的话，分析形势，指明动向，增强我们留沪人员的信心。时隔五十多年，讲话的具体内容已经不记得了，只是最后两句话永世难忘，他说：我们要回来的，也许很快，也许迟一点，但终归要回来的！他说得斩钉截铁，甚至有点儿悲壮。到会者听了无不动容。那天下着滂沱大雨，散会后，恩来同志用小轿车送杜老回家，也顺带把我捎上了，因为我住在离杜老不远处。胡绳那天是否在场，宝权是否去了，都记不清楚了。

中共代表团撤退后，胡绳、史枚、徐伯昕、沈志远先后撤往香港，生活书店总管理处也撤离上海了。胡绳和徐伯昕撤走前，分别给我交代任务。胡绳说，你留下接替史枚，继续把《读书与出版》编好，不要把杂志搞得太红，最重要的是千方百计去引导和团结更广大的读者，也让留沪的一些作者有一个说话的处所。徐伯昕告诫我，编辑计划不要搞得太大，守着现在的阵地，着眼未来——记得他让我研究一下如何编辑一本小字典，面向新形势下的中小学生。他们两人临走前安排了一个由五人组成的《读书与出版》编委会，请杜老、周老（建人，1889—1984）、戈宝权、陈翰伯（1914—1988）参加，由我召集，每月聚会一次，主要是编杂志，也兼管一点书稿。四位编委由书店每月略致报酬。

这个编辑集体是在中共代表团撤走以后登场的，可以说是上

---

① 编者注：今思南路。

面说过的那个编辑部的延续。按照预定计划,在其后的一段时间里(一年多一点),每个月在我家聚会一次,主要检讨上期杂志的得失,拟定下期选题组稿计划。我那时住在北四川路天潼路一家英国人货仓的六楼顶层(原是仓库看守人住的),这个货仓大楼只有载货的电梯,没有载人的电梯,只能用两条腿爬上爬下——杜老和周老年纪比较大,他们每个月都这样爬楼梯,而且风雨无阻,参加编委会的聚会。

那时上海的进步出版物屡遭禁压,封门的封门,停刊的停刊,《读书与出版》按照胡绳、徐伯昕撤走前定下的方针办,以其朴素扎实的独特风格,在那寒冷的长夜中,吸引了和赢得了万千读者的信赖。人们注意到它设置了两个每期都出现的专栏:一个是“国际问题”,一个是“经济问题”,用提出问题和回答问题的方式,解答读者当时迫切需要解开的疑难,这样,它表面上避开了热门话题(也就是反动当局睁大眼睛注视着出版物的那些时局话题),而换个方式在讨论国际时事和经济动态时“顺带”触及这些烫手的话题,部分地或者说巧妙地满足了读者的需要。国际专栏每期都由编委陈翰伯来写(笔名梅碧华),经济专栏则先后由杨培新和娄立斋等名家执笔。至于每期提出的问题,基本上由每月聚会时确定。当然,杂志每期还刊登一些带有学术性或知识性的论文,论文一般都有时代特征,而不是关在学院里“坐而论道”,杜老、周老,留在上海的杨晦、蒋天佐、夏康农,去了香港的胡绳、黎澍、史枚,都是我们的作者。

我的工作着重在与读者联系——这是生活书店编辑部自邹韬奋起就重视的思想方法和工作方法:为各类读者解决一些疑难问

题,特别是知识性的疑难问题,给许多为当时的时局或为自己的遭遇而苦闷而彷徨而不知所措的读者,作适当的开导或指引或精神上的安慰。我每日复信多份,有些还摘登在杂志上。值得高兴的是,来信一期比一期增多,直到后来我一个人顾不过来,请许觉民和艾明之分担一部分。解放后曾遇到一些因受复信的启发而走上进步和革命道路的同志,真是给办刊物人的最大奖赏。

这个编辑集体的每月聚会很有意义,很有启发,又是很愉快的,至今想起仍教人向往。在这里我们可以坦率地议论时局,互通消息,彼此互勉。在那黑暗的日子里,难得有这样谈心的机会,五十多年后的今天,每一回想,心里还是热乎乎甜滋滋的。

这个聚会持续了十几次,到 1948 年中,生活书店留沪经理薛迪畅,因别人发生的偶然事件被株连,被警察局拘捕。第二天一早,书店来人(我记得是陈怀平,不知准确否)通知我作好应变准备。本来约好当日下午举行当月的聚会,既然书店出了事,怕事态发展会引起"瓜蔓抄",于是我跟余荻二人,紧急出动,分头去通知杜、周、戈、陈四人取消约会。我记不大清楚,这次停开后是否就不再聚了,有一点是肯定的,1948 年底以前,我们这个编辑集体的五个人,连我在内,都先后撤离上海了。年底之前某一天,《读书与出版》宣布停刊,停刊启事与生活、读书、新知三家书店停业启事同一天登在上海各大报上。

这两个编辑集体,前一个是胡绳亲自领导的,后一个是他布置由我执行的,这是解放战争时期国统区出版工作的一段很有意义的插曲。参加这两个集体前后共十人,宝权和我两个集体都参加了,所以实际上只有八人。解放后我们这八个人都在文化教育宣传出版思想战线上工作,其中沈志远和史枚被 1957 年的龙卷风刮进去了,沈在"文化大革命"前辞世,他没有熬到春天的到来;史枚则熬过来了,并且在 1979 年创办《读书》杂志时发挥了重要作用,因操劳过度,加上不如意的事件不时袭来,带着忧伤的心情于 1981 年突发脑溢血逝世,我写过一篇《记史枚》纪念,刊载在史枚对它献出最后精力的《读书》上。杜老一直在广东宣传教育部门工作,却在 60 年代过早地离开人间。周老解放后一直从事和关心出版事业,做过出版总署副署长,16 年前以 95 岁高龄仙逝。翰伯晚年疾病缠身,终于在 12 年前的一个秋夜睡着睡着就走了。宝权是今年 5 月走的。如今胡绳也走了。这样,那两个编辑集体的八个人,七个都走了,只孤零零地剩下我一个,这使我不能不感到失去战友的孤单——我们曾经在最艰难的日子里并肩战斗过,战斗的情谊是永远抹不去,也忘不掉的……

胡绳,1936 年在上海参加生活书店。后曾任中国社会科学院院长、全国政协副主席。

陈原,1939 年在桂林参加新知书店。后曾任国家语言文字工作委员会主任。

原载《联谊通讯》(北京)第 76 期,2001 年 1 月 1 日

迟到的纪念

——回忆与胡愈之老师的师生情谊

莫志恒

    1927 年春季,北伐军攻克浙江、江苏、上海时,蒋介石就在 4 月 12 日发动反革命政变。13 日,上海工人群众在宝山路游行示威,蒋介石的部队就对手无寸铁的群众开枪轰击,死伤百余人。4 月 14 日胡愈之同志带头连同郑振铎、冯次行、章锡琛、周予同、吴觉农和李石岑等学者致信国民党中央蔡元培、吴稚晖和李石曾等提出抗议。之后,在白色恐怖的环境之下,愈老接受郑振铎的劝告,离沪暂避,去欧洲考察,到法国进巴黎大学国际法学院学习国际法三年。后来回国途经德国、苏联,在莫斯科找到了世界语学会的同志,用世界语为通话的工具,在莫斯科参观了一星期工农建设情况。回到上海后,就写了一本《莫斯科印象记》(最初的散篇文章发表于樊仲云编的《社会与教育》周刊上),一年之间重版了五次,轰动全国。

    1931 年,日本军国主义者侵华气焰冲天,在我国东北制造了九一八事变,全国人民抗日情绪高涨,群情激昂,纷纷组织救国团体,进行抗日救亡工作。

胡愈老原是上海商务印书馆出版的《东方杂志》常务编辑,这是一个大型的政治、经济、时事、学术性质的半月刊。他每期总要撰写国际政论两三篇在该杂志发表,那时他已是国际问题专家了。

就在1931年秋,我进上海开明书店编译所任书籍装帧设计员。不到半年,1932年1月28日,由蔡廷锴、蒋光鼐率领的十九路军抗日战争爆发了。有80多亩地盘的规模极大的上海宝山路商务印书馆印刷厂、编辑部和东方图书馆,被日本侵略军轰炸成平地!这个中国最大的出版文化中心,就毁于日本帝国主义手中!这时,上海总商会在全市各商店门口贴出"日寇犯境,罢市御侮"的抗日标语,全上海罢市。过了三个月,战事暂停,商务印书馆收拾残局,解散工人,其业务,首先是筹备恢复《东方杂志》半月刊,请胡愈老任主编,另设社址,在法租界红薇村租了一幢房子作为编辑部。胡愈老就经常到开明书店编译所找夏丏尊、叶圣陶和章锡琛等老友私下研讨人事安排。在"馆外编辑"方面,请了金仲华为"妇女栏"编辑,徐调孚为"文艺栏"编辑,黄幼雄和莫志恒为"东方画报"编辑(我又兼《东方杂志》整体美术设计工作)。

胡愈老主编《东方杂志》后,团结全国各界学术专家撰稿,把杂志内容编得既活泼又充实。1933年的元月号就编了专辑"新年的梦想",请各界学者、政论家、文学家提出了如何把国家社会推进到理想的地步。后来中苏两国复交,《东方杂志》又编了《庆祝中苏复交》专号。我国与苏联恢复外交关系,一定可以得到苏联的大力帮助,以抵抗日本军国主义对我国的侵略。不久,《东方杂志》载文对于胡适之的思想观点有所评论。这件事使商务编译所负责人王云五有所不快，大约是 1935 年，胡愈老与商务印书馆就分手了。

胡愈老于 1933 年 9 月加入中国共产党，是中央特科的人（秘密党员），所以鲜为人知。

韬奋同志主编的《生活》周刊，几乎每一期都发表胡愈老撰写的国际论文（笔名伏生），分析国际形势，鼓舞人民抗日情绪。又如鲁迅、胡愈之、邹韬奋等都为宋庆龄、杨杏佛等组织的"中国民权保障同盟"的盟员。《生活》周刊是向全国人民宣传抗日思想的先锋，渐渐受到国民党反动派的注意和压迫，刊物被逼停办，韬奋于 1933 年 7 月 14 日出国考察，1935 年 8 月底回国。这期间胡愈老一面在法国哈瓦斯通讯社任记者，一面以全力帮助生活书店规划编辑业务工作，每个星期日都与经理徐伯昕会晤，有时他们到郊区冠生园农场去喝茶，商讨编辑出版业务。

由胡愈老规划、介绍，生活书店出版的《世界知识》（胡愈之编），《译文》（鲁迅、黄源编），《文学》（郑振铎、傅东华、王统照编），《太白》（陈望道编），《光明》（沈起予编），《生活教育》（陶行知、戴白桃编），《妇女生活》（沈兹九编），《新知识》（徐步编），《国民公论》（胡绳主编），《理论与现实》（沈志远编）等 10 大杂志和其他马克思列宁主义经典著作，抗日宣传论著，文学作品，各大丛书如《青年自学丛书》、《世界知识丛书》、《黑白丛书》（抗日理论）、《文学论丛》等的单行本，使生活书店在全国人民抗日情绪热烈高涨阶段，站在进步高潮的前锋。

我于 1936 年春，经胡愈老、金仲华先生的介绍，进入生活书店任书籍装帧设计员兼宣传推广工作。三个月后,我成了"生活出版合作社"社员。在胡愈老、邹韬奋、徐伯昕同志领导下做出版工作,学习了许多东西,思想上得到进步,技术上得到提高。

抗日战争时期,即 1937 年起第二次国共合作时期,胡愈老曾在周恩来同志领导的军事委员会三厅工作。武汉危急时,生活书店撤至重庆市,成立了总管理处,进一步开展抗日文化工作,大后方各地的分支店及办事处曾发展到 56 处之多。胡愈老受韬奋同志之邀,到重庆修订"生活出版合作社章程",并担任编辑委员会主任。此时抗日文化出版物骤增,书店业务红火。

之后,胡愈老到桂林,与广西李任仁、陈劭先等地方前辈合力筹设西南地区最具规模的出版机构:"文化供应社"(股份有限公司)。当国民党右翼发动第二次反共高潮——皖南事变时,生活书店在大后方各地的分支机构大部分被封。同人分散作战时,我到桂林,进了文化供应社工作,担任书籍装帧设计及推广科负责人,后任出版部主任。但这时期愈老已奉周恩来同志命赴南洋新加坡、印度尼西亚等地从事抗日新闻、文化工作去了。胡愈老在那些地方从事抗日工作,后来为避日寇逼迫,避往农村,工作艰苦,生活困难,有时只以香蕉等水果当饭食充饥。

胡愈老是我国进步文化事业的先驱和支持者,是文化出版界的奇才之一。据叶圣陶老师的小结,认为胡愈老的立身行事,有四大长处:

"一是他的自学精神。他中学没毕业就考上了商务印书馆当练习生,从此一边工作一边自学,几种外文还有世界语,他能运用自如。他是熟练的新闻工作者、编辑工作者、出版工作者。他兴趣广泛,博而且通,对政治、经济、哲学、文学、语言文字都有精到的见解。二是他的组织能力,创建过许多团体,计划过许多杂志和书刊,他能鼓励朋友跟他一起干。他善于发现朋友的长处,并且能使朋友发挥自己的长处。等到团体和杂志书刊初具规模,他往往让朋友们继续干下去,自己又开始新的建设。他有这样非凡的能力,所以建树事业之多,能比得他的似乎少见。三是他的博爱精神。指的是爱人民大众。既然有所爱,就不能不有所憎,尤其在那个社会里。他坚持正义,反对法西斯和帝国主义,在紧要关头,他冒生命危险也在所不惜。可是事后他就不再提起,不愿让人知道,他既不为名又不为利。四是他的友爱情谊。他关心朋友甚于关心自己。他经常为朋友出主意,帮助朋友解决困难,却没见他为自己出过什么主意,也没听他诉说过自己的困难。所以朋友们都愿意接受他的意见,乐于跟他共事。"(摘自叶圣陶:《四个长处》)

胡愈老与邹韬奋同志做了知心的文友,支持了《生活》周刊、生活书店,策划了《世界知识》《文学》等十余种杂志。更重要的是中国民主同盟的前身救国会、抗日战争初期的上海文化界救亡协会、青年记者协会、国际新闻社以及桂林的文化供应社(大西南最具规模的出版社)、《南侨日报》等,都是他精心策划,用心血灌溉组织起来的。他为党做的统一战线工作特别出色,非常有成效。

80年代,在他负责民盟中央,担任全国人大常委会副委员长时期,我曾去过他在东城区的住处数次,请他审修过文稿,他也没有架子,平易近人地接待我。在谈话中曾提起他主编过的大型文摘杂志《月报》时,他说 1936 年只出了 3 期,我说出了 4 期,第 4 期付印时上海的抗日形势已经非常高涨,到了八一三开战时期。后来我与上海书店经理毕青同志联系,毕同志寄来了全套 4 本的《月报》,并且愿意赠送给胡愈老,由我直接送去。愈老得到了半个世纪前自己主编的杂志,喜出望外,非常高兴。这是胡愈老逝世之前,他与我最后的一次会晤。愈老是我的师辈,在此回忆、纪念他的百岁诞辰,是非常有意义的。

1996 年 11 月 21 日(时年九十)

胡愈之,协助邹韬奋创立生活书店。后曾任国家出版总署署长、全国人大常委会副委员长。

莫志恒,1936 年在上海参加生活书店。后曾在中央民族事务委员会工作。

原载《联谊通讯》(北京)第 54 期,1997 年 2 月 5 日

深切怀念黄蒲龄同志

方学武　丁之翔

　　看到 1991 年 10 月 20 日出版的 22 期《联谊通讯》，惊悉黄蒲龄同志不幸病逝。蒲龄比我们都小，身体也很好，为什么会这么快就离开我们呢？真有些不敢相信。我们怀着十分悲痛的心情立即写了信给蒲龄的爱人范秀华同志，她回信告诉我们蒲龄是 1991 年 8 月 22 日因患心肌梗死突然逝世的，享年六十四岁。

　　蒲龄是我们在 1945—1946 年《民主》周刊社和《新文化》半月刊的同事，抗战一结束，伯昕同志在党领导下即在上海一面积极筹备生活书店复业，一面继承韬奋同志办期刊的优良传统，创办《民主》周刊，由郑振铎主编，编委有马叙伦、周建人、许广平、董秋斯、罗稷南。编辑工作，先后由蒋天佐、郑森禹、艾寒松担任，出版发行工作先为张锡荣、孙洁人，后由方学武负责，参加工作的有薛天鹏、丁之翔、陈云才、朱芙英、黄蒲龄等。《民主》周刊是抗战胜利以后，全国的主要进步刊物之一，经常撰稿的除编委外，有柳亚子、叶圣陶、郭沫若、茅盾、蔡尚思、胡愈之、沈志远、陆诒、石啸冲、念背（即胡绳）、丁静（即姚溱）、费孝通、吴晗、陈家康、施复亮、邓初民、平心等。蒲龄的工作是每周去作者家里取稿件、送稿费,送给"周公馆"(即中共代表团上海办事处)重要信件,将新出版的期刊从装订作取来送到各书店和摊贩那里去出售,到邮局去寄发读者邮购和外地同业批发的刊物。工作十分辛苦,但蒲龄不怕苦不怕累,总是尽力去完成任务。

《民主》周刊从创刊开始,一直遭到国民党的迫害,创刊号发行的第二天,国民党上海市社会局就票传发行人王丰年责问:"为什么原稿不送检查而径自发表?"接着由警察、特务在报摊上没收刊物,继则把印好的刊物整车扣留,把刊物交给批发人零售时,曾被全数运到特务机关,警告批发人以后不得再卖,有的报摊受到严重警告,不得再经售,有的报贩甚至被逮捕,穿便衣的特务把刊物撕成碎片,胡说这是违禁刊物,蒲龄在这样的白色恐怖环境下机智勇敢地把刊物送到批发人和读者手中,经常出入"周公馆"和一些主要作者家中,送文件取稿件,从未出过差错。

《民主》周刊从抗日胜利后 1945 年 10 月 13 日创刊,于 1946 年 10 月 31 日被迫停刊,时间只有一年多,但这中间经过许许多多不平静的日日夜夜,至今记忆犹新。《民主》停刊后,蒲龄调到党领导下的《新文化》半月刊工作,该刊由周建人主编,艾寒松任编辑,胡绳、方学武参加刊物的领导工作,具体出版、发刊的工作由蒲龄、丁之翔办理,白天跑印刷厂、装订作,接洽业务,早晚做内部工作,有时就睡在办公室,每天工作到深夜,星期天也很少休息。因为政治形势一天比一天恶劣,曾几次更换工作地址,国民党当局在 1947 年 3 月 5 日强迫各地中共办事处和《新华日报》的全体人员全部撤退到延安以后,更加明目张胆地镇压民主进步人士,许多文化人士不得不去香港另外开辟战场,《新文化》半月刊也就不得不于1947年4月14日出了最后一期后被迫停刊,大家也就不得不转入地下工作。

蒲龄出生于一个工人家庭,早年深受三座大山的压迫和剥削,抗战胜利后受到进步思想的影响,进步很快,在上海解放前夕被吸收入党,解放初与之翔一同参加上海新华书店临时第一门市部工作。他响应党的号召参加西南服务团奔赴解放大西南的战斗前线,先后在重庆、中南总分店工作。抗美援朝时他响应祖国的号召,跨过鸭绿江赴朝鲜战场开展文化服务工作。抗美援朝胜利后,先在北京后又调到新疆新华书店工作,以后又调自治区体委,先后担任过国防体育科、空上运动科、国际体育俱乐部负责人,南门体育馆馆长、场馆处副处长,军事体育学校副校长、体训二大队巡视员等职务,被授予"新中国体育开拓者"的称号,于1987年离职休养。

蒲龄同志自参加革命以后,一直服从组织调动,并自觉地要求到最艰苦的地方去工作,不论在解放前或解放后,工作一直勤勤恳恳,任劳任怨,不怕困难,认真负责,他的崇高的革命精神和优秀的品质,永远值得我们学习。

黄蒲龄,1945年在上海参加《民主》周刊。后曾在新疆维吾尔自治区体委工作。

方学武,1936年在上海参加生活书店。后曾任上海译文出版社副社长。

丁之翔,1939年在上海参加生活书店。后曾任上海书店副经理。

原载《联谊通讯》(北京)第26期,1992年6月20日

为抗日文化献身的黄晓苹同志

王泰雷

黄晓苹同志逝世已整整五十周年了。他的音容笑貌和坚强的工作责任心,使我永远怀念着他!他是1934年5月在上海进生活书店的。1937年"七七"抗战以后,上海不久已成为"孤岛",生活书店用远东图书杂志公司招牌在福州路378号设立了门市部,黄晓苹同志是这个门市部的负责人。

1938年12月生活书店出版的抗日救国的《战时读本》,由张宗麟同志主编,内容偏重于抗日救亡、政治常识和救亡词句等。这个课本内容新颖,现实政治性强。当时进步的学校、团体采用它作为课本,对学生和战士灌输抗日救国教育有直接的教育效益。我们把书稿发给上海望平街汉文正楷印刷厂排印,因为书的课文要用正楷铅字排印,上海公共租界中央捕房包探知道了这件事,就派人去查抄,搜去了正在印刷的书页。当时,印刷厂中有人说了这是远东图书杂志公司方面拿来的,这样就到书店门市部查抄,并把门市部负责人黄晓苹同志拘捕起来,关进上海福州路中央捕房监狱。

我们为此多次向捕房交涉,捕房头子说:"交出生活书店经理后,黄晓苹就可释放。"我对他们说:"为了挣些钱,这是远东公司代办的,好在捕房里的外国人看不懂此书,日本人也不知道(捕房的人也害怕日本宪兵队),大家要过日子,就请大事化小,我们也知道应该怎样答谢。请先放黄晓苹回去,因为他有肺病。"我们找了与捕房熟悉有正义感的律师和在沪名人出面,讲交情、讲爱国,就在福州路杏花楼叙餐,我出面作为家属方面的人。经过几次催问,我自己常去中央捕房找包探,捕房方面要把事拖延,以便于敲诈。同时,因为黄的亲戚不了解情况,以为只要我代表生活书店去投入,捕房就可了事。我向他们严肃地说明:"如果生活书店还有人在上海,那么问题立刻会扩大,远东图书杂志公司被封门,我们就会遭了大殃。"经过三个星期奔走交涉,我们花费了约三百银元(打银行礼券①)给捕房中人,过三天,黄晓苹同志被释放了。

黄晓苹同志被捕将近一个月,在监狱中受尽苦楚。我们为了使他早日获释,到处奔波,他因公被累而致旧病(肺病)复发。出狱后长时间呻吟床褥,卧病于医院中。治疗较好后,就到无锡家乡休养,没有经过多长时间,不幸于1939年5月病故。

黄晓苹同志在捕房中什么都不说,比如《战时读本》就是生活书店交来的、远东和生活是一家等,他都说不知道。他对革命的出版事业忠心耿耿,在狱中表现极为坚强。对这位对革命出版事业忠贞不屈的战士,我们谨以同志的心情向他学习,并表示深切的怀念。

---

① 编者注:此处原刊排印缺字。推测为渣打银行礼券。

黄晓苹同志虽然牺牲了,但他工作认真负责,立场坚定,为革命出版事业竭尽全力的革命精神,当年鼓舞着上海生活书店所有的同志,更坚定了我们搞好书店工作,出版更多的革命书刊,为革命文化作出更大贡献的信心。

每当我回忆起黄晓苹同志时,深感无限痛惜!

黄晓苹,1934 年在上海参加生活书店。1939 年去世。

王泰雷,1930 年在上海参加生活书店。后曾在商务印书馆工作。

原载《联谊通讯》(北京)第 8 期,1989 年 8 月 15 日

悼蒋一苇同志

仲秋元

1月中旬,我和何理立去医院探望一苇同志。从他谈话的音容和陈曦同志介绍的情况来看,他有可能渡过难关,不料九天后即传来了他去世的噩耗。悲痛之余,想起一些往事。

两年创办三种杂志

我和一苇同志相识是在 1945 年底的重庆。抗战胜利后,重庆三店合并成立了三联书店。此时正是召开政治协商会议的前夕,政治活动空前活跃,二十多种进步刊物都由三联负责发行,蒋一苇主编的《科学与生活》月刊就是其中之一。这份杂志是党的南方局领导下出版的唯一的一种自然科学杂志,创刊于 1946 年初,社长是严希纯,一苇是主编。许多著名的科学家,如郭沫若、梁希、卢于道、丁瓒、邓初民都为这个刊物写文章。该刊不仅发表普及科学知识的文章,还从科学与社会关系,从推动社会进步的角度谈科学问题,号召科学家要为推动社会进步,为建设民主的新中国而努力。

它还针对国民党发动内战的阴谋,发出科学建设需要和平环境,要求停止内战的呼声。刊物出版后,受到读者的欢迎。通过这个刊物,团结了一大批科学家,扩大了党的统一战线。

总发行科学杂志,我们是第一次,缺乏经验。一苇同志热情地给我们很多帮助。经常来书店给我们介绍刊物的内容和科学家的动态,提供应向何处推广的建议。我们为支持这个刊物,就采用了活期的办法来吸收定户。编辑、出版、发行三个方面合作得很好。可惜,只出了八期,在国民党进攻张家口,全面内战爆发后被迫停刊了。

《科学与生活》停刊后,他又创办了《彷徨》月刊,这也是在党的四川省委领导下,与《萌芽》一样,都由何其芳同志直接领导。《萌芽》进步色彩较浓,由三联出版发行。《彷徨》则是以职业青年为对象,以中间面貌出现,于1947年2月创刊,开始时由三联的二线机构沪光书局发行,后改由杂志供应社发行。与此同时,一苇同志还协助张知辛同志(张曾在生活书店工作过)创办《人物杂志》。这两种刊物,都很受读者欢迎。一苇同志在两年内,先后创办三种杂志,在进步文化备受摧残的重庆,保留一角文化阵地,继续传播进步思想,其艰辛是可想而知的。那时,他只有二十六岁。

在白色恐怖下编印《挺进报》

1947年2月底,重庆国民党反动派用武力强迫我党代表团及新华日报撤返延安。6月,又在全市大逮捕,数百名学生、记者、文化人被关进集中营,白色恐怖笼罩重庆。在此危险时刻,一苇和

《徬徨》的几位同志,在坚持出版《徬徨》的同时,秘密办了一份地下报纸《挺进报》(周刊)。他们以秘密收听到的新华社广播为依据,由一苇同志负责编写稿子和刻蜡版。通过这份小报,传播解放战争的胜利消息,报道中央的政策和解放区动态,揭露敌人的欺骗宣传,团结和教育党员和革命群众,增强信心和斗志,看到希望和努力方向。值得一提的是这份地下小报是一苇同志和徬徨社的刘镕铸、陈然、吕品等几位同志自发办起来的。出了几期后,地下重庆市委才同他们接上组织领导关系,成为重庆市委的机关报。这份小报每期秘密发行近千份,发生了巨大的战斗作用。也使敌人感到极大的恐慌。《挺进报》出版了二十多期,1948 年 3 月,因叛徒告密,受到破坏,陈然同志被捕,一苇同志侥幸脱险,转移香港,到香港后正式参加生活书店工作。

新中国科技出版事业的开拓者

1949 年冬,第一届新华书店工作会议后,三联书店除继续出版社会科学、青年读物和文艺作品外,为配合经济建设,增加了出版初、中级工业技术读物的任务。第一步的安排是:在 1950 年创刊《科学技术通讯》杂志和一套技工实用小丛书,编辑工作由一苇同志负责。为取得丰富的来自生产第一线的稿源,他亲自下工厂,同工人开座谈会,建立工人通讯网。刊物出版后,三联的同志对科技书刊不熟悉,发行情况不理想。我那时在总管理处秘书处,负责联系分店的工作。为此,我找一苇同志商量,希望他像四年前在重庆帮助我们解决《科学与生活》的发行问题一样，出点主意，在《店务通讯》上写点指导发行工作的文章。他都答应了。很快就写了一篇《把我们的工作朝向工人》，文中阐述了出版发行通俗科技书刊的意义，提出了发行这类书刊不能光靠门市，因为工人忙，要把书刊送到工厂去，设摊供应和委托工会组织代销。他还身体力行，下工厂找工会代销，通过工人通讯员网代销、代订。由于采取了他提倡的有针对性的发行办法，《科学技术通讯》的发行数就直线上升，跃居同类刊物的第一位。一苇同志在编辑组稿上密切联系生产第一线的工人，在发行上深入工厂建立发行网等一套做法，为解放初期建立科技出版发行工作作出了贡献。

1951年初，三联书店工作任务奉命调整，科技出版工作移交工业部门办理，一苇同志调任一机部科技出版社社长，直到1959年被错划"右派"下放劳动，他为中国的科技出版事业奋斗了十三年。

探索经济体制改革的理论家

十一届三中全会后，他的错划得到改正，重返北京，担任社科院工业经济研究所所长、经济管理出版社社长。有一次他和陈曦同志来我家，才知道他在工厂二十年，虽然受到不公正的对待，但仍坚持共产主义信仰，一边劳动，一边勤奋学习，探索社会主义经济工作中发生的问题。对他这种身处逆境而矢志不渝的精神，我们十分钦佩。当时，他还谈了他对改革经济体制的一些看法，有些论点相当精辟。给我们的印象是，他已从一个科技工作者，通过生产劳动实践和理论探索,成为一个经济学家了。以后,我们见面很少,他的文章和言论,只要能见到的,我都仔细拜读,剪报留存。他最有影响的是经济三论"企业本位论""职工主体论""经济民主论",是很有创见的经济体制改革理论。去年8月,他主编的《改革》杂志,刊登了一批重要论文,在我和他通电话时,他还向我推荐徐雪寒、于光远的两篇文章。国庆节前后,我们又就股份公司一事在电话上交换了意见。在两次通话中,他先告诉我肺有点毛病,住院治疗后,已恢复半天工作。想不到不久他又住进了医院。当我们去探望时,他仍关心着经济改革理论的探索,并以未能如约参加中央领导同志有关经济改革理论的商谈为憾。他因病失眠,但拒服安眠药,担心服药成瘾,康复后影响工作。他这种为人民的事业而献身和追求真理的精神,永远值得我们学习。

1993 年 2 月 25 日

蒋一苇,新中国成立初期曾在三联总管理处主编《科学技术通讯》。后曾任中国社会科学院工业经济研究所所长、经济管理出版社社长、《中国经济年鉴》总编辑、重庆市社会科学院院长。

仲秋元,1938 年在汉口参加生活书店。后曾任文化部副部长。

原载《联谊通讯》(北京)第 31 期,1993 年 4 月 20 日

我是怎样进生活书店的

莫志恒

我从 1932 年起,每周从报摊上买一本《生活》周刊,主要是阅读韬奋先生的《小言论》、伏生(胡愈之)的国际论文和克士(周建人)的妇女问题通信。这本周刊培养了我的抗日思想。那时我在上海开明书店和商务印书馆东方杂志社做美术编辑。

1934 年至 1935 年常常从上海《申报》上见到生活书店招考工作人员的广告,1935 年秋季,我决心去报考试一试,热望能进入这个进步出版社工作。结果没有被录取,但是,我没有灰心。

那时,日、德、意三个法西斯国家横行世界,弱小民族和进步青年被压迫得透不过气来。有一天,见到美国《纽约时报》上有一幅欧洲形势地图,经冯宾符兄译出,由我复制绘图。我绘了两幅,一幅在商务印书馆出版的《东方杂志》上发表,一幅投寄给胡愈之创办、由生活书店出版的《世界知识》,后经张仲实先生找我去面谈,把我投去的地图进行译文上的修改,就采用了。由于《生活》周刊被国民党反动派勒令停刊(1932 年 12 月),韬奋同志出国考察。杜重远主编《新生》周刊,后来发生《新生》事件,《新生》也被迫停刊,由金仲华同志筹编《永生》周刊(1936年3月)。在创刊号上我也写了一篇《苏联版画展印象记》(画展在上海八仙桥青年会展出)。这样,我同生活书店这个革命出版社已经发生了投稿关系。在我请托金仲华兄替我推荐时,他说:"你已有东西在生活的出版物上发表,工作的事就容易介绍了。"

1936年春,徐伯昕同志通知我:为生活书店设计两帧书封面,都是"世界知识丛书",记得其中一本叫《现代十国论》,是宾符等翻译的。我如约把画稿交去。之后不久,伯昕同志就招我去上班了,安排在出版部担任书籍装帧设计。

我在生活书店(上海福州路384弄)工作的第一个印象是:领导人员不摆架子,工作人员大部分都是二十岁左右的青年,他们上班时努力工作,不谈私事,一到下班之后,办公室内就哼起抗日歌曲来,生机勃勃。那时我二十八岁。

1936年这一年形势特别紧张:日本军国主义者侵略我国日甚一日,国民党政府不抵抗,革命工人的罢工、游行、示威和贴标语,干得轰轰烈烈。11月,沈钧儒、邹韬奋等抗日运动领袖(七君子)被国民党反动派逮捕入狱,全国哗然。这时抗日群众与不抵抗主义者的矛盾达到高潮。生活书店的出版工作,蓬勃发展:十多种期刊、五六套丛书,又加文学作品的单行本、马列主义的经典译作,几乎天天有新出版物问世。那时出版发行工作者的工作量很重,一个人抵两三个人用,往往忙得气都喘不过来。回忆抗战前夕那几年,有时三天出版一本书,那便是夏衍同志写的话剧《赛金花》。

我在这段时间中为生活书店装帧的书刊,重要的有韬奋主编的《生活星期刊》,茅盾主编的《中国的一日》,郑振铎、王统照主编的大型月刊《文学》(七、八期)和傅东华译的《夏伯阳》(即《恰巴耶夫》)等。

1937年的七七卢沟桥事变到八一三日本侵略上海开始,生活书店就决定撤至大后方武汉,全体同人往长江上游撤退,开始八年出版界的抗日"游击战争"。

1988年9月3日,日帝投降签字四十三年于北京

莫志恒,1936年在上海参加生活书店。后曾在中央民族事务委员会工作。

原载《联谊通讯》(北京)第4期,1988年12月15日

我是怎样考进生活周刊社的

邵公文

那是六十一年前的事了。

1931年9月18日,我考进了生活周刊社当练习生。在进生活之前,我在上海闸北铸丰搪瓷厂当练习生。大概在1929或1930年,铸丰招进了一批中华职业学校的毕业生,其中有一个姓景的同事,是安徽人,和我比较谈得来,经常讲些中华职业学校的事,谈到关于他的英文老师邹韬奋的情况,说邹先生教书如何严格,对学生如何循循善诱,考试如何铁面无情,等等。有一学生功课很不好,不能升级,他的家长托校长说情,可是邹先生却不买账,严格执行校规,坚持这个学生不能升级,否则他只有辞职不干。这一类关于韬奋的故事,从那位姓景的同事那里听了不少,不由得对韬奋的为人顿生敬仰之情。后来又由他介绍订阅一份《生活》周刊,每周阅读,更增加了对韬奋的道德文章的敬佩和喜爱。

1931年是世界经济危机十分严重的一年,铸丰厂在南洋一带的生意也大受影响,不得不把一个分厂关闭了。在厂的工人经常罢工,使生产极不正常。于是厂里开始裁人,我的心里惴惴不安,恐怕饭碗不保。正在这时，《生活》周刊 8 月 15 日出版的第六卷第三十五期上刊出了招考练习生的广告，由于对韬奋先生的敬佩之情，遂下决心去应考。九月初的某一天，我就到华龙路环龙路①生活周刊社去考试。先是笔试，写一篇自述，还考了珠算，然后被领到另一房间，分别由韬奋先生和徐伯昕先生口试，也只是问一问在什么学校读书以及就业情况如何等问题。口试时邹、徐两位态度和蔼，没问什么难题，最后告以等待通知。

一天通知来了，竟说我的考试成绩还可以，但因名额有限而未录取。这消息顿时让我惊呆了，而且这个通知被老板的一个亲戚知道了，更令我惶恐不安。于是又写信给生活周刊社，说明我的处境和苦衷，请求破格予以试用。这封信去了没有几天，就得到了回信，通知我 9 月 18 日报到，这又使我喜出望外。于是，1931 年 9 月 18 日这一天，我终于进了生活周刊社的大门，在吃午饭的时候，黄炎培先生忽然到食堂来告诉大家，日本帝国主义侵略沈阳，听到这个惊人的消息，大家义愤填膺。

和我同时考进生活周刊社的，还有张锡荣、薛迪畅、杜国钧（谷军）和王永德。除王永德已早去世外，其他四人均在，并且都在北京，去年联谊会还为我们举办了参加书店工作六十年的庆祝活动。

对我自己来说，这是我一生历史的一个大转变，参加生活后，大大增强了爱国主义思想，进而接受了共产主义的教育，后又参加了中国共产党，坚持革命道路，这是永远值得怀念的。

---

① 编者注：今雁荡路南昌路。

邵公文,1931年考入生活周刊社。后曾任出版总署发行局副局长兼国际书店总经理,中国外文出版发行事业局负责人、顾问。

原载《联谊通讯》(北京)第 28 期,1992 年 10 月 25 日

沉痛悼念公文同志

薛迪畅

突然听说公文同志病逝，不胜悲痛，心潮起伏，久久不能平静。记述一些往事，聊表哀悼！

公文一生从事出版发行事业，对中国文化出版宣传工作，是有重大贡献的。他1931年考入生活周刊社当练习生，1933年即成为生活书店初创期成员之一，担任批发科长职务，当时年仅20岁。《生活》周刊的同业，很多是派报社，发送日报和三日刊、周刊等，销售图书缺少条件，公文一面发展新同业，一面要不断写信劝说一些派报社增加资金设备、扩大经销业务。生活书店业务发展迅速，本版书之外，又代办全国各地的出版物，批发科人少事多，公文开票写信外，经常参加打邮包、捆大包和装木箱等工作，终日忙碌。1937年5月他接受上海地下党委托和张季良同志（曾在批发科工作，后去读书出版社）同去延安，创办光华书店，最早向红军和陕甘宁边区干部供应马克思主义和各门类的出版物。后因抗战暴发，未能重返延安。抗战开始后他去武汉，接受到贵阳开设生活书店分店的任务。当时贵阳还较闭塞，四乡土匪不靖，上海的出版社和书店还没有一家内迁到贵阳的,当地也没有一家销售各类图书较为像样的书店,公文是发展贵州省文化出版业的先驱。1947年公文奉三联书店总管理处派遣,以民营书店身份去东北解放区开设光华书店(即三联书店)。在两年的时间里,先后以大连和哈尔滨两市为基地,招收大批新同事,成立编辑部和出版部,并在齐齐哈尔、佳木斯等开设分店。沈阳解放后,迅即转进,协助沈静芷同志建立三联书店东北区管理处。1950年出版总署决定图书出版工作和发行工作专业分工,公文以三联书店为主体联合中华、商务、开明、联营共五个单位的发行部门组成中国图书发行公司,五个发行部门个性不同,各有自己成套的行之已久的规章制度,职工思想杂乱,顾虑重重,合并的事务繁忙,头绪又多,困难极大,特别是政策性强,略有差错,影响深远。公文在中图公司的三年左右时间,工作开展迅速,并为中图公司和新华书店的合并铺平道路。1953年公文调任中国国际书店经理,这又是一个政治性强、纪律要求严格的工作,公文一面依靠党的领导,团结群众,一面在学习中摸索前进。以上各项工作,从无到有,从小到大,从进出口合一到进出口专业分工,经历许多坎坷不平的道路,公文费了很大心血的。

还应说明,公文的身体不是很健康的,曾患肺结核病。在看病期间,地下党来商请他去延安筹办光华书店,他毫不考虑身体有病,因早有向往革命、愿意参加革命的思想,立即表示同意。从延安回上海不久,全面抗战爆发,我们从此分别后多年未见,只听说他身体比较虚弱,1949年在北京相见时,才看到他已长得很结实,工作时精力充沛富有生气。

公文出生于贫苦家庭,小学毕业后,三次在小店铺当学徒,从朝到晚,没有作息时间,没有工资,环境恶劣。到铸丰搪瓷厂当练习生后,能在厂办文化补习班学习文化,"珍惜得来不易的工作",知道"掌握文化的重要",三年时间里认真读书,阅读《生活》周刊等报刊。九一八前夕,到生活周刊社上班,这时韬奋先生因日寇侵略义愤填膺,周刊内容改变为宣传爱国主义,主张抗日,提出停止内战、民主团结,反对蒋介石"安内攘外"的反动政策等进步主张,不断受到反动派的迫害。韬奋不畏强暴、不屈不挠的斗争精神,公文感受尤深,对公文以后的工作和活动,起了极大的影响。

公文做好工作还有两个很大的优点:一个是依靠党依靠上级领导,多请示多汇报,工作质量好,少走冤枉路;二是了解业务,团结群众,发挥群众积极性,能很好完成任务。

公文一生工作,从国统区到解放区,从地方到北京,从国内发行到进出口贸易,改变频繁,差异极大,他服从调配,没有怨言。在中国国际书店的工作中,遵照上级指示要勤汇报多请示的精神,向领导部门请示的书面文件向来是各个兄弟部门中最多的一个。提出请示文中,不仅要有情况,还要有建议,有时建议的方案有几个,请领导指定一个,对上级的指示,坚决执行,决不打折扣,如果同志们对指示认识不一致,公文耐心解释说服,受到领导的信任,也获得群众的赞许。

公文善于团结群众,发挥群众积极性。在东北光华书店时,总管理处派去的老同事很少,多数是招收的新同事。光华书店在两年左右的日子里,排印了《资本论》《鲁迅全集》和其他各种图书有

300种,印数1000万册,在不少城市开设了分店,成绩突出。组建中国图书发行公司时,公文率领三联书店一批同志为主体,联合各家发行部门的同志,他们并非新手,各有一套习惯做法,做好工作的难度极大。公文以办事认真负责、作风朴实慎重、宽厚平易近人等的精神,工作很出色。在国际书店的工作也很突出。图书进出口贸易没有范例可循,也没有一套班子,就招收了一些知识分子。五六十年代,运动一个接一个,许多人受了冲击。公文领导工作有方,但运动中有人认为领导不够有力,公文有时不得不说一些违心的话,运动结束时公文在大会作自我批评,小会慰勉有加,多做启发和调动积极性的工作。现在中国国际图书贸易总公司的老同志,都很怀念他,听到他去世的消息,都很哀痛。

我和公文同事67年,在他领导下工作46年,受他的教益很多,对他的去世,悲痛无比!

公文安息吧!

1998年3月16日

邵公文,1931年考入生活周刊社。后曾任出版总署发行局副局长兼国际书店总经理,中国外文出版发行事业局负责人、顾问。

薛迪畅,1931年在上海参加生活书店。后曾任中国国际图书贸易总公司(中国国际书店)经理、顾问。

原载《联谊通讯》(北京)第61期,1998年4月15日

在告别公文同志之际想到的

王　益

去年 10 月,送走了张锡荣同志。在此之前,黄宝珣同志和陈其襄同志离开了我们。今年 3 月,又接连为邵公文同志、甘伯林同志送行。这年头,经常从老战友老朋友处传来不幸的消息。我已进入耄耋之年,对这类老成凋谢、不可抗拒、符合自然规律之事,已能做到临变不惊,处之泰然了。

但是我还是想得很多,想到了在 30 年代一起工作过的老战友们。许多同志更早逝去了:卜明、徐律、华应申、储继、周保昌、沈静芷、戴琇虹……走了的人不少。但细细想来,健在的还不少,比走了的多。这是差可欣慰的。

宝珣同志和其襄同志是早期进入生活周刊社的人,在我眼中是生活书店的元老级人物。宝珣同志文化水平高,是邹韬奋同志答复读者来信的得力助手。其襄同志是生活周刊社第一个练习生,力疾奉公,操劳过度,染上了肺结核,以后身体一直很弱,经常抱病工作。他对生活书店的创立很有贡献。皖南事变后,在国民党统治区很难立脚了,生活书店领导上派他和张锡荣同志到上海,领导上海地区的生活书店的工作。他们巧妙地以商人面目,搞贸易工作,既可以以此为掩护,又可以赚点钱帮助经济上已很困难的生活书店。他们帮助韬奋同志安全地进入苏北解放区,以后又把韬奋同志接回上海治病,为抢救韬奋同志的生命尽了最大的努力。张又新同志、顾一凡同志也参加了他们的工作。

我最初认识伯林同志是在香港,他是生活书店香港分店的经理。年龄比我大得多,阅历丰富,在我这样的小弟弟看来,他是一个能在资本主义社会与各方面周旋的能力很强的经理。他原来是《生活》周刊的读者。1936 年春,邹韬奋同志到香港出版《生活日报》,他辞去了报酬丰厚的职位,参加筹办工作。《生活日报》停办,他进入生活书店。

我认识张锡荣同志是在 1935 年底,我考入生活书店当练习生,分配在邮购科。科长是锡荣同志。练习生是新式的学徒,科长就是我的师傅。我对科长很崇敬,不敢主动和他接触。我不知道他不过比我大了四五岁,在四五年前也是练习生。我在邮购科注意观察周围的一切,学习一切。当时邮购科是生活书店最大的一个科,有 20 多人。其中有可以称为师兄的李文同志和周保昌同志。全国各地以及香港和南洋地区,经常写信来买书的基本读者有 5 万人,书店在读者中享有很高的声誉。大量进步书刊通过这个渠道直接输送到读者手中,社会效益好,经济效益也非常好。生活书店靠邮购户的存款和杂志订户的订费解决了出书的资金问题。邮购科的工作井井有条,一丝不苟,高效率,高服务,像一条运转自如的流水线。我参观过邮购工作的最后一道工序,打邮包,看得津津有味，一个个包得方方正正，又牢固，又美观，速度快，不费力，牛皮纸和绳子大小长短适度，很节约。麻绳都绕成一个圆球，绳子可以从圆球中源源不绝地抽出来。我都看呆了，也下手打几个包，学会了打包。1938年在新知书店广州分店工作，有时一天要向武汉总店寄送500个邮包，我学到的一手着实派了大用场。

公文同志是批发课长，全课只有他和朱希同志两个人（后来张朝同同志进入了批发课）。当时生活书店没有一家分店，全靠《生活》周刊时期积累起来的三百多家特约经销户把生活书店的出版物发到全国各地。把书发出去不难，难在能收回钱来。他们有一套工作制度，既有原则性，又有灵活性，取得很大成绩。书发得多，坏账很少。他们还帮助读书生活出版社和新知书店批销书。朱希同志在新中国成立后成为中国最早最大的图书进出口公司国际书店的创始人。公文同志是第一个从国民党统治区到革命圣地延安创办书店（光华书店）的人，是新中国成立后规模巨大的、全国性的公私合营书店中国图书发行公司的总经理。他主持国际书店工作24年，对中国的图书进出口工作作出了卓越的贡献。

我在邮购课工作只两个月，就调到世界知识社工作了。世界知识社和永生周刊社一起，在爱多亚路①泰晤士报大厦租了一个房间办公，离开了在福州路的生活书店办公楼。宝珣同志就是那时候认识的，她和陆九华同志负责答复《永生》周刊的读者来信。四个月后，我又离开世界知识社，所以我对生活书店的工作了解很

① 编者注：今延安路。

少。当时薛迪畅同志负责杂志发行工作,王泰雷同志负责仓库工作,赵晓恩同志负责宣传推广工作。他们都是朝气蓬勃、风华正茂的 20 来岁的年轻人,一色的练习生出身,工作都很出色。我没有去过编辑部,不知道谁在做编辑工作。编辑部人数很少,只有一两间办公室。我认识郑川谷同志和莫志恒同志,他们是搞书籍装帧设计的。

主动找我联系的是朱照松同志、卜兆麟(卜明)同志、邵顺林(丁裕)同志。他们好像是政工人员或工会工作干部。生活书店没有政工部门和工会组织,他们是自觉自愿地在进行工作,他们不跟我谈业务,而是谈学习问题。

毛主席说过,五四以来在中国形成的文化军队,是一支不可少的军队。它帮助了中国革命,使封建文化和买办文化的地盘逐渐缩小,其力量逐渐削弱,以致中国反动派只能提出所谓的以数量对质量的办法来和新文化对抗。在三四十年代,生活书店、读书生活出版社、新知书店,就是这支军队中的三个战斗集体、三个堡垒。邹韬奋同志、李公朴同志、徐雪寒同志、徐伯昕同志、黄洛峰同志、华应申同志等,是这个集团的司令员,其襄同志、公文同志、宝珣同志、伯林同志等,是这个战斗集团中的骨干。在这支文化军队中,以笔代枪,冲锋陷阵的,是编辑部的同志和团结在这个战斗集体周围的作者们。门市工作、邮购工作、批发工作等也很重要,但我认为是输送弹药、供给食粮的后勤保障性质的工作。兵马未动,粮草先行。没有强有力的后勤工作,决不能战胜敌人。三家进步书店正是因为有了以上所说的两部分精兵强将,才取得了辉煌的战果。

中国的图书发行工作一向很落后,1949 年以前,全国没有一家专业的图书批发公司;除生活书店外也没有一家像样的书刊邮购公司。锡荣同志和公文同志等虽然不能说完全学无榜样,但许多做法是带有创造性的。他们都是穷孩子,失学青年。参加工作之前,文化水平很低,学历很浅。他们大多是学徒出身,受过老板们的残忍的剥削和虐待。公文同志可说是一个典型,他在好几家店铺中当过学徒,因为忍受不了非人的生活,几次逃回家中,最后进入生活周刊社当练习生,才找到了安身之处,也找到了他发挥才能的地方。应申同志曾说过:旧中国的学徒,是一个富有革命性的阶层。他们很容易接受革命思想。他们在国家存亡、民族安危的关头,大多参加了救国会,更早的还参加了共青团和党的外围组织中华民族武装自卫会。沈静芷同志、徐律同志、徐励生同志等因此遭国民党逮捕,被送入了苏州反省院,到抗战前夕才放出来。朱照松同志和朱希同志是共青团员。公文同志是在七七事变后率先加入了中国共产党的人。他们在工作岗位上,刻苦学习,努力提高文化,在全心全意为人民服务思想的指导下,努力钻研业务,精益求精,终于练就了一身过硬的本领。

我想得最多的是这样一个问题:这支队伍是怎样培养出来的?他们的过硬的本领是哪里学来的?答复是:他们是战斗集体的领导同志培养出来的,说到底是党培养出来的,是适应时代的需要产生出来的。三家书店是时代的产物,书店中的这些骨干,是时代的产物。他们的过硬本领,是适应时代的需要脱颖而出的,是从实践中摸索出来的。

　　我想的最后一个问题是，应该采取什么措施，使他们的事业精神、敬业精神、为人民服务的精神传播下去，传之久远？应该采取什么措施使他们的战斗品格，永远活在人们心中？我还在不断地想。最好大家都来想一想。

1998. 3. 15.

　　王益，1936年在上海参加生活书店，1937年进新知书店。后曾任新华书店总店总经理、国家出版局副局长。

原载《联谊通讯》(北京)第61期，1998年4月15日

高擎明灯的人

——悼念沈兹九大姐

黄慧珠

沈兹九同志于 1935 年创办《妇女生活》杂志,从而成为与生活书店同人并肩战斗的亲密战友。她的逝世和遗体告别仪式,报纸上已作报道。本刊请黄慧珠同志写了这篇文章,着重追述她创办《妇女生活》的情况及该刊在当时所起的作用,以纪念这位令人崇敬的大姐。

——编者

敬爱的沈大姐,得知你在 1989 年 12 月 26 日凌晨离开了我们,虽然你已 91 岁高龄,但这噩耗对我还是太突然了。

在我的印象中,你仍是那么精神,那么坚强。我清楚地记得,前年祝贺你 90 寿辰那天,同志们请你到室外台阶上合影留念,你坚持自己走出去,一再不让别人搀扶。去年国庆节后,我托你的秘书带回二年前经你推荐刊登在政协《文史资料》第 17 辑上的纪念曹孟君大姐的文章,你还说,"我记得,这篇稿子我还修改过"。我当时本应亲自将书送给你，但却因故没能这样做。后来又听说你患了感冒，因恐影响你休息，也未来看望你。原打算到 90 年代第一个元旦时前来向你祝贺新年的，却万万没有料到，你却一病不起，离开了你为之无私奉献、奋斗了一生的千千万万兄弟姐妹和同志。

敬爱的沈大姐，你是比我年长 20 岁的前辈，虽然到 1949 年春在北平召开的全国第一届妇代会上我们才相识，但早在抗日战争以前，由你创办的《妇女生活》问世之后，你就是我所崇敬的导师，是我心目中的一位高举明灯的巨人。

那时，我还是一个在初中读书的女青年，对身受的封建压迫，对社会上的种种不平，对帝国主义的侵略等等问题的根源，正开始思索，但却得不到圆满的解答。就在这个时候，看到了你主编的《妇女生活》，其中不但讨论妇女、儿童、家庭方面的问题，还讲解国家和世界大事；不但告诉我应怎样认识，还告诉我应怎样去行动，解答了许多困惑不解的问题。《妇女生活》强烈地吸引了我，有了它就像得到一把开启人生之谜的钥匙，有了一盏照耀我前进道路的明灯。那时，在我的想象中，你沈大姐就是高擎这盏明灯的人。

《妇女生活》从 1935 年 7 月 1 日创刊，到 1941 年初皖南事变时被迫停刊，共出了一百期。但你却在 1940 年夏因抗拒与宋美龄"合作"而被迫离开这个战斗岗位。在那样危急的时刻，你还是为《妇女生活》百期纪念专辑留下了纪念文章。我从历年来《妇女生活》的字里行间，深切地感到，在那将近五年的一千五百来个不平凡的日日夜夜，你为高举这盏明灯，呕心沥血，无私地付出了多么艰辛的劳动啊!《妇女生活》是在党的领导和支持下,由你白手起家创办的。帮你工作的只有一位助编,编辑室就在你和女儿同住的小小卧室中,你不但要编辑、写稿,还要为印刷出版和发行与各方面联系;还要为对付国民党反动派的种种非难和压制,以至几度横遭封禁而奔走呼号;还因日寇的入侵而从上海迁武汉,继而又迁重庆出版。

你通过《妇女生活》,从理论上、思想上给在黑暗中寻找光明的读者,特别是女知识青年,提供打开"牢门"的钥匙;还紧密结合抗战前后的社会实践,指引广大妇女群众如何走上争取民族解放和妇女解放的光明之路;你还以最大努力投入推进组织群众,开展抗日统一战线的工作。仅妇女界的组织,经你参与发起组织了上海妇女救国会,协助何香凝筹组上海妇女抗敌后援会,参与推动建立中国战时儿童保育委员会,参与改组新生活运动妇女委员会,还号召推动没有妇女救国会等进步组织的地方,建立《妇女生活》读者会或其他名义的组织。当时,《妇女生活》又成为指导这些组织成员走上革命道路的良师益友,我就是其中小小的一员。我在苏州上学时,与周围的一些进步同学和师友建立了读书会,到上海升学后又参加校内由上海妇女救国会领导的"光明社"。我们读《妇女生活》及其推荐的进步书刊,演唱抗日爱国的戏剧和歌曲进行宣传。我们演过《妇女生活》上刊登的独幕剧《杀秋瑾》,我扮演在敌人公堂上为真理宁死不屈的秋瑾的学生程义。这些学习与活动,帮助我树立了为人类和妇女解放事业奋斗终身的人生观。

敬爱的沈大姐,你的一生,是革命的一生,是无私奉献的一生,仅就你主编《妇女生活》的这一业绩来说，你高举这盏明灯，照耀着广大读者，唤醒了千百万群众，特别是千万姐妹走向光明，其中许多人在解放后成为社会主义建设各条战线上的骨干。但你从不以此自恃，总是虚怀若谷地念念不忘当年党内外许多同志的支持和帮助。在你写的《〈妇女生活〉百期纪念》一文中，你就深情地感谢当年代表党给予你极大支持的杜君慧同志，记述了在艰难中帮助你的吴似鸿、子冈、寄洪等，以及接编《妇女生活》的你的老战友曹孟君、胡耐秋，随后，你还写道："然而它的有今日绝不仅仅我们这几个人的力量所能成功的，这里我想写出一大批为它出力的人来。"于是，你列举了几十位给予支持和帮助并经常撰稿的人的名单，其中就有书店的创办人邹韬奋、徐伯昕、李公朴等同志。你还特别提到，《妇女生活》创刊半年后，上海杂志公司就不愿与你们合作了，在这紧急的时刻，得到胡愈之同志的帮助，将《妇女生活》交由生活书店出版发行，从而使它能够顺利地继续出版，并不断扩大了发行量。

80 年代初，那时你已是 80 多岁的高龄，在悼念杜君慧同志的文章中还写道："君慧，你闪闪发光的革命一生，曾引导我和不少同志前进……我愿像你一样为党，为人民，生命不止，战斗不息。"你实际上就是这样做的，你生前，我虽未经常去看望你，但每次去你家，总见你在工作，不是在接待来访，就是与人研讨问题。那年我拿了为纪念曹孟君大姐逝世十周年而写的文稿请你审阅时，你已年近 90，你满怀真挚的友爱之情，告诉我你在 30 年代初，第一次见到曹大姐时留下的美好的印象，讲述了她对革命和妇女解放事业的贡献,还认真地帮我修改、补充了文稿。为了纪念老战友,为了向社会、向后代介绍传播曹孟君同志的革命思想和斗争业绩,你还将纪念文稿推荐给政协《文史资料》编辑部。这一切,使我深深地感受到,你始终保持着无私奉献的精神和虚怀若谷的作风。当我在北京医院向你作最后的告别时,见到的是在鲜红的党旗覆盖下你那瘦小的遗体,但你那高擎明灯的巨人的形象,却将永远铭刻在我的心中。

1990 年 1 月 14 日夜

沈兹九,1935 年在上海参加生活书店。后曾在中国民盟中央参议会工作。

黄慧珠,1941 年在桂林参加三户印刷厂。后曾在全国妇联工作。

原载《联谊通讯》(北京)第 11 期,1990 年 2 月 15 日

孙洁人和国讯书店

仲秋元

　　2月5日,到八宝山向蒋一苇同志遗体告别。三天后,传来了孙洁人同志去世的消息。今年春节,我们还通过电话,一是互相拜年、问候;二是相约元宵节后我去他处商谈编写生活书店店史的事。时隔仅半月,他竟溘然长逝了。回首五十多年同在重庆过的艰难的战斗岁月,有些事至今记忆犹新。

　　1938年秋武汉撤退时,洁人去常德,我去兰州。1940年夏,我们在重庆相逢。直到抗战胜利,他东返上海,我们同在重庆坚持工作六年,其中尤以在国讯书刊代办部的一年,令人难忘。

　　皖南事变后,为坚持重庆这一阵地,总处派孙洁人、薛天明和我三人,带着生活书店的邮购业务转移到中华职业教育社,在国讯旬刊社内设立书报代办部,继续办理生活书店的邮购工作。代办部名义上属《国讯》旬刊,实际上人事、业务、财务上是独立的,仍归生活书店领导。代办部最初设在张家花园职教社内,后搬到乡下唐家沱。那时,正是乌云满天,工作十分艰难的时刻。寄人篱下的滋味也不好受,白天,可以化悲痛为力量,埋头服务工作,从读者来信中得到安慰,晚上就比较难受。房子周围全是农田,又没有电灯,买不起蜡烛,只能点桐油灯。室内一灯为豆,室外一片漆黑,寂静无声。我们的心情是愤慨和悲凉的,正是"长夜漫漫何时旦"的情景。洁人是负责人,他像一个老大哥那样,带领天明和我二人,在冒着黑烟的桐油灯下看书读报,纵论时局,从苏德战场到太平洋,从特务横行到大隧道惨案,从香港沦陷挂念战友们的安全,从解放区的胜利看到希望,看到未来。他还经常带头唱歌,以舒解压抑,鼓舞斗志。我记得他最喜欢唱的是《祖国的孩子们》《洪波曲》《喀秋莎》等歌曲。每当他唱起"起来吧,起来吧,祖国的孩子们"和"我们战黄河,我们战淮河,微山湖水今又生洪波"等歌词时,我们也一起哼着、唱着。在艰难环境中,唱革命歌曲,确是一股激励人奋发的精神力量。后来,我们将一些革命歌曲和世界名歌,油印成一种单张的活页歌选出售,在许多歌曲集被禁售的时候,起了小小的补缺作用。

经过一年的努力,不仅生活书店的邮购工作保存下来了,还进一步重印一些生活书店的书籍发行,代办部也改名国讯书店,成为一个独立的进步出版单位。为建立国讯书店,洁人同志付出了辛劳。1942年春,我奉调去办峨嵋出版社。在国讯代办部朝夕和洁人同志相处的一年,是我们在逆境中共同艰苦奋斗的一年,也是他给我很多关注和勉励的一年。他的老大哥形象和革命乐观主义精神,至今犹历历在目。

洁人同志另一使我钦佩的是他那股与疾病作顽强斗争的毅力和为事业献身的精神。他对工作一贯认真,责任心强,勤劳不懈。

1940年在重庆时,他已得了肺结核病,但仍坚持工作,在学术出版社协助沈志远出版《理论与现实》杂志。到国讯代办部时,仍是一面服药,一面坚持工作。成立国讯书店后,增加了出版业务,就比单做邮购时忙多了。单是买纸张,找印刷厂就得成天在外奔波。重庆是山城,经常要爬很多石级的坡,对于一个有肺病的人是很重的负担,但他仍坚持工作,直到1943年夏他被迫住院,才离开国讯书店。在病中,每逢西北区管理处开会,他总是尽可能来参加,一面咳嗽,一面发言。1944年夏,病好出院,不久又毅然接受任务去桂林。湘桂大撤退时病倒途中,历尽困苦才回到重庆,重新入院治疗。

在重庆六年中,洁人同志始终以革命事业为重,一面与疾病作顽强斗争,一面仍坚持在战斗岗位上。这种为革命事业献身的精神,永远值得我们怀念和尊敬。

1993年2月28日

孙洁人,1937年在上海参加生活书店。后曾在中央文献研究室工作。

仲秋元,1938年在汉口参加生活书店。后曾任文化部副部长。

原载《联谊通讯》(北京)第31期,1993年4月20日

我和梦旦的共同生活

姚芝仙

　　1914 年 8 月，我出生在浙江上虞县夹塘镇，九岁丧父，母亲带着四个未成年的孩子靠着父亲留下的十二亩地和八分大的桑园辛劳度日。所以我十四岁时，母亲就为我定了亲，男方是离夹塘镇五里的新桥头孙家的孙梦旦。

　　孙梦旦生于 1910 年，尽管孙家当时是一个有百亩良田的地主，但梦旦本人却在 1926 年毕业于上海中华职业学校后就决意自立。年仅十六岁的他在老师邹韬奋主编的《生活》周刊和生活书店担任会计，成为生活书店的创始人之一。梦旦很开明，我十六岁那年，梦旦回乡来我家相亲，邻居们纷纷在窗外窥视，他索性推开窗户让大家看个够。梦旦虽然同意了父母的包办婚姻，但见我年龄小，就资助我继续读书，我考入了杭州私立女子职业学校学习商科。

　　十七岁那年假期，我和梦旦在家乡举行了婚礼，然后我仍继续回杭州上学。十九岁我从女子职业学校毕业才来到上海开始和梦旦共同生活，那时他的工资在书店是第三高，每月从 60 元到

130 元。

梦旦在生活书店任总店会计,工作极为认真负责。有时账没算完头疼发烧,在家头上包着湿毛巾也要干完。邹先生极为信任梦旦,两人时常一起外出乘公共汽车,邹先生因思考问题常常忘记买票,甚至忘了到站下车,梦旦便总是为他买票,提醒他到站下车,因此邹先生每过一段时间便会还给梦旦一笔车票钱。

梦旦热爱祖国,九一八事变和一·二八淞沪抗战,生活书店都发动读者募捐支援,他积极投入工作,不计辛苦,认真记好每一笔捐款。做到账目清楚,以防一些居心不良的人造谣。

在上海的生活使我开了眼界,我曾见过不少文化界名人,有幸陪梦旦去鲁迅先生家送过稿费,还和邹韬奋先生为邻同住一座楼里。有一天,韬奋先生的儿子家骅(只有几岁)光着身子跑来找我,原来是正在给他洗澡的保姆被煤炉里的煤气熏晕了过去。我忙过去又开窗户,又打电话叫人……

1936 年,我和梦旦有了大儿子孙扬,1937 年七七事变之后,抗战全面爆发。八一三日寇又把战火烧到了上海。许多城市要沦陷,情况非常危急,十一月份,书店派梦旦出差武汉、长沙、广州等分店整理账目,梦旦已患肺病,但仍抱病前往,这一年,我们又有了一个女儿阿亢。

第二年,梦旦回到上海,因过度劳累肺病严重起来,大口大口地吐血,治疗无效。当时也没有特效药,眼看着病越来越严重,梦旦便和我带着儿女回浙江上虞老家,次年四月梦旦病故,年仅二十九岁……

为了抚养孩子,我向生活书店经理邹韬奋、副经理徐伯昕提出要求去书店工作,这时上海、浙江都已沦陷在日寇的铁蹄之下,他俩已来到了重庆生活书店总管理处,他们批准了我的要求,让我来重庆分店工作。

1940 年春节后,我告别了母亲,在小弟豫源(现名扬音)的陪同下,带着三岁的女儿去重庆。沿途在各地书店分店歇脚。他们还代买车票。这样沿途经金华、鹰潭、赣州、桂林、柳州,直到四月才来到重庆。到桂林时见到了在生活书店桂林分店的大弟光源,小弟豫源也留下进了三户印刷厂。

到重庆后,我就在重庆生活书店分店当了营业员。因为书店出版进步左翼作家的书籍被国民党反动派痛恨,常常来没收书籍,损失很大。出版也很困难,皖南事变之后,我店 52 家分店被封了 49 个。仅剩下上海、香港、重庆三家。[①] 我也失业了,又面临生活的威胁。1941 年 2 月我和女儿离开了重庆,来到桂林找到了两个弟弟,在桂林书店,已经受党教育的光源弟提议去苏北解放区,我们姐弟决定取道香港再乘船去上海。

来到香港已是五月份了,总经理邹韬奋、副经理徐伯昕都在,韬奋先生和我们谈了话,他鼓励我们去苏北。他说,这是有志青年的方向,那里有很多工作要我们做。并叫我们准备吃苦多打几双草鞋,还说他也要去。

---

① 编者注:生活书店在全国各地最多曾发展 56 个分支店和办事处,至 1940 年 6 月仅存重庆、成都、桂林、贵阳、昆明、曲江 6 个分店,至 1941 年 2 月仅存重庆分店。

　　到上海我把女儿托付在亲戚家,上海生活书店的负责人王泰来(雷)派一个叫李培源的同事带我们姐弟去苏北。我们经过千辛万苦,终于来到苏北新四军部驻地盐城,从此姐弟三人都走上了革命的道路。

余小平根据母亲自传整理

2003 年 1 月 25 日

　　孙梦旦,1926 年在上海参加生活周刊社。1939 年去世。

　　姚芝仙,1940 年在重庆参加生活书店。后曾在商业部设计院工作。

原载《联谊简讯》(北京)第 11 期,2004 年 12 月 31 日

走进生活书店

王仿子

我开始认识生活书店是 1933 年。我 1939 年走进生活书店，从此把我的一生交给出版工作，达六十多年。今天想起来，我从走近生活书店，到走进生活书店，有一点偶然，似乎也有一点客观必然。

一、新文艺的启蒙

怎么会走向生活书店，要从偶然得到一本新创刊的《文学》杂志说起。在上海广学会工作的冯雪冰（商务印书馆出版的《约婚夫妇》的译者之一的薛冰），是我伯父家的女婿。他来金泽（青浦县的一个小镇）探望岳丈，随身带着一本《文学》杂志。他见我抓着这本杂志不放，就留给了我。我被其中巴金的小说《雷》迷住了。

《雷》描写一个青年的革命行动。《雷》开拓我的视野，引导我转变阅读兴趣，从此放下《三国演义》《三侠五义》《啼笑因缘》《江湖奇侠传》，停止订阅《红玫瑰》杂志，转为《文学》《作家》《光明》《水星》《大众生活》的长期订户。从顾明道、包天笑、张恨水、平江不肖生的读者,转为巴金、茅盾、丁玲、张天翼的读者。又扩展到读韬奋的小言论、鲁迅的杂文,半懂不懂地啃艾思奇的《大众哲学》、张仲实译的《政治经济学》。对于雷峰塔倒塌的哲学原理,批判"第三种人",也产生兴趣了。

1933年订阅《文学》杂志时,我是同里镇(属吴江)源丰米行的一名学徒。这家米行收购糙米,碾成白米后运到上海销售,运粮船停泊在苏州河,离生活书店不远。我委托船老大到生活书店订购杂志。

《文学》的广告是这样介绍这本杂志的:"刊登名家创作,发表文学理论,批评新旧书报,译载现代名著,并有一般文化现状的批判,是努力促进新文学建设的月刊。"由傅东华、郑振铎主编,全年12册(一年两卷,每卷6册),每月一日出版,每册三角,预订全年3.50元,半年1.80元(均已包括邮费)。每次吸收下一年度订户时,都有一些优惠办法,我得到过的赠品有《我与文学》《文学百题》《全国总书目》《文艺日记》等。

我成为生活书店的杂志订户后,每年收到一本《生活书店图书目录》。还收到过《全国新书汇报》《世界文库第二年革新计划》等推广品。书目包括本版书和外版书。在本版书部分,有《青年自学丛书》《世界知识丛书》等几套丛书的目录和历年出版的单行本;外版书部分有开明、商务、中华、北新、文化生活等百十来家出版社的书籍。本版杂志如《世界知识》《妇女生活》《光明》《太白》,各有单独版面介绍。在《特约代定的定期刊物一览》中,有可以代订的《东方杂志《申报月刊》等。北平出版的《水星》,我就是在生活书店预订的。我在《文学》杂志上看到好作品,喜欢上某个作家,如读了张天翼的《包氏父子》,想买他的《小彼得》,也向生活书店邮购。

新文艺,特别是韬奋的《小言论》、鲁迅的杂文,开阔我的生活视野,提高我的思想境界,唤起我的爱和憎。我开始不满现状,决心改变生活。1936 年春我写《铁掌下》,是我当年思想转变的写照。原文如下:

铁掌下

十四岁那年,就在

"万商云集"前供人调遣(注一)。

在魔鬼的鞭策下,跳、跑、叫,每天

十二小时的工作,无法逃掉。

年终,一元法币两张,是流了

一年血汗的酬劳。

泪水在腹中流遍,有谁知晓。

三年不见的父亲来了,

还带来了一个衣包,两斤元糕(注二),

慈蔼的笑脸,轻轻地说:

"身体怎样,近来瘦了。"

"唔……"

泪在眼眶闪耀;但对着三年不见的父亲,强装着欢笑。

送别了父亲,珍珠般的热泪在暗中偷掉。

藏好了衣包,偷偷地吞着元糕,被

经理见了,一阵叫骂,同事们

幸灾乐祸的窃笑,

怯懦的眼,不敢望这无情的周遭。

啊! 这生活,这

几千年传下来的生活,何时才能毁去!

注一:商店里立在柜台上的一块匾,俗称青龙牌,通常雕刻有"信义通商""万商云集"等。

注二:青浦县金泽镇的特产。用米粉制成片状的糕点。

这几行字发表在江苏《新省报》副刊上,署名健行。几个月后到苏州求学,改名王健行,以示与旧我诀别。到了苏州,因为我过去读的是《三字经》《千字文》和"子曰,学而时习之",所以先在青年会补习学校,从 ABC 学起。

二、参加抗日救亡运动

我生在一个被农村包围的小镇上,虽然没有参加过农业劳动,但我的生活方式和见识还是一个乡下人。一到人文荟萃的苏州,真像刘姥姥进了大观园。那时日本帝国主义步步紧逼,民族危机日盛一日,另一方面是大众的觉醒、青年人的奋起。那个光明与黑暗交织的环境不可能不对我产生影响。幸运的是，我到苏州不久，就遇上一家由几名年轻人办的全民图书馆（解放后才知道，主要创办人陈世德当年是共青团员），两名工作人员，朱海民（解放后再见时已改名朱汉民）和俞宗仁（解放后在沈阳，改名俞未平），对我借书，读报，参加读书会、歌咏队，以及春游等活动，处处给予热情关怀。

歌咏队唱的是《义勇军进行曲》《救国军歌》等革命歌曲。读书会讨论的是理想、修养和抗日救国。最使我激动的是一个晚上到日租界去示威游行，百十来个人一起高唱"工农兵学商，一起来救亡"，"冒着敌人的炮火，前进！前进！"唱到"拿起爆烈的手榴弹，对准杀人放火的弗朗哥"的时候，大家举起拳头，指向住着日本人亮着灯的窗户。比较神秘的一次是我们几个人到马路上去散发抗日的传单。因为当时实行"攘外必先安内"的不抵抗主义，抗日有罪，所以在出发前陈世德再三叮嘱，要我们小心警察，还传授避免撞上警察的技巧。

1937 年我在苏州，还是生活书店的读者、《文学》杂志的订户。一直到抗战爆发，《文学》改出 32 开本，于 1937 年 11 月终刊。

我对禁书发生兴趣时，书店里不卖禁书。我在观前街的书摊前徘徊，悄悄问道："有《八月的乡村》吗?"摆书摊的看我是学生模样，从书摊下边看不见的地方飞快地抽出一本书来，用纸包好，交到我手里。我用同样的办法买到了"奴隶丛书"中萧红的《生死场》和叶紫的《丰收》。买鲁迅的《花边文学》《且介亭杂文》，也费了一点周折。

全民图书馆办了一个墙报,我投寄一篇杂文《下流坏》,被墙报编者看出我喜读鲁迅杂文,介绍给当地报纸发表。那时候,我的确热衷于鲁迅杂文。又喜欢上苏联文学和旧俄小说,如《铁流》《毁灭》《母亲》《死魂灵》等。

卢沟桥一声炮响,全民图书馆沸腾起来了。有一帮年轻人整天泡在图书馆,我是其中的一个。民族危亡使我改变了生活和理想,认为亡了国,读书有什么用,我自己不再读书求学,还反对别人在国难当头时,死啃书本。说他们是"死读书,读死书,读书死"。

是年 7 月 31 日,传来"七君子"今天出狱的消息。"七君子"因救国而有"罪",是我们最敬仰的人。于是图书馆锁门,正在读书看报的全部人马立即赶往江苏高院看守分院(简称苏州看守所)。我们到达时,看守所门前的场地上已经聚集了很多人,后面有陆续赶来的。一帮一帮的年轻人,都在用歌声表达对"七君子"的爱戴。"五月的鲜花,开遍了原野,鲜花掩盖着志士的鲜血⋯⋯""枪口对外,齐步前进,不伤老百姓,不打自己人,⋯⋯"这边没有唱罢,那边的歌声又响起,一波又一波的歌声,全是热血的沸腾。一辆黄包车拉着史良(她被关押在城内女牢)来到广场,爆发出一阵欢呼。紧接着,邹韬奋、沈钧儒、沙千里等六人走出大门,整个广场顿时沸腾起来。"七君子"向欢呼的群众挥手致意,一边和大家一起高唱抗日歌曲,一边随着从上海赶来迎接的人离开广场。

当年,我从《大众生活》认识韬奋,受到教益。1936 年 2 月,《大众生活》被封,我耐心等待。3 月就收到新创刊的《永生》周刊。《永生》被迫停刊,我还是等待,不久收到《生活星期刊》。正是这些杂志培育起我的抗日激情,崇拜邹韬奋、马占山和陆璀那样的抗日英雄。欢迎抗日英雄出狱,在一群年轻人中,我也是又跳又叫最欢腾的一个。后来知道,从上海赶来的欢迎者中,除律师外,还有韬奋夫人沈粹缜、章乃器夫人胡子婴、李公朴夫人张曼筠和王造时夫人朱透芳等。那时候,我无论如何想不到,一年又几个月之后,我会有幸成为生活书店的一名工作人员。

正当我跟着全民图书馆,参加苏州市各界人民抗敌后援会组织的各项抗日救亡活动而废寝忘食时,突然接到一个“母病危”的电报。回到金泽,知道受骗了。原来,我在马路上发传单,被一个同乡看见,辗转传到我父母耳中,他们认为是要被杀头的事,吓得要死,所以骗我回家。恰巧有苏州的中学,逃难到同里来办学,我借口到同里上学,到了同里。其实,我到了同里之后和王天基兄弟一起参加当地的抗敌后援会,又全身心投入抗日救亡活动了。

王天基是青年木刻家,我在《文学》杂志上见过他的木刻。我还在源丰米行的时候,每月一日下午五点来钟,要到邮局去取《文学》杂志。他也在这个时候去等候杂志。等到邮局后面的河道里传来机轮船的轮机声,苏州来的邮包到了。邮局职员拆包时的一句话“这个镇上,订《文学》杂志的只有你们两个”使我和他相识。当年阅读新文艺的人的确不多,共同的爱好使我们成为常来常往的朋友。这次我再到同里,就吃住在他家里。我们五六个人,有天基兄弟,还有苏州东吴大学的两个学生:顾葆恒和钱某。因为抗日的热度相近,很快形成一个小圈子。在与大伙儿一起演剧、唱歌、刷大标语、募寒衣、慰问伤兵等活动之外,又自作主张办一张小报。

每天晚上聚在钱某家的大厅里,收听战讯广播,写作小言论,刻钢版油印,忙到后半夜。第二天一早,把油印小报分发给商店、学校、民众教育馆等。我们工作上的独立自主和被认为"赤化"的言论,受到当地国民党书记官的注意,说我们有"共党嫌疑"。他组织一批人手持木棍、铁链,以莫须有的罪名把我们围困在一间屋子里。幸亏事前有同情者的通风报信,在赴会前我们拆掉一张椅子,每人衣服里藏着一根木棍,迫使他们不敢下手。后来听说,他们怀疑我们有人带着手枪。看样子,真把我们当作共产党人了。

既然国民党不准我们抗日,我们决定投奔延安。由王天基、顾葆恒先到上海找胡风,因为天基与胡风有过书信往来。不料苏州、上海相继沦陷,他们走后,音讯断绝。当我和复初赶到上海,冒冒失失闯进生活书店去找胡风时,胡风已经去了武汉。

找不到胡风和天基,我们只能灰溜溜地回家。离沪前我又去生活书店,尽我所有,买了两本书。一本是《苏联军队中的政治工作》,我设想一旦出现东北义勇军那样的武装时可能有用,另一本《国家与革命》是冲着"革命"两字买的。

三、逃出沦陷区

回到金泽不久,有一天,一条小船载着五个日本鬼子在金泽登陆。其时,金泽已是沦陷区,镇公所、警察局已自动散伙,警察都换了便服,而维持会那样的组织尚未出现。所以由着这几个日本兵走家串户,搜寻猎物。一向安分平和的金泽人,也有几个不甘屈辱的汉子，为了保护一名姑娘，杀了一个日本兵。有人出主意，索性把其余四个一一杀死，做到毁尸灭迹，不留痕迹。

从此，金泽小镇上的几千户人家，陷入灾难即将降临的恐怖之中。金泽是水乡，四面环水（现在修了公路），没有船是逃不出去的。我父亲在屋后的小河浜里准备了一条小船。后来有一天，看到设在大寺界塔楼上的瞭望哨发出警报，一家人就是用这条小船逃出金泽的。

正当我们从东边的河浜里逃命时，西边满载数百日本兵的十多条木船，由两艘机轮船拖着正在逼近金泽。日本兵登陆后，见人就杀。在挖掘五个日本兵尸体的现场，又杀了不少老百姓，其中还有一名和尚。这个和尚曾经参与掩埋日本兵，他从尸体上剥下一件军用毛衣，穿在身上，成为日本兵在金泽被杀的证据。在他引领日本兵挖出尸体之后，他也被杀了。

听说日本兵撤走，我悄悄在镇外上岸，步行回家。在不到三华里的路上，见到三具老百姓的尸体，其中两人被砍杀，一人显然藏在屋顶，被枪击后滚落到地上。我家里所有箱子里和柜子里的东西，全部被扔在地上。一瓶白兰地剩下一个空瓶。可见掠夺者这三天三夜的从容和仔细。我的左邻右舍，各有各的灾难。传说最多的是某人被杀、某家的妇女惨遭凌辱。有的母女、婆媳在同一间屋子里遭到强暴，有的不甘屈辱而自尽，惨不忍睹。

这场灾难，催促我加速我逃出沦陷区。我在上海一户人家租到一个铺位之后，就着手为投奔大后方作准备。我在《申报》上登一个寻人启事，几天之后，收到在苏州认识的一个熟人寄给我陈世德在长沙的地址。

1938年的上海租界，是爱国与卖国，革命与反革命，各种势力用公开或秘密的办法展开错综复杂的生死斗争的场所。我好像一片无依无靠的树叶，落在这汪洋大海里打转。我急于用各种办法去发现新朋友，获得新知识。我报名学习世界语，学习拉丁化新文字，又同时报名参加两个读书会。其中一处因为读书会的主持人的言谈不合我的口味，只去一次就退出了。另一处开过几次会，会上有人拉我合伙办杂志，只要交一块钱和一篇稿子。刚好我在《译报》副刊上发表一篇速写《名单》，拿到一元稿费，就答应参加。等到那本32开薄薄的杂志印出来，发现上当了。首先发现上当的是给我送杂志来的某君，他也是读书会的一员，是永安公司的小职员。他在永安公司的工作是在太太小姐们买了东西之后，替她们送到公馆去。他自行车上的送货箱有永安公司的标记，可以免受巡捕的搜查，所以办杂志的人要利用他的货箱。他向我指出，杂志中的一篇文章是"托派"言论。我同意他的看法。我们商定：不给他们分发杂志，退出读书会。他把没有送出的杂志往我床底下一扔，就走了。可惜从此没有再见，现在连他的姓名也忘了。

什么样的言论是"托派"言论？如今说不清楚。大概凡是与延安的主张和号召相矛盾的，就说它是"托派"言论，不管它与真正的"托派"有没有联系。1938年的上海租界，形形色色的杂志、五花八门的言论无奇不有，延安的杂志（上海翻印的）偶尔也能买到。

我最喜欢的是《译报》上八戒的文章（解放后知道是王任叔的化名）。我向《译报》投稿，在副刊上发表过杂文和速写。现在除了一篇《名单》之外，其余的忘个干净。在我将要离开上海的时候，看到模仿《中国的一日》的《上海的一日》在征稿，我把日军在金泽强暴妇女的罪行，写成血泪的控诉《永远的愤怒》寄去，笔名萧风。日本投降后，我在上海旧书店见到《上海的一日》，发现这篇速写被采用了。

四、投奔大后方

1938 年 7 月，我经浙赣路，绕过沦陷了的南昌，抵达长沙。陈世德（改名陈新）听说我在上海学过世界语，把我安排在长沙世界语协会，做一名不拿工资也不管吃饭的工作人员。

世界语的活动一般都在晚上。有一天进来两个满口上海话的年轻人，他们是长沙生活书店的许觉民和罗颖。我向他们打听新知书店在长沙的地址，第二天就拿了徐达写的介绍信去找徐律。

徐达是我在上海学习拉丁化新文字时候认识的。我离开上海时，到外滩轮船公司买票，发现在窗口里面的正是徐达，他听说我去大后方，给徐律写了介绍信，又送我一张船票。可是，当我到达长沙时，徐律已经去了重庆，接待我的是沈静芷。

几天之后，在长沙各界抗敌后援会组织的八一三大游行的队伍中，我又见到沈静芷。他拿着一个大喇叭，忽前忽后，走在游行队伍的边上，领导大家喊口号。他的嗓音比谁都响亮，在喊"打倒日本帝国主义""打倒汉奸卖国贼""保卫大武汉"时，他要跳起来，高高举着拳头。走到半路，他的嗓音嘶哑了。然而，丝毫不影响他用嘶哑的嗓子带动成百上千个喉咙（多半也嘶哑了）的怒吼。

有一天，陈世德突然找我谈话。他的严肃的表情，使我感到有什么重要的事情。他问我对政治是否感兴趣，我说想去延安，他说我可以参加共产党了。在当时，我对中国共产党只是一知半解，因为在白色恐怖下是不能谈起共产党的，当然也不会有介绍共产党的文章和读物。我拥护共产党，想投奔延安，是因为共产党抗日，国民党腐败，所以认为中国的希望在共产党。陈世德说他了解我在苏州的情形，认为我具备入党的条件。

陈世德成为我的入党介绍人，在一次小规模的秘密的会上吸收我入党。在讨论我的入党申请材料时，有人指出我是学徒出身，按党章规定，不需要候补期。如今事隔多年，那次会上几个人的讲话全忘了，只有保守党的机密、不惜牺牲生命去保护党的机密，在心里留下深深的烙印，从此我养成不记日记、不留书信的习惯。1940年2月5日晚上，衡阳警备司令部的武装人员，端着枪冲进生活书店的一刹那，我首先想到的就是党的机密。那时候，被查禁的书籍已处理干净，与当地地下党的关系都在我脑子里，我不说别人不会知道。当我把口袋里那本记着几个朋友通讯处的小本子乘机塞进字纸篓之后，我就比较平静地跟着经理金伟民走上囚车。

1938年10月25日，武汉失守，日军向湖南逼近。蒋介石密令长沙实行焦土政策。11月11日我跟随党小组长王之屏逃出长沙时，长沙火车站已经乱成一团，连火车顶棚上也挤满了人。我们仗着年轻力壮，又成帮结队，丢掉行李之后，硬是又拉又推一个个从车窗里钻进了车厢。等到火车启动，爆发一片呼天抢地的哭喊声。因为有的一家人年轻的先挤上车,然后拉着年老体弱的,火车一走,一家人被拆成两半。一位老太太扒着车窗,一松手掉在铁轨上,一命呜呼。我们逃出长沙的第二天,长沙警备司令酆悌和警察局长文重孚下令放火。陈世德坐的最后一班车,在铁道两边燃烧房屋的一片火海中逃出长沙。

跟着王之屏一起走的还有他的几个朋友:莫铭、张干、刘诒等。我们沿着铁路走走停停,刷标语,教唱歌,一边逃难,一边做抗日宣传工作。流亡到零陵,遇到在当地交通银行工作的地下党员胡大年,替我们租了两间房子,算是有了一个立脚点。又在当地吸收夏炎、欧阳晶(欧阳文彬),打出一致剧团分队的牌子,成为一支抗日救亡宣传队。

零陵在当年还是一个比较闭塞的古老的县城。因为战争,来了许多外乡人。光是宣传队就有新生活运动妇女指导委员会乡村工作队、国民党军委战地服务队,加上我们一帮人,把抗日宣传工作做得热热闹闹。在1939年新年和旧历新年,三个团体联合起来搞了两次大型的宣传活动,更是把这个小县城的抗日救亡运动推向高潮。可是,当地国民党书记官不高兴,因为我们不受他的控制,大唱延安的革命歌曲。他扬言要取缔一致剧团分队,使得几位朋友为我们担心。

其时,不等他来取缔,我们因为没有钱买米,已经连粥都喝不上了。虽然有在中国银行工作的地下党员张戈夫妇背着米袋子,拎着腌鱼、腊肉来慰劳,几天之后,又到了不得不各奔前程的时候了。一天晚上,地下党员胡大年,把我叫到漆黑的街上,告诉我,已经找到掌握我的组织关系的陈世德了,要我到衡阳去找黄宝亢恢复组织关系。

五、走进生活书店

黄宝亢是生活书店衡阳分店经理。前不久,他和曹海青带着数十大包书籍到零陵来开支店。他们先在街边摆摊售书,有了现金,再买竹子、木料,和着泥巴盖了一个简陋的铺面,开张营业。

街边突然出现一个书摊,把我吸引住了。一开口,又是上海乡音。那时候,在战乱的大后方,许多从沦陷区出来的人,都有"老乡见老乡,两眼泪汪汪"的乡情。我和黄宝亢虽然没有泪汪汪,却也不缺乏同乡人的热情。他拉住我,帮他们拆包、搬书、分类上架、招呼读者,做了一阵不拿工资的临时工。这一次,他接过胡大年的信,就留我在生活书店工作。

他给我一箱卡片、一本王云五四角号码字典。我第一天的工作,从学习四角号码查字法开始,做轧销。他又带我到郊区一个小村庄,找到衡阳地区管文化支部工作的李华揖,给我接上组织关系。过了一个多月,负责门市工作的地下党员李道生去延安,由我接替他的工作。我在衡阳书店的门市一直工作到第二年二月,书店被封门。

我喜欢门市工作,因为我喜欢书。在门市部有许多过去听说过而见不到的书,许多想买而不可能买下来的书,现在它们全在我手边,什么时候都可以摸摸它们,这就是门市工作的乐趣。

门市工作的又一乐趣是可以结交读者朋友。有的和你谈谈读书心得,有的倾诉国民党的黑暗,有的拉你去参加歌咏队,有人让你认识他的女朋友。还有探询去延安的途径、十八集团军驻衡阳办事处地址的和帮助书店躲过邮检人员发出邮包的,等等。多么可亲可爱的朋友。

生活书店的出版、发行工作,传播先进文化、先进思想,把革命火种撒向读者群众。韬奋先生说到我们从事的工作时,他说:"我们这一群,是为着进步的文化事业而共同努力……""是要推动国家民族走上进步的大道。"是的,生活书店同人的工作是推动社会的进步,是在革国家和民族落后的命。虽然在那个时候,革命是被禁止的,我们只能把革命理想默默地藏在心底。然而,国民党反动派知道,读者群众也知道生活书店是革命堡垒,生活书店的人在革命。当衡阳分店十一名同事,戴着脚镣手铐,押送过闹市时,在马路两边围观的群众中间的老读者,投来同情与鼓励的目光。我觉得,我们付出的代价,在读者群中得到了回报。

1949年,我经过东北解放区,到达解放不久的北平,从此进入一个可以高呼同志、畅谈革命的新天地。7月10日晚上,有幸参加中宣部出版委员会业务训练班结业晚会,听到中宣部部长陆定一的讲话。他说:"我们的出版事业,是革命的出版事业。""我们不是普通的出版家,而是革命的出版家。同志们第一是革命家,第二才是出版家。对我们的工作,要抱很严肃的态度。""同志们是一个革命家,就要向人民负责,一点错误都不应该发生,我们不能给老百姓吃毒药,要连砂子亦不能有。……要为人民服务,向人民负责。"

听到这样一次讲话,成为我一生中一次最宝贵的经历。我坚信,这些金石的语言,是我毕生工作的指针。

王仿子,1939年在衡阳参加生活书店。后曾任文物出版社社长、中国出版工作者协会副主席。

原载《三联贵阳联谊通讯》第27期,2002年6月18日

哭太兄 忆往事

袁信之

当我得悉太兄病逝的噩耗之后,心里久久不得平静,伤感、悲痛之情像利剑刺痛我的心。我在给他夫人的唁信里说:"我与太兄之交,真是情逾手足。"去年 12 月 18 日在京时,曾到他六层楼的家里一叙,他夫妇俩热情留我吃了午饭,互诉离衷,见他面容较为消瘦,但精神甚饱满,他说每天练太极拳,练时加一点气,就是太极气功合一,自信身体甚好。其实这时病已存在,只是尚未发现而已。今年五月太兄来信说:"去年一晤,因气候寒冷没有到住所看您,现在想来很可惜。"而今再也无法弥补了,今日思之,能不悲怆!

我和太兄相处,时间较久,彼此了解亦深,对于编写"店史"我是寄厚望于太兄的,我把他 1981 年写的《忆困苦奔斗中的上海生活书店》一文,奉为至宝,今重读后,感慨万千,联想到生活书店事业上的发展,他是有重要功绩的。当时,上海被日寇包围着,成为"孤岛",而太兄对书店肩负着造货以供应全国各分店之责,责任繁重,加之对付环境之困难,日处风声鹤唳,一日数惊之中,而太兄则以坚定不移之毅力，支持危局，完成任务。

　　1937年八一三的炮声，把生活书店的业务推向全国发展，两年中分支店达56处，太兄留在上海任沪店经理，我也留沪店，于是我们之间有着极为密切的关系。当时沪店的任务除了也设门市（不挂生活书店招牌），更重要的是负责出版大量的重版书和新书，以供应全国各地分支店，因为内地印刷、纸张条件较为困难，而沪地在这方面均优于内地。当时各地分支店向沪店要求订货的函电纷至沓来，而上海方面由于人手少、任务重，日处忙碌紧张之中。那时留在上海的人员有艾寒松、刘执之、袁信之、杨义方、朱平初、陆九华、王敬德、祁保恒、王仁甫、倪荣宽、陈文鉴、刘桂章、严福新，连太兄在内共14人。这样一支小小的队伍，承担着一个书店所需各职能的全部，从编审、校对、印刷到发行、邮购、门市等十分复杂的机构，在太兄的领导下。他身体力行，带头把工作搞好，同时发扬民主作风，有事和大家商量，因此大家工作和生活虽然很艰苦，但心情是舒畅的，同人间互相鼓励，互相学习，充分发扬了"生活精神"。在"生活精神"鼓舞下精神可以变为物质，1939年完成出版新书和重版书123种。1940年因为出版《日本的间谍》一书，引起了日寇注意，虹口的日本宪兵司令部传出风声要抓人了，在此紧急情况下，一夜之间，把远东图书杂志公司（门市部）改为"兄弟图书公司"，要在一个晚上准备好一套"出盘""受盘"门市部店面的双方经理的合约，并在翌日就要登报启事，其紧张之情可以想见，但这些都在太兄的指挥下，达成预期计划，避免一场"新生事件"的重现。就在这过程中，太兄和我商量，要我担任兄弟图书公司经理，我慨然允诺。

1940 年冬，书店在执行毛主席指示和周总理的规划时，太兄接到总管理处指示，我店要与读书出版社、新知书店三店合组去苏北新四军抗日民主根据地建店，太兄要我和新知的王益、读生的张汉卿去具体执行这一任务。我和王益同志到了盐城，在苏北区党委帮助下，在盐城东大街建立了"大众书店"。1941 年盐城遭日寇轰炸后，书店随着军部转移至盐阜乡村集镇辗转打游击，供应精神粮食。至 1946 年国共和谈告吹，在新的形势下，我经组织调至华中局联络部，组织上要我回上海设法供给解放区需要的物资（包括军需品），我到上海后，又找到了太兄，这时适巧太兄正在为保存书店资金而与刘建华、曹健飞等从海上与胶东、烟台、大连解放区作贸易，我就从中沟通情报（提供解放区所需物品，如仪器、西药、面粉、电线、柴油、汽油等），在这一工作中，太兄不仅为书店完成了保存资金的任务，同时也为解放区支援解放战争提供了物资，直到上海解放。他默默地为革命作出了贡献。

回顾太兄一生，克己奉公，待人忠恳，工作认真，真正做到了"一丝不苟"，在他身上较好地体现了"生活精神"，值得后死者学习。政治品质上，他从追求真理、向往革命，经历革命实践，终于献身革命。他对书店作出了不可磨灭的功绩。大家将永远纪念他。

太兄，您的精神是不朽的，安息吧！

1989 年 10 月 27 日

作者附言：

我与泰雷初交时，他用太来为名，后来改为泰雷，当时口头称
"太兄"，写信也都写"太兄"，因此，本文仍亲切地称他为"太兄"。

王泰雷，1930年在上海参加生活书店。后曾在商务印书馆
工作。

袁信之，1936年在上海参加生活书店。后曾任上海韬奋纪念
馆副馆长。

原载《联谊通讯》（北京）第 10 期，1989 年 12 月 15 日

怀念

——回忆参加生活书店早期的情景

吴 彬

　　我是 1937 年 4 月 19 日正式进入上海生活书店的。当时被分配到邮购科 B 组,组长金汝楫同志。邮购科是个大部门,一共有 20 多人,同志间是平等的,人格上是被尊重的。这种融洽的气氛,给我一种亲切友爱和同志的情谊,真是感慨万千。我在到生活书店工作之前,曾当过 6 年学徒和店员,那是一种旧式的商店,是一个当铺,它等级制度很严,封建意识很浓厚,他们以大压小,以老欺新,当一个学徒只能唯命是听,所以有非常大的压抑感。这前后一比较,我就非常珍惜书店的工作。

　　我当时 20 岁,但只是高小毕业,我必须努力学习。现在想来,我特别感谢邮购科王矛、袁信之两位同志。他们二人开始教我学习四角号码,介绍我看青年自学丛书。第一本是钱亦石著的《中国怎样降到半殖民地》,我接受了进步的思想,从此开始走上革命道路,并参加了抗日救亡活动。

　　七七事变以后,韬奋先生从苏州监狱回到上海,不久就出版了

《抗战》三日刊。后来又是八一三暴发,日本帝国主义打到我们的头上来了。书店的同志们更忙了,有的参加救助难民工作,我也上街推销《抗战》三日刊,慰问坚守四行仓库的 800 壮士,又向市民募捐等活动,生活过得紧张而有意义。

1938 年 2 月,我随书店的十多位同志离开上海孤岛,经香港、广州到达汉口分店。当时汉口是抗战的政治中心,抗日气氛比较好,此时我读了《论持久战》、《解放》周刊等革命书刊,也听了金仲华作的形势报告,并参加了武汉的各种救亡活动,如庆祝台儿庄大捷,参观电影制片厂等。生活书店为了适应当时形势,出版了一大批通俗的社会科学、文艺和马列主义书籍,源源不断地向各界青年输送精神食粮,使不少有志青年逐步走上了革命的道路。当年书店根据形势需要,作撤离武汉的准备。6 月底,我带上大批会计账册,共三大网篮,坐民生公司的轮船,只身赴渝。船上人多,船小,根本没有舱位。我带着这么多东西,没有落脚的地方。幸亏我当时佩戴着"生活书店"的徽章,书店在社会上是有一定影响的,旅客们看到店徽后就主动在甲板上给我让出了一席之地,使我得以把网篮放好,人就睡在上面。轮船在行进中,突然碰到上游发水,不得不抛锚暂停,及至水势稳定,启锚开航时,才发现原有三根固定铁锚的钢丝绳,已经断了两根,如再晚一步,后果不堪设想。在航行中,我们还遇到了敌机骚扰,幸这天有雾,未遭到轰炸。但后我们撤离的新华日报社所包的轮船,不幸遭到日机轰炸,牺牲了 16 位同志。

1938 年冬,我在书店加入了中国共产党。宣誓仪式是在书店举行的,当时介绍人是张国钧,监誓人是华风夏,加上我共三人,时间很短,只记得誓言是:要为共产主义事业奋斗到底,保守秘密,永不叛党。第一次过组织生活是在李济安(李文)同志卧室,当时有李文、吴全衡、岳剑莹和我等人。不久,党给我安排任务,到冉家巷的重庆市书业界同仁联谊会工作。当时大家都很忙,我白天在书店忙业务,晚上到联谊会活动。联谊会是个群众组织,基本上以生活书店、读书出版社、新知书店为基础,再吸收当时光明书店、开明书店、上海杂志公司等热心抗战的青年从业人员。联谊会经上级批准,成立党团,由我和何廷福、赵子诚(刘大明)三人组成,何廷福为书记,领导我们的是张国钧同志,有时许立群也管过。

当时书业界同国民党争夺群众的斗争也是比较激烈的,现记得的有三件事:

一、以正中书局为一方,他们要我们联谊会搬到他们那里去活动。的确,他们那里活动条件好些。但是经过我们商量,我们不去。因为他们那边没有革命气息甚至名声很坏,群众愿意到我们这里来。

二、正中书局提出要让叶青(叛徒、托派)来参加我们联谊会的读书会。经过研究,我们采取由张国钧同志邀请国民党元老王昆仑先生来读书会讲了"新三民主义",他们的企图又失败了。

三、为加强抗日宣传活动,活跃业余生活,上级党决定我们联谊会与重庆市妇女慰劳分会(国民党官办的,但办实事的大多为我们的党员)共同组织了"121 歌咏队",由东北流亡学生刘星(女)参加负责领导,并经过张国钧同志又邀请了张瑞芳同志来帮助我们排活报剧。正中书局那一方又无可奈何,这样书业界同仁联谊会在激烈的斗争中生存下来,并在重庆城乡进行了多次演出活动。

1939年5月3日,日寇对重庆进行疯狂轰炸,都邮街一带,一片大火。当时书店总管理处作出疏散到学田湾新址的决定,我用床单包了一大包账册,向新址进发,一边走,一边休息,最后到达了新址,书店财物没有损失。1939年后,国民党对我们三家书店迫害不断加强,生活书店56个分店,被封闭得只留重庆一店。我们的同志有的被捕,有的遭监禁。这年10月间,经组织同意,我离开了生活书店,随周保昌同志一起去了延安。

我在生活书店前后仅两年有余,从一个旧社会学徒,经过书店与组织的培养,成为一个光荣的共产党员。60年来革命的道路坎坷不平,我经历了多种政治运动的锻炼和考验,这是一段不平凡的历史。好好重视它,珍惜它。

吴彬,1937年在上海参加生活书店。后曾在轻工业部工作。

原载《联谊通讯》(北京)第72期,2000年5月20日

不灭的精神之火

——为纪念熊蕴竹同志逝世 30 周年而作

罗　萍　吉少甫

　　曾经被我们亲昵地称呼为"熊二姐"的熊蕴竹同志,离开这纷繁的人世至今已整整 30 年了。我们仅仅在 1939 年与她相处八九个月时光,她是我们人生转折时期的一位重要的"革命引路人"。她的执着的信念、正直的品格、亲切的为人及沉稳、谨慎的处事风格,对刚走出校园不久的我们,产生了无形的深刻的影响。她的音容笑貌将长存于我们最珍贵的记忆。

　　1939 年初,一个偶然的机会,我们在贵州参加了革命的书店工作,继而又参加了中国共产党,从此革命的出版事业成了我们终生奋斗的岗位。现在我们已离休多年,都是近八旬的老人了,半个多世纪前的许多往事,都记不太清了。但 1939 年 2 月到 12 月在贵阳的短暂经历,又和熊二姐密切相关。所以我们在二姐辞世 30周年之际,花了很长时间挖掘尘封的记忆,现将存于记忆的片段连缀成篇,作为我们对敬爱的蕴竹同志最诚挚深切的追念!

　　1937 年八一三全面抗日战争开始,到 1938 年初,抗战形势很好,抗日救亡运动搞得热气腾腾;可到了当年 10 月,广州、武汉相继沦陷;1939 年 12 月,国民党反动派发动了抗日战争时期第一次反共高潮;1941 年,发生了震惊中外的皖南事变,开始了第二次反共高潮。中国共产党对国民党进行了针锋相对的斗争。伴随着这种"军事磨擦",国民党与中国共产党和爱国民主人士的"文化摩擦",也逐步升级。抗日大后方的进步文化人士开展了许多爱国救亡工作,也遭到国民党的摧残和迫害。

就是在这样一个大的时代背景下,我们终止了学业,走向了现实生活,使我们有幸遇到了熊二姐。1939 年初,我俩离高中毕业只有两个月了。因在校内组织读书会、阅读进步书刊,又常到校外向当地群众进行抗日救亡宣传活动,为当地国民党县党部所不容,被迫与同学十余人从贵州铜仁国立三中出走。离校时,大家相约到贵阳集中,再设法找寻关系去革命圣地延安。可是我们到贵阳不久,就在 2 月 4 日那天,遇上日寇对贵阳全城进行大轰炸。那被炸后的凄惨情景,至今仍历历在目:两千余无辜男女老幼死于非命,一千余幢房屋被炸毁。我们虽幸免于难,但有好几位同学携带的少量行李,都在轰炸中"报销"。站在硝烟弥漫的街头,我们义愤满腔,痛恨日本帝国主义的侵略暴行,痛恨国民党反动派当局的腐败无能。因而,向往延安的心情也更加迫切,但当时我们在贵阳既无亲人,也无可信赖的朋友,很快就身无分文。去延安的交通关系又一时不知上哪儿去找,只好分散各自想办法。由于我们在铜仁上学时,常向贵阳生活书店邮购进步书刊,又听说贵阳八路军办事处曾用军车转运上海出版的《鲁迅全集》去延安,所以猜想出售进步书刊的生活书店,或许能帮我们解决去延安的交通问题。我们抱着一线希望去找生活书店,当时生活书店的经理张子砚同志热情地接待了我们。他了解了我们的处境和请求后,就劝我们暂时住进书店的集体宿舍,在门市帮帮忙,等找到去陕北的交通关系再作安排。

就这样我们这两个一心想早日奔赴延安革命圣地的中学生,不得不带着期待的心情在抗战大后方的贵阳留了下来。

然而,我们最终还是没有去成延安,而是进入了一个与延安息息相通、战斗在国民党统治区的革命大家庭,并与之结下了终身不解缘。

1939年3月,眼看仍无成行的机会,张子砚同志找我们谈了一次话后告诉我们,生活书店决定正式录用吉伽夫(少甫)为练习生,先在门市熟悉业务。罗宇澄(萍)则由张介绍到贵州省妇女工作委员会去工作,但仍可住在生活书店集体宿舍。

我们在这里结识了亲如一家的一批爱国热血青年,他(她)们分别在生活书店和贵阳读新书店工作。业余时间,又在一起开展店内的文娱活动或参加店外有组织的群众性进步活动。

在我们这个生机勃勃的青年知识群体中,有一位被大家亲昵地称为"二姐"、受到大家尊敬的女同志,那就是熊蕴竹同志。她比我们大不了几岁,可好像特别成熟和稳重。她是贵州毕节人,来书店找她的同乡,都叫她"二姐",我们也就跟着他们这样称呼她了。她端庄清秀的脸,梳着齐耳根的短发,一双大眼睛里,闪着深不可测的目光。印象中她特喜欢穿深色的衣服,脖子前挂着一条黑丝线编织的在齐胸处和末端各嵌着两颗浅色珠子的饰物。

蕴竹同志刚进生活书店,经理张子旸同志就要她担任门市收银员,书店开门营业时,她坐在收银柜台前全神贯注地工作。读者买书交来的每一笔书款她都仔细点收,认真记账,开给读者发票,没有交款时,她就坐在那里静静地看着门市的人来人往。当时我们也没有发现她和其他收银员有什么区别,直到我们入党以后才逐渐弄清楚二姐原来是 1935 年初入党的中共党员。曾是中共贵阳县委委员,直属中共贵州省委领导的真实身份。

由于生活书店是由当年的爱国民主人士、著名出版家、政论家邹韬奋(在他逝世后,党中央追认他为中国共产党党员)创办的一家进步的、革命的书店,在其成立之始,即受到周恩来等党中央领导同志的重视和支持,生活书店在全国各大中城市开设的分店,凡是当地有八路军办事处的地方,都得到办事处的大力支持和帮助。当地中共地下党组织通过各种直接或间接关系与书店同志取得联系,对书店的筹设和开业工作,给予具体指导和帮助。各地生活书店分支店,则利用出版发行书刊,开展多种形式的群众性的读书活动,宣传党的抗日救国政策和主张;团结一批进步作家和文化界众多爱国人士与要求进步的知识青年。事实上当年的生活书店已成为在中国共产党领导下坚持在抗日大后方与国民党反动派统治进行不拿枪斗争的文化堡垒。因此在国民党反动派蓄意制造的"文化摩擦"中,生活书店就不可避免地处于首当其冲的地位,不断受到国民党反动派的摧残和迫害。

贵阳生活书店是由 1937 年入党并去过延安的邵公文同志于

1938 年 4 月 1 日开办的,并由他担任经理。同年 10 月,邵调回重庆总店,贵阳分店则由昆明调来的毕子桂同志接任经理;1939 年初,毕又调回昆明,贵阳分店经理一职就由生活总店派来的张子旼同志担任,熊蕴竹同志也就是在张子旼任内进贵阳生活书店的。此时贵阳的政治形势已经处于十分严峻复杂的状态下,国民党党部加紧迫害爱国青年,破坏抗日民族统一战线,打击和镇压抗日救亡运动,贵阳生活书店和其近邻姐妹店读新书店受到国民党特务的监视已是不在话下。凡是从总店寄到分店的邮包,都要经过贵阳国民党特务机关检查,他们随意扣押书刊,把马列主义经典著作视为"禁书",有的硬被没收。生活书店开设在全国其他城市的分店,就是在这年年初开始相继被查封,最先被查封的是西安分店,经理被拘押后关进集中营。

　　熊蕴竹同志恰恰是在山雨欲来风满楼的时节由贵阳地下党组织派到生活书店,自然是带着重任而来。领导上安排她(或者是她自己选择的)在门市坐柜台这个位置,扮演收银员这个角色,也一定是根据当时贵阳地下党工作需要精心安排的。这既便于她工作,又便于她掩饰。贵阳生活书店的门市在当时还算敞亮,约 25 平方米的开间,左右贴墙立着一排书架;店堂中间是书台。收银的长柜台就横放在面对店门的后墙前。二姐坐在这个位置,既可看到进书店的每一个人,又可观察到店内每一个角落。要传口讯或纸条,也可借"付款"安全、自然地进行。进入店内的谁是常买革命书刊的老读者,谁是有进步追求的新读者,谁是混在其中间的国民党特务,谁是书刊检查官"老爷"……久而久之就摸到了规律。当时为了防备国民党查禁一大批禁书,如《抗日民族统一战线教程》《政治经济学讲话》《大众哲学》等,领导经常提醒我们要提高警惕;要我们把这类书藏在二姐收银台旁的抽屉里,等看准谁是我们的读者,才从二姐身边悄悄地拿出来推荐给读者。自然二姐都把这些看在眼里,也在我们不知不觉中了解了店内每一个人。

贵阳生活书店位于贵阳市中心唯一的一条商业大街中华南路164号,斜对面是读新书店,左侧是自力书店,三家都是进步书店。经理和店员大多是年轻人,往来密切,十分活跃。对外虽是挂着三块牌子,实际上是一个革命集体。熊二姐进书店后,这个革命集体的联系就更密切了。只是那时我们年轻幼稚,在未入党前,对眼前严峻复杂的斗争形势认识肤浅,更不知道我们向往的党就在我们身边,只凭直觉认为二姐是我们可以信赖和深交的朋友,但并未觉察到她在全书店中所起到的极为重要的作用。罗宇澄当时和蕴竹同志同住在生活书店的集体宿舍内,有时两人合睡一张床,亲如手足。相处一段时间后,罗和吉对蕴竹同志有了进一步的认识,在她面前不需要隐藏我们内心深处的秘密,并认定她能帮我们解决像去延安这样的疑难问题。于是我们找了一个适当的机会,把我们为什么离开学校、吉怎样进入生活书店、罗怎样去贵州省妇女工作委员会工作的,以及我们的向往和理想——去延安圣地找共产党干革命打鬼子……各种所想所做的竹筒倒豆子般统统讲给她听。她很耐心地听我们说完,严肃地问我们:是不是只有去延安才算爱国?是不是只有在延安才能干革命?是不是一定要到延安才能找到共产党?当时我们的确被她问住了,不知怎样回答才好。她见我们有点窘，就平和地接着说大后方的文化战线很需要革命青年同国民党作斗争，书店是个重要的宣传阵地，她鼓励我们努力学习革命理论，提高自己的觉悟，这样到哪里都可以干革命（大意）。

当时，罗已调到妇女工作委员会开办的"二四"妇女工厂去担任夜校教员。这个工厂是"二四"轰炸后为救济受难妇女建立的，专为前方抗日将士缝制被服。女工中大多是中青年。厂址在贵阳城郊，离市中心较远，罗只好搬住厂内；但每周回书店住一晚，平日白天没事时，经常往书店跑。在这个时期，二姐更加关心我们了。她教给罗如何利用夜校教员的身份开展工作，如何把在店里学的抗日救亡歌曲带到厂里教女工们唱，教女工们识字时怎样结合讲讲抗日救亡的道理或传播新知识，激发她们的爱国热情，加深她们对日本帝国主义的仇恨。罗按照她的指导尽力去把工作做好。伽夫也在书店内学习了怎样做一个敏锐的"侦察兵"，分辨敌、我、友；发现进步读者，宣传进步书刊，以及如何机智地与特务斗智，躲过特务耳目开展工作。在蕴竹同志的影响和带动下，随着时间的推移，我们同生活、读新两家书店的同志感情进一步加深。读新书店的负责人沈静芷、他的爱人戴琇虹，还有曹健飞、孙家林等对我们很亲切友好，常邀我们参加书店内外组织的一些文化活动，如歌咏会、筑光音乐会、世界语研究会、社会科学座谈会等，另外，还和书店全体员工一起为前方抗日将士写慰问信。由此我们对两家书店所从事的业务的重要意义，认识日益加深。两家书店的工作人员虽然都很年轻，但他们都有一个共同的奋斗目标，即通过出版发行革命进步书刊，宣传中国共产党的抗日主张和政策;揭露国民党反动派的腐败无能、卖国投降的丑恶嘴脸;唤起全民族的抗日救国热情,积极投身于抗战队伍,尽快打败日本帝国主义,解放全中国。

在蕴竹同志的帮助下,我们从仅有革命激情的单纯的中学生,逐渐成为比较清楚革命、抗日大局和自己所负责任的革命青年。

1939年8、9月间的某一天,二姐忽然郑重其事地找我俩谈话,详细询问了我们的家庭情况和参加工作后的收获体会。由于我们当时还不知道二姐的真实身份,所以都感到有点异乎寻常。

1939年9月9日,在沈静芷、戴琇虹出面操办下,我俩定婚,结为革命伴侣。生活与读新书店的同志们聚集在读新书店的二楼为我们举办了一个简朴但却隆重的仪式。大家在一块鲜红的红缎子上写了一首热情洋溢的"伙伴订婚赞词"。"赞词"中大家希望我们把织就的"爱情的火网""蕴育在被压迫者群里放射光芒",要用"灵辉的火炬""唤醒在海底沉睡的鲸鲵",召引来"迷途刀俎下的羔羊",让他们"踏上真理的故乡"。在32位签名者中,第一个就是我们敬重的熊二姐。显然,这革命情意浓重的诗句,也正是她对我们的期待。这使我们感到非常亲切温暖。这块红缎一直伴随我们走过半个多世纪,虽历经磨难,至今仍鲜红地珍藏在身边。

在订婚仪式举行之后没多久,大约是9月下旬一个晚上,熊二姐说要带我们去看她的一位老朋友,但并未告诉我们去什么地方和去看谁。她领我俩静悄悄地走出贵阳大南门外,到达发电厂附近的一所不显眼的平房里,只见屋内有一位中年男子在那儿等着，别无他人。经蕴竹同志介绍，才知道那位男同志就是熊蕴竹同志的爱人、当时贵州地下党主要负责人秦天真同志，我们惊喜交集。他微笑着招呼我们坐下休息一会儿，等我们的心情稍微平静下来后，他便以严肃的语气对我们说："贵阳地下党组织根据你们俩从自到贵阳参加工作半年多来，政治上迫切要求进步，认真学习革命理论，努力做好本职工作，积极完成领导上交给的任务的一贯表现，经在书店工作的党员熊蕴竹、沈静芷、戴琇虹三位同志分别介绍，由上级党委研究决定批准接受你们为中国共产党预备党员，候补期三个月。"随即由熊蕴竹同志带领我们在庄严的党旗面前举行了入党宣誓仪式（吉伽夫的入党介绍人是熊蕴竹、戴琇虹，罗宇澄的入党介绍人是熊蕴竹、沈静芷）。自此，罗编在二姐任支部书记的党小组内过组织生活（在读新书店内），而吉在开始一段时期是编在由王启霖同志任支部书记的党小组，后转由沈静芷同志单线联系。通过熊蕴竹、沈静芷、王启霖等同志的关系，我们认识了当年驻贵阳八路军办事处的袁超俊和刘恕两位负责同志。

1939年第四季度后，贵阳政治局势剧激恶化，当地一些进步团体有的被解散，有的则转入地下活动，国民党特务对进步文化人士的行动经常盯梢，我们书店的党组织生活也已不能正常进行。同年12月中旬，二姐通知我们组织上决定调我们去广西桂林工作，我们的候补期限将期满转正，党组织关系将由八路军办事处转过去；到桂林后的工作安排则由贵阳读新书店开行政介绍信与桂林新知书店联系。二姐还告诉宇澄，她本人也要暂时离开贵阳一段时间,但未告诉我们去何处,直到解放后,我们才知道,她 1940年 4 月去了延安。全国解放后,秦与熊重返贵阳工作。

1966 年,"文化大革命"初期,秦天真同志受到诬陷,被打成"叛徒",蕴竹同志因此受到牵连,失去了自由。1967 年,宇澄也被打成"假党员",当宇澄所在单位(上海外文书店)在工宣队派人去贵阳找蕴竹同志调查时,她已身陷囹圄,处境险恶。但她仍关心着我们的安危,她坚持原则,实事求是,按照历史本来面目为宇澄写了平反的关键证明材料;而她自己却不幸在 1968 年 6 月蒙冤去世。1976 年 10 月"四人帮"垮台,"文革"结束,中国共产党召开了十一届三中全会,彻底清算了"四人帮"的滔天罪行,为所有在运动中被诬陷被迫害者平反昭雪,恢复名誉。

1979 年 6 月,中共贵州省委组织部通过上海市上级党委转给罗萍一份为秦天真同志以及受其牵连的熊蕴竹等同志平反恢复名誉的材料。我们在收到这份材料后,才弄清了我们敬爱的熊二姐在"文革"初期即被"四人帮"的魔爪夺去了她宝贵生命的事实真相。虽事已隔十年,但仍令我们深感悲痛。

生活书店的创始人邹韬奋先生曾说:"我们的努力奋斗,丝毫不因为环境艰苦而打折扣,这是我们的'生活精神'的一部分。""凡是有益于国家民族的事情,我们总是要兴会淋漓去参加,乐而忘倦地参加,这是'生活精神'的另一部分。""'生活'的生命,就是完全大公无我的对社会服务的精神组成。"我们热爱的熊二姐不仅以她壮丽的青春完全实践了这一"生活精神",她还以一个共产党人的忠诚、坚强和勇敢成为党的"不拿枪的战线"上的一位令人敬重的无名英雄。

愿熊蕴竹同志的精神之火代代相传，永耀光芒！

（1998 年 11 月于上海）

熊蕴竹，曾在生活书店贵阳分店工作。后曾任贵州省轻工业厅副厅长。

罗萍，1939 年在桂林参加读书出版社。后曾在上海外文书店工作。

吉少甫，1939 年在贵阳参加生活书店。后曾任上海教育出版社社长兼总编辑、上海出版局副局长、上海三联书店名誉总经理和顾问。

原载《联谊简讯》（贵阳）第 15 期，1998 年 12 月 20 日

悼念伯昕同志辞世五周年

徐雪寒

　　徐伯昕同志辞世忽忽五周年了。回忆五十多年来历历往事，不胜惆怅系念。

　　伯昕是我国近五十年来一位杰出的出版家。30年代初，祖国面临日本帝国主义侵略奴役、亡国的危机，而当权的国民党政府则醉心于"攘外必先安内"的投降政策，竭力从事内战，对人民的救亡图存的爱国言论和行动，则一昧采取高压政策。当时伯昕同志襄助韬奋先生创办《生活》周刊、生活书店，成为爱国舆论出版界的中流砥柱。其出版刊物发行量之高创当时出版纪录，发行网遍布海内外，受到广大读者的拥护；国民党虽视之如眼中钉，但也不敢公开直接加以打击。当时，在上海这样一个全国经济文化中心，爱国民主人士的舆论呼声，通过生活书店传播到全国和海外。而生活书店的出版发行、经营管理全部业务，都经过伯昕夜以继日、呕心沥血地擘划运筹，他在出版事业方面有突出的才能，生活书店由小到大成为具有全国性影响的爱国出版业的巨子，是和他的贡献分不开的。

我认识伯昕是在 1935 年秋。钱俊瑞、薛暮桥、骆耕漠和我等青年经济理论工作者,为了出版《中国农村》月刊和社会科学特别是经济学类的书籍,五元、十元地凑集几百元钱,办起了新知书店,韬奋先生竭力支持我们,决定由生活书店投资一千元,我们的出版物归生活书店总经售,这对我们自然是一个双重的帮助:既是资金,又是发行(因为我们发行网少,又易吃倒账)。所有投资合作都是我同伯昕具体办理的。在接触中,他给我很好的印象,他不但精通业务,而且充满友好精神,体会到支持新知书店成长起来的意义;我很高兴,这是一位进步爱国的出版家,是可以信赖的非党同志。果然如此,在此后多年的两店合作中,伯昕总是对我们采取友好、团结、支持的态度,在业务利益方面,不曾发生过不愉快的事情。他是很有胸襟的。

抗日战争爆发后,新知书店陷入困境,我又突然奉组织命令,去华北前线,由华应申、王益等同志留下来支撑危局,设法把店搬到武汉。1938 年 3 月,我回到武汉,当时书店虽已搬来了,但钱也光了,无力出版新书,组织上决定我回书店工作。我接受应申的建议,去找到伯昕,要求他把在上海总经销的账款不论已销未销,一律付给现金。这对合同来说当然是破格照顾,但伯昕二话没说,立即将款全部付清。这样,新知书店就活了,再加上长江局加强对我们的领导,我们新版和重版了大批抗战和马克思主义书籍,在当时国共第二次合作的政治形势下,我们的出版物十分畅销,并在广州、桂林、重庆、贵阳、金华等处开设分店,也到新四军云岭军部设随军书店,等等。总之,生活、读书、新知三家,都兴旺发达了。

武汉撤退后,我们三家都搬到重庆,伯昕、洛峰和我,都在民生路冉家巷办公,几乎旦夕相聚,小如具体业务,大至抗战形势,可以说无话不谈,尽管他当时尚属党外人士,然而彼此是竭诚相待的。1940年夏,是重庆受敌机轰炸的季节,市面有些萧条,但我们三家书店,还是努力造货,为人民供应抗日的精神粮食。一天,周总理找我们三家书店的负责人谈话,伯昕、洛峰和我三人如约从城里赶到化龙桥红岩咀八路军办事处,周总理接见了我们。谈话刚开始,便来空袭警报,总理带我们到防空洞,继续谈话,不顾防空洞在轰炸中摇晃。他安详地向我们详尽地分析形势,指出经济上壮大延安和华北敌后的意义,动员我们三家派干部带资金到延安去联合开设书店,仍然保持民间企业作面貌。我们理解总理谈话的精神,欣然同意。空袭过去,硝烟犹在,我们带着兴奋的心情,回到城里,决定生活派重庆分店经理李济安(李文)、读书派刘大明、新知派重庆分店经理徐耀桢(徐律)等,挑选纸型及筹集资金,前后不过一个来月,就去了延安,开设了华北书店。这是三家书店第一次全面合作,也可说是以后彻底合并成为三联书店的先声吧。

1943年我在淮南新四军军部、华中局工作,当时韬奋先生患耳癌,从苏中根据地转移隐蔽在上海敌占区医治,我曾两次奉党中央、华中局命令,代表党前去上海慰问韬奋先生。这时伯昕也由国统区大后方辗转地到了上海,他也已不能公开活动,靠着生活书店事前派出陈其襄、张锡荣等在上海从事经济企业,他们经营得比较成功,这时他们在经济上和社会关系上全面协助伯昕照料韬奋先生的重病。生活书店这个非常发达受人民爱戴的大出版事业,这时已经只剩下重庆一个分店了,在这样严重的摧残下几乎身处一无所有的处境,我深切感知伯昕这时的精神面貌是坚定的,斗志是旺盛的,完全没有被困难压倒,坚信抗日必胜,生活书店必得重振。我每次同他分别时都怀着十分钦佩和依恋的心情。1944 年 7 月 24 日,韬奋先生在敌人侦骑四出、得之为快的威胁下安然逝世,由陈其襄同志等为之妥善安排了后事之后,陈通过华中局城工部的交通,陪伯昕于七月底到新四军军部和华中局报表。他由我接待,住在我的房里,这时,钱俊瑞(当时任军政治部宣传部部长)就介绍他正式参加了中国共产党。伯昕终于由一个爱国民主主义者飞跃而成为共产主义者,这是他不断追求真理的结果。入党以后,组织上决定他仍回到上海去,抗日战争胜利后他在国统区还可以做许多公开的有益的活动。他也欣然受命就道了。

十一届三中全会,完成了中国拨乱反正的伟大任务,并且开创了改革开放的历史。1981 年党中央决定办理老干部离休制度,事关三家书店的成千职工,特别是非党的革命职工的政治生命。这时三店的原负责人之一黄洛峰同志业已逝世,伯昕在从事民主党派工作,比较忙碌。但我们都觉得责无旁贷,我协助他奔走于中组部、中宣部、国家出版局,将三家书店从成立起全部革命事业经过,提供给党作参考。1982 年 10 月 28 日召开生活、读书、新知三店革命出版工作 50 周年纪念大会上,党中央有关负责同志在会上正式确认三家书店是党直接领导的革命事业。不久中央组织部又正式以文件加以确认,三家书店的职工自参加书店之日起计算革命工龄。这使全体职工感到党中央对自己的关怀和温暖。在这件事上,我深感伯昕对书店和同人的负责到底的精神。

1984年,伯昕患不治之症,久病在床。我曾两次去医院慰问,都因他刚入睡,不敢惊醒他,只能向陪侍他的高妈表达了我的情意。终于没能和他诀别,实在引疚在心,不能忘怀。

现在国家改革发展事业正处在转折点,出版界也在徘徊探索中前进。祖国前途是光明的,我们后死者当继续奋斗!

1988年12月22日

徐伯昕,1925年参加生活周刊社。后曾任中国出版工作者协会副主席、中国民主促进会中央副主席。

徐雪寒,新知书店创始人之一。后曾任国务院发展研究中心常务干事和顾问,中国国际贸易促进会理事、顾问,生活·读书·新知三联书店北京联谊会名誉会长。

原载《联谊通讯》(北京)第5期,1989年2月15日

徐伯昕在香港生活书店的日子

王仿子

总管理处南移香港

伯昕同志是韬奋先生的亲密合作者。他们一起创办生活书店，向广大读者输送进步革命读物；一起反抗国民党的压迫。韬奋在《生活史话》中说伯昕是"满腔心血都灌溉到本店的经济基础上面去，为了集体的文化事业，忘记了他自己的一切要求"。这是韬奋笔下的一个全心全意为读者的徐伯昕的写照。

徐伯昕是中国人民出版事业的开拓者之一，是韬奋开创的事业的继承者。韬奋于 1943 年 3 月，因耳疾加剧，由新四军军部派人护送回上海治疗。经医生诊断为耳癌，徐伯昕闻讯，于是年 8 月从桂林赶回上海。到 1944 年 6 月，韬奋病情加重，在召集亲友口授遗嘱的第二天，他把事业的复兴托付给徐伯昕。伯昕在《冲破困难，实现遗言》一文中回忆道："我记得 1944 年 6 月 2 日，邹先生在病榻上嘱咐我们说：'对事业要脚踏实地的从小做起，一本以往服务社会与艰苦奋斗的精神。首先恢复书店,继续创办图书馆和日报。'"

伯昕牢记韬奋遗愿,日本投降后,他就率领隐蔽在上海的生活同人,趁国民党的接受大员忙于劫收敌伪资产,攫取"五子登科"(金子、票子、房子、车子、女子),顾不上统制文化的时候,以迅雷不及掩耳的步伐,于 10 月 10 日打出生活书店的招牌,10 月 13 日《民主》杂志创刊,接着又复刊《读书与出版》。在短短几个月内,除了生活书店复业出书之外,又化名韬奋出版社、知识出版社、骆驼书店等,同时几个招牌出书。还派许觉民与韩近庸合作办华夏书店、丘引社、拂晓社等化名①出版毛泽东著作,翻印介绍解放区的读物。他在 1949 年的"全国新华书店出版工作会议"上介绍在国统区与国民党反动派抗争的情形时说:"经验一再教训我们,在国统区的革命出版工作,要能够持久作战,是一个非常复杂和艰苦的工作。我们看到敌人有弱点,固然要进攻,但遭遇逆流的冲击,也必须善于布置阵地,分散作战。更需要分成几条战线,阵地战与游击战配合。第一线的出版机构是准备牺牲的,除了定期刊站在最前线上,另外成立几个书店出版社,如华夏书店是第一线的核心阵地,打冲锋的;第二线的出版物,内容比较缓和,偏重于理论性的,与现实接触较少的书籍⋯⋯;第三线是最隐蔽的,必须坚持它,采取最稳重的作风,绝不暴露。"

1946 年 6 月,国民党假和平、真内战的面目已经暴露,全面内战已不可避免,徐伯昕派张明西、王仿子南下香港建立据点,一方

---

① 编者注:华夏书店有拂晓社、知识出版社、丘引社、中国出版社、燕赵社等化名。

面向港澳和东南亚供应书刊，一方面储存纸型，出几本书，保存一个立足之地。7 月派邵公文、唐家栋北上大连，建立光华书店。1947 年五六月间，他亲自到香港选定皇后大道中 54 号二楼，香港生活书店于 6 月 20 日开业。7 月间，他把总管理处从上海迁到香港，他和胡绳、史枚、胡耐秋、陈正为、程浩飞、艾明之，还有韬奋夫人沈粹缜等，分批抵达香港。在利源东街租下一个窄窄的门面的二楼，把编辑、校对、出版、财务等集中在这间屋子里，他自己在靠后的屋角里摆了一张小桌子办公。

对于这一次把工作重心南移香港，他为在香港复刊的《店务通讯》写的《认清目标、努力准备》（以下简称《准备》）一文中说："因为统治者反对人民，反对民主，反对言论出版自由，所以对全国的进步文化事业横加摧残，而我店首当其冲。"为了"减少损失，而把工作重心南移来港，重向海外发展。但是，这并不是退却，而正是进攻前的准备"，他已经预见到人民胜利即将来临。

为人民的胜利作准备

伯昕同志的《准备》，为新形势下的书店同人提出新任务。开头就说：过去的三大目标促进大众文化、供应抗战需要、发扬服务精神，因为抗战结束，所以今后"我们的努力方向：第一是促进大众化，第二是发扬服务精神"。他引用韬奋的教导："我们所需要的是为大众谋福利的文化，而不是为少数人谋福利的文化，所以在思想或理论上，我们积极注重于大众有利的思想或理论，反对少数人保持私利的欺骗或麻醉大众的思想或理论。"接着他阐述当前的出书方针:"在今天之中国百分之七十以上是工农劳苦大众,这最大多数的同胞,就是我们的服务的主要对象,也只有和工农劳苦大众血肉相连的,为工农劳苦大众服务的文化,才是最进步的文化。但是,由于人民解放运动的客观需要,我们不要忘记职业青年,一般知识分子,以及中小资产阶级的读者。我们也必须供给他们进步的思想和新的知识。推动他们跑到人民解放运动中去,使他们能为工农服务。"

关于发扬服务精神,他说:"服务精神是'生活精神'的主要内容之一,我们是以服务起家的,把读者看做自己最亲密的朋友一样,不怕麻烦,办事惟恐其不周到,对读者绝对忠诚,绝对负责。这一种优良传统精神,必须发扬光大。只有人民的文化事业,为人民忠心服务,对大众负责办事的,才能得到人民的信任,大众的爱护。才会生长而发展。"

关于如何为迎接这个大变革的大时代做好准备,他说:"我们必须检查自己的力量,能否担当起这个任务来。""说得明白些,我们应该从今天起立即健全组织,计划出版,培养干部,增厚资力,发展业务,配合着新时代的需要,加紧准备一切。"然后他对"加强组织",实行"计划化""培养干部""充实经济力量"等一一提出设想和要求,号召全国同人齐心协力,遵照"我店创办人韬奋先生临终遗言",做好"充分准备,努力前进"。《准备》一文,实际上成为从思想上、组织上、业务上迎接全国胜利的工作大纲。

从1947年到香港,到1949年3月,伯昕护送一大批民主爱国人士北上，在这两年时间里，香港生活书店，在继续出版"青年自学丛书""大学丛书"等外，还出版《韬奋文集》《帝国主义与中国政治》《方生未死之间》，等等。着力编辑出版的是一套"新中国百科小丛书"。这是一套为全国解放做准备的以工农大众为对象的启蒙读物，每册两三万字，有 300 来个选题。到 1949 年已出版《孙中山》《马克思》《列宁》《蔡特金》《居里夫人》《联合国》《社会主义的苏联》《美国》《怎样搞通思想方法》《怎样学文学》《DDT》等四十来种。杂志有邵荃麟主编的《大众文艺丛刊》，是一本宣传毛泽东文艺思想的双月刊。从 1948 年 3 月出到 1949 年 3 月，共出 6 期。

恢复出版《店务通讯》

供书店同人阅读的内部刊物《店务通讯》，创刊于 1938 年 1 月 22 日。到 1940 年，各地分支机构已纷纷被国民党封闭，《全民抗战》被迫停刊，邹韬奋、徐伯昕出走香港，《店讯》出到 108 期停刊。七年之后，《店讯》在香港复刊，徐伯昕的复刊词《〈店讯〉复刊的意义》写道："《店讯》是我们这个小小的民主团体里的言论机关，是有关整个店的业务的机关刊物。它是反映同人对于业务上的意见的园地，它负有传达各种业务会议中所讨论及决议的事情的任务。它当时更尽了同人间相互研习业务技术和教育新干部的重大作用。"

生活书店是一个合作社，没有资本家，书店同人既是书店的职工，又是书店的主人，运用民主集中制的原则管理书店。韬奋说："全体同事都是管理者，同时全体同事都是被管理者。"为了沟通管理者与被管理者的意见,每周编辑一本《店讯》,每期有韬奋一篇面对同人讲话式的短文。复刊后的《店讯》每期写一篇短文的任务就落在伯昕同志身上了。

伯昕同志为新一号《店讯》写了复刊词、《准备》和《生活史话第五章》;新二号有《文化工作的战斗性》和《书籍基本定价计算标准》;在新三号发表《冲破难关,实现遗言》。他为三期写了六篇。遗憾的是《生活史话》未能继续写下去。

继写《生活史话》是《店讯》编者程浩飞向徐伯昕约的稿。伯昕有写《生活二十年》的打算,他在《准备》文中说:"整理店史,尤其需要把书店的发展历史加以整理,加以发扬,把以前的优良作风,把过去经营的经验加以总结,并可作为我们今天进行自我教育的重要参考。"他已经有一个大纲,从 1925 年到 1945 年分为九章:第一章,开场白;第二章,孕育时期(周刊时期,1925 年 10 月—1929 年 7 月);第三章,幼年时期(从书报代办部到书店成立,1929 年 10 月—1932 年 7 月);第四章,成长时期(从书店的初期到抗战爆发,1932 年 8 月—1937 年 7 月);第五章,壮大时期(从抗战开始到粤汉陷落,1937 年 8 月—1938 年 10 月);第六章,横被摧残时期(从粤汉撤退到皖南事变,1938 年 10 月—1941 年 2 月);第七章,转向海外时期(从出走香港到重回内地,1941 年 3 月—1942 年 2 月);第八章,坚持工作时期(从太平洋事变到抗战结束,1942 年 3 月—1945 年 8 月);第九章,总结。他又设想:倘使继续写抗战惨胜以后的话,可以增加一章复苏时期(从抗战惨胜复业到转移海外,1945 年 9 月—1947 年 12 月)。他是从第五章开始写起的。他说:

"随笔写来,遗漏一定很多,这仅仅作为店史的初稿,希望同仁们不吝指教。如能加以修正补充,更所感幸。"

这个时期的伯昕同志,除了书店工作之外,又创办持恒函授学校,还有中国民主促进会的工作,推动香港新书业的团结与合作,开展香港书业界的爱国统战工作等。又负责大批民主爱国人士北上解放区的接待工作,十分紧张而忙碌,《生活史话》也未能继续写下去了。

港版《店讯》只出了三期。因为这时生活书店、读书出版社、新知书屋的负责人接获周恩来于 1948 年 6 月 6 日发自西柏坡的电报:"即将三联工作人员及编辑人员主力逐渐转来解放区,资本亦尽可能转来。"三家书店接到电报后在中共香港文委领导下立即成立胡绳、邵荃麟、徐伯昕、黄洛峰、沈静芷五人小组,着手三家书店的全面合并的工作,同时立即派遣干部水陆两路分批北上。《店讯》出到新三号也终止出版了。

这三期《店讯》刊载当年在港同人胡绳、史枚、程浩飞、陈正为、毕青、张明西、杨文屏、陈怀平、蔡学昌、王仿子等的文章。如胡绳用于田的笔名,写的《求进步的精神》和《著作界和出版界》;史枚写的《书的校对》和《两年七个月的编译和出版》等。至今读起来仍有新意。

坚持低书价政策

"服务是构成生活精神"最重要的因素,也可说是"生活书店的奠基石"(韬奋)。生活书店把竭诚为读者服务的精神贯穿到全部工作中去,不仅仅用优良的进步的读物为读者服务,不仅仅用不怕麻烦的态度为读者服务,为了减轻读者负担,还用低书价为读者服务。

韬奋在《生活史话》中回顾《生活》周刊早期的情形说:"赚钱干什么? 全是为事业。我当时和伯昕先生憨头憨脑地立下一个心愿,就是把所有赚的钱,统统用到事业上去,屡次增加篇幅,出特刊(笔者注:九一八事变爆发,十月中的一期《生活》周刊,编为《国庆与国哀》特刊,文字增加 48 面,另加图版 8 面)一个钱的价格不加。"几年以后,筹备《生活日报》时,又宣布:"本报注重为大多数民众谋福利,不以赢利为目的。"邹韬奋和徐伯昕创办的出版事业把不以赢利为目的宗旨贯彻始终。

抗战期间,物价飞涨,由于纸价和印刷工价狂涨,书价不能不提高。当年的书店同人,多数是血气方刚的年轻人,有为读者服务的热忱,却缺少国难时期经营出版业的艰苦的体会,特别是在门市部天天接触读者的同人,纷纷为"读者要饿三顿饭买一本书"向总管理处呼吁"救救读者"。从 1939 年 6 月到 1940 年 6 月,总管理处营业部接连三次在《店讯》上说明不得不调高书价的理由,还调查了重庆市的书价,发现商务印书馆提价幅度最大,中华与开明次之,生活与读书、新知三家提价幅度最小,生活版书籍在重庆是定价最低的。可是仍有同人质疑呼吁。于是,伯昕同志发表《再谈书价问题》,他解剖一本 10 万字的书的成本,列举印 3000 册的排、印、装和纸张等各项费用,按调整后的定价标准,每册定价 1.20元,平均以九折出售,实得盈余 61 元,占码洋 3600 元的 1.69%。

这是假定 3000 册全部卖出去的结果。书店同人都知道，在当年不光是国民党在邮局经常检扣没收生活版图书，还有战乱造成的运输途中的损失。没有一种书和杂志可以完全避免意外损失。伯昕同志这一笔账终于使书店内部对于书价的呼声悄悄平息下去了。

伯昕同志一贯亲自掌握成本计算和定价标准。1945 年书店在上海，我做出版，成本计算由他亲自掌握。1946 年他派我到香港，原本以为可以利用香港低价的纸张造货，但到港后发现香港的印刷工价远比上海的高，光是排版和一副纸型，就把在上海占直接成本 34％的费用提升到 46％。所以我在香港的头一年，基本上没有印书。1947 年编辑工作随总管理处迁到香港，不得不在香港造货了。经伯昕同志精密计算，他提出一年新的经营策略。他说："目前经营出版非常艰苦，倒是贩卖利润优厚，所以我们要提出这样的口号：'以外版利润支持开支，以重版利润发展新书。'我们在成本上要经常精密计算，固然不应盲目的提高定价，也不应盲目的不顾成本。"

当年香港门市部销售的外版书绝大多数从上海用法币进货，运到香港以港币售出，获利丰厚，所以可以用"外版利润"承担整个书店（包括编辑出版部分）的开支。香港的排印工价较高，初版书的成本的印制占定价的 45％，发往上海的邮运费占定价的 20％。因此初版书要保本都很困难。一个有利条件是香港进口纸张不纳税，纸价低廉。所以，以重版书的盈利弥补初版书的亏损。

伯昕同志从《生活》周刊时期开始，一贯为减轻读者负担而煞费苦心。在 20 世纪的 20 年代，他用增加广告费的收入，使《生活》

周刊几次增加篇幅不增加定价。在 40 年代,由于国民党的摧残,经济上遭受巨大损失,艰难万分,他仍然千方百计,用节约开支、降低成本,还用经售外版书的收入来弥补等等办法,坚持低书价的经营方针。用低书价供应优良读物,用低书价减轻读者负担,不以营利为目的,已成为人民出版事业的一个重要标志。

创办持恒函授学校

为了纪念韬奋先生,继承他为自学青年服务的遗志,1947 年在香港创办持恒函授学校,开头想取名韬奋函授学校,因为考虑到吸收国民党统治区的学员,才定名为持恒函授学校。

创办这所学校,也是一项培训出版后备力量的工作。在 1939 年生活书店的全盛时期,有 400 多工作人员。经过了几次反共高潮的摧残,到 1948 年,除了派往解放区的一部分干部之外,在香港、上海、重庆的干部不足百人。伯昕同志面对全面胜利的新局面的干部不足,深感忧虑。他在《准备》一文中说:"人民是一定要胜利的,人民胜利后的新中国需要我们进步文化事业普遍到全中国,为人民大众忠心服务。而我们的干部呢? 我们每一个工作同仁,是否已有了思想上的准备?"又说:"要有计划的吸收新干部,加紧教育训练,并且团结旧干部,把分散在各处的优秀老干部有计划的组织起来。"持恒就是一个"教育训练"新干部的场所。

伯昕同志是持恒的奠基人,任校务委员会主席,孙起孟任校长,总务主任程浩飞,教务主任胡耐秋。孙起孟在《怀念徐伯昕同志一件往事》①中说道:"持恒函授学校在极端困难的条件下,能够办起来,为广大青年(不少是当时国民党统治下的有志青年)服务。取得积极效果,这和伯昕的极大努力分不开。"他说:"他一心一意扑在工作上,做得多,说得少,具有高度责任感,遇事认真,一丝不苟,驳繁不乱,临变不惊。"

学校设专修部和中学部。专修部设哲学概论、社会科学概论、经济学原理、文学作品选读与习作、中国通史、现代国际关系等课程。由胡绳、曹伯韩、沈志远、邵荃麟、葛琴、宋云彬、张铁生、狄超白等任教。中学部由孟超、吴全衡、戴依南、徐舜英等教授国文、英文、数学、常识等。教材由学校自编自印(刻钢版油印)。老师授课,一般都结合当时国内外形势。文学课多半选用左翼作家和解放区作家的作品。讲师们在课外一般都与学员有通信联系,解答问题。在港九地区的学员得地利之便,除函授外,有胡愈之、乔木(乔冠华)、郭沫若、邓初民等以讲座形式面授。这些做法深得学员的欢迎。

可惜好景不长。开学还不到半年,经济上已经亏损累累。因为收入的学费多数是法币,而法币一再迅速贬值,开支却是港币。到 1948 年 8 月,港币 1000 元,已等于法币 20 万万元。从 1947 年 10 月开学,勉强支撑着办了两期,到 1948 年 8 月不得不宣告结束。

---

① 编者注:文章完整题名为《以为青年服务为乐事——怀念徐伯昕同志的一段往事》,载《新文化出版家徐伯昕》,中国文史出版社 1994 年版。

　　两期的学员有 2700 人,分布在香港、澳门、广东、上海、北平、天津、苏州等地,在英国、加拿大、马来西亚、新加坡、印尼、泰国、菲律宾等地,也有少量学员。函授结束了,它的影响还在。特别是港九地区的学员,几位积极分子如翟暖晖、蓝真、冯廷杰等,发起成立"持恒港九学友会",开展多种多样的联谊活动。他们还邀请张铁生、刘思慕、胡绳、乔冠华、胡愈之、郭沫若、孙起孟等主讲国际问题、中国革命问题、青年修养问题等,还出版《持恒学友》杂志。他们的活动并没有因为学校结束而停止,以后又成立"持恒之家",一部分学员居住在"持恒之家",集体生活,集体学习。多年之后,暖晖在《忆"持恒"》一文中说到当年港九地区的学员,"受了持恒的影响而献身祖国解放事业"。他说:"由于受到母校的薰陶、老师的教导,启迪了智慧,认明了路向,一批又一批地走上革命的道路。"北平的学员徐丰村,把持恒的函授比喻为甘霖与明灯。他说,持恒"启开了我的前程","给了我文化知识,给了我进步思想和精神力量,我与'持恒'犹如枯苗久旱逢甘霖,暗夜独行遇明灯"。

　　持恒的学员分布在海内外各地,生活环境各种各样,后来参加文化出版工作,成为出版业的中坚力量的有蓝真、翟暖晖、钱静娴、冯廷杰、潘敬中、任志伟、杜文灿、吕舜如、胡天宠等。伯昕同志的辛劳得到了收获。

结束语

　　最后我借用与伯昕同志共事多年,熟知他的为人和作风的胡绳的一段话来结束本文。胡绳说:"在抗日战争时期和全国解放战争时期,国民党统治地区内的革命出版事业既受到严重的政治压迫,又苦于种种物质条件的限制,其处境的艰难是现在人们难以想象的。伯昕在这种环境中千方百计地从事进步书刊的出版发行工作,不因任何挫折而气馁,不为任何困难所压倒。……在生活书店备受摧残以至无法生存的时候,仍通过各种灵活的方式,运用各种力量,在国民党地区散布革命文化的种子。在他身上,可以说,既有'生意人'的精明,又有革命家的胆略和远见,他把这两者结合起来,因而在任何情况下都能找出有效的斗争方式。在党领导的文化战线上,伯昕这样的出版家是起了他的特殊作用的。"(摘自胡绳为《新文化出版家徐伯昕》一书写的《序》)

2003 年 4 月 26 日

　　徐伯昕,1925 年参加生活周刊社。后曾任中国出版工作者协会副主席、中国民主促进会中央副主席。

　　王仿子,1939 年在衡阳参加生活书店。后曾任文物出版社社长、中国出版工作者协会副主席。

原载《三联贵阳联谊通讯》第 30 期,2003 年 6 月 6 日

言传身教、永志不忘

——和迪畅同志同在兰州工作时的一段回忆

仲秋元

　　今年春节刚过，91 高龄的薛迪畅同志去世了。迪畅同志是 1931 年参加《生活》周刊工作的老同志，他是一位政治坚定、忠于事业、不尚空谈、踏实工作的好同志，是对中国革命出版发行事业有过卓越贡献的革命者。对他的离去，我有许多怀念，特别是 1938—1940 年间，我在他领导下，在兰州生活书店共事的两年中，得到他的言传身教，使我这个进店半年多的青年，懂得了，也具体地学到了应当怎样去为生活书店这一进步事业献身。为了纪念他，我想写一点这一段历史的回忆。可是已时隔六十多年了，记忆模糊了。幸得当年的《店务通讯》这一历史文献和解放后出版的《甘肃文史资料》《甘肃出版大事记》，帮助我回想起当年他给我的一些言传身教——使我永志不忘的怀念。

一、为建立边疆出版发行事业的开拓精神

抗日战争初期，生活书店在后方的分支店已发展到五十多处。但广大西北地区的甘肃、宁夏、青海、新疆四省却只有一个兰州分店。西北地区交通不便，经济、文化落后，抗战前，生活书店的代销关系很少。为开拓边疆的出版发行事业，迪畅同志付出了心血。他认为兰店的工作不能仅着眼于兰州，应当把开拓西北的发行网作为己任。开拓的第一步是在本省中小城市铺设发行网。先在甘南地区的天水开设了支店，在甘谷设立了流动供应所。在榆中、临洮等地建立了代销处。然后亲自到河西走廊的永登、武威、张掖、酒泉，甘肃的靖远、景泰，宁夏的固原、中卫等地走访同业，经过努力，建立了十三处代销关系。第二步是大力开拓新疆方面的业务。当时，新疆的政治局面比较特殊。许多进步文化人被邀去新疆做文化工作。其中有生活书店理事杜重远，理事兼总编辑张仲实，《文艺阵地》编审委员、主编茅盾，编辑部史枚。新闻界有萨空了，还有电影演员赵丹、画家鲁少飞等数十人。在迪化（乌鲁木齐）有新疆文化协会、新疆学院、文化书店等进步单位，书刊需求量很大，内地被禁售的书刊，新疆可公开发售。为了开拓新疆的发行工作，他多次对我们说，要把供应迪化文化书店的批发工作和读者的邮购工作放在重要地位。文化书店来人，他亲自接待，他们要的书都尽量满足，让他们进我们的栈房选书，不够的，从门市上撤下来给他们，兰州缺货的，向总管理处去添，直接从重庆寄新疆。重要的

邮购读者来信,他亲自写复信,缺的书,同样请重庆直接寄去。据1939 年统计,书店当年的批发营业中的五分之三、邮购营业的五分之四都是新疆方面的。在业务往来中我们又作了调研,了解到新疆毗邻苏联,有白报纸进口,还有设备较好的印刷厂,为此他向总处建议,请杜重远先生向新疆有关方面交涉,允许我们去开店、印书,作为一个造货点供应西北各省。此议曾获新疆方面同意。不料 1940 年开始,盛世才撕下假面具,投靠蒋介石,实行反共。中共代表毛泽民、林基路和一大批中共党员,文化界的杜重远、史枚、萨空了、赵丹等数十人,均遭逮捕,毛泽民、林基路、杜重远遭杀害,茅盾、张仲实被迫撤回。风云突变,刚刚开辟的新疆进步文化阵地沦落在法西斯统治下。我们的设想虽未能实现,但这种开拓精神还是值得称道的。

二、面对政治迫害,敢于斗争,善于斗争

兰州生活书店从 1938 年 3 月开店起到 1940 年 5 月被迫停业的两年多时间里,始终面临着查禁、没收、封店、捕人的危险。迪畅同志处此险境,立场坚定,以不屈不挠的无畏精神与反动派周旋。当他只身一人到国民党党政机关去交涉发还书刊,到天水专区去营救支店经理薛天鹏时,我们都为他的安全捏了一把汗。看到他安全归来,又对他敢于斗争和善于斗争的精神从内心里钦佩。

根据有文字记载的受迫害与反迫害的史料,摘抄一点于下:

1938 年:

（1）3月,兰州生活书店开幕。月底,第八战区司令长官部、甘肃省政府,国民党甘肃省党部、省抗敌后援会（后改为动员委员会）等即联合组成新闻、图书审查委员会,对报刊图书进行审查。这个审查会,比在武汉成立的中央图书杂志审查委员会早四个月。该会规定,商务、中华二店出售的书,送一个图书目录即可,生活书店出售的书刊,必须全部送审,每种两本,审查后,一本发还,一本留存,如违,由宪兵拘押。

（2）4月初,图审会即发布第一批禁书目录,计图书八十余种,报刊二十余种。报刊中包括《新华日报》《全民抗战》,禁售的图书都是生活书店的出版物。对此非法行为,八路军驻兰州办事处的代表谢觉哉同志曾亲自出面向国民党交涉,周恩来副主席亦曾致电甘肃党政负责人朱绍良予以纠正。后来只解禁了几种书刊,大部分仍予查禁。

（3）6月5日,地下党同志告,省党部最近又审定59种书刊不准公开发售,书刊到兰州,即在邮局检扣,而且不准通知书店。这种改明禁为暗扣的卑劣手法,对我们的货源供应为害极大。有一次,明知重庆发来四个邮包的书（两百多册）已到兰州被扣留,迪畅亲去邮局交涉,却被搞邮检的特务赶了出来。特别是《全民抗战》一类刊物,有时间性,渝兰间邮运一个星期,再扣一两个星期,周刊成了月刊了。为打破这一封锁,迪畅得到了在邮局工作的地下党员贺进民的帮助,在特务上班前和下班后,让我们到邮局去取邮包。用这个办法,期刊漏网了,大的图书邮包仍被邮检。

（4）8月13日,甘肃省主席朱绍良,为掩盖其禁书罪行,亲自出面召集各书店经理谈话,威胁说:审查委员会禁售的书,顾客来问时,你们不准说有,更不能说是政府禁卖的。查禁了你的书刊,还不准你说,说明了反动派既反动又心虚的丑恶心态。

1939 年:

(1) 1 月 25 日,门市刚结束关门时,在伊斯兰协会工作的杨静仁同志(解放后曾任国家民委主任、国务院副总理、全国政协副主席)推门进来告诉我们,今晚有人来检查,望早作准备。迪畅即指挥我们把门市、办公室、栈房可能遭禁的书,藏到我们睡觉的土坑里面。晚十时半,果然来了二三十个荷枪的士兵和便衣,声称奉军警督察处命令,持禁书目录来搜查违禁书籍。搜查了几小时,拿去图书三十余种一千多本。这份禁书目录就是去年四月发布的,许多书是经总处出具审查通过的证件已经解禁。第二天,迪畅到督察处去交涉。这帮武夫十分无理,反问书的来源。迪畅又去省政府交涉,质问已解禁的书为何又没收。在迪畅的义正词严的交涉下,总算拿回了一部分。

(2) 2 月 5 日,来十多名武装宪兵,封锁了门市,搜查一个多小时,取走图书 28 种,数百册。

(3) 4 月 22 日,门市部来一青年,自称是某训练团的,奉命来买潘梓年著《逻辑与逻辑学》和丁玲主编的《抗战歌声》各两百本,送去收款。书送到国民党省党部即被没收。这两本书,在重庆出版时和到兰州送审后,都是通过准许发售的,现在竟用欺骗手法来没收,实令人发指。迪畅当即赶到省党部找书记长赵清正理论,赵正在开会,迪畅义正词严地向他责问,赵清正拉长了脸默不作声,只是叫人把迪畅赶出门外。第二天迪畅再去省党部交涉,即被门卫阻止而不得入。对迪畅的正义行动,我们是担心的。事后问他难道你不怕被扣押吗？他说,我无党无派,书是审查通过的,他们用欺骗手法没收,说明他们是心虚的。书可能要不回来,但他们不敢对我怎么样,我是书店负责人,应当挺身而出。

此事发生后不久,甘肃省主席朱绍良利用亲戚关系,请薛迪畅去吃饭,叫他不要再开书店,还说可以安排他到第八战区司令部政治部当官,迪畅同志回答:我不会当官,只会卖书。断然拒绝了敌人的威胁利诱,表现了一个革命者"富贵不能淫、威武不能屈"的高尚品德。

（4）从 1939 年 4 月西安分店被查封起两三个月内,在国统区内有 11 处生活书店被查封。甘肃天水支店于 5 月 31 日被封,经理薛天鹏(中共地下党员)、职员阎振业被捕。罪名是宣传赤化、鼓动学潮。阎振业不久被释放,薛天鹏则被关押在天水县府。迪畅同志为营救天鹏出狱,先是向省政府上呈文,面见省党部负责人请求放人,省政府推说这是天水专区的事。于是迪畅持韬奋以参政员名义给天水专员的信,于 12 月 15 日亲赴天水去营救。一去半个月,不见回来,我们却捏了一把汗:会不会他也回不来？年底他回来了,据他说,天水专员避而不见,由一科长出面接谈。先后谈判了四次,从书店营业的合法性谈到天鹏是一个有才气的有为青年等,终于说服了对方,答应转报专员予以交保释放。半个月后,薛天鹏被释放回兰州。事后我们说,若没有迪畅这种敢于斗争、善于斗争的努力,在当时特务统治下,薛天鹏很可能遭到同时被捕的西安周名寰同志后来遭到的厄运。

1940 年：

本年起，国民党改变了迫害手法，到门市来在读者面前没收书的事减少了，在邮局内检扣和不准外地书商代销生活版书的迫害却大大加剧了。《全民抗战》经常缺收，图书邮包到货减少，外地批发户只剩下三处。货源减少、发行网被封锁，以致营业一落千丈。敌人的目的就是要把生活书店赶出甘肃。此时，各地生活书店陆续被查封，总管理处为减少损失和保护人员安全，于 1940 年四月间下了撤退令。我们忍着悲痛，办理了后事。如何安全离开兰州是又一难事。适逢茅盾和张仲实于此时从新疆撤出来到兰州候车去重庆。正好青海活佛喜饶嘉措大师有车去重庆参加国民参政会，允许茅、张二人同行，迪畅和我二人也即作为他们的随员，搭乘此车逃出了虎口。

两年多来，迪畅同志面对敌人的迫害，为救书、救人而艰苦奋斗，自己也冒着极大的风险。据解放后缴获的国民党特务机关两次编制的《共产党简历表》记载，他和我都在这个黑名单上，我们退出兰州去重庆后，他们还跟踪记载着"现在重庆"。当时我们虽不知道已上了黑名单，但已被特务监控是心里有数的。处此险恶环境，迪畅同志不计个人安危，仍能沉着应付，没有既智又勇的精神是做不到的。这种精神，后来在昆明、在重庆、在上海，都在反迫害斗争中闪烁着光辉。

在兰州时期，我们二人人地生疏，又还未入党，能在反迫害斗争中取得一些成绩，是和党的领导支持和读者的帮助分不开的。

八路军驻兰州办事处代表谢觉哉、伍修权曾亲自出面为查禁书刊事向国民党当局抗议、交涉,多位地下党员和进步读者经常给我们通报情况,分析形势,研究对策,设法从敌特控制下获得"漏网之鱼",正因为有这些帮助,使我们能艰难地坚持了两年。

三、身处边陲,不忘全局

兰州分店地处边疆,能做好当地工作也就很好了。迪畅同志却不满足于此。经常想着为全局做一点事。有两件事给我很深的印象。

第一件事是:他 1931 年九一八事变后进店工作,后来是《生活》周刊四万五千户定户发行工作的负责人,并参与创建了一套合理的、有效率的操作方法。1994 年我们编印出版的《新文化出版家徐伯昕》一书,内有一个《徐伯昕出版业务经验专辑》,有六位老同志分别就生活书店的邮购、批发、订户、门市、进货、推广、电话购书等七个方面的经验写了总结文章。迪畅同志写了《生活周刊的订户工作》一文。其实总结定户发行工作经验的文章,早在 1939年他在兰州分店工作时就已写出了。他从定户发行工作的意义、地位等认识问题说起,总结了发行《生活》周刊时的经验,进而把后来发行多种期刊的经验和当前应当注意的问题等一一作了详细的阐述,文长三千多字,发表在 1939 年 8 月 16 日出版的第 61 号《店务通讯》上。兰州分店是个小店,期刊订户不多,此文当然不是为兰州分店写的,而是为了帮助全店众多刚担任定户发行工作的新同志而写的。

第二件事是:响应总管理处征求分支店对总处工作提意见的号召,写了一篇数千字的意见书,同时还动员我也写了一篇。这两篇意见书都得到了韬奋和伯昕的肯定和赞赏,并授意秘书处主任张锡荣作了详细的答复。两篇意见书和邹、徐两位领导人的答复,都在 1939 年 11 月的《店务通讯》第 75、76 号上发表了。此事,作为写意见书的人,是对全局的关心;从领导方面来说,是体现了管理上的民主作风。

四、艰苦朴素、诚恳踏实的优良作风

生活书店的老同事,解放前就习惯称呼迪畅同志为"迪公"。当时他不过三十多岁,怎么会得此尊称呢? 我认为这是由于他一贯平易近人、待人诚恳、老成持重、艰苦朴素、工作踏实、不尚空谈的作风给人留下的印象,也是"生活精神"在他身上的体现。他重视为书店节约每一分钱,兰州冬天很冷,为节约开支,宿舍里冬天不生火。寄邮包的贴头和公用的信封信纸,从来不去印制,而是刻几个图章盖在纸上代替。1939 年除夕夜,敌机大轰炸,他带领我们去城外山头上露宿,和大家在一起挨冻。第二天兰州商店都关门了,我们仍开门营业,得到读者好评,兰店只五名工作人员,仍成立了同人自治会。店内的学习活动,每天早自习,主要是学习《新华日报》《全民抗战》和《店务通讯》。晚上,没有文化生活,主要是读书。他从同人们政治、文化水平不一的实际出发,不规定同志们

共同死读一本书,而是提倡各人自选生活书店的本版书,主要是
"青年自学丛书""黑白丛书""世界知识丛书"等基础读物,每周读
一本,读后交流心得,这种从实际出发的学习方法,取得很好效果,
既提高了本人的水平,又增加了向读者介绍书的能力。这两年,我
读了几十本书,这种从实际出发的学风,让每个人都得益匪浅。

1942 年起,我们二人在重庆重逢,又在一起共同坚持工作了
四年,也有许多事可回忆,限于篇幅,只能另文再叙了。

2004. 3. 1

薛迪畅,1931 年在上海参加生活书店。后曾任中国国际图书
贸易总公司(中国国际书店)经理、顾问。

仲秋元,1938 年在汉口参加生活书店。后曾任文化部副
部长。

原载《联谊简讯》(北京)第 9 期,2004 年 5 月 1 日

送迪畅兄远行

许觉民

迪公辞世，使我哀思不止。

他一生贡献于出版发行工作，兢兢业业，成绩卓著。在抗战前，他担任期刊发行工作的重任，生活书店的期刊不下十种，那时都是书店自办发行，直接邮寄给读者的，每种刊物川流不息地出来，不断地寄发，有时要赶时间，经常弄到深夜才完毕。他带领一班人把刊物发行搞得井井有条，管理和工作程序上有一套制度，是他和一些同志在工作中逐渐建立起来的。他的责任心和不辞劳苦的精神使我们刚进书店的人学到了榜样。

抗战后，他任兰州生活书店经理，以后任重庆生活书店经理。那几段时间，我没有同他在一起，我想说的是在抗战结束后在上海时的一些情况。

1945年10月，上海生活书店在上海吕班路复业，先是王泰雷为经理，之后得知国民党特务已将王泰雷列入黑名单，为安全计，王调做副业工作，经理改由薛迪畅担任。那时候正是国民党发动内战极端疯狂之时，他们借当时东北苏军撤退，有的工业设备迁走的事为借口,发动了规模不小的一次反共反苏大游行。地下党得到情报,那次游行将乘机捣毁几家进步报社和书店,生活书店正在名单之中。书店得讯后立即作紧急措施,迪畅为此作了应急的准备,首先是游行日那天,书店照常开门营业,严阵以待,店中重要物件及账册等先运走,店内工作人员一律由精壮男性担承,女同事该日疏散回家,以免受到意外。到游行的当日,迪畅一早就到,亲自坐镇,他对已定之布置作了检查,书店照常营业,但读者已减少。至午间,只听得游行队伍呼啸而来,因他们走在霞飞路(今淮海路)上,至吕班路(今重庆南路)未向南转弯乃向东而去。此次阴谋袭击虽未得逞,但对工作人员却是一次考验,迪畅以身作则并亲自布置这次斗争,也显示了他的临危不惧的风格。

1948年春,书店已经收束,但仍有许多未了事宜。一次,一位同事将福州路一部分存书坐三轮车运往宿舍,不料在半途适逢国民党警察查问,见到大量革命书籍,不由分说将人扣留,并押他前往宿舍,此时迪畅正在宿舍,就一并被拘捕。此案拖延时间很久,书店多方设法营救未成,除了有人经常去探望并送去食物外,不断吁请书业界进步人士设法营救。受关押期间,迪畅始终未露自己是书店经理的身份。以后又听到此案将受国民党"特刑庭"的审问,事态越来越严重,不久后又逢蒋介石假托"下野",制造假和平,乘此机会,进步书业界出具保释书,保释迪畅等二人出狱。他们在狱期达半年以上。

解放后,迪畅一直在北京工作,我和他虽不在一个单位,但经常有机会见面。他自奉俭朴,为人和蔼可亲,他的年龄比我们几个人都大,不知哪一天起,大家都称他"迪公"。有一年我到菜市口南半截胡同他家里去坐坐,他一家正在吃饭,一人只是一碗青菜面条,我笑着对他说,今天是星期天,还不吃好一点的? 他说,这就很好了。从他对工作的认真负责和对生活的俭约相对比,我觉得他对人生只是"给予",而不是"索取"。

薛迪畅,1931年在上海参加生活书店。后曾任中国国际图书贸易总公司(中国国际书店)经理、顾问。

许觉民,1937年参加生活书店,后曾任中国社会科学院文学研究所所长。

原载《联谊简讯》(北京)第9期,2004年5月1日

感谢生活书店为我办婚礼
——怀念杨文屏同志

汤锡晋

今年的一月二十日,是六十年前重庆生活书店为我在"中国留俄同学会"礼堂举办结婚典礼的纪念日。半个多世纪来,每届这个时日,我们都会翻开当年的结婚证书和来宾签名绫绸,与亲人们作一番缅怀、回顾。今年,我把这个情结写给三联书店《联谊简讯》,以志生活书店领导对员工同志们无微不至地关怀和爱护的盛情。例如,像我这样一个刚参加书店工作,还没有作出什么成绩和贡献的成员,也能蒙沾厚惠,真是不胜感戴!尤其是深切感谢帮助我筹划布置、具体操办一切的杨文屏同志,他已驾鹤西去。在他弥留之际,我不能当面酬谢问候,现在我只能深致哀悼之意。

具体说来,1944 年 5—6 月间,日寇铁蹄踏上湘桂大地的前夜,我奉桂林生活书店光华行的业务安排,从湖南衡阳抢运出最后一批纸张到桂林,与程浩飞同志一起,日以继夜地进行转运和掩藏之后,起身撤离桂林。那时,程浩飞同志把我送到桂林南火车站上的一节行李车厢里,让我护送一位患重病的友人——盛舜同志前往重庆。他告诉我：这位同志是我们的亲密战友，身患胃溃疡，因日寇进逼湘桂，需要撤离去重庆，特地从医院开刀切除了患病的一部分胃脏，在这长途跋涉中，没有一个"护理"人员是不行的。他说，我相信你是能够承担这个"任务"的。随之，他向盛舜同志和他的随行亲人——母亲（盛老夫人）、夫人和妹妹作了介绍，并祝大家一路平安，早日到达目的地。

从此，我们在旅途中相处如同一家亲人，行行复行行，历时将近半年的旅途劳顿，细心护理病人和侍奉老人，直到岁末才安全到达重庆，终于不辱使命，完成了任务。在这与盛家亲密相处的半年中，经常看到盛老夫人对自己儿子的亲昵疼爱，而我是双亲早逝，自幼失怙，所以也常常想念自己的母亲。因此，我把盛老夫人视为自己的亲人侍奉和尊敬，从而也使我和盛舜同志的胞妹盛健华姑娘结下了患难相关、永不分离的情缘。

重庆，我是举目无亲，虽然在 1941 年曾运送图书来过一次，那时任务在身，只是在民生路生活书店门市部向薛天鹏同志学习图书发行门市工作的一些基本常识和书店的规章制度，而民生路以外的任何大街小巷都没有去逛过一步，三天后就随原车返回桂林。这次再到重庆，我也只能直奔冉家巷，来叩生活书店宿舍的大门，出来开门的也还是已经稔熟的杨文屏同志。我们阔别几年又相见，自然倍感亲切与激奋。直至进入内堂，才知浩飞同志早已到渝，而且已经为我们作好了安排：让盛老夫人和健华姑娘暂住冉家巷宿舍，仍要由我照看她母女二人。因为她们在重庆也是无亲可投的。在这种"千里姻缘一线牵""患难相共总有情"的实际情况下,可以说,我们的条件已经成熟,程浩飞同志也就成为必然的"月下老人"。在我寻觅到适当的住所后,我们决定择吉于一月二十日举行结婚典礼。

最为难得的是承蒙杨文屏同志以胜似手足的热情全面地支持和帮助我操办一切事宜,他为我们选定在民族路上的"中国留俄同学会"礼堂举行结婚典礼。就是经过他的深谋远虑,给了我人生旅途最好的启示勉励。

在礼堂部署方面,举凡预订俄式餐饮,布置设施,各项礼仪用品,他都考虑得细致周全,甚至连结婚证书上签名用的印章也都雕刻得很精美雅致。那天,所有的宾客,新闻出版界、文化艺术界的同仁、友好以及盛家亲人有近百人之多,甚是隆重热闹。

五十多年来,每次翻开宾客签名的绫绸,首先跃入眼帘的书店同仁就是薛迪畅、杨文屏、方学武、朱芙英等同志,当天也有几位领导光临,虽未签名留字,我们总是永铭肺腑,不会忘怀。而已经作古仙逝、留有芳名的则有张锡荣、冯舒之、黄宝珣、薛天鹏(他当天在门市部值勤,第二天要我让他补签,以表盛情);还有黄洛峰同志的亲密战友叶以群来了,他还带来了郭老(沫若)祝贺我们婚礼而亲笔题写的"大难必有万里行,……"一首七律诗句的锦轴。我国早期黑白电影《夜半歌声》主题歌演唱者盛家伦也来了,他应特伟、廖瑞群夫妇和亲友们之邀,即兴地引吭高歌几支歌曲,为婚礼增趣、增色不少。

总之,文屏同志为我们婚礼所作的辛苦劳累,诸如礼堂布置的设计、宴饮风味的选配、礼仪程序的安排,等等,都得到来宾们的口碑赞誉,亦为我们增添了光辉。我们衷心感戴,永远永远⋯⋯

至今六十年的回顾,记忆犹新,我们举家都是永远缅怀和感谢生活书店,尤其是杨文屏同志的盛情厚谊。

杨文屏,1936年在上海参加生活书店。后曾在重庆市新华书店工作。

汤锡晋,1941年在桂林参加生活书店。后曾在云南省新华书店工作。

原载《联谊简讯》(北京)第11期,2004年12月31日

张兄！ 你是雄鹰，在波涛汹汹中飞去了

——悼念张锡荣同志

李济安

　　得知你病危的消息，我愕住了！思绪万千，涌上心头。一个月前，我约觉民去看你，你坐在宽敞的会客室里，谈笑的声音还是那么洪亮，那样的健谈，老朋友来了，说不尽的话语，约定下次再来！但是，再也听不到你爽朗的笑声了！

　　回想起 63 年前，我在上海考进生活书店。你像老大哥一样，带领着我们 10 个小弟弟在邮购科紧张地工作，团结得像一个人一样，全心全意地为海内外 5 万户读者服务。你热诚、耐心地帮助我们熟悉业务；每天处理数百封来信，你忙着复信，有时还教同事们怎样给读者复信，怎样使读者对委托办的事情感到满意。你关心同事们的学习、生活和工作，事事都认真检查。同事们工作上有差错，你总是耐心地帮助改正，教导大家下次要注意。每天的工作都要当天完成，有时工作多，大家一起开夜车。同事们有合理的建议，你都能给予积极的支持，借以改进工作，提高工作效率。你和同事们一起吃包饭，回到宿舍一起学习，一起谈心，唱救亡歌曲。

同事们都称呼你张兄,你就为自己起了个别名"张汹"(ZHANG XIONG)。你热情地支持同事们的业余活动,支持同事们学习新文字和世界语(Esperanto),那时愉快的情景真是终身难忘。

你为人正直,坚持真理,主持正义,同事们十分钦佩。生活书店是出版合作社,实行民主集中制,但是在初创时期,由于社会环境、思想的局限,还不够健全。如1935年发生第三次有两位同事为业余正义的政治活动被辞退,以及解散集体宿舍而引起多数同事不满的风波,你和几位中层干部同情和支持同事们的行动。这时幸好韬奋先生从国外回来,找同事们谈话,了解情况,给辞退的同事介绍工作,给全体同事补贴房租才妥善处理;并且召开第二次社员大会,修改社章,改选人事、理事委员,使民主集中制得到进一步贯彻。

邹先生回国后,创办《大众生活》,积极参加救国会的领导工作,也鼓励同事们业余参加抗日救亡活动。你和我们住在蒲石路312号,业余参加工人夜校和职业救国会工作。1936年五一节,你在法租界大世界游乐园附近饭馆里宣传抗日救亡,支援日本纱厂工人罢工,被捕判刑3个月,关在卢家湾监狱,在狱中坚持宣传抗日。被释后,仍回生活书店任邮购科主任工作。

1937年七七事变后,你被派往西安建立分店并担任经理,积极地把大批的进步书刊供应延安,并热情地帮助去延安学习的有志青年。1938年8月延安新出版毛泽东著作《论持久战》,9月徐光(原在生活书店工作的徐励生)将此书带给你,你阅读后立即在西安印刷出版向全国发行。徐光同志介绍你加入中国共产党。国民党反动当局9月底查封生活书店西安分店，你再次被捕入狱，经过邹韬奋、沈钧儒先生在重庆向国民党当局交涉，西安分店启封，你被关押11天后释放，出狱后立即调到重庆生活书店总管理处工作。1940年日机轰炸重庆时，你积极抢救生活书店的资产，获得"生活奖状"。

1942年冬，邹韬奋先生在苏北考察，身患耳癌病重，党组织决定秘密护送回上海医治。徐伯昕派你去上海与陈其襄等同事共同掩护邹先生更名换姓三迁医院治疗，直至1944年7月24日邹先生因医治无效与世长辞。你和陈其襄、张又新、毕青等诸位同事，怀着坚定的革命意志，英勇机智地与敌伪作坚决的斗争，你们献身革命，为中国新文化事业作出了巨大的贡献！

今年是牛年，你属牛，有着牛一般的性格。我赠你十六字令一首："牛，历尽辛劳永不休，千秋愿，无怨亦无求。"

张兄，你安息吧！

张锡荣，1931年参加生活周刊社。后曾在中国银行工作。

李济安，1934年在上海参加生活书店。后曾任北京钢铁学院（现北京科技大学）副院长。

原载《联谊通讯》（北京）第59期，1997年12月10日

张友渔同志与重庆生活书店

仲秋元

张友渔同志逝世了,我们又失去了一位我们所尊敬、值得学习的老同志。

从1939年起,友渔同志就是《全民抗战》的主要撰稿人。皖南事变后去香港主持《华商报》笔政,同时又为《大众生活》主要撰稿人。1942年到桂林后,从事党的文化工作和统战工作,并继续协助生活书店、新知书店的编辑工作。1943年秋回到重庆,正式任生活书店总编辑,直到抗战胜利,他公开了党员身份,参加中共代表团为止。据友渔同志回忆说:"党派我到生活书店工作时,周恩来同志亲自同我谈了话,交给我的任务主要有二:第一是要以救国会的出版机关面貌出现,做好左翼和中间派文化人的统战工作,争取团结尽可能多的作家,出版尽可能多的马列主义、革命文化的书刊,以发挥革命文化运动的堡垒作用。同时,要保护这个堡垒,使之能存在下去。因此,在编辑方面,就要把好关。出版的书刊,发表的文章,既不能丧失原则立场,也不能猛冲猛打。要善于运用斗争艺术,进行合法斗争。""周恩来同志给我的第二个任务,是领导生活书店党组织,做好联系进步作家,团结书店职工,同心协力,发挥革命文化堡垒的作用。这就要对党员进行政治思想教育工作,提高他们的觉悟、斗争技术和革命警惕性。既不右倾麻痹,也不能左倾冒进。决不能脱离群众,更不能对群众采取命令主义态度,发号施令。既必须广交朋友,广泛进行组织宣传工作,又要防止认敌为友,受骗上当。这样做的结果,既开展了工作,又保存了阵地。"(引自1982年11月3日张友渔同志为三店五十周年所写的纪念文章《革命文化运动的堡垒》)

　　友渔同志主持我店编辑工作的两年,正是政治风云剧烈动荡的两年。1943年秋,法西斯战争节节胜利,意大利投降,二次大战胜利在望,中国的敌后抗日战争,也捷报频传。而在国民党统治区,蒋介石则发表《中国之命运》,强化法西斯统治,并发动第三次反共高潮,妄图进攻陕甘宁边区。翌年,日寇进攻豫、湘、桂,国民党军大溃退,受到人民猛烈的谴责,人民群众纷纷要求改变这反动黑暗的局面。我党代表及时地在国民参政会上正式提出废除国民党一党专政、建立联合政府的主张,并在《新华日报》上发表推进宪政运动的号召,受到了各民主党派和广大人民的拥护。在此形势下,蒋介石被迫重开国共谈判,并在国民参政会上允诺胜利后实行宪政。国统区的民主运动重新掀起高潮。友渔同志在此时领导我们,密切配合这一民主运动,用峨嵋出版社名义,编辑出版了一套"抗战建国丛刊",如《国际与外交》《民主与宪政》《法与宪法》《中国经济的现状与对策》等政治读物。用生生出版社名义,出版了《从防御到反攻》、《暴风雨的前夜》、《论第二战场》、《宽阔文明的道路》《方生未死之间》《欧洲地下火》(此书用峨嵋名义)等评述国际问题的读物。用生活书店名义出版了《中国宪政论》《宪政基础读本》《宪政运动参考资料》《走向民主》,重印了韬奋编译的《苏联的民主》等论述民主宪政的读物。在经济方面,出版了《战时中国的物价》《战时中国的经济轮廓》《战时中国的银行业》等揭露四大家族掠夺人民财富的读物。此外,还大量重印青年自学丛书,供青年自学马列主义之用。请曹靖华、艾芜等继续编辑抗战文艺丛书和苏联文学丛书。从友渔同志主持编辑工作时起,重庆生活书店和出版工作出现了一个新面貌,差不多每个月都有几种用生活书店或峨嵋、生生三个出版社名义出的书,不仅在数量上比 1941—1942 年多了许多,而且都是和当时形势的需要密切相关的,改变了前两年只出少量文艺读物,不出政治、思想、理论读物的局面。

友渔同志对工作认真负责,工作效率极高。他在主持我店编辑工作时,同时还是党的南方局文委委员兼秘书长,承担了极为繁重的统战工作和文化工作任务。对书店的编务都是在百忙中进行的。那时,他与我们同住在冉家巷生活书店宿舍,他与夫人韩幽桐同志只住一间房子,他们二位来往的客人较多,白天较难静下来,看稿子都是在夜间。我那时在负责峨嵋出版社,在书稿交往间,深感到友渔同志学识渊博而又平易近人。他年长我二十二岁,是有名的教授、学者,但对我这样一个二十二岁的小青年,却像对一个小兄弟那样亲切,交下书稿时,总要花一点时间讲讲内容和出版的意义,使我得到政治和知识上的帮助。他写的或审定的书稿,排印中很少有大的改动,这为政治性读物的及时出版提供了保证。友

渔同志对党的出版工作的认真负责精神和优良作风,永远值得我
尊敬、学习和怀念。

　　张友渔,1943 年在重庆参加生活书店。后曾在全国人大法律
委员会工作。
　　仲秋元,1938 年在汉口参加生活书店。后曾任文化部副
部长。

原载《联谊通讯》(北京)第 25 期,1992 年 4 月 20 日

怀念郑新

蓝　真

　　郑新走了，我们暮年欢聚之约，也茫茫地失落了。这失落，使我深深感到悲哀！

　　说起郑新，就不能不从香港持恒函授学校（下称"持恒"）说起。

　　我和他相聚于 58 年前，1948 年的初春。当时我们同在持恒工作，持恒是生活书店创办的一所纪念韬奋先生及培训出版后备人才的函授学校。生活书店总经理徐伯昕任校务委员会主席，教育家孙起孟任校长，程浩飞任总务主任，胡耐秋任教务主任。设有哲学概论、社会科学概论、经济学原理、文学作品选读及写作、中国通史、现代国际关系以及国文、英文、会计等课程。由胡绳、沈志远、邵荃麟、葛琴、宋云彬、张铁生、曹伯韩等担任教授。香港的持恒除函授外，还由胡愈之、乔冠华、郭沫若、邓初民等以讲座形式作专题面授。教材由学校自编自印，由于当时条件所限，教材只能是刻钢版油印，刻版、印刷、装订全过程统由郑新和陈强两位小青年负责。

　　当时校址设在北角英皇道 489 号四楼，面积 80 平方米左右，极为狭窄。办公、住宿、档案文件室、会场等等都集一起。办事人员共六人,程浩飞主持校务并担责与学员书信联系,温崇实助编教材,张佩兰负责财务,我打杂,收发文件、文书管理、生活管理、外勤,还有香港学友会工作,就是担任不管部长。郑新和陈强专担印务。还有一位女工冯姐。

郑新、陈强的印刷厂,设在楼梯底下,在那儿安放一块六尺长二尺宽的木板,挂上一盏电灯,因没有自然光,白天也要亮灯工作。郑新是刻钢版的能手,就凭一支钢针笔、一块钢版、一片小小的三角尺,日日夜夜在蜡纸上刻个不停,刻完后,将蜡纸按钉在一个木架上,加油墨印刷后,把印的纸张一张张细心抽出,于是大功告成了。由于郑新曾在东江纵队的《前进报》练了这手绝技,每页蜡纸可印出清晰秀丽的蝇头宋体一百多张,人见人爱,内外称许。最后,一叠叠印好讲义,分类装订,再而收拾笔尺,烧化蜡纸,清洗印架……这时,一股似无还有的清芬盈堂溢宇,飘逸出淡淡的墨香,这墨香也将飘过国统区的乡镇和城市,飘过异国人的关卡,飘过蓝天和大海,飘到了那些追求知识、追求真理、坚持自学、坚持进步的学友们的身旁。

持恒办了半年,共有学生 2700 多人,可见郑新的工作是多么繁重啊!他每天往往超过八小时工作,有时还得加班加点,但他总是笑眯眯在灯下刻钢版,小三角尺很快地推上推下,左左右右,像跳腰鼓舞一样。他凝神印刷,轻轻把着滚筒,缓缓在蜡纸上转动,像一只小艇在蓝色的湖上滑行一样。全部完工之后,他颇为得意地拿起最后一页印品,眯着小眼睛细细端详,像在鉴赏一幅小品的山水画。他乐此不倦,把理想融合在他工作兴会之中,旁观的人也分享他的快乐,真的,我深深体会到,能够为自己参与的理想而工作是可贵的,把青春奉献给他所热爱的事业是幸福的。

郑新、陈强、我和冯姐,都以校为家,每晚我睡在办公桌上,郑、陈各撑开行军布床,夜开日拆,冯姐睡在杂物房里。得闲的夜晚,冯姐有时会低声哼起粤曲:"一叶扁舟,人呀!人过万重山……"郑新总是调侃喊道:"唱得好好啊!唱呀!唱呀!"冯姐就掠过眼来,假装生气说:"不唱也罢!"她拿起缝衣小竹筐,默默地做起针线,为我们缝补破衣破袜来。我们仿似一个家庭,这五十开外的冯姐,真是我们的好姑姐。郑新年轻活泼,是小弟弟,睡态差,夜里常将被子踢下床来,冯姐半夜起身时见到,轻轻地为他盖上。她又关切我们的饮食,早餐食物经常变换,务求可口。至今犹记,当时我们三个穷小子,最爱吃的是她亲手制作的窝蛋免治牛肉粥和煮芋粿,这两味早餐上品,五十多年后回味犹甘,琐琐往事,满含着互相关怀的友爱的温馨。

1948年后,因形势发展,教授们多奔赴解放区去迎接全国解放的到来,持恒也就宣布结束了。陈强也回国去了。冯姐转入三联书店服务。天地有情,我和郑新50年后,却又重逢于风雨满城的旧地香岛。

十四年前的一个雨夜,我接到一个电话:"我找蓝真先生!""我是蓝真先生。""你猜我是谁?"一个多熟悉带着轻、柔、尖,还带着童音的声音啊!我冲口而出:"是郑新吗?"……我即时驱车到他住处,他告诉我,这次带着妻子和儿、媳到欧洲旅行考察顺道来港,旧地重游,并热情介绍了家人给我认识。他向我倾诉了几十年风风雨雨的生涯和他改革开放后下海从商艰苦奋斗的历程及今天事业的成就。风雨夜谈,欢笑如昔。我调侃他说:"大老板,你发大财啊!"他笑着回应:"我很有条件请你和夫人到贵阳作客了,也见见三联的一些老友呢!"

两个年头过去了,我随广东省人大代表团到贵州考察旅行。我特地在贵阳多逗留了三天,除拜会三联书店的前辈唐弘仁老师、贵阳三联联谊会袁伯康诸学长、参观贵阳三联书店外,我有充分的时间参观了郑新女儿主持的在当时贵州知名度很高的民族度假村,那儿场地宽敞、品位高尚,还有那富有地方特色的酒楼,拜会了郑新的大宅和楼顶宽大的花园……我知道,郑新已是贵阳知名的爱国企业家了,在市场经济的轨道上他的事业正在腾飞。他告诉我,不会太久,他在市中心的一座多层的高级酒店将建立起来,落成开幕时要我们夫妇作为嘉宾到贺并在那儿作短期的休憩。对于这位青年时代的好友真诚的邀约,我当然完全接纳起来。

岁月匆匆,郑新的新酒店早该落成了,他留下的事业在他子女的努力下必然有了新的发展,我祝福他们。

郑新走了,但我和他一起经过的难忘岁月、真挚的友谊,是不会忘记的。郑新的爱国情怀、音容笑貌同样是令人不会忘记的。

我会永远怀念着他!

2005 年 7 月 27 日夜于香港

郑新,1947年在香港参加持恒函授学校。后曾在贵州省新华书店工作。

蓝真,1948年在香港参加持恒函授学校。后曾任香港三联书店总经理,香港三联书店、中华书局、商务印书馆总管理处总经理,联合出版集团名誉董事长。

原载《三联贵阳联谊通讯》第39期,2005年8月18日

珍贵的生活书店职员证

周幼瑞

　　建立在上海市重庆南路万宜坊内的韬奋纪念馆中，收藏和陈列着有关著名的爱国主义者、新闻家、出版家、政治家邹韬奋先生的各种照片、油画、报纸杂志和实物，以及他所创办的《生活》周刊和生活书店的有关文物。如"生活书店"四个字的招牌，生活出版合作社的章程、社员证和职工的徽章，以及重庆、汉口、桂林、梅县等地分支店的照片，还有生活书店历年出版的革命进步的图书和著名的期刊如《生活》《新生》《永生》《大众生活》《文艺阵地》等；同时还有党和国家领导人毛泽东、周恩来、宋庆龄、朱德、叶剑英、陈毅、陆定一等的题词。韬奋纪念馆为了进一步充实展品，正在继续征求各方面提供具有纪念价值的有关文物。最近收藏的文物中，有一张五十多年前在重庆时，生活书店总管理处颁发的"职员证"。这在全国范围流传稀少，目前所知仅存一张而且盖有韬奋先生签章，是非常值得纪念的珍贵物品。是我在敌伪时期和抗战胜利后国民党统治下，以及"文化大革命"等各个阶段在极其复杂艰险的情况下，想方设法保存下来的。

北京、杭州、上海、常州等地的一些老同事、老朋友知道我长期保存着这张生活书店的职员证都很关注。他们来信或当面询问关于这张职员证的情况,因为这些老同事中有的当年身在敌后游击区,并未发到这张职员证;有的隐蔽在上海"孤岛"上,总管理处无法把这张职员证寄去;有的由于战争环境流动频繁,已经丢失;有的则在"文化大革命"中被抄家没收毁灭,等等原因,没有留存或根本未曾见到,因而都想知道这张职员证的情况和保存下来的经过。

提起这张职员证,先要从解放前各行各业职工使用证章的情况说起,当时行政机关和企事业单位大都以徽章作为职工身份之用。书店同业中如商务印书馆、中华书局、世界书局、开明书店等单位的职工也用各种不同的徽章以资识别。这种徽章一般用金属铸成,大都为圆形,也有长方形的。圆形的有一根小链和一只小柄,可挂在西装的左领或长衫的右上角钮扣孔内。长方形的背面有别针,可别在左胸的衣服上。我们生活书店从1936年起给每个职工也都发了徽章,形式是由已经去世的郑川谷同事设计,内容就是现在三联书店出版物中常常见到的标志,即中有三人共同抢着大锤,为事业打基础、开辟道路的齿轮形图案,并有"生活书店"四个标准体的店名。当年我们挂着这枚徽章出差去外地,就会得到当地读者的欢迎和帮助,如介绍食宿的地方、代购车船票,遇到什么麻烦也能代为解决等。1937年8月抗日战争爆发后,生活书店为配合抗战就在各地设立分支店,最多时达五十六处。由于人员增加,分散在全国各地,而原来使用的徽章又多散失,必须改用职员证来代替,因此在1939年7月1日由重庆总管理处统一颁发了职员证。这种职员证同目前各单位使用的工作证内容和形式都不相同。它是用比较厚的牛皮纸作封袋,封袋正面印有齿轮形的图案和"生活书店职员证"字样。职员证是用厚白卡纸制成,正面印有姓名、生年、籍贯、入店年月、任职地点及职务和发证日期、编号、本人照片外,还有总经理韬奋和经理徐伯昕两位领导的印章,这两颗印章不是机器印就的,而是在各个项目填好后,由两位领导亲自用图章盖上去的。现在这两位当年生活书店的创始人都已去世,留下来的朱红色印章就格外值得纪念了。

1939 年初,我同任乾英同事在广西桂林生活书店接到重庆总管理处命令,通知同往广东潮汕地区开设分店。我们经衡阳、金华、温州到达汕头。正考虑寻觅店面开店营业,突逢日本军舰进泊港口,有登陆企图,形势紧张。经向总管理处请示,得到同意改去韩江上游的梅县设立书店。因为梅县是侨眷之乡,当地有许多出国经营商业的华侨,经济、文化都很发达,书店供应进步书刊很受欢迎。我在梅县工作时就收到了重庆总管理处于当年 7 月 1 日发出的编号为 278 号的职员证。因为这张职员证上有我们的导师——韬奋先生的印章,所以我是非常重视,十分爱护地收藏着。1940 年 4 月,我因工作劳累,饮食无定时,患了严重的胃病,请医吃药久未痊愈。根据医生证明,重庆总管理处批准调回上海医治和工作。当时日寇封锁汕头海面,从梅县回上海要坐长途汽车经老隆、惠阳、淡水到大鹏湾的沙鱼涌,乘小轮到香港再换海轮到上海。由于沿途不靖,交通不便,而且要防备日本侵略军在海上的搜查,因此行李不能多带,我的一些藏书和用品都留在梅县或送给了同事,但这张生活书店的职员证和总管理处同意我调回上海的公函都必须随身携带,我考虑了好久,决定把它们缝在衣服的夹层里,自己装扮成小商人模样,踏上了旅途。克服了路上的多种困难,冲破了日军的封锁线,终于平安地回到了当时已经成为"孤岛"的上海。我见到上海生活书店的负责人王泰雷同志后,把总管理处的公函交给他,就在上海"孤岛"上一边治病,一边在生活书店对外的门市部——兄弟图书公司工作。

到了1941年"一二·八"太平洋战争爆发,"孤岛"陆沉,日军冲入租界,居民在敌伪统治下受到了种种迫害,里弄民宅常被封锁搜查,兄弟图书公司与商务、中华、世界、大东、开明、良友、光明等八家书店同被封门停止营业。为了防止意外,我就把这张重要的职员证严密地藏放在家中墙壁的缝隙里。1945年抗日战争胜利,虽然把日寇赶走了,但是国民党反动派对进步文化事业仍进行压制和迫害,这张职员证还是不能从墙缝里取出来。直到1949年5月,上海解放后才使它重见天日。但是"文化大革命"十年动乱,生活书店又被诬蔑为黑店,"四人帮"曾设立了专案组加以审查,进行批判。我也常被一些身份不明的人来调查,问有关生活书店的情况和问题,并且追究有无有关文件和资料。在那黑暗的岁月里,我除了实事求是回答他们的提问外,仍坚决保留着这张职员证,既不交出也不毁灭,因为我同它有着深厚的感情。为了保存它,我把它隐藏到挂在墙上装着毛泽东主席像的镜框里,避免了和其他书籍、日记同被搜去的危险。就这样经过多次困难,终于把这张职员证保存了下来。

现在,半个多世纪过去了,这种职员证查明全国仅存此一张,已成为有历史意义的珍贵文物;而据韬奋纪念馆的负责同志讲,这张职员证上所盖那颗韬奋先生的印章也已失落,这就更有纪念价值。为了使这张职员证今后能得到更好的保存,我已把它献给了韬奋纪念馆,也了却了自己的一桩心愿。

周幼瑞,1935 年在上海参加生活书店。后曾在上海书店工作。

原载《联谊简讯》(贵阳)第 12 期,1998 年 2 月 20 日

怀念诸度凝同志

丁之翔

　　诸度凝同志离开我们已经整 10 年了。他于 1932 年进生活书店，为我国出版事业奋斗了将近半个世纪，经历丰富，功绩卓著。他的勤恳的工作精神，高尚的道德品质及出色的经营才干更是为人称道。本文不能对他的一生做全面的记述，仅就他抗日战争时期在"立信会计图书用品社"的工作情况做一些介绍，因为他这一段历史在"文革"中曾被严重地歪曲了。某些人片面地认为"立信"老板投资多，生活书店投资少，前者获利多，后者得利少，以及他工资较高为由，把他打成"资产阶级代理人"，要开除他的党籍，当时度凝同志曾予以辩驳。粉碎"四人帮"之后，这个问题虽然得到澄清，作了实事求是的结论，但由于他这一段经历和工作情况知道的人不多，因而有必要公之于众。

　　皖南事变之后，国民党对进步力量的迫害变本加厉，书店遭到更为沉重的打击，几十家分店被封闭。为对付这种险恶的形势，根据周恩来同志的指示，要化整为零，变化方式，或化名自营，或找适当合作者投资合营等，并严格区分一、二、三三条战线。度凝同志就是在这种情况下被派去与潘序伦先生合作,建立"立信会计图书用品社",由度凝同志任经理。他在"立信"一方面为生活书店工作,一方面也是为了掩护自己和保护同志,以便"隐蔽精干""积蓄力量"。此外,他在"立信"工作期间,为解决《新华日报》和《群众》周刊的用纸问题作出了贡献。这是本文要着重介绍的。

大家知道《新华日报》和《群众》周刊是周恩来同志直接领导的我党在国民党统治区公开出版的报刊,是党和人民的喉舌,深受广大人民群众的欢迎。国民党则对之恨之入骨,千方百计要扼杀,特别是在皖南事变以后,进一步进行种种压制和迫害。他们曾对之进行纸张封锁,暗中策划在重庆纸业交易市场上威胁纸商,不准出售纸张给《新华日报》和《群众》周刊,妄图使我党的这两个报刊因得不到纸张供应而自行关闭。所以在当时的情况下解决纸张就成为同国民党反动派作斗争、反封锁、反迫害、保证《新华日报》在国民党统治区继续公开出版的一项重大任务。当时周恩来同志对解决纸张问题很重视,曾亲自主持会议,召集报社主要负责人熊瑾玎等同志作专门研究,提出主要依靠自力更生的办法解决。熊瑾玎同志根据周恩来同志的这一指示原则,派苏芸(苏国华)等同志经过详细的调查研究,选择了华蓥山坎下广安阳河场作为纸厂厂址。经向周恩来、熊瑾玎等同志汇报后,决定把厂址建立在广安。还要求他们在较长时期内以"资本家"身份办好这个厂,使《新华日报》无断炊之忧。

熊瑾玎同志通过党组织找到诸度凝同志,决定由度凝同志向潘序伦先生提出建议:为了解决"立信"出书用纸问题,拟在广安与当地"纸商"苏芸合办一个造纸厂。这一建议争取到潘序伦先生的同意,随即由该社出具到广安办纸厂的证明,并向银行贷了款,这样,去广安办厂就有了合法身份。潘序伦先生当时既是全国著名的会计师,又是国民党政府的立法委员,有较高的社会地位,纸厂办事在国民党区域里就可以通行无阻。当时,生产出来的纸张用"立信会计图书用品社"的名义运往重庆,沿途虽然要经过国民党的特务和经济检查大队等的检查,但一次也没有出过毛病。这些纸张除部分由"立信"自用外,绝大部分是供应给《新华日报》社用的,因而有力地支持了《新华日报》和《群众》周刊的出版。周恩来、熊瑾玎同志当时曾指出:广安纸厂就好比生产枪炮子弹的兵工厂。没有枪炮子弹,军队是无法作战的;而没有纸张,《新华日报》和《群众》周刊也是无法出版的。

去年是《新华日报》出版50周年,上海书店受《新华日报》、《群众》周刊史学会的委托,重新把全套《新华日报》影印出版,对宣传我党的优良传统,研究党史、新闻史都有重大意义。回忆当年广安纸厂所取得的非凡成就,这主要应归功于南方局的领导,特别是周恩来同志亲自抓了这项工作。在贯彻执行党的指示中,熊瑾玎同志为办厂费了许多心血,许多直接参加这一工作的同志也努力奉公,作出了贡献。这使我经常想起度凝同志。他出于对党的忠诚之心,为党的事业也尽了一份力量。在解放前,这一情况是绝对保密的。解放以后也鲜为人知。度凝同志的这种不为名、不为利,默默地工作着的精神,是值得我们永远学习的。

想到度凝同志已逝世10年了,追忆往事,缅怀故友,谨以此文表示衷心的纪念。

诸度凝,1932 年在上海参加生活书店。后曾在上海市新闻出版局工作。

丁之翔,1939 年在上海参加生活书店。后曾任上海书店副经理。

原载《联谊通讯》(北京)第 5 期,1989 年 2 月 15 日

生命之火永不熄灭

——缅怀诸克同志

陈允豪 整理

抗日战争时期,在革命根据地和在白区做地下工作的同志中,有不少青年人在各自不同岗位上献出了宝贵的生命,他们的生命之火,灿烂辉煌,永远留在我们的记忆里,诸克同志就是这样一位可敬的老同志。

诸克同志1922年农历12月25日出生于浙江绍兴,1937年参加中国共产党(15岁),1945年牺牲,时年23岁。他短暂的一生,留给我们的光辉事迹,熟悉他的同志们是永远不会忘记的。

一、在汉口

诸克同志原名诸宝恕,又名诸侃。他父亲是位商店小职员,有子女三人,诸克有一兄、一妹,他排行第二。因家境贫寒,诸克小学毕业后没有上中学,他爱书如命,坚持自学。

1937年春,诸克的哥哥诸宝懋在汉口一家书店工作,诸克随哥哥来到汉口。当时汉口的生活书店正在招考练习生。诸克应考被录取了，这就决定了诸克一生的道路。生活书店是邹韬奋同志创办的，生活书店出版的进步书刊在广大青年读者中有很大的政治影响。诸克进了这家书店，边工作，边学习。《群众》《全民抗战》《世界知识》《中学生》等都是他爱读的刊物。薄薄的刊物已经不能满足他的求知欲望时，他就读成本的书，《大众哲学》《新哲学的人生观》《中国怎样降到半殖民地》《西行漫记》《萍踪寄语》等，都是他爱读的书。生活书店内有共产党支部，少年诸克在党的培养下，很快在政治上成熟了。他学习勤奋，工作刻苦，为人热情正派，1937年 11 月，诸克同志就被吸收为中国共产党党员，时年 15 岁，是生活书店党组织中最年轻的党员。介绍诸克入党的是汉口生活书店负责人顾一凡，在进行入党宣誓仪式的支部会上，上级党组织派来一位名叫李震寰的同志参加。后来，支部的同志才知道李震寰就是当时中共湖北省委书记郭述申同志，这可以看到党对吸收一位少年同志入党多么重视。

南京沦陷以后，武汉三镇是群英会聚的地方，以周恩来同志为首的中国共产党长江局就设在武汉。同时，武汉也是国民党军政首脑机关的集中地。进步力量和反动力量的斗争十分复杂。生活书店的门市部不能全卖进步书刊，也要卖一些国民党宣传机构出版的读物。诸多进步的学生、工人、职员都常到生活书店来看书、买书，而国民党便衣特务也不断在生活书店转悠，他们像恶犬一样地侦察、追逐进步青年，抓住了"把柄"就迫害他们。在生活书店门市部工作的人员，既要向读者介绍进步的书刊，又要保护他们的安全,任务复杂而繁重。诸克这位少年共产党人就利用自己孩子似的长相,不被特务们注意,他机灵地为读者们介绍新出版的进步书刊,又避开特务鹰犬的注意。诸克为读者热心服务的精神,并通过参加店里和社会上的读书会、歌咏队等抗日爱国活动,在店内外团结了一批青年人。他的学习、工作、联系群众的突出表现,多次受到书店领导和党组织的表扬。

1938 年 10 月,在日本侵略军占领武汉前夕,诸克受组织上的派遣,撤离汉口,调到湖南沅陵生活书店工作,并担任沅陵生活书店的代经理。16 岁的少年,挑起了重担,开辟了新的传播进步文化的战场。

二、在沅陵

沅陵是湘西的一座山城。武汉失守,长沙大火以后,国民党湖南省政府就迁到了沅陵。沅陵成了湖南省多种政治力量在政治、文化方面斗争的场所。生活书店沅陵分店就是担负了传播进步文化进步思想的一所引起广大读者重视的书店。而国民党特务的鹰犬们却常常在这家书店找寻他们的猎物。因此,沅陵生活书店的任务,不但要传播进步文化,还要保护进步读者。而担任这重任的却是书店中三个十五六岁的少年。沅陵的进步人士爱称沅陵生活书店为"三少年书店",而国民党特务却把它当作眼中钉。

诸克是三少年中年纪最大的一个,当时他也只十六岁。红红圆圆的娃娃脸,童声童气的话音,特务们根本不把他放在眼里,他们认为这个书店一定另有经理,这三个少年只是卖卖书的。特务们怎么会想到这个少年不但是经理,而且是一位中国共产党党员。因此,在1939年6月9日深夜国民党沅陵县党部同警备司令部突然破门而入搜查沅陵生活书店时,一定要三少年交出经理来。诸克答:"经理回宁波去了!"特务们问:"你们谁是负责人?"诸克挺身而出:"我就是。"诸克就这样被特务抓走了。特务除了搜走几百本公开发行的进步书刊外,一无所获。经过沅陵地下党和进步人士援救,第二天,诸克被释放出来了。但国民党反动政府下了命令,限期三天,沅陵生活书店必须关闭,停止营业。书店停业以后,诸克等三少年奉生活书店总店及党组织的派遣,从沅陵撤退到衡阳,又从衡阳撤退到广西桂林,诸克在桂林生活书店工作。

在沅陵生活书店的三少年,工作很有成绩。他们不但卖书,而且自己也抓紧时间读书。诸克对他的伙伴们说:"我们对出售书的内容都要知道个大概,才能正确介绍给读者。"他自己就是十分勤奋好学的。有一次一位路过沅陵到书店来买书的教授,听了诸克和书店两位少年对所售书的介绍,教授感动地说:"呀,奇怪,看来你们几位最多十四五岁,学问却这样渊博,你们现在就可以到大学去当讲师。"

诸克和伙伴们对来书店买书的穷读者更是关心。对没钱买不起书、从早到晚在书店看书的读者,他们端茶拿凳,使读者安下心来读书。有的读者要买一本心爱的书,钱不够,诸克和小伙伴就用自己的钱垫上,从来不问他们家住在何处,还不还钱无所谓。诸克常对伙伴们说:"我们都是念不起书出来谋生的,对那些好学又无钱买书的读者,我们要给他们方便。"又说:"一本书钱不多,撒下的革命种子,可值千金万银。"诸克和伙伴们每月的生活津贴不多,又常帮助穷读者,因此诸克他们的生活过得十分节俭。刷牙时牙膏牙粉也舍不得买,常用压碎的盐来刷牙。饮食更是省俭,一个月中难得有一两次吃点荤菜。因为他们心中有着崇高的理想,生活艰难一点也不觉得苦。诸克他们除了白天在书店售书以外,晚上还参加"少年读书会""歌咏队"等社会活动。人有理想精神爽,沅陵三少年日子过得非常充实而愉快。

三、在苏中

从 1939 年 4 月国民党反动政府封闭西安生活书店开始,一年多时间内,生活书店全国 50 多个分支店,先后被封门,有的分支店工作人员被逮捕;到 1940 年下半年,全国只剩下了重庆、桂林、贵阳、昆明、成都、曲江等六个分店。1941 年 1 月皖南事变以后,六家分店除重庆一处外,其他五家全被封闭停业。这时,桂林八路军办事处的负责人向被封的生活书店、读书出版社、新知书店等各进步书店的工作同志传达了中共中央副主席周恩来同志的指示,希望从事进步出版事业的青年到苏北、苏中抗日根据地去,那里的广大军民需要他们去设立书店,开展进步的文化出版工作。

　　各进步书店就陆续派人进入苏北、苏中解放区。1941年冬，诸克同志受组织上派遣，进入了苏中抗日根据地，负责筹办大众书店的工作。经各方面努力，1942年，在苏中三分区成立大众书店，诸克担任经理，时年20岁。他在艰难的革命岁月中已锤炼成长为相当老练的青年干部了。

　　苏中大众书店不但卖书，而且办印刷厂，印进步书刊，印小学课本、扫盲课本。印刷厂的工人大多是从敌人占领下的上海动员来的，纸张、油墨等印刷器材也绝大部分是从上海买了运到苏中根据地的。诸克同志经常来往于大江南北，在上海地下党同志的大力帮助下，诸克和大众书店的同志出色地完成了建厂、建店任务。大众书店印刷出版的进步书籍，不但在整个苏中地区发行，而且远销苏北、淮南、淮北、山东等各抗日民主根据地。

　　1942年10月，邹韬奋同志要从上海敌占区秘密进入苏北敌后根据地。护送邹韬奋的任务，党组织决定由诸克担任。因为诸克在创办苏中大众书店和印刷厂的过程中已多次渡过长江，带人员，带机器，诸克不但和我们地下党的秘密交通站有联系，而且在南通等港口还争取了一些伪军人员为我工作。护送邹韬奋同志渡江通过封锁线进入苏中解放区，这千斤重担就落在诸克肩上。

　　诸克和上海地下党的同志一起订了一个护送邹韬奋同志进入苏北解放区的最佳方案。

　　由地下党同志请了一位烈士母亲华老太太扮作邹韬奋的岳母，由生活书店一位少年时生长于苏北，会说一口苏北话的女同志王兰芬扮作邹韬奋的夫人,邹韬奋作为回乡去苏北养病的病人,他不用说话,只要哼哼作病态就行了。诸克扮作偶然路遇他们,同行去苏北的商人。

旅客上去南通的轮船,先要在外滩黄浦江码头上经敌伪军检查一遍,诸克他们一行四人却没有走这个码头。这天傍晚,华老太太和王兰芬搀扶着"病人"坐了三辆黄包车,在江边下车后,来到预先约定的地点,诸克早已看见他们。只见诸克举起手向江里一条舢板招手,这舢板马上行驶过来靠拢他们。四人上了小船,摇舢板的人按照约定的办法,把小船摇到轮船的外沿。轮船上早已联系好的工作人员就把他们接上了船,领他们进入了一间只有四张床位的包舱。就这样他们四人占一间房,没有一个外人。船出吴淞口,向江北行去,到南通港码头,正是早晨。

那天,码头上检查来往旅客的伪军,也早已被诸克联系好了。诸克等上岸到码头出口处,诸克向这个伪军点了点头,这伪军装模作样把他们一行四人检查了一下,就放行了。到了南通街上,四人先找到我新四军设在南通的秘密交通站,把华老太太交给了交通站的同志,请他们把华老太太送回上海。诸克和邹韬奋、王兰芬一起走了十多里路,进入了解放区。苏中地区是新四军一师的根据地,一师的领导同志早已收到陈毅军长的电报,已准备热烈欢迎邹韬奋同志。但这天晚上,邹韬奋婉言谢绝了师首长为他安排的住处,他一定要和苏中大众书店的同志们住一个晚上。在这个令人难忘的晚上,邹韬奋和大众书店的同志们畅谈了在根据地办书店的方针、宗旨,邹韬奋说:"不论环境多么困难,书店一定要坚持办下去。解放区的军民都需要我们把书店办好。"这一夕谈，对诸克和大众书店的十多位工作同志都起了很大的鼓舞作用。五十多年后还健在的苏中大众书店同志，都没有忘记当年邹韬奋同志的这一夕谈。

在苏中，新四军一师开了上千人欢迎邹韬奋同志大会。几天后，邹韬奋又北上苏北盐阜区，新四军三师又开了欢迎会。邹韬奋原来计划经苏中、苏北再北上去延安。因患不治之症耳癌而未成行，以后又由苏北转回上海治病，不幸病逝于上海医院。在邹韬奋逝世以前，他对来探望他的同志们多次谈到这次解放区之行的经过，对护送他安全进入解放区的诸克等同志一再表示感谢。陈毅军长、一师粟裕师长、三师黄克诚师长等军师首长都表扬了安全护送邹韬奋到解放区的同志们。

四、在浙东

诸克同志在苏中解放区工作了一年多，1943 年春节前，组织上分配诸克同志到浙东区党委宣传部任出版科长，并兼浙东大众书店经理及领导印刷厂的工作。

浙东抗日民主根据地的斗争比苏中地区更加艰苦，更加尖锐。苏中和苏北两个地区是连成一片的，和山东、安徽等抗日民主根据地也紧紧相连。而浙东是新解放区，基本上是独立作战的。敌、伪、顽反动势力在浙东都很大。我新四军浙东纵队不但经常要和敌伪作战，还要反清乡、反扫荡，而且多次打退了顽军顾祝同部队的进攻。有时,敌、伪、顽串通一气,从四面八方向我浙东根据地压来,斗争艰巨万分。在 1943 年春以前,浙东地区既无我们的书店,也无印刷厂。出版物只是一份油印的小报《时事简讯》。诸克和苏中大众书店的另外几位同志到浙东以后,马上动手建书店,建印刷厂。机器、材料打算由上海地下党想办法运来,工人不够,也从上海动员来。浙东区党委分配给诸克等同志的任务是:首先把《时事简讯》从油印改为铅印。要把印刷机器从上海通过重重封锁线运到浙东四明山谈何容易。正在十分为难的时候,意外地由原来在余姚县工作的一位地下党员提供了一条重要线索:在国民党撤离余姚时,在余姚城外一座破庙里埋藏了一台圆盘机、一台四开机,各种铅字齐全。这个情报调查核实以后,浙东区党委和浙东纵队的领导立即派诸克等同志去装运这些设备,并派两个连的兵力掩护他们完成这一特殊使命。诸克和部队带队同志一起订出了详细的作战方案,并动员了一批民工去搬运。两个连的兵力布置在余姚城外,准备阻击城里敌伪军出动。

这场没有枪声的战斗,紧张地进行了一个通宵。城里的敌人没有发觉他们的行动,敌伪军没有出城。在军民共同奋力下,这破庙中的全部印刷机器和铅字都运上了四明山。没有几天,在浙东抗日民主根据地第一个印刷厂正式开工了。《时事简讯》改为铅印了,后来又改名为《新浙东报》,每周出版两期,开始每期印一千五百份,以后发展到每期印四千份。印刷厂还为部队印《战斗报》,为大众书店印书,为浙东区党委印文件。纸张、油墨也从上海不断运来。浙东大众书店出版了《中国革命和中国共产党》《论共产党员的修养》《关于领导方法的若干问题》等书，对根据地军民的政治思想起了很大作用。工厂发展也很快，从 1943 年春到 1945 年春，两年间，职工从 60 余人发展到 120 余人。浙东大众书店除总店以外，还开设了五个分店，工作人员也成倍增加。

1945 年秋，日寇投降了，抗战胜利了。毛主席飞抵重庆谈判，为了顾全大局，我党我军决定撤离长江以南几个根据地，浙东也包括在内。浙东大众书店和印刷厂的同志们也由组织上安排，分期、分批撤离浙东，到苏北、山东、东北等地接受新任务。

9 月 25 日，新四军浙东纵队正在紧张准备北撤的时候，一位准备先行的女同志，到诸克同志办公室找他辞行，万万没有想到这位女同志摆弄诸克同志桌上的手枪时不慎走火，诸克同志中弹身亡。诸克同志牺牲时年仅 23 岁。

由于他人不应该有的疏忽，使党和人民失去了一位在战火烽烟中培养出来的优秀干部，使诸克同志过早地离开了我们，十分悲痛。诸克同志的遗体当时由战友们安葬在他生前战斗的地方余姚县袁马村。战友们北撤以后，在山东解放区为诸克同志开了追悼会。新中国成立后，浙江省新华书店等单位对诸克同志坟墓进行了两次整修，以志纪念。诸克同志逝世 55 周年了，我们和他一起工作过的老战友们时常想念他，他的音容笑貌，他对党对人民的忠诚业绩，永远留在我们的记忆中。

本文根据诸克同志老战友顾一凡、陈云才、葛敏、徐波、沈一展、曹智杰、赵诚、何远方、陈永林、方学武等同志写的回忆录综合而成。

整理者　陈允豪

2000.6.20 于北京

诸克,1937 年在汉口参加生活书店。1945 年去世。

原载《联谊通讯》(北京)第 79 期,2001 年 7 月 1 日

《生活》周刊时期的韬奋和伯昕

薛迪畅

　　《生活》周刊出版后，内容注重于讨论职业修养，四开单张，印数不足三千份，经韬奋接办后的锐意革新，以六年多的时间，使它成为一份宣传抗日救国、讨论时事政治的综合性的刊物，发行量高达十五万份以上。伯昕同志协助韬奋经营策划、负责推广发行等工作，立了大功。

　　伯昕毕业于上海中华职业学校，学的是珐琅专业，毕业后由中华职业教育社分配担任《生活》周刊的发行工作，本是用非所学，但不久韬奋接编后，在他的领导和教育下，很快地爱上了出版发行这一行。伯昕这时年仅 21 岁，他勤奋好学，刻苦钻研，更富于创新精神。用他在职业学校学到的图样设计和美术技能，为周刊设计版面、绘制广告，还创作漫画，韬奋很赞赏他的才能，认为他是一位不可缺少的助手。

　　韬奋在《经历》一书中曾写了一段他和伯昕、孙梦旦三人一同工作的生动记述，从中可以看到，他们在共同工作的初期，韬奋和他们两人经常交谈，他们有办好《生活》周刊、竭诚为读者服务的共同意愿。韬奋的民主作风,使他们两人心情愉快,积极工作,在工作中学习和锻炼,发挥各自的特长。韬奋写道:"我永远不能忘记在那个小小的过街楼里,在几盏悬挂在办公桌上的电灯光下面,和徐孙两先生共同工作到午夜的景象。在那样静寂的夜里,就好像全世界上只有着我们三个人;但同时想到我们的精神是和无数万的读者联系着,又好像我们是夹在无数万的友好丛中工作着!我们在办公的时候,也往往就是会议的时候;各人有什么新的意思,立刻就提出,就讨论,就决定,就实行!"三个人亲密团结,一心一意为着一个目的努力工作。他们各自负责本职工作,又随时交流情况,相互促进,约有三年时间,伯昕和孙梦旦耳濡目染,把韬奋的编刊办社的立场观点、为读者服务的思想、无私无畏的精神和锐意创新等优良作风学到了很多,也就是对后来众所称道的"韬奋精神"接触最早、学得最好的其中两人。伯昕又发挥了他的精打细算的特长,逐渐发展了经营管理的才能。

我试从以下三个方面的一些具体事例,探索伯昕在《生活》周刊时期受到韬奋影响在经营管理工作方面打下的思想基础。

一、自力更生、艰苦创业的精神

韬奋接编《生活》周刊后,在"读者信箱"栏发表了一封读者来信,对一张四开周刊只需花 20 分钟就看完,很不满足。后来又发表了一封来信,建议改成 16 开本的形式出版。这些意见韬奋也早已有之。但是改革需要钱,中华职教社是穷机关,不会增拨资金,还有增加文字容量,职教社规定的千字四角钱的职务稿酬,无法向外界约稿。生活周刊社本身更筹划不到这笔改革的资金,但韬奋为了实现这个志愿,经和伯昕多次商量研究后,制定了一个切实可行的方案,决定本着自力更生的精神加强主观努力,采取有效措施,分阶段实施。第一步从三卷一期起每期增加千字的容量,不加篇幅,以紧缩版面的行距解决。在这同时伯昕向工商界奔走宣传,拉了几家长期广告,从这一卷的下半年起,增加四开半页篇幅,每期出版四开报纸一页半,增加的半页一半刊载文字,一半登广告,所有增加的纸张和印刷费用,由广告费的收入支付,这是第二步计划的完成。以后韬奋努力写作,提高文字质量,伯昕加强推广宣传,发行量大增,又经一年半时间,自1922年年底出版的第五卷第一期起,发行量已超过四万份时,改为16开本形式出版了。韬奋的夙愿和读者的希望实现了,《生活》周刊第一次改革计划胜利地完成了,从此更加鼓舞了韬奋和伯昕把《生活》周刊办得更好的信心。他们看到自身的努力如果能按照读者需要方向前进,他们就会受到读者的拥护。缺钱之类的问题是可以解决的。只要把周刊内容质量不停地提高,发行量搞上去,工商界的广告就可以拉到更多。

二、坚持为读者服务的方针

韬奋和伯昕在钱的问题上,从来不为自己发财打算。他们要为《生活》周刊赚钱,但赚钱的目的,是为了更多更好地为读者服

务,以下略举数例:

1. 低定价。《生活》周刊自 1931 年出版的第六卷起(为方便说明问题,以前各卷从略)零售定价每期三分五厘,报摊卖八个铜板,预订全年一元五角。这个定价坚持到 1933 年底被查禁出版时为止,没作过调整。这三年里白报纸的市价屡屡涨价,周刊经常增加文字容量,页数从 32 面增加到 40 面、48 面,有时又外加黑白画页,从第七卷起隔期加印影写版画报四面。1931 年出版的"国庆与国哀"增刊,文字部分多达 48 面,附影写版画版 8 面,厚厚的一本,对订户和零售概不加价。出版以后,迅即售完,一周内两次加印,仍不能满足读者需要。

2. 用之于读者。为酬劳作家、改善服务条件和别的多种必要用途,如增加稿酬,最后超过了当时一般标准,最高时为每千字 10 元。周刊社各部门工作忙不过来,先后增加了一些职工,在 1932 年底时全社约有 30 人,编辑部门的工作人员有五六人,他们倒不是为分担韬奋编辑工作而忙,编辑工作到韬奋出国时止,都由他一人担当(韬奋在周刊上说过的),五六个人是为处理读者来信的工作忙碌着。又如为了支援马占山在东北抗日和 19 路军在淞沪抗日发起捐款,这是激发千百万人民爱国热情的大事,也是一件极为繁重的工作。生活周刊社除率先认捐作为提倡外,还在周刊上刊登每一个捐款人的姓名和捐款金额,最多的一期,增加了七个版面,仅纸张一项,即花去数千元。捐款工作结束之后,又编印征信录一册,普发捐款人。这样沉重的负担,也许有人认为可以省一些,不必这样郑重其事,但韬奋和伯昕认为这是用之于读者,是对读者负责的大事,不能吝啬的。

3. 矛盾统一于读者的长远利益。每期周刊上面的文字和广告虽各有一定的面积和地位,但同在一个版面上编排,几行字的伸缩时时有之。如韬奋对一些好文章舍不得压缩,总希望多予刊载,不得不占用一些广告地位,一般情况广告地位略为缩小,尽量刊载文字,但有时文字占用太多,使负责广告的伯昕为难了,引起争议,韬奋说完后,伯昕默默走开,但不久抱了一堆单据来,两人再次议论,韬奋收回了自己的意见。韬奋是为读者利益而争,多登好文章。伯昕也是为读者利益而争,刊物倘无经济收益,就难以为继,最后也必然对读者不利,他们的矛盾统一于为维护读者的长远利益。

4. 在险境中维护订户利益。韬奋坚持抗日爱国主张,不为国民党的造谣和恫吓而有丝毫改变,他公开宣布个人安危早置之度外,他知道《生活》周刊的命运不会太长,时时关心订户的利益。伯昕协助作了安排,把读者预付的订费,在银行另开账户储存,以备周刊社发生问题,订户预付的订费不受影响。发行部门每月底把寄发了四期的订户统计总数汇报给会计主任孙梦旦,从银行的订户账户的储存款中转出作为收益。后来《生活》被查禁,因有出版《新生》《大众生活》等继续战斗的新方案,曾对订户普发通知,把余款改寄新刊,一个进步刊物被迫停了,另一个进步刊物崛起,这种主动向读者提供所急需的精神食粮,是一以贯之地维护了读者利益。

三、宁折勿屈的坚定思想

1932 年《生活》受到国民党的重重压迫,第一次筹备中的《生活日报》不得不流产,韬奋的名字上了黑名单,《生活》周刊先是在一些省份遭查禁,后又在全国被禁止邮寄,一样样严重的压力接踵而来,但是韬奋并不因此消极失望,在胡愈之同志参与制定的继续斗争计划中,韬奋出国考察,办刊办店事业的责任落在伯昕身上。他一面要坚持已被禁止邮寄、危在旦夕的《生活》周刊继续出版,不惜耗费钱财组织自行车队分送上海市的订户,想方设法运送到外地去销售,表示宁愿被封,决不自行停刊。一面要开创新业加速筹备生活书店的正式成立,实行韬奋交代的任务。在这些工作中,他体现了学习韬奋的无私无畏精神,毅然同意以自己的名字出面,向国民党政府登记为生活书店的法定代表人、书刊出版的发行人,从此走到斗争的第一线,和韬奋共同肩负起办刊办店的责任。

1933 年起,生活书店积极准备开业之前,大型《文学》月刊出版了,八大杂志、数百种图书在短期内出版发行到全国,伯昕的经营管理才能,立即在中国出版界崭露头角。不数年全面抗日战争开始,生活书店内迁汉口和重庆,继续出版发行图书和期刊,并建立了 55 个分支店,伯昕的经营管理才能,又一次发挥到高峰。这两段时期伯昕的经营思想和管理才能已逐渐更趋于成熟,他的创造能力和办事气魄更见突出,我知道已有几位老同志正在研究总结。我预祝他们早日成功。

邹韬奋,《生活》周刊主编、生活书店创办人。1944 年去世。

徐伯昕,1925 年参加生活周刊社。后曾任中国出版工作者协会副主席、中国民主促进会中央副主席。

薛迪畅,1931 年在上海参加生活书店。后曾任中国国际图书贸易总公司(中国国际书店)经理、顾问。

原载《联谊通讯》(北京)第 37 期,1994 年 6 月 10 日

临终前的韬奋先生

徐雪寒

　　1943 年，新四军军部和中共中央华中局驻在苏皖边区盱眙县的大王庄，10 月的一天，华中局一位领导同志交给我一个紧要任务，要我穿过敌人的封锁线，到敌占区上海去探望正在病中的邹韬奋先生。

　　韬奋先生，我是比较熟悉的。我第一次见到韬奋先生，是1935 年 9 月，他刚从美国和苏联考察回来。他所办的为广大进步青年所热爱的《生活》周刊，我也是一个热心的读者。那时党要在上海创办一个出版机关，我去找韬奋先生帮助，他不但热情地接待了我，而且竭力支持我们的工作。这个出版机关就是大家所知道的"新知书店"。自从鲁迅先生这颗巨星殒落以后，韬奋先生就一直站在文化战线的前列英勇作战。1941 年皖南事变后，他愤而离渝出走，到香港复刊《大众生活》，猛烈地抨击国民党制造分裂、破坏团结的罪行，呼吁抗战到底。在这几年，因为工作关系，我们时有过从。1942 年秋季，我在苏北，听说韬奋先生也到苏北来了，我心里非常高兴，满以为又可在军部见面，谁知因为敌人对根据地进行大规模的扫荡，加上他也患了中耳炎重症，行动不便，被迫回上海去了。党中央毛泽东同志和周恩来同志对韬奋先生都十分关怀，这回是党中央特地来电报，要华中局派人去上海探望先生的病情，向他表示慰问并致赠医药费用。当时全国人民正处在艰辛的抗日战争中，多么需要韬奋先生这样杰出的战士啊！党把这个任务交给了我，我自然要坚决完成。

到了上海，我先去陈其襄同志家中了解情况，其襄为人沉着机智，长于企业经营，是生活书店最早的骨干之一。他当时正和张锡荣等几位同志在上海从事工商业，用赚来的钱维持生活书店，顶住国民党对生活书店的残酷摧残。那时我和他们是朋友，但没有直接的组织关系，相互心照不宣而已。现在，他详细谈了韬奋先生的病情和治疗经过，告诉我医生已经确诊，不是中耳炎，是中耳癌。我听了大吃一惊，我的心隐隐绞痛。

我完全没有想到，韬奋先生在上海安全治疗的周密布置和巨额医疗费用筹措的重担，都压在其襄和他们几位同志身上。我把从军部领来的一批伪币现钞交给了他。我说，这区区之数，对于韬奋长期重病治疗的费用，没有多大的作用，但是革命事业尚在艰难之中，全体战士正在节衣缩食同敌人浴血战斗，这一点钱只不过是表达党中央和华中局对韬奋先生的尊敬和关注而已。其襄默默地代韬奋先生收了下来，然后陪我去医院探望韬奋先生。

在旧法租界的一家规模不大的私人医院——剑桥医院里，我见到了韬奋先生，他的夫人沈粹缜同志和徐伯昕同志也在他身边，他躺在病床上，消瘦多了，脸有些歪斜。为了逃避敌人的侦查，还有意留了一撮小胡子。但我一眼就认出了他,他那副正直认真的面孔依然如故。双目熠熠有光。当时是在一次大手术之后,正在进行镭锭放射治疗,他尽管遭受同癌细胞剧烈搏斗的痛苦,却仍然热情地和我握手。我向他缕述党中央毛主席、周恩来同志对他的关怀之情,和奉华中局命令专程前来探望的经过。他一边静静听着,一边不间断地对党表示感谢。反复说明自己对祖国对人民并没有作出什么贡献,不值得党中央如此关怀。他十分兴奋激动,向我叙述到苏北根据地后的所见所闻。我怕他说话过多可能引起疲劳,便拿话打断他,告诉他华中反"扫荡"的胜利,全国的抗战形势,特别是延安的整风学习,等等。他全神贯注地听着,表示出异常的热情和兴奋,像一个健康人的样子。实际上他体内的癌细胞已经扩散,处在异常的痛苦中,靠各种麻醉药剂,稍稍缓解一些痛苦。谈话一个多小时,我只得离开他的病榻。过了几天,第二次去看他,向他告别。他要我向党中央毛主席转达他的感谢,表示病好之后,一定去根据地,转而去延安的心愿。他说,如有可能,就要写他苏北之行的经历。他交给我一封给华中局的亲笔信,说明了这些意思。徐伯昕、陈其襄两位同志则一再向我表示,他们会负责给韬奋先生治病,筹措一切需要的费用,根据地经济条件太困难,不要再送钱来。

我回到军部后,向华中局领导汇报探病经过,并代为起草了向党中央汇报的电报草稿。当时在军部、华中局工作的钱俊瑞、范长江、于毅夫等同志,同韬奋先生都有深厚的战斗友谊,听到韬奋患此不治之症并同剧烈痛苦作斗争的情况,无不唏嘘扼腕。

　　1944年二三月间，陈毅同志突然把我找去，神态沉重地对我说："韬奋同志在上海病势危殆，华中局根据城工部的报告，决定再度派你去上海探望病情，表示慰问，并送去一笔医疗费用，希望摒挡一切，尽速成行。"听说韬奋先生病势危殆，我心里十分着急。无论于公于私，我理应有此一行，所以满口应允，接受了这一任务。

　　为了安全，韬奋先生又调换了一个私人医院。回想当时的印象，他是席地而卧的。据说，剧痛发作时，他不能自持，痛得满地爬滚，睡在床上，就有跌下床的危险，所以作了这样特殊的安排。半年不见，现在韬奋先生消瘦极了，除去大轮廓和一双眼睛之外，几乎很难认出了。他见到我，依然露出满脸高兴的样子，艰难地从棉被里伸出瘦弱的手，和我握了握。我说明来意后，他低声地道谢，迫不及待地对我说："雪寒先生（对于我这个后辈，他一直以平辈相待），我看来是不行了，日本帝国主义还没有赶出去，我却再也不能拿起笔保卫祖国、保卫人民了！我的心意，我的希望，寄托在延安，寄托在党中央，我要求入党，请你代我起草一份遗嘱，也就是一份申请书，请求党在我死了之后，审查我的一生行为，如果还够得上共产党员这样光荣的称号，请求追认我为伟大的中国共产党的党员。"接着，他还说了一些对于抗日建国的重大政治问题的意见，要言不繁，若断若续，我理解他，他是用了最后的生命的力量，说出这些出自肺腑的话的。我听了他这些话，心潮起伏，于哀痛万千中感到他的崇高的精神世界的无比力量。但我自知我的能力不足完成他的嘱托。我对他说："我相信党中央一定会认真考虑你的请求，作出正确的决定，请你安心治疗，争取早日痊愈。我这个人，跑跑腿是行的，文字上却毫无能耐，不堪完成你的嘱咐。"但是，他却坚持他的要求，我不能违背他的好意，只好答应了。和他告辞，走出了医院，一路上我思前想后，心潮起伏，还想起 1936 年夏天，在全国各界救国联合会的一个秘密工作机关里，沈钧儒老先生对我说的一句话："雪寒，只有中国共产党能够救中国！"是呀，当时正是风雨如晦，伟大祖国的命运系于一线的年代，我国革命知识分子总是把自己的希望寄托在中国共产党的身上。在七君子中间，韬奋同沈老最为意气相投，亲密无间。现在，沈老正在国民党统治中心的重庆，奋不顾身地进行斗争，而韬奋方当壮年，竟为恶病所迫，势将不得不离开战斗队伍，赍志以殁，遥想沈老一旦得知韬奋不幸消息时，将如何老泪纵横，痛悼哀愤呀！想着，想着，我的眼睛不禁润湿了，拖着沉重的脚步，穿过日本侵略者统治下的上海那凋零、冷寂、脏乱的街道，回到了住处。

我当时落脚在汤季宏同志家中，四人挤在一个六平方米的小亭子间里。白天，他们出去奔波，我占有了晚上作为床用的两屉桌，来写韬奋先生嘱咐我写的东西。我的秃笔，要在短短的几百字中，表达他的正义的崇高的请求，真是难呀！写成的稿子总觉不满意，只得拿去交给韬奋先生。我给他念了一遍，他点点头，说声"谢谢"，就放在枕头旁边。后来正式公布的他的遗嘱，应该说是韬奋先生亲自起草而且是亲笔缮写而成的，同我的草稿是无关的。现在我应韬奋先生的小女儿——邹嘉骊同志多次请求写下这段经过，无非说说韬奋先生在临终前对于党的热情向往的真实情况。

1944 年 7 月 24 日,韬奋先生被迫放下五彩巨笔与世长辞了。八月中旬徐伯昕同志秘密地携带了韬奋先生的遗嘱,到华中局报表,报告韬奋逝世的前后详情,并请求把韬奋遗嘱送延安中共中央。当时陈毅同志已去延安参加中共第七次代表大会。在一天黄昏时,军部和华中局在新盖的一列草房前的大坪上,召开了韬奋同志追悼会。追悼会由军政治部秘书长邓逸凡同志主持,数千名干部和战士黑压压地坐满一地。当大家听到首长报告韬奋先生战斗的一生,并在临危前写下遗嘱,申请入党时,同志们无不显示出沉痛、严肃和振奋的表情。这时的大会,静得只能听到呼吸的声音。

中国共产党中央委员会于 9 月 28 日向韬奋先生的家属发出唁电说:"先生遗嘱要求追认为党员,骨灰移葬延安,我们谨以严肃而沉痛的心情接受先生临终的请求,并引此为吾党的光荣。"

韬奋为什么在生命临终前才申请入党呢? 我当时自然不能当面问他。后来,钱俊瑞同志告诉我:1938 年在武汉时,韬奋就曾将亲笔写的入党申请书交给他,要求他转交给中共中央代表团。当时窃踞首席代表的王明看了申请书后说,党认为,韬奋在党外对革命更有帮助,最好去加入国民党,那么对革命就更有作用了。简单地拒绝了韬奋的一片诚心。当俊瑞把王明的决定告诉韬奋时,他勃然而起说,我活着不能入党,死后也要入党,但要我去加入国民党,这是万万办不到的。三十八年过去了,回想起来如同隔日。韬奋先生对党的真诚信仰使我终生难忘。

邹韬奋,《生活》周刊主编、生活书店创办人。1944 年去世。

徐雪寒,新知书店创始人之一。后曾任国务院发展研究中心常务干事和顾问,中国国际贸易促进会理事、顾问,生活·读书·新知三联书店北京联谊会名誉会长。

原载《生活·读书·新知革命出版工作五十年纪念集》;《联谊通讯》(北京)第 37 期,1994 年 6 月 10 日

终身的教诲

张锡荣　秦中俊

　　韬奋先生离开我们已经半个世纪了,我仍然经常怀念他生前对我的教诲。1931 年我考进生活周刊社做练习生,当时年仅 18 岁,多年来受他身教言教的影响,使我终身受益。兹就记忆所及,略述数事。

　　爱国主义。在周刊社,我被安排在书报代办部工作。《生活》周刊每星期六出版,职工一上班,每人桌上就摆着一份,是送给大家阅读的。周刊的首篇文章就是他写的《小言论》,我每期必读,思想上得到很多启发和教育。

　　书报代办部当时只有四个人,我的办公桌对面是韬奋的办公室,我抬头就可以看到他埋头工作的情形。因为房子相连,他进出都要经过我身边。当时正是九一八事变之后,韬奋通过《生活》周刊,以满腔的爱国热情反映着人民抗日救亡的要求,揭露日本侵略者的阴谋,抨击国民党的不抵抗政策,大声疾呼全民族团结起来,投入到抗日救亡运动中来。因此《生活》周刊受到广大群众的欢迎和支持,经常有三五成群的爱国青年和各界群众来访,韬奋除写文章外,很多时间要在小会客室接待这些来访者。每次他送他们出来握手话别时,我听到他们所谈的都是抗日救亡的问题,以及韬奋发自肺腑的声音:"中国是有希望的,有待大家努力……"这些鼓励勉慰的话,总是使来访者满意而去。有一次,一位熟悉的朋友被请到韬奋的办公室内促膝交谈,后来送别时,韬奋边走边鼓励他要有信心,不要悲观。那人激动得边抽泣边点头致谢,表现出很感动的样子。

当东北将领马占山率部奋起,不顾蒋介石的不抵抗命令,在黑龙江的黑山白水间浴血抗敌之时,韬奋立即发动全国同胞捐款支援,各界人士热烈响应,一时间到周刊社上门捐款的络绎不绝,会计都忙于收款不迭,我们工作同仁也捐了一些,捐款总额达十二万余元。每期周刊上都公布账目,最后将马占山出具的收据以及会计师的证明一并公布。

当时日本政府首相所作的"田中奏折",是一份侵略者的自白书,它露骨地透露了日本帝国主义图谋并吞中国的野心。韬奋立即组织翻译出版,大量发行于群众中,印件采用的是国产天章报纸印刷,定价仅二分。各方爱国人士纷纷成批购买分送亲友,以唤起并激发人们的爱国情绪。

我处在这一爱国热潮中,感受至深,私人的琐事就考虑得少了,总想多做一些救亡工作,于是在1935年参加了职业界救国会,在业余时间,进行抗日救亡的宣传活动。

认真负责。从一件具体事谈起,周刊社新来了一个练习生,他在整理定户地址签时,由于粗心马虎,未将定户地址签叠齐,把有的订户的地址切掉了。一次韬奋从我们身边走过,看到那练习生正在切剪,地下一堆纸边,韬奋随手从地上捡起查看,就发现了有的订户地址已被切掉。他看了很生气,当即找了伯昕同志给他看,经商量后,认为这青年人试用不合格,决定辞退。

由这件事我联想到韬奋先生认真负责的两件事。周刊那时三年来从未脱期过,这是韬奋严格规定的,而且在他以后办别的刊物时也一直如此。他要求刊物中没有错字,希望工作人员在阅读中随时提出来。另一件事是在处理读者来信时,他指定由专人起稿,经他审核修改,誊清后仍交他过目,由他亲笔在信上签字发出。这一传统,在他以后主编别的刊物时一直保存着。

他的认真负责的作风,我在耳濡目染中懂得了为读者服务就必须这样做。我的工作是处理读者代办事项的来信,我就唯恐将地址、姓名弄错,因此十分注意。在我本职工作内,为读者的利益做到选择好书籍版本,委托事项要钱账清楚,寄发邮件要包扎坚固。

公私分明。韬奋写的《小言论》,后来出版了自选的第一集,按照规定是可以支付稿费的,但是他不收稿酬,认为这些文章都是在工作时间内写的,已经领了工资,就不该再领稿费。他在业余时间编译的《革命文豪高尔基》,不占工作时间,收领了稿费。我后来看到原稿,原稿纸是北新书局印制的,是他买的,并不用公家稿纸。他写的私人信件,信封信纸向来都是自备的。

这是比较小的事,另外我想到两件事不止公私分明,还关系到为人应有的气节。《生活》周刊曾揭露某一知名教育家的不道德的生活行为,此人为了不被再继续揭露,乃以数万元巨款资助《生活》周刊,以为从此可堵塞言路。韬奋对此严词拒绝,恪守和保持着一个新闻记者的职业道德。第二件事是某显要权势人物派人向韬奋说项,请他去做大秘书,实际上是一种收买的勾当。韬奋对此毫不为动,婉言谢绝。这里就看出了韬奋重气节的硬骨头精神。这两件事,给周围的朋友增进了对他的崇敬与爱戴。于我来说,也由此注意到了一个人奉公守法和拒腐蚀的重要性,而气节教育尤为要紧,这种为人的高尚道德已为人们所共识,古今中外,无一例外。

勤于学习。韬奋的思想因他的努力学习而不断地发展与提高,我在书报代办部时,有一次他交来一份书单,要我帮他去买,是他私人要的。我一看,有二十多种,全部是马列主义著作的中译本。他还说,单子上没有列出的,如果也是这类书他也要。我帮他办妥了这件事,他很高兴。后来他被迫出国,在伦敦大学政治研究所听讲,又到伦敦大英图书馆①研读马列主义著作。他一边研读,一边整段抄下来,用八开打字纸抄写。我曾有机会见到他带回来的学习笔记,有一大摞,有一两百万字。这些笔记,也就是他后来加以整理编译出版的《读书偶译》的草稿,但是这本书容纳的只是他笔记的一小部分,笔记的字数是大大超过这本书的。他的勤学,由此也可见一斑。

那种勤于学习的精神也影响着我,我也下了决心,自己研读马列主义书籍,成为信奉者。

---

① 编者注:大英博物馆图书馆。

（本文根据张锡荣同志口述，由秦中俊同志记录整理而成）

邹韬奋，《生活》周刊主编、生活书店创办人。1944 年去世。

张锡荣，1931 年参加生活周刊社。后曾在中国银行工作。

秦中俊，1946 年在上海参加三联书店。后曾在国际图书贸易总公司工作。

原载《联谊通讯》（北京）第 37 期，1994 年 6 月 10 日

韬奋同志在新四军一师点滴

苏君彦

1942 年秋我奉调到新四军一师政治部报到,要我去抗大九分校负责苏中卫生学校的党的工作和政治工作。工作谈妥后,钟期光主任要我先去陪陪一位客人,说我也许认识的,住两天再去抗大报到。钟主任的警卫员立即送我去那位客人住处,路上我问警卫员客人是谁,他说是从大后方来的,听说姓周,是个大文化人。很快我们就到了一家比较整齐的大墙院门口,一个小鬼坐在石墩上看识字本。"周先生在家吗?"警卫员问。

"在,在。"

"指导员你自己去吧,我先回去了。"警卫员说完就回政治部了。

我随小鬼走进院门,绕过照壁走进天井就看见一张熟悉的稍微有些消瘦的脸,我不禁欣喜地仍按上海的习惯称呼喊道:"韬奋先生,您来了,真想不到。"我抢上前去紧紧握住他的手。但韬奋同志虽然也是热情地紧握着我的手,口里直说:"你好,你好!"两眼却紧盯着我瞧。

我这才恍然大悟,我这一身灰色军装,又戴着一顶军帽,又是5 年不见了,哪能一下认出来!我立即扶他坐下,自己也脱下军帽说："你看我还像不像栈务科泰雷兄的助手？"

"我看出来了，你是那个活动分子王金德！"韬奋同志记忆力特强，马上点出我的老名字。我说："我现在节约了姓，只留下名叫金德了。"

"我早就节约了，人家不都叫我韬奋！"他说完就哈哈大笑起来，但马上又按了按耳朵，我不解地问："韬奋先生，您头疼？""不……不，我耳朵有些病，不妨事，有时疼，有时好……"

"师部卫生部我很熟悉，我去请个医生来为您检查检查，配些药……"

"医生刚才检查过，药也配了，这些小毛病不要管它，到时候会好的，先谈谈你怎么来新四军的？……你是不是中共党员？……"他马上自己回答自己："他们喊你指导员，哪有不是党员之理，还是你说说吧！"

我为他泡了一壶我带来的好茶，就把我在上海暴露了身份去了一支队陈毅同志处，皖南事变后渡江到苏中的经过都说了。问他的情况。他也把在重庆受到国民党蒋介石的迫害，封闭了各地生活书店分店，他只得去了香港，现在希望能去延安，在苏北看看抗日民主根据地的民主建设情况说了。我怕他说得过多太累，请他出去散散步。

师政治部待他以贵宾之礼，他告诉我令他不安，我告诉他这是党中央的决定，他不必不安。我们这些人已经习惯了，新四军一师地区是个富庶区，优待他这样的民主斗士是应该的。他问我每月多少钱，我告诉他战士两块，排级干部两块五，连级三元，营级四元，团以上一律五元，陈毅军长也是五元。我还告诉他苏中地区的几次战事的经过,还说了茅山地区卫岗、延陵、九里几次故斗,还有反摩擦打国民党四十师、苏北打黄桥战斗,等等。

他也告诉我他参加民主选举乡长的几件事,他特别对选举方法感兴趣,他说人民是伟大的创造者,被选人都坐在长桌边,每人背后放一个碗,各村代表每人有一粒赤豆,选中谁就放在谁碗里,投完豆一数就揭晓了。

我陪他谈了一整天,不得不去抗大之前,他似乎下了决心才问了我一个许多人不解的问题:在上海、南京、徐州之间这一片土地上,日本军撒下了那么多军事堡垒,新四军总能生存,何况还要战斗!我说,这就是农村包围城市的战略方针,一切依靠人民的原则,人民信任谁,谁就是胜利者。他点头称是,并告诉我,他一定会把苏中农村中的民主建设写成书,向外报道,并总结出经验来。并嘱咐我莫声张。

当时,我也以为韬奋同志得的是中耳炎,谁知是中耳癌,两年后即过早地仙去。五十多年过去了,《联谊通讯》要我写一篇纪念韬奋同志的文章,我想韬奋同志在新四军一师的情况知之者不多,谨忆于上,以志纪念。

邹韬奋,《生活》周刊主编、生活书店创办人。1944 年去世。

苏君彦,1935 年在上海参加生活书店。后曾在中共抚顺市委工作。

原载《联谊通讯》(北京)第 36 期,1995 年 10 月 5 日

我的人生旅程的第一站

陈敏之

上海生活书店是我人生旅程的第一站,是我离开学校进入社会的开端。从 1934 年 9 月到 1935 年 8 月,虽然只有极短暂的一年,但这一年的经历,尤其当时一些年轻的伙伴,对我的影响是深远的。时间虽然已经过去半个多世纪,如今回忆起来,仍历历在目,终生难忘。

1934 年,在生活书店的发展史上,也许是至关重要的一年。接替被查封的《生活》周刊的《新生》周刊的创办是在这一年;《世界知识》《文学》《译文》《太白》《妇女生活》这些在当时产生巨大影响的新的期刊也是在这一年创刊的;生活书店迁至福州路,跻身于上海著名的文化街,也是这一年。总之,韬奋同志虽然在前一年被迫流亡海外,但是他所创办的生活书店这一新生的文化出版事业,在受到那样的严重打击之后,反而有着长足的发展。

我进店后被分配在邮购科,具体工作是为读者办理订阅各种期刊。在这里使我受到了生平第一次的职业训练,不仅养成了我对工作的认真负责的态度,而且学会了办事有条理、讲效率的科学的工作方法,特别是教育我要竭诚为读者服务的精神。邮购科的负责人是张锡荣,他给人印象中的特征是一口绍兴话,一副深度近视眼镜。他工作认真、负责、勤奋;平时沉默寡言,不苟言笑,但态度和蔼。他的表率作用,再加上科学的管理,使全科工作的运转十分顺利、通畅,效率高、差错少,博得了读者的信任。当时业务很繁忙,晚上加班是常事,大家在工作时间严肃、认真,听不到一点谈笑声,但气氛和顺,同事间团结友爱,个人心情舒畅。这也许是在无言中逐渐形成的一种作风吧。

在书店同事中,我的年龄最小,实足仅十四岁。比我稍后进店的殷益文,看起来好像比我还要小些。除了几位负责人在四十左右外,大部分同事都是二十岁上下的青年,因此充满了蓬勃朝气。我们都住在福州路384号的楼上宿舍中,年轻人聚在一起唱呀,跳呀,在床铺间互相追逐嬉戏。当时一些进步电影如《大路》《渔光曲》《桃李劫》中的主题歌,在宿舍,在食堂,在盥洗室内大声传唱,使书店环境充满欢乐愉快又令人振奋的气氛,现在回忆起来,仍使人十分向往和眷恋那时的生活。

也就在这一年的秋冬之交,办起来世界语学习班,发起人好像是朱照松,义务教师是叶籁士。世界语是波兰人柴门霍夫发明的一种世界通用的国际语言,在二三十年代曾在一些国家的工人阶级和先进知识分子中作为一种彼此交流沟通的语言工具流行过,目前世界各国也仍有众多世界语者,并有国际组织。胡愈之在30年代初就是凭借这种国际语言,在得到各所在国世界语者的热情帮助下,顺利地到欧洲和苏联访问过,回国后所著

《莫斯科印象记》曾在当时的我国产生广泛的影响。我和一些伙伴被它深深吸引,在学了两三个月以后,借助词典居然也能用世界语写一些简单的信函了。那时有一份世界语报纸上经常登载国内外世界语者要求互相通信联系的启事,通过这种媒介,我曾和日本大阪的一个工人、苏联阿塞拜疆的一个学校通过信,同时,在国内也交了一些朋友,如后来参加新知书店在苏北病故的王宏和他的同事谢逸松以及谢的朋友吴友文、吴烺,都成了喜爱世界语的好友。

我和书店编辑部的王永德也很亲近,他是助理编辑,任校对,业余正在攻读日文。1936年曾随韬奋一起去香港办《生活日报》,报纸停刊后,又随韬奋回上海。不久因患伤寒不治故世。韬奋曾专门撰文悼念他,对这位思想先进、业务能力强的有为青年的英年早逝,表示深深惋惜。

我和王永德还有另一层渊源,他是常熟人,有个表兄李建模在常熟陆同福布庄申庄做事,晚间去立信会计补习学校学习,因思想进步,和我五哥顾准(立信学校的负责人)相识,并以顾为核心,团结该校中的一些先进分子组织“进社”(一个秘密的马克思主义小组),继而接办立信同学会,并一起参加中国民族武装自卫委员会(是在党的领导下的外围组织,成立于1934年。以下简称武自会),顾曾任上海分会主席、总会宣传部长,李曾任总会秘书长、总务部长。1934年上半年,“进社”经常在我家里开会,因此,我也与李建模相识。当年初冬,以王永德为核心,有沈静芷和我等参加,在生活书店中成立了武自会小组,这可能是党组织在生活书店中进行有组织活动的开始。1935 年五一节前夕,即 4 月 30 日晚上,王永德、沈静芷和我一起到法租界写标语、发传单,至今我还记得行动之前在王永德的三楼办公室做准备工作的情景。这一次我们在 5 月 1 日凌晨安全返回。但第二次,即 5 月 3 日,由沈静芷带领,参加的有徐律、徐可倬、张朝同共四人,不幸在路上正面遇到巡捕,躲避不及,走在前面的沈和二徐当即被捕,张朝同因距他们三人稍远,发现前面的情况,就机警地溜了回来。张回来后就帮我把放在我床铺底下的宣传品转移到了屋顶的平台上,并把此事告知王永德,这一天我和张朝同没有上班,躲在虹口公园。书店里突然有五个人没上班,也无法隐瞒,自然引起很大的震动。不久,法租界巡捕房到宿舍进行搜查,事情的真相也就清楚了。沈静芷他们三人被捕后,关在马斯南路的看守所,我还常去看他们,一直到他们被判刑,送去苏州为止。到 1937 年他们才先后获释。

1935 年 6 月,发生了有名的“新生事件”(《新生》周刊当时刊登了一篇《闲话皇帝》的文章,日本驻沪领事馆寻衅,认为此文侮辱了日本天皇,向国民党政府施加压力,国民党当局竟然屈从于日方的压力,《新生》被迫停刊,负责人杜重远被判刑)。武自会为了声援群众反对国民党当局这种屈辱行为,扩大抗日声势,印制了大量宣传品。我和张朝同等偷偷地取出了一部分《新生》订户的贴头,将这些宣传品按贴头上的姓名、地址另写信封寄出去。为了避免邮检人员的注意,信封是各式各样的,写的字体也不同,同时分散投入各处的邮筒。当然,这是违反店规的行为,但为了革命的需要,也顾不得许多了。1935 年 8 月,我奉组织之命,自动辞职。就这样,怀着十分眷恋的心情离开了生活书店。

在书店那一段时间所结识的朋友,都是好学、向上,有进取精神和革命热情的朝气蓬勃的青年,我和他们成了生死与共的挚友,经过了半个多世纪的风风雨雨,他们有的已经离开了人世,有的仍健在,但都已是白发苍苍的老人了。他们青年时代的生动形象至今仍留在我心中,经常引起我深切的怀念。

说不清楚是什么因素促成,我和徐律特别亲近。1935 年清明前后,我曾陪他去探亲。他是浙江乍浦人,我们一起坐船沿黄浦江溯江而上到平湖,然后再乘长途汽车到乍浦,那是一个在海边的宁静的农村集镇。他伴我在坚硬平整的海滩上散步,还一起去看了生活极其贫苦的盐民熬盐的情景。这以后,一直到 1938 年 9 月,我从大别山到武汉参加新知书店工作,和他又有过一次患难与共的经历。那就是 1938 年 10 月 22 日晚,我们自武汉撤退途中遇到日军轰炸扫射,同船者死伤十余人,我们俩十分幸运的没受一点伤,虽然经过一些惊险和曲折,仍安全到达了长沙。分手后,他去了重庆,又到延安;我去桂林、宜山,又折返上海,之后去了皖南新四军;直到全国解放后,1951 年我因参加会议第一次去北京时才又见面。60 年代初,他调浙江省任文化局副局长,曾来上海开会,到我家看过我。"文革"中,我被关在漕河泾原"少教所",记不清是 1968 年还是 1969 年的夏天,在一次外调中听说他因受迫害在钱塘江大桥上跳江自杀了。我不相信这是真的,但终究是真的。徐律生得个子矮小,为人纯朴,平时沉默寡言,对工作认真负责,一生从事文化出版工作,不幸过早被迫含冤离去,这是令人既惋惜又痛心的。

常熟市党史办在征集党史资料时,曾不止一次地要求我提供有关王永德的情况。就我所知,王永德是武自会上海市分会直属小组成员(小组共三人,另二人是顾准和李建模),当时王永德是否已经入党,我不清楚,现在顾、李两人均已去世,已经无法查考。我认为,王永德当时是否已经入党,无关宏旨,他的短暂的看来十分平凡的一生,仍然值得我们永远怀念。

当年一起上街去写标语、发传单的青年伙伴中,现在活着的沈静芷、张朝同,毕生从事出版发行工作,为我国文化事业的发展作出了自己的贡献。徐可倬则和我一样,很早就离开了出版界。解放后从事纺织工业,卓有成效。晚年又办起了一个民办的研究所,老而弥坚,不忘奉献,令人感佩。80年代初,我来京开会,我们四人曾在他家相会,老友重聚,实在难得。祝所有健在的老同志健康长寿,生活幸福。

令我不能忘怀的还有朱照松。他是枫泾人,他同样是沉默寡言,勤恳地埋头工作。他写得一手好字,刻印的蜡纸非常漂亮。他是一个世界语的积极分子,似乎与语联有关系(那时似有一种默契,在伙伴间对于彼此的活动背景,从不互相探听)。抗战爆发,他毅然去山西民族革命大学,继而参加决死队。以后听说因为身体不好从山西抗战前线回到家乡。这时,生活书店已经内迁到武汉、重庆,原来的一些伙伴也星散各地,从此音信隔绝,生死莫名。解放后,我身在上海,虽然与枫泾近在咫尺,也没能尽力把他的踪迹弄清楚。想起此事,总感到歉疚和遗憾。

在当时的青年伙伴中,卜明是比较活跃的,他喜欢唱歌,嗓音洪亮。1935年冬以后,在上海蓬勃发展起来的救国运动中,他曾经担任过上海职业救国会的理事。60年代,调离出版界,去了东北,"文革"中,听说被迫害致死。

华应申,记得是1934年在我之后进店的,他在"生活"的时间比我更短暂,似乎1935年初就离开了。他当时好像刚从监狱出来,人又黑又瘦,看起来有些憔悴,但老成持重。1935年秋,他参加新知书店的筹建工作,成为徐雪寒最主要的助手。80年代初,因患肺癌来上海治疗,我曾去医院探望过他,不久不治病故。

人总有一死,有些人死后,随着时间的推移,也就渐渐被忘却了;有些人死后,大家还常常想起他们,并引起不尽的思念。我在上面所提到的已经故世的同志,就都是使我们永远怀念的人。

生活书店,作为那个时代的一个进步的革命的文化事业,它在我国现代历史中的地位和作用,已有定论,毋须再多所置词。我刚刚跨入社会,能够在这样一个进步的革命文化机构中工作,成为我人生旅程的第一站,实在是我生平的一大幸事。经过了半个多世纪将近六十年的风风雨雨的艰难历程,现在来回忆一些往事,缅怀已经不在人世的青年时代的伙伴时,更加深切地感到"生活"作风的可贵(所谓"生活"作风,是指生活书店在发展过程中培养和形成的对工作认真、负责;对读者竭诚服务;对文化事业严肃不苟的精神以及同志间团结合作、互助友爱的精神)。现在,生活书店虽然已经成为历史上的名词,但"生活"作风不仅应当得到继承,在新的更加有利的社会条件下,理应得到进一步的发扬。

1992 年 2 月 17 日

陈敏之,1934 年在上海参加生活书店。后曾在上海社会科学院工作。

原载《联谊通讯》(北京)第 27 期,1992 年 8 月 10 日

见照片怀故人

周幼瑞

　　最近因查找资料,翻动书箱,在藏书中发现一沓照片,其中有一张是 55 年前,1937 年 11 月在汉口中山公园所摄,颜色已经发黄,但照片上九个人的面貌、身影还很清晰。

　　这张旧照片引起我许多感想,因为照片上的华风夏、王矛、胡连坤、顾根荣、周幼瑞、周名寰、张又新、朱树廉和殷益文共九个人,现在只剩下三人,其余六人,三人英勇牺牲,三人因病去世。如华风夏同志,宁波人,1918 年生,1936 年进店,抗战爆发后到武汉,与李文同志同往重庆设立分店。在重庆参加了中国共产党后到延安进党校学习。1945 年出席了党的第七次代表大会,会后被任命为川康特委委员兼川北地委书记。1949 年 1 月,由川北返回成都,因叛徒出卖被捕,受尽酷刑,坚强不屈。关在渣滓洞时帮助难友学习,坚持革命气节。1949 年 10 月 28 日被国民党反动派枪毙于大坪,临刑高呼口号,坚不下跪,英勇就义。年龄最小的殷益文同志于 1935 年进店,在进货课工作,业余积极参加贴标语、发传单,搞革命宣传活动。抗战爆发后由武汉去延安,在解放区抗日战场上与敌人搏斗中牺牲,具体的出生年月和牺牲情况至今尚未查明。据丁裕同志回忆:殷益文当年在国民党统治下,痛恨贪官污吏,为勒索钱财逼死老百姓,因此取名一文,后来就改名为殷一文。他还有一件趣闻轶事:1935年的一天,殷一文在上海福州路384弄4号生活书店传达室值班。有一身穿长袍脚着胶底布鞋的老人进门直向楼上走去,殷问他找谁,老人答看望邹韬奋。殷要他先登记再上楼。老人说,不登记行吗? 殷答不可以。于是老人就在登记簿上写了两个字"鲁迅"。殷一文一看是大名鼎鼎的作家,赶紧请他上楼。后来他对同事们说:我以为著名作家总是西装革履,风度翩翩,没想到鲁迅先生竟是这样一个朴素的老人。当时大家都以此作为笑谈,同时也可见他的天真烂漫,思想单纯。周名寰同志于1921年出生,1936年进店,抗日战争期间调往西安分店担任经理,受国民党反动派迫害,书店被封,他被捕坐牢,在狱中受尽折磨,于1942年牺牲。胡连坤同志,浙江绍兴人,1911年出生,原在上海开明书店工作,1936年进生活书店,曾任宜昌、成都等地分店经理,1947年被捕入狱,关押在渣滓洞,虽受严刑逼供,但未出卖组织和同志。解放后先后在中国图书发行公司、新华书店北京发行所及轻工业出版社等单位任职,1984年离休,1985年3月25日因病在北京逝世。王矛同志也是浙江绍兴人,1914年出生,原在上海世界书局印刷厂工作,1935年进生活书店,参加革命后曾任延安新华书店第一任经理。后在华北、中南地区新华书店工作,曾任中南区新华书店副总经理,后在中国国际书店任职,1969年8月因病逝世。张又新同志,浙江宁波人,1909年出生,1936年参加生活书店,在批发科工作。为人风趣幽默,善与人相处。同我的关系很好,曾一起在武汉工作和生活,并在交通路 63 号书店门口一同拍过照。武汉沦陷前他与毕青同志等同往金华、丽水设立分支店,后到上海在地下党办的同庆钱庄工作。1943 年 7 月,韬奋同志病重时,他奉命扮成商人去苏北新四军军部向陈毅军长汇报情况。陈毅同志当即作了"要想尽一切办法进行医治"的指示,使他深受感动。解放后,他曾任上海市劳动局副局长。1964 年春天,患了癌症。我曾去医院看望,见他已不能言语,只哆嗦着用手在一张小纸上歪歪斜斜地写了"我痛煞了"几个字。看了十分凄然!不久他就故世了。以上六位老同事先后去世已经多年,至今仍使我深为怀念。

现在活着的朱树廉,1935 年进店,在抗战初期的武汉,受到邹韬奋先生爱国主义教育影响。借用了同事顾根荣的中学毕业证书报考空军飞行员,被录取后参加了国民党空军部队抵抗日本帝国主义侵略。现定居美国,在加州一家图书馆任职,曾与沈百民等老同事通信,闻近况不错。他最近写了一篇回忆录,提到与书店的关系,记述了他在 1938 年考取了空军学校,在军事训练行军经过重庆时患了白喉病,幸遇书店老同事在经济上给予资助,使他得以住院治疗,转危为安,旧情至今未忘。顾根荣同志 1919 年出生,1935 年进店,解放后在苏州市邮局工作,现已退休。在活着的三人中一个在国外,一个在苏州,在上海的只有我一人。

这张旧照片既引起我对过去共同工作、生活过的老同事深切怀念,更想到革命胜利确实来之不易,是许多先烈抛头颅、洒热血,前赴后继,英勇牺牲所取得的。我们一定要珍惜革命胜利果实,共同努力,坚持改革开放,同时与各种腐败现象作斗争,把祖国建设得更美好。

1993.6.25

周幼瑞,1935 年在上海参加生活书店。后曾在上海书店工作。

原载《联谊通讯》(北京)第 34 期,1993 年 10 月 25 日

读书

难忘的一九三八

范　用

一九三七年八一三，日本侵略者在上海开火，神圣的抗战开始。但很快中国军队就溃败西撤，敌人逼近镇江——我的家乡。

这一年，我刚考进中学，刚拿到老师发给的一摞新课本，我一一包上书皮，很兴奋。而且住读，校舍是新建的，一切都感到很新鲜。

九月中旬，消息传来，日军逼近苏州。镇江与苏州相隔不过几站，住校学生一哄而散，都回家了。

我家只有母亲和外婆两人，我是独苗，一定得保住，外婆拿出八块银元，叫我上汉口投靠舅公。

舅公在汉口会文堂书局当经理，他和外婆感情甚笃，当然收留我，亲切照顾。

十分幸运的是，从上海搬来汉口的读书生活出版社租用会文堂书局二楼办公，我每天吃完饭都到出版社去玩，吸引我的是，出版社有很多可看的书，还有杂志。出版社的工作人员，除经理黄洛峰和万国钧、孙家林三位年纪较长，其余六七人都是青年人。

不知为什么,黄洛峰很喜欢我这个十五岁的孩子,一见我就放下工作,拉着我的手问这问那。后来同事开我的玩笑,说我好像是黄经理的儿子。

黄先生用印书的纸边订了个本子,教我练习写字,他说在出版社工作,要把字写好。到现在我写字都规规矩矩,笔画清楚。

第二年,一九三八年开春,舅公一病不起,舅婆只好回浙江老家。走之前,她买了一篮鸡蛋,把我托付给黄先生(出版社的人都这么叫他)。从此我成了读书生活出版社的一名工作人员,当练习生。

现在还可以在一些读书生活出版社工作人员在会文堂书局门口拍摄的照片上看到,那个个儿最矮的就是我,站在我左边的是赵子诚(刘大明),第二年,一九三九年,他成为我入党介绍人。

第一个月,我拿到八块钱工资。我想,如果外婆和妈妈知道了会多么高兴,伏星(我的小名)会挣钱了。可是此刻她们在哪里?怎么逃过日本鬼子烧杀?还在镇江吗?还是躲到乡下去了?

那时候,一个月伙食费是六块钱,余下两块钱,万国钧先生出差去广州,用这两块钱给我买了件开领汗衫(网球衫)和一双力士鞋,这在那张照片上也可以清楚地看到。

我在出版社的工作,先是打包,跑邮局、送信,后来当收发,登记来信。我犯过一个错误,挪用读者寄来买书的邮票,给同事陆量才(家瑞)发现。他把我拉到一旁批评了我。以后,牢记这一教训,再也没有犯过错误。

在武汉,是国共合作蜜月时期,汉口有八路军办事处,第一份公开发行的共产党机关报在汉口出版。

一些从延安出来去江南开辟抗日根据地的八路军首长,或从江南去延安经过武汉的同志,好多都到读书生活出版社,我见到的有罗炳辉将军和彭雪枫将军,我写过一篇题为《将军》的文章记叙他们。

作家周立波,过去在上海和黄洛峰是国民党监狱中的难友,他在读书生活出版社搭伙,每天都来,还有一位作家舒群,住在读书生活出版社亭子间编《战地》杂志,也在出版社搭伙,他们两人也很喜欢我这个孩子。

立波有一本稿子《晋察区边区印象记》在读书生活出版社出版,其中照片插图的说明文字,他不要排铅字,要我写了制版印出,我写了。看到自己写的字印在书上,高兴极了。

《新华日报》和读书生活出版社亲如一家,因此我认识了《新华日报》好多位先生,如潘梓年、许涤新、章汉夫、吴敏、徐君曼等。《新华日报》开晚会,请读书生活出版社的一伙参加,还要出节目,我登台唱《卖梨膏糖》,边唱边向下面撒糖果,每个糖果里有一张抗日口号,大家振臂高呼,这情景我到今天都记得。那时有两个小范,男的是我,女的是范元甄,她唱《丈夫去当兵》。范元甄后来去了延安。这个人后来变了,她的女儿写了本书《我有这样一个母亲》。

一九三八年,是我人生的转折点。这一年,党收留了我,教我学会做事做人,引导我走上革命道路,做一个有益于人民的人。

难忘的一九三八!

范用,1938 年在汉口参加读书生活出版社。后曾任人民出版社副总编辑、副社长,生活·读书·新知三联书店总经理。

原载《三联贵阳联谊通讯》第 34 期,2004 年 5 月 28 日

在迎接上海解放的日子

范 用

　　五月二十五日,值得纪念的日子。五十四年前,一九四九年这一天,上海宣告解放。①

　　我于一九四六年由重庆调到上海工作。第二年,一九四七年国共和谈破裂,中共代表团撤回延安。上海政治形势日益恶化,国民党特务狂捕滥杀,白色恐怖达于极点。生活、读书、新知三家出版社不能在上海活动,在报上刊登启事迁往香港,部分工作人员转入地下。我奉命留守上海,除了料理出版社未料事宜,同时接受组织上交付的任务,迎接上海解放。

　　组织上交给我的任务之一,是调查官方书店、印刷厂,尽可能详细,甚至包括这些机构负责人住址及电话,写成材料,交组织上转送丹阳三野,印成手册,以便于接管。

　　这件工作得到一位朋友陶汝良的帮助,他是我们党的老朋友,

<hr>

① 编者注:1949 年 5 月 25 日拂晓,解放军全部控制苏州河以南市区,25 日夜攻克高桥,27 日上海全部解放,6 月 2 日解放崇明岛。

参加过一九二七——一九二九年大革命,当时在福州路中国印书馆任职。这家印书馆与国民党中统局有关。在这样的环境下,陶汝良多方面地帮助我们。我党在国统区的机关刊物《群众》周刊迁往香港,每期寄纸型到上海,即通过陶汝良的关系找印刷厂印刷。有些书稿,由中国印书馆排版,把原稿中的"毛泽东"排成"王泽东",付印时再把纸型上的"王"字挖改为"毛"字。这些都是陶汝良冒着危险做的。可以说,在国统区我们党很多工作都是运用各种社会关系,依靠许多朋友才能完成的。

组织上交付的另一任务,是寄发警告信给官方书店、印刷厂的负责人,要他们保护好资产设备,不得转移破坏。这件工作是和许觉民、董顺华同志一起做的。上海解放后,接管时这些机构有的负责人拿出警告信说:信早收到,遵命照办了。

我还参与了一些策反和情报工作。淮海战役时,蒋军兵团司令黄维的太太在上海,有一位牙医生刘任涛愿意介绍我找黄维太太,要她动员黄维率部起义。刘任涛和黄维都是留德的,一学医一学炮兵。此事正在进行时黄维兵团已被我歼灭。黄维太太于解放后给安排在上海文史馆做资料工作,黄维甚为感激。情报工作,王默馨介绍上海警备司令部作战科科长潘刚德提供有关防守上海的部署,包括吴淞口地区工事布置、上海兵力防御部署、沪宁溃退的残军交警总队、123 军接防 75 军,以及其他有关军事情报。交付情报的地点在上海市政府对面汉密顿大楼的一个写字间。解放后当年参与此事的方学武同志告诉我,这些情报对攻打上海起了作用。情报显示浦东地区防御薄弱,即由此攻入上海。"文革"期间,潘刚德所在单位外调找我了解情况,我为潘刚德写了证明材料。这样的朋友,我们不应当忘记。

我还参与编印地下刊物,不是组织交的任务,是帮朋友的忙。当时戴文葆同志介绍我隐居在横浜桥海军月刊社,社长郭寿生也是我们党的老朋友。原在《文汇报》工作的陈尚藩和几位朋友自己掏钱买了短波收音机和手摇钟灵油印机,出版一份油印刊物,传播邯郸新华社消息。他们将稿子交我刻写蜡纸,拿到山东路一家皮箱店楼上油印数百份秘密散发。刊物的名字是我起的,一期叫《北方》,一期叫《方向》。其中有毛泽东的《目前的形势和我们的任务》一文。一九九七年陈尚藩病故,《文汇报》在讣告中说这份油印刊物,"在小范围代替被迫停刊的文汇报,起到传播解放战争的真实消息和党的声音的作用"。

五月二十四夜晚,我在晒台上看到浦东方向火光烛天,传来隆隆炮声。我非常兴奋,天要亮了! 早上醒来,到弄堂口一看,人行道上睡着许多解放军,立即约了吉少甫同志去北四川路邮局,那里有香港三联书店早就寄来的毛泽东著作单行本纸型。存而不取,以待解放。经过茂名路时,十三层楼(旧锦江饭店)上还有残敌打枪。四川路上、桥上躺着许多蒋军尸体。纸型取到后,迅速印刷,即在新华书店、三联书店出售,供应读者。

这一天,我到西藏路东方饭店报到,领到两套解放军军服和军管会臂章、中国人民解放军胸章。我成了一名文职军人。至今我还保留着这枚盖有"中国人民解放军上海军事管制委员会主任之章,中华民国三十八年佩用第文字110"的胸章,作为纪念。

八月，洛峰同志调我到中央宣传部出版委员会工作，我拿了伯昕同志开的上海市新闻出版处的介绍信、觉民同志开的路条"兹有本处工作人员范用同志赴北平接洽公务，特此证明"，高高兴兴上北平报到，就此离开了上海。

范用，1938年在汉口参加读书生活出版社。后曾任人民出版社副总编辑、副社长，生活·读书·新知三联书店总经理。

原载《联谊简讯》（北京）第6期，2003年6月25日

"七十周年"念阿桂

刘大明

红日照遍了东方，
自由之神在纵情歌唱！
看吧，千山万壑，铜壁铁墙，
抗日的烽火燃烧在太行山上，
气焰千万丈。
听吧！母亲叫儿打东洋，
妻子送郎上战场。
我们在太行山上，
山高林又密，兵强马又壮。
敌人从哪里进攻，
我们就要他在哪里灭亡！

半个多世纪以来，这首歌，以其优美的旋律、恢宏的气魄、坚决的意志、强烈的敌忾，在抗战期间，即为华北的敌后抗日根据地军民及大后方（当时的国统区）人民所传唱，抗战和解放战争胜利后直至今天,这首歌仍然为全国人民所喜爱,为许多合唱队、歌咏队定为保留节目,唱遍了祖国大地。

这首歌的曲作者,大家都知道是冼星海;词作者,大家都知道是桂涛声。冼星海,自是人人皆知,但桂涛声的经历,却鲜为人知。

桂涛声,原是我们读书生活出版社的一员,他早在1937年2月,经黄洛峰同志介绍,参加了上海读社任编辑工作,参与了艾思奇主编的哲学刊物《认识月刊》的工作,参加了艾思奇主持的秘密的"哲学座谈会",同时还参加了上海文化界救国会的救亡活动。他对人平和、热情,社里同仁都以"阿桂"称呼他。

阿桂于1903年3月生于云南沾益县曲清卡朗一个地主家庭,回族,1918年毕业于沾益县高小,1919—1926年先后肄业于云南省第三师范、云南省立美专绘画科。在校时因参加学生运动而被开除学籍,嗣后曾在省三师母校任国画教员。第一次大革命爆发后,在广东韶关的国民革命军第十六军参谋处任书记员,旋又参加中国共产党。

1932年一·二八事变,阿桂在上海工作,因在宿舍中被搜出了几本马列主义著作而被捕,并被判刑5年,关押在上海提篮桥监狱。当时一起被关押的有曹狄秋、彭康、黄洛峰、吴黎平、徐君曼等。他们在狱中一同坚持学习唯物辩证法等马列著作,和敌人作不懈的斗争。阿桂在狱中被关5年后,又被解到苏州反省院关押一年,终于1937年2月出狱。不久,即得到黄洛峰的介绍,来到读社,从而结识了李公朴、柳湜、艾思奇等。

1937年"七七事变"和"八一三事变"相继爆发,全国抗战开始,读社刚出狱不久的李公朴和柳湜,即去华北前线劳军,阿桂也随他们同行,10月又随同李、柳到了武汉。

阿桂到达武汉时,适逢汉口文化界发起为在平型关取得抗战开始以来中国战场上第一次大胜的八路军募捐棉衣。两个来月的前线劳军,阿桂亲自体验了前方将士的英勇艰辛,值此募捐活动,当即触发了他以民歌的形式写了一首情感深厚的《做棉衣》,由冼星海谱曲,很快在武汉群众中传唱开来,歌词共5节,现录首节如下:

> 秋风起,秋风凉
> 民族战士上战场
> 民族战士上战场
> 我们在后方
> 多做几件棉衣裳
> 帮助他们打胜仗
> 打胜仗,打胜仗
> 收复失地保家乡!

淞沪八一三抗战末期,上海守军一部国民革命军88师262旅524团团副谢晋元率部800人(实为400多人)孤军退守苏州河北岸的四行仓库,这一誓死不屈的壮举,引起上海数百万人民和全国人民的关注和尊敬。为鼓舞全国抗战的斗志,郭沫若领导下的三厅,决定将这一壮举拍成电影故事片。片中"由苏州河南岸泗水通过苏州河,向河对岸四行仓库守军送国旗的女学生,由陈波儿扮演",片中主题曲歌词,则落到了阿桂头上。阿桂欣然接受了这个任务。是年(1938年)夏,"八百壮士"影片在武汉正式公演,由桂涛声作词、夏之秋作曲的《歌八百壮士》的旋律,特别是歌末七个"中国不会亡"的声音,久久地在影院中回荡,在观众的耳中回荡,在人们心中回荡。在那个国民党投降派时不时放出"妥协"的妖言惑众时,"中国不会亡"的声音,使不知多少民众从迷雾中奋起,坚定地投入抗战的洪流里,狠狠地打击了投降派。

《歌八百壮士》歌词:

中国不会亡,中国不会亡

你看那民族英雄谢团长

中国不会亡,中国不会亡

你看那八百壮士孤军奋战东战场

四方都是炮火,四方都是豺狼

宁愿死,不退让

宁愿死,不投降

我们的国旗在重围中飘荡

飘荡、飘荡、飘荡、飘荡

八百壮士一条心

十万强敌不敢当

我们的行动——伟烈

我们的气节——豪壮

同胞们起来,同胞们起来

快快赶上战场

拿八百壮士做榜样

中国不会亡

中国不会亡

中国不会亡

中国不会亡

不会亡,不会亡,不会亡。

阿桂在武汉没待上三个月,于 1937 年 12 月又赴山西陵川游击司令部工作。于 1938 年 5 月才又回到武汉,使他欣慰的是就在这时,通过洛峰同志的证明,他因 1931 年被捕而失去的党的组织关系,得到了恢复,从而使他更轻快地投入了救亡工作。他这时忙极了:要出席救亡团体会议,应邀到一些单位演讲"游击战争",支持冼星海办了"星海歌咏队"……而最使他心潮起伏的是,他在太行山将近半年的感受:他见到了敌骑深入祖国内地,他见到了有志青年踊跃参军,更见到了在敌后艰苦抗战的八路军,使他得到了教育,得到了力量……于是,在他心中酝酿多时的诗篇——《在太行山上》,一下子从心底迸发了出来。(歌词见篇首)

阿桂在誊抄这首歌词将要寄给冼星海时,我正好就在他旁边,他就给我念了一遍,我有幸先睹为快,所以印象特别深。后来他又介绍我参加了冼星海的"星海歌咏队",我又有幸在冼星海亲自指挥下学唱救亡歌曲。自然,这个歌咏队水平较高,这对我来说,为了要跟上,让我费尽了力气。

大概半个月后,阿桂突然把由冼星海谱好了曲的《在太行山上》歌篇给了我,并说:"给你,唱吧!"当时范用也在场,于是我们两个就靠着脑袋,照着歌谱哼哼了起来,都异常兴奋。后来,这首歌在大后方、在各敌后抗日根据地都广泛地传开了,直至今天!

这回,阿桂在武汉待了四个月,又受党的委派,到了晋东南上党地区的国民革命军第47师政治部工作,1940年10月,该师移驻河南省济源县①王屋山下,我和李文同志赴太行办华北书店时,适与阿桂驻地相邻,在探听确实后,我和李文还特地到他们师部去访问了他,一年多不见,他非常热情地接待了我们,并夸我:"小赵长大了!"(我原名赵子诚)

后来我在太行华北书店5年,在冀鲁豫书店4年,直到全国解放前夕,均不知阿桂下落。上海解放后,始知他在上海复兴中学任教,后来才知道,他在47师工作时,正值国民党第二次反共高潮和"皖南事变"的险恶复杂的政治形势中,他竟失去了党组织的关系,遂离开了军队,先后在西安、洛阳等学校教书。在西安时,曾有人劝说他把"在太行山上"某些词句作些改动,他一口拒绝,决不改动。抗战胜利后,他到了上海,在复兴、育才等中学继续任教。70年代,他曾到北京访友。我还陪他参观了人民大会堂等处,这时他年事已高,言谈举止,均已显迟钝,1982年12月16日,他在上海育才中学病逝,享年80岁,学校以回族习俗安葬了他,但他留下的

---

① 编者注:现济源市。

几首歌曲,将长流不竭!

　　桂涛声,1937 年在上海参加读书生活出版社。后曾在上海育才中学工作。

　　刘大明,1936 年在上海参加读书生活出版社。后曾任国际工业出版社社长。

原载《三联贵阳联谊通讯》第 27 期,2002 年 6 月 18 日

怀念黄洛峰同志

郑易里

　　我在昆明成德中学时，有一个同班同学黄寿生。我们读到三年级时，已十分亲密，形影不离。课间休息时，同学们常在课堂外说笑打闹。有一天，一个个子很小、面黄肌瘦的同学，由于论调新异，被同学"嘿"的一声，推倒在我们这边来。我问寿生这是谁，寿生说他叫黄垲，才进一年级不久，是他的族侄。当时的黄垲又叫黄肇元，就是黄洛峰同志。他一直活跃在我心目中。后来他改读省立一中，我们就没有再见面。

　　1929年，我参加反帝大同盟，由日本回到昆明，听说黄洛峰同志正在易门县地下党领导下工作。他也间接听到我的一些情况，"海内存知己"，我们各奔东西，一直没有见面。但是，沸腾着热血的革命友情总在内心深处永难磨灭。

　　1932年前后，我常住上海替哥哥做生意。夏天正热的时候，我陪哥哥到南京旅游，偶然在留日学生归国请愿团内找到洛峰同志。他已长得很高很英俊，是请愿团内重要负责人之一。我们简直认不出了。他时间很紧，几句话没有说完，便因事被团中同志叫走了。

1933 年秋后的一天，忽然有一个穿得破破旧旧、瘦骨干筋的人来看我。我愣住了，原来是好久未见、时时渴望见到的洛峰同志。他是在上海提篮桥监狱里坐牢才释放出来的。我陪他会见了老友艾思奇夫妇，恰好思奇房东那里有空屋一小间，他便租了住下，和思奇他们一道烧饭吃。我们几乎天天都凑到一起聊天，议论当时的局势，筹划日后的工作。

"七君子"之一的李公朴当时是上海《申报》读书问答专栏的主持人。该栏主要撰稿人有艾思奇、柳湜、曹伯韩、高士其等。《申报》负责人史量才遭到蒋介石反动派暗害后，李公朴便把《申报》读书问答专栏独立出来形成"读书生活出版社"，发行《读书生活》月刊，兼出一些辑文成书的小册子和其他新思想著作。当时李公朴是上海文化界的知名人士，很活跃，加之读社的班底也很强，业务上有周巍峙，编辑写作方面有艾思奇，组稿策划方面有柳湜，所以这个出版社就是在《申报》读书栏原有的广大读者的声援下，在上海一小条冷冷清清的背街（即斜桥弄）上成立壮大起来了。当读社成立还只是一周年左右的时候，艾思奇约我合译苏联大百科全书中的《唯物论辩证法》。我当时对于译书、出版等工作一窍不通，有些迟疑。艾说："没问题，只要有译稿就可以不要一文本钱把书印刷出来发售了。"原来，当时读书出版社之所以能独立发展起来，靠的就是翻空心跟斗。李公朴因"七君子事件"被捕入狱后，债主纷纷逼上门来。纸债、排版印刷债等等，闹得简直无法应付。社内人心不安。读社的唯一出路便只有破产倒闭了。艾思奇和我们谈起这一情况,当时洛峰同志毅然带头说:"我们来顶住吧!"他知道我和他都可以在商业关系方面想想办法,筹措几千元问题不难。我们果然得到亲友的赞助,洛峰出任经理,想了不少办法,做了许多工作,于是读社就这样稳定下来了。

洛峰到读社任职后不久,日寇步步向南进逼,交通阻塞,人心惶惶,市场混乱疲塌。这时,社内艾思奇、周巍峙等几位重要负责人又纷纷离社前往延安,洛峰同志毅然决定:在这危急存亡时候,读社主力应追随政治中心顺长江往武汉、重庆迁移。随即由他率领万国钧、赵子诚(后名刘大明)等七八人包一艘木船装运着存书西迁,上海对外业务暂时停止,只留刘麈、卜朝义二人和社址楼下一大间、楼上一小间,由我主持一切。其中主要是继续与郭大力保持联系全译《资本论》三大卷,待机出版。不久,日寇侵占上海。郭大力从战区炮火声中逃了出来,把《资本论》第一卷译稿交我,然后绕道香港、广州等地回到江西赣州,在他家里继续翻译《资本论》第二、三卷(其中有王亚南译稿一部分),边译边用航空信纸誊清作航空挂号信经广州转寄上海交我。日寇侵占上海后,租界形成孤岛,市面萧条,冷冷清清。《资本论》全译稿收齐时是 1938 年初春时候。随着抗战形势的发展,读社由武汉迁到重庆,在洛峰的领导下经过千辛万苦,搞到一个店面,出版发行《大众哲学》《我们的抗敌英雄》等新思想政经科普读物,生意做得很红火。洛峰得知《资本论》全书译成并有充足条件在上海出版时,就马上派出版内行万国钧同志专程到上海商定版式、联系印刷厂、接洽买纸关系,等等。当时没有现存资金,买纸、印刷等用费全靠我哥哥做生意,一笔一笔的临时支援。为了避免可能发生的损失,社内待销存书全数由刘麞运往内地。上海专办《资本论》全译本的出版工作。1939年夏广州沦陷后,洛峰已先到昆明,约我把《资本论》纸型装成一大皮箱作随身行李带到昆明和他一路去重庆。

重庆"读书出版社"这个简明的名称是洛峰同志为适应抗战时期的紧张局面而略去"生活"二字形成的。门市部与办公宿舍相距不远。晚上熄灯时候,大家一齐动手收拾办公桌面,拼成大板床睡觉。我一向爱睡硬板床,觉得很贴心,另有一番风味。早起后,门市部同志便各人提着各人的手杖上班去了。那时正逢鲁迅逝世纪念,读社同志三四人提着各自的竹手杖约着我一道去参加。我有点奇怪,都是年轻小伙子,为什么一走动就离不开一根竹手杖?原来国民党反动派常常找事生非,打人抓人,"手杖"就成了当时坚持抗战的人们护身的优良武器了。日寇飞机来轰炸时,大家则各抢时间,带着各自的重要物件(账簿、银钱等)去躲警报。星期天到了,洛峰便约着我和老万几个同志,顺着嘉陵江纤道,听着纤夫的号子声,沿江步行,乐游终日。我在重庆和自己的同志们在一起自如地住了十来天就经贵阳、昆明,又到了越南,然后从香港回到了上海。

上海出版条件优越。日寇侵占后,作为精神粮食的新思想读物十分缺乏。洛峰不断地设法,把重庆畅销书的原稿或纸型转到上海秘密出版。不会出乱子的书仍用读社名称出版;会惹麻烦的书则用辰光书店、北辰书店、富春书店等名称出版。按照洛峰的指示,上海出的书,一部分是设法供应桂林、重庆等地,一部分是供应苏北、胶东及大连等解放区。抗战形势逐年发展,统战局面也日益壮大。1945 年 10 月,在重庆的生活、读书、新知三家书店合作,成立"三联书店",洛峰同志担任领导工作。在抗日战争胜利后的形势下,生活、读书、新知等进步出版业如雨后春笋,又纷纷在上海建立起来。但不久就遭到国民党反动派的摧残。1947 年上海读书出版社机构全部停闭,人力物力逐步移往烟台、大连等新解放区发展。那些必须妥善保存的版本、纸型等则秘密移存我住宅的亭子间内。为了掩护起见,洛峰同志又和我商定编一本当时急需但又无人开发的英汉词典,由我主持一切。词典初稿于 1947 年初夏由我和曹成修二人在各自家里全部完成后,洛峰同志便派万国钧同志专程来到上海,找到了一家极小极小的印刷厂(实际上是一家没有印刷机、只有一个英文排版师傅的中英文排字房)把这一八九百万字的巨大工程承包下来。然后我把住宅楼下客厅一大间腾了出来,没有办公桌,就因陋就简,支起了一张请客吃饭用的大圆桌,全部八九个人(编排加工二人、校对五人、中文索引二人)围桌而坐,奋战了三年,于 1950 年大汗淋漓的盛夏时节完成全部编排加工工作。其后,我于 1951 年初转业到北京华北农业科学研究所,洛峰同志出任出版局第一任局长。解放前,洛峰在大后方的重庆,我在沦陷区的上海,我们天各一方,关山阻隔,相距遥远,但在革命出版事业这一条战线上说,我们是战斗在同一个堡垒内,特别亲密。解放后,我们同在北京,工作部门变了,但友情更加深厚了。他从中学时代就投身革命,我永远忘不了他艰苦奋斗的那种高贵精神。他为人正直,待人诚恳,作风朴实,处事认真。他既有作为一个共产党员的远大理想,又有一个脚踏实地、实事求是的老革命者的优良品德。他从不夸夸其谈,而是实实在在、通情达理。他在工作上是一个目光远大、坚定果断的好舵手,他处世为人上是一个刚正不阿、诚恳礼让的好伙伴。他健康本来较差,但仍孜孜不倦地钻研学问。他生活朴素,离不开一包烟、一壶茶,满桌书堆,大有文士风度。现在,他已离开我们十年了,作为他的一个知心朋友,我永远怀念着他。

黄洛峰,1937 年起任读书生活出版社经理。后曾任出版总署出版局局长、文化学院院长、中国出版工作者协会副主席。

郑易里,读书生活出版社创办人之一。后曾在中国农业科学院工作。

原载《联谊通讯》(北京)第 15 期,1990 年 10 月 15 日

和洛峰同志在一起的日子里

尚　丁

　　抗日战争时期,黄洛峰同志在重庆曾负责出版界的统战工作,毕青同志知道我曾在洛峰同志的领导下工作过,几次嘱我把和洛峰同志在一起战斗的情况写出来。其实,洛峰同志生前也曾嘱我做这件事。我却一直没有动笔,现在洛峰同志逝世已经十年,应该还掉这笔文债了。

　　那是 1980 年 2 月,我奉胡愈之同志之召,去京研究《展望》复刊问题。12 日,民盟中央在人民大会堂举行迎春茶话会。听到了胡耀邦同志的重要讲话,见到了很多多年不见的老前辈、老同志和老朋友,洛峰同志是其一。而和洛峰同志的见面,我特别高兴,他说有许多话要和我谈,说他准备写回忆录,说关于重庆时期的一系列斗争——"拒检运动"、长安寺公祭、沧白堂事件、较场口血案,等等,要和我一起回忆。大会场里当然无法尽兴畅谈,他把家里地址电话抄给我,叫我在京多留几天,安排时间到他家里长谈。但我已买好了第三天回上海的车票,只好下次来京再谈了。但第二天,他就到我的住处来看我。我们谈了个把钟头。当时,洛峰同志身体还好,谈锋甚健,相约我下次进京时约个时间畅谈,要我一定到他家做客,要我抽空把重庆时期的斗争写出来。想不到,这竟是我俩相见的最后一面,当收到他的讣告时,我久久地怔住了!

洛峰同志是云南人,1927年入党,早年在云南从事党的工作,1930年赴日留学,九一八事变后回国,参加抗日救亡运动,曾在上海被捕,出狱后主持读书出版社的工作。他长期从事党的出版事业,并在民主运动中担负文化界的统战任务。

"皖南事变"后,白色恐怖极其严重,读书出版社受到国民党的严重迫害,洛峰同志不得不出走香港。在第二次反共高潮被击退后,他又于1942年春回到重庆。在洛峰同志的推动下,以生活、读书、新知三店为核心,成立了重庆出版业中的统一战线组织——新出版业联合总处,洛峰同志被推为董事长。国讯书店也是联合总处的骨干之一,负责人祝公健被推为董事。我原为《国讯》杂志编辑,后继任国讯书店经理,也相应地担任了联合总处的董事。那时,我在黄炎培身边工作,个人则与南方局青委书记刘光同志保持联系。一天,刘光同志说:"以后有什么事,可以随时和石西民、黄洛峰商量,可以不被人注意。"从此,石西民和黄洛峰就是我的正式领导人了。

当时,在重庆担任编辑,最苦恼的事情就是必须把文稿送交国民党的图书杂志审查委员会审查。文稿一经审查,不是被扣掉就是被删改得面目全非。所以,怎么样和那个专门扼杀进步言论的检查制度作斗争,就成了我们经常的话题了。为此,曾发动过国民参政员在国民参政会提出过好多次提案;出版界、文化界也曾多次集会在社会上大声呼吁；1944 年初，生活、读书、新知三书店还联系了二十多家进步书店发表了一个争取出版自由的紧急呼吁书，更在 5 月 3 日参加重庆整个文化界要求取消新闻、图书杂志和戏剧演出的审查制度的斗争。但国民党一概置之不理，你又能奈其何呢？1944 年春，联营书店开幕时，洛峰对我说，要想办法把出版业和文化界团结起来，发动起来，找出一种适当的斗争方式使得这个反对法西斯专制的斗争取得成功。

1945 年 7 月 1 日，黄炎培等六位国民参政员，应党中央、毛主席之邀，去延安访问。在他访问回到重庆后，一面到处作报告，一面很快写出了《延安归来》的书稿，交给我出版。我读了这部书稿，它以日记体裁翔实地报道了中共所实施的各项政策和取得的辉煌成就。以黄炎培的声望，用亲身经历来揭露国民党多年的造谣、诬蔑实在太好了，政治意义是巨大的。这部书稿如送去审查，估计很难通过，于是，我就去找洛峰同志。他的手在额头上拍来拍去，终于提出了一个极为大胆的设想：他要我和黄炎培商量，索性不送检查而自行出版，并用这本书打头阵，开展一个不把文稿送审查的"拒检运动"。如果黄同意这样做，他保证新出版业的几十家书店一定跟上，并发动重庆的出版界、新闻界和文化界立即响应支持。我当然很赞成这个办法。但为了慎重起见，我又找了石西民商量，还向张志让等请教，他们也都认为是个好办法，并认为发动这样一个"拒检运动"的斗争有很大的政治意义。洛峰同志这个主张确实是很有胆识的，以大无畏的精神造国民党的反！

我先把这部书稿送检的命运向黄炎培陈说了，他同意我的估计;我又根据洛峰同志的意见把拒检的设想提出来,他沉思良久,最后决然同意这样做,并愿意冒这个风险和承担可能发生的后果。黄炎培认为,只此一本书还不足以把"拒检运动"发动起来,因此,他决定通过重庆杂志界联谊会(他是联谊会的召集人,我是干事),把重庆杂志界动员起来同时行动。于是,我一方面立刻把《延安归来》的书稿发到润华印书馆去突击排印;一方面把情况告诉洛峰同志。他非常高兴,并立刻配合行动起来。同时,黄炎培也约了张志让、杨卫玉和傅彬然,起草了一个重庆杂志界宣布"拒检"的联合声明,组织重庆杂志界发动这个"拒检运动"。

《延安归来》一书,只用了八天时间,就出版了。同时在《新华日报》头版,一连登了三天大幅广告。经过动员和奔走,重庆 16 家有影响的杂志签名,于 8 月 17 日发表联合声明,宣布从 9 月 1 日起我们这 16 家杂志一致拒不将文稿送审。黄炎培还把联合声明正式函告国民参政会、国民党中央宣传部和宪政实施协进会。这 16 家杂志,虽然为数不多,但代表了各党各派,阵势不小。有黄炎培主办的《国讯》和《宪政月刊》,有民盟总部的机关刊《民宪》(左舜生主编),有孙科主办的《民生世界》,有第三党的《中华论坛》(章伯钧主编),有民社党的机关刊《再生》,有孙伏园主办的《文汇周报》,还有商务的《东方杂志》,中华的《新中华》杂志和开明的《中学生》等。这完全是黄炎培做了工作发动起来的。洛峰同志看到这个阵势,拍案叫好!说终于把这些"大佬"都组织发动起来了。当然,黄炎培因此遭到了国民党当局的莫大嫉恨,特务立刻到书店去搜抢《延安归来》,黄炎培也立刻提出了抗议。随后,传来风声,扬言要依"法"封刊抓人。这时,《新华日报》和《群众》杂志都发表了社论表示坚决支持,重庆文化界著名人士郭沫若、沈钧儒、茅盾、叶圣陶等也都写文章支持,新出版业也宣布响应,继而成都、昆明、桂林、西安等大城市的新闻界、出版界、文化界都起而响应并热烈支持,一个全国规模的"拒检运动"蓬蓬勃勃地兴起了!

迫于形势和舆论的压力,国民党没有敢查封和抓人,在相持了五十多天后,国民党终于在 9 月 22 日举行第十次中常会,通过决定,宣布从 10 月 1 日起撤销对新闻和图书杂志的审查制度。那个实行了十四年的专门扼杀进步文化的法西斯制度终于废除了,我们获得了全胜!

在这个斗争过程中,洛峰同志做了许多深入的动员和细致的组织工作。他还不时地鼓励我,并时刻关心我的安全。当得知国民党终于不得不宣布撤销检查制度时,他兴高采烈地说:"我们为之奋斗多年的一个斗争,终于获得全胜了,这是我国出版史上一曲响亮的凯歌!"还说:"太好了,我们终于可以正式公开出版《资本论》了!"他的脸上泛起了胜利的微笑。

1945 年秋,我到南温泉休息了三天,回到重庆,重庆的政治空气显得非常祥和,"双十协定"签定了,并决定召开政治协商会议。新出版联合总处忙于开展业务,先派人到汉口和上海去开设联营书店,民盟中央决定出版机关报《民主报》,张澜和罗隆基分别担任发行人和社长,我被任命担任经理。对办报,我毫无经验,我就不时向石西民、黄洛峰、熊瑾玎和李公朴请教,与洛峰同志接触更多,几乎事事向他请教。但好景不长,不到一个月,国民党就撕毁了

"双十协定",悍然向各解放区发动进攻,挑起内战。于是,在党的
领导下,从重庆开始,一个大规模的反对内战、争取和平民主的群
众运动就发动起来了。国民党当局进行血腥镇压,在昆明杀害了
西南联大的师生,制造了举国震惊的一二·一血案。党的南方局
决定在重庆举行群众活动,以坚决支援昆明学生。推动民盟出面
组织悼念活动。民盟中央把这个具体任务交付给我们这支青年突
击队——民盟的青年区分部(我是区分部主任)去完成。我们在洛
峰和李公朴的领导下,组织了 12 月 9 日在长安寺举行的群众公
祭。记得公祭那天,陶行知先生来得很早,情绪异常激愤。他一到
长安寺,就把我和祝公健拉到灵堂后面(我们两个是公祭大会的指
挥),提出在公祭大会后举行示威大游行。我们马上找到洛峰同志
和公朴先生一起商量,经过请示,认为事前没有作示威游行的严密
组织,不宜临时发动。洛峰和我们一起说服了陶先生,并决定把公
祭活动延长为三天(原只准备公祭一天)。中共代表团和各民主党
派与人民团体都派代表参加了,参加公祭活动的群众有几万人。
后来知道,那天陶先生是抱着必死的决心来参加公祭的。他在临
出门时给他夫人留下一封短信:"树琴:我现在拿着昨晚编好的诗
歌全集去交给冯亦代先生出版,然后再到长安寺去祭昆明反内战
被杀害烈士,也许我们不能见面了! 这样的去,是不会有痛苦的,
望你不要悲伤。你有决心,有虚心,有信心,望你参加普及教育运
动,完成四万万五千万之启蒙大事,以奠定天下为公之基础,再给
我一个报告。再见! 行知。"可以说,这是陶先生决心慷慨赴义前
留下的遗嘱,也可见当时形势之严峻与险恶!

　　在长安寺的三天公祭中,党和民盟两个青年组织的同志,轮着班,臂挽着臂保卫公祭会场,公朴和洛峰同志虽然不公开出面,但他俩天天都来长安寺,和我们在一起,指挥我们的战斗。

　　连续三天的公祭大会,动员了广大群众,震动了山城,产生了巨大的政治影响,为即将举行的政治协商会议造成了巨大的舆论声势!

　　政治协商会议终于在 1946 年 1 月 10 日召开了。为了配合政治协商会议中的斗争,重庆各界二十几个团体组织了"政治协商会议协进会",在沧白堂举行了十一次群众报告会,国民党特务不断进行疯狂的破坏,制造了著名的"沧白堂事件"。洛峰同志日以继夜地参与组织领导活动,做了大量的统战工作。

　　经过 21 天会内会外和全国人民的配合斗争,政治协商会议终于达成了五项协议,胜利闭幕了。党中央首先在延安南关外广场举行了两万多人的庆祝大会。南方局指示在重庆组织"庆祝政治协商会议成功大会",组织筹备工作总其事者就是洛峰同志。23个团体在他主持下一共开了三次筹备会,第一次会是 2 月 2 日在江家巷合作会堂开的,第二、第三次会是分别于 2 月 6 日和 2 月 8 日在迁川工厂联合会开的,决定了大会的时间、地点和大会议程,并由 23 个团体推出 25 人组成主席团,推定李德全为总主席,洛峰和我都被推为主席团成员(我代表重庆杂志界联谊会),并作了分工:洛峰为大会总指挥,兼秘书组负责人;顾锡璋(劳动协会负责人)和祝公健(陪都青年联谊会负责人)为副总指挥,我负责宣传组,文艺组由育才学校负责(议程的最后一项是由育才学校演出文艺节目）。大会筹备处向全体政治协商会议代表分送了请柬,邀请他们出席并发表讲话。洛峰同志除了承担他分工的工作之外,还和公朴先生代我拟定了《告同胞书》和大会口号。

2 月 11 日早,我和爱人就抱了两捆《告同胞书》提前到较场口广场,马上,洛峰和公朴先生也来了,他俩帮我为编印《大会快报》作了安排。随即发现有上百的不三不四的人,在特务头子刘野樵带领下横冲直撞,蛮不讲理。我预感到国民党特务将捣乱破坏,这种情况我们预先已估计到,为了防范也作了相应的安排,把劳动协会和邮务总工会的工人队伍布置在会场的四周,把会场包围起来,派出大会纠察,以制止特务捣乱,保卫大会的顺利进行。我和顾锡璋立刻找了洛峰和易礼容等一起商量。研究结果,决定不动声色,如果特务行凶,只自卫,不反击,以免扩大事态。一会儿,台下特务开始鼓噪起哄,特务头子跳上主席台,抢夺话筒,大肆行凶,郭沫若、章乃器、李公朴、马寅初、施复亮等都被打伤,记者和群众被打伤的有 64 人之多。国民党制造了震惊世界的"较场口血案"。

我们先把沈钧儒等老先生保护出会场,再到市民医院去慰问郭沫若、李公朴等,随后,赶到民生路 178 号楼上。洛峰同志和李德全、陶行知、史良、阎宝航、刘清扬等已先在,正在商讨对策。我们先拟了个紧急启事,送交《新华日报》和《民主报》发表。并决定当天下午在中苏文化协会举行中外记者招待会。洛峰同志让我赶写一篇社论,并具体指示我抓住蒋介石在政协开幕时宣布的所谓"四项诺言",在保障人权上做文章。文章写好,送给罗隆基,他给拟了个《快发动保障人民自由运动》的题目,署上我的本名"孙锡纲"，在《民主报》的社论栏里发表了，对于国民党反动派的倒行逆施进行了控诉和声讨。

第二天一早，我和爱人就一起到曾家岩50号去找王若飞同志，若飞同志不在，何其芳接待了我俩。我们向党提出要求到延安或别的解放区去，参加武装斗争。何其芳耐心地给我们分析了形势，指出道路是曲折的，前途是光明的，虽然欢迎我们到解放区去，但国统区的斗争也非常重要而艰巨，希望我们坚持在白区的斗争，但要注意隐蔽，而且不要离开黄炎培，说黄炎培身边需要年轻人的帮助，而这个地位和身份也很有利于斗争。我们当然被说服了。随后，我又到冉家巷去看洛峰同志，把何其芳的话告诉他。他完全同意何其芳的意见，对我说："毛主席说的，道路是曲折的，前途是光明的。不要失掉信心，但要有足够的思想准备，到上海后，尽可能少抛头露面，注意隐蔽。"

我记住了洛峰同志的忠告，踏上去上海的旅途，新的战斗正等待着我们！

1989.11.16.上海

黄洛峰，1937年起任读书生活出版社经理。后曾任出版总署出版局局长、文化学院院长、中国出版工作者协会副主席。

尚丁，曾任《国讯》周刊编辑。后曾在上海辞书出版社工作。

原载《联谊通讯》（北京）第12期，1990年4月15日

深切怀念洛峰同志

金思明

岁月悠悠，洛峰同志离开我们倏忽已十年了，追忆往事，缅怀先辈，怀念之情与日俱增。

五十年前，当我还是一个涉世不深的十七八岁的青年，洛峰同志是我走上革命的领路人和启蒙老师，也是我崇敬的老领导。在他亲切教诲和领导下，一开始就组织我们刚入社的几个青年人学习《大众哲学》和《政治经济学》等马列主义基础理论，从而确立了革命人生观。在以后的数十年工作和生活中终身受益，不论环境多么艰苦险恶，洛峰同志亲自传授的革命理论，始终鼓舞着我们前进。它像黑夜中的指路明灯，领导着国统区一批又一批像我这样的青年奔向光明，走上革命道路。

洛峰同志在几十年的风风雨雨中，为创立和发展我国革命出版事业，呕心沥血，操劳一生，作出了卓越的贡献。他光明磊落，廉洁奉公，从不自恃特殊，他无私奉献的精神永远值得我们学习和继承。仅就我在洛峰同志领导下亲身感受的片段，略述梗概，以表示衷心的怀念。

热情指导　亲切关怀

一九四一年"皖南事变"后不到半个月,国民党反动派对成都、贵阳、桂林、昆明等地生活、读书、新知三家书店进行摧残、迫害。为避免遭受更加严重的损失,根据党的南方局周恩来书记的指示,生活、读书、新知书店都采取了应变措施,将三店的领导中心转移到香港。当时我是重庆读书生活出版社门市部营业员,范用同志也要撤离重庆,洛峰同志让我接替他的进货工作。那时我对进货工作应掌握什么原则思想上不够明确,洛峰同志言简意赅地给我讲了这条原则:"坚持抗战,反对投降;坚持团结,反对分裂;坚持进步,反对倒退。"也就是凡有利于"抗战、团结、进步"的书刊就进,反之就不能进。他当时忙于撤离工作,没有时间和我细谈。为了使我彻底领会,要范用同志给我具体解释这个原则。范用同志带我到各有关书店介绍认识人,并用事实说明如何贯彻这个原则。使我了解了像正中书局、中国文化服务社、青年书店、拔提书店出版的政治类书刊多数是反动的,我们一概不进;商务、中华、世界书局出版的主要进其工具书和世界文学名著;开明书店、文化生活出版社出版的大部分书是进步的,可以进。我做进货工作一年多,始终遵循着洛峰同志规定的原则办事,经常到这些书店挑选图书,以充实门市部图书品种,满足各阶层读者的需要,抵制了那些反动和黄色有害书刊对读者尤其对青年学生的毒害。

同年夏秋,日本侵略者的飞机对重庆不分昼夜地进行狂轰滥炸,民生路 188 号读社门市部前半截被炸塌,我们几乎天天躲空袭,不能正常开饭,就在街头随便买点吃的充饥,我不慎得了阿米巴痢疾,腹泻不止,高烧昏迷,卧床不起。吴毅潮、汪锡棣等同志把我架到七星岗防空洞躲避空袭。后来病情越来越重,城内常遭空袭,住医院很不安全,就雇了一条木船由吴毅潮同志送往离重庆几十里水路的寸滩一家医院治疗。洛峰同志在香港闻讯后来信十分关怀我的病情,并叮嘱读社负责人精心照料。我住院期间吴毅潮、汪锡棣同志多次来探望,及时转达洛峰同志的问候和关怀。锡棣同志还将我便溺污染的内裤和脏衣服洗净,使我这个自幼就失去双亲在孤儿院里长大备尝人间辛酸的人,第一次感受到革命大家庭的温暖和兄弟般的同志情谊。尤其是洛峰同志在繁忙的工作中给予诚挚的关怀,对我战胜疾病、早日恢复健康,真是一剂难得的精神滋补良药。

一九四七年六月一日,汉口联营书店六位工作人员被反动派逮捕后,洛峰同志即派周易平同志来汉进行营救工作。在洛峰同志和武汉地下党组织的积极努力下,通过多种社会关系和渠道,采取具体营救措施,书业界由上海杂志公司经理张静庐牵头联合商务、中华、开明、世界、龙门、新亚、大东等十家书店联名具保,由大东书局经理兼武汉书业公会联合会负责人王龙章出面奔走,多方交涉,经过半个月狱内外的曲折斗争,我们六个人终被保释出来。我们能够早日脱险,虽然是国民党为当时形势所迫,不得不释放,但与洛峰同志鼎力设法营救也是分不开的。

打破控制　开辟财源

　　抗战时期物资匮乏,白报纸来源枯竭,新闻出版用纸被国民党当局垄断,对进步报社和出版社用纸进行控制(这是摧残、扼杀进步文化事业惯用的一种手段)。为了打破国民党对新闻出版用纸的控制,解决《新华日报》用纸的困难,在《新华日报》经理熊瑾玎与读社总经理黄洛峰亲自筹划下,实行两家人员、资金通盘合作,组建"文华纸厂",在四川纸张产地梁山县屏锦镇与当地有名望绅士欧震武先生合伙经营收购纸张,就地加工(张张挑选,破的贴补或剔除,打捆包扎,盖上"文华"印记),运往重庆,以保证供应《新华日报》和读社用纸。为开辟财源,更多地积累出版资金,除大量经营新闻出版用纸外,还经营各种颜色纸、连史纸和造纸颜料在重庆市场出售。为中转运输纸张方便,派何忠发、金思明在长寿县开办旅馆,主要做纸张转运工作(何忠发同志是《新华日报》派去的,重庆解放前夕在渣滓洞惨遭杀害)。通过"民生轮船公司"民主号船长的关系,由该轮将纸张运往重庆。这个纸厂对外由郑树惠同志负责,实际上凡涉及一些重大事情的处理都是在洛峰同志周密的运筹下进行的,因此,未被特务鹰犬发现,使文华纸厂一直坚持到抗战胜利。

　　洛峰同志为了适应当时复杂的斗争形势,一天,在重庆南岸黄桷垭一幢小楼上,亲切而又严肃地找我们谈话,派我们去文华纸厂工作。为避免与读社的关系而引起外界的怀疑,规定一条纪律:不许我们去冉家巷十三号该社总处和重庆分店门市部,也不要与该店同人多交往,并要我们改换名字。刘少卿改名刘耀新,陆量才改名陆家瑞,金思明改名金如晖。当时我很想重回读社工作,对组建文华纸厂的内情及重要意义不十分清楚,在洛峰同志的谆谆教导下,愉快地奔赴新的战斗岗位。

生活俭朴　诚挚待人

洛峰同志生活俭朴,待人诚挚,是他的一贯作风。一九四六年春,他由渝来沪,和我们一起住在四川北路北仁智里 476 号一幢简易的楼房里。底层是大小各一间,大间用于办公和堆放书籍,小间作厨房。楼上隔成三个小间,他住在临天井的小间。他从不自恃特殊,始终和我们同吃一锅饭一样菜,常常是白开水冲一杯鸡蛋花就算一顿早餐。

他对自己一向要求很严,而对同志们的困难却极为关心。一次,我表哥从武汉来沪为东家办事,没有住处,想在我处落脚。当时我们宿舍极为狭窄,腾不出一席之地,洛峰同志知道后,热情地留我表哥住下,让我们挤一挤,腾出地方给表哥住,直到表哥把事情办完离沪。这件事使我深受感动,久久不能忘怀。

言传身教　诲人不倦

全国解放后,一九五九年洛峰同志任文化学院院长期间,为培养、提高文化出版干部素质,举办了各省、市、自治区人民出版社领导、新华书店经理出版发行研究班,并组织编写《出版概论》《图书发行概论》教材。洛峰同志主持全院工作已经很繁忙,但他不辞劳苦,亲自执教,以自身丰富的实践经验,理论联系实际,生动而又通俗地为我们讲课。还聘请全国著名的专家学者许涤新和孙定国教授等为我们授课。他诲人不倦和治学严谨的精神,至今仍深深铭刻在我的脑海里。

壮志未酬　精神感人

一九八〇年九月,新华书店总店在大连举办第一期省级书店经理读书班。我参加学习途经北京去洛峰同志寓所拜望他,他刚从避暑山庄开会回京不久。他热情留我吃便饭叙家常,他精神很好,侃侃而谈。这次促膝谈心给我留下极深的印象,当我问到他除担任顾问外,还参加什么社会活动,闲暇时做些什么,他感慨地说,在有生之年还想为出版事业作些工作,准备撰写新民主主义革命时期出版史,但自己精力不济,心有余而力不足,苦于没有人协助搜集整理有关这方面史料,向中国历史博物馆提出,也未能解决。我插问一句,可否请范用、倪子明同志协助。他含笑摇头说:"他们工作都很忙,怎好找他们,是难以启齿啊!"接着又很关心地问我:"你参加革命工作时间问题解决了没有? 今年七月我们直接向中央书记处并组织部写了报告,还将在白区工作的一、二、三条战线单位名称及负责人名单附上。"我说今年四月才基本解决。并询问他健康状况及平日作何锻炼。他说:除老年支气管炎外,还未发现其他严重疾病,每天早晨坚持锻炼,晚饭后坚持散步。我怕谈话多了影响他午休,就依依告别了。

今日忆起那次发自内心的谈话,使我浮想联翩,夜不能眠。他那和颜悦色、亲切、友善的谈吐,使以往见到他总有点拘谨的心情一下子就消失了。谁知这次晤面竟成诀别!那时他神采奕奕,双目炯炯有神,我内心里祝他健康长寿。他在晚年仍念念不忘为出版事业再作奉献的精神,令人敬佩。不幸与世长辞,致使夙愿未能实现,实是我国革命出版事业不可弥补的损失。他对革命出版事业满腔热情,严肃认真的工作态度,不畏艰险,艰苦创业和开拓精神;他在对敌斗争中态度鲜明、立场坚定、不畏强暴、不怕牺牲的优秀品质;他把毕生精力无私地奉献于我国革命出版事业,他秉性爽朗、刚正不阿的高尚品德,永远值得我们学习和继承。他的音容笑貌,常常萦绕在我的脑海中!

黄洛峰,1937年起任读书生活出版社经理。后曾任出版总署出版局局长、文化学院院长、中国出版工作者协会副主席。

金思明,1940年在重庆参加读书出版社。后曾在甘肃省新华书店工作。

原载《联谊通讯》(北京)第15期,1990年10月15日

一段难忘的记忆

——并怀念李公朴先生

袁伯康

1939 年秋冬，一个偶然的机遇，我认识了读书出版社的汪晓光，而后认识了范用，经过一年多的接触和学习，1911 年 5 月，在皖南事变后的白色恐怖的日子里，经范用介绍，正式进了读书出版社。那时我 15 岁，我和两三位同龄人，是书店年龄最小的店员。

1943 年的秋天，黄洛峰、马仲扬、晁若冰三位安排我在重庆读书，但我并未离开书店，星期日寒暑假及节假日，仍然回到"家里"，在书店里生活和工作。

转眼到了 1945 年的秋天，那时我在重庆南岸野猫溪的江苏临中读书，方才有幸认识了读书出版社的创始人李公朴。那时，他从昆明来重庆参加民盟第一次全国代表大会，有很多机会在书店里见到他。公朴先生是著名的"七君子"之一，名望很高的民主斗士，又是书店的创始人，自然，大家对他是十分尊敬的。公朴先生长我 24 岁，是前辈，在我想象中，那形象是威严的，哪知见面之后，却是那样的平易近人。天生的一副活泼开朗的性格，那眼神是柔和的却又是炯炯发光的,黑油油的大胡子里总是充满了笑意,连那不知穿了多少年的黑色的皮夹克也使人感到亲切,两辈人的距离缩短了,消失了。他很健谈,他那爱国救国、抗日救亡的革命道理,总是说得深入浅出,通俗易懂,他那精炼有力、诙谐幽默、知识渊博而又充满哲理的语言,给见到过、接触过他的人,都留下了深刻难忘的印象。

我感到公朴先生是很关心我的。我和他接触并不很多,由于那年龄和阅历的差距,似乎也没有多少话可说,但他每次见到我,总不厌其烦地满怀热情地问这问那,很详细地询问关心我的学习和生活情况,十分专注地倾听我叙述的在学校中串连进步同学、秘密阅读革命书刊之类的革命活动,不时插上几句看来平淡却又重要的话。他尤其对我们在学校中秘密办了一张当年诸同仁至今回忆起来仍然充满怀念和激情的壁报《北极星》很感兴趣,给予了充分肯定,倍加勉励。这张抗日救亡、团结进步同学共同战斗的,带点文艺性有点品位却又是十分幼稚的《北极星》壁报,先后出了15期,每期一万余字,编排精致,刊头都是同学吴祖强君的精心设计,在学校中很有点影响。这段紧张的学习和生活给了我很多美好的回忆,使我和祖强兄和他的姐妹吴徕、吴乐及赵大朋、褚群等几位同学结下了很深的友谊。这段生活使我读了不少书,也逼着我写了一些习作,写了一些很不像样的杂文、散文、新诗和小说之类。记得有几组小诗登在冀汸兄等人在复旦大学办的大型文学壁报《文学窗》(?)上,新安旅行团的褚群兄从北碚来信说看到了这几组小诗。我在《北极星》上和后来写过的一些粗糙得很不成熟的习作,路翎兄看过,给我写了许多思想感情很深厚的热情的来信,谈了很多他的文学见解和中肯的意见。这些信件在 1955 年成了我的"罪状",使我在朋友中消失了 25 年,而这些信件却又在那特殊的年代、特殊的环境、特殊的部门奇迹般地保存了下来。1989 年广西漓江出版社出版了一本 20 万字的小册子《路翎书信集》,收了路翎给我的信件 32 封。这都是后话了。我在学校中的一些秘密读书活动和秘密编辑《北极星》壁报,能够坚持下来,这与书店源源不断提供革命书刊的支持和洛峰、范用、书店那个时期的一些同仁及公朴先生的帮助和鼓励是不分开的。

毕竟是两辈人,公朴先生有时对我也说些知心话儿,但基本上还是把我当作一个"孩子",把我和育才学校和孩子剧团那些活蹦乱跳的"小朋友"们同等对待,我总觉得我比他们要"稳重"和"成熟"得多,其实,当时我已经是知名的江苏临中高中二年级的学生了。因此,那些知心话只是两辈人之间的忘年之交的知心真情话,与同辈密友之间的知心真情话有所不同,多了一层浓密的鼓励、关心、爱护、教育和启发的感情,那是人世间的最纯真的一种感情。

1946 年 2 月 10 日,重庆各界庆祝政协会议闭幕,在较场口召开万人大会。公朴先生是大会主席团成员,也是大会总指挥。会议刚开始,就有一个自称是大会的代表的刘野樵上台抢占播音器,公朴先生和其他主席团成员上前制止,立即有一伙暴徒跳上台大打出手,将公朴先生和郭沫若、马寅初、施复亮先生从台上打到台下,公朴先生头部被暴徒用钉着铁钉的木棍打伤,伤势很重,血流如注,郭老、寅初、复亮先生也被打伤。勇猛的民主斗士的鲜血洒遍台上台下，在场的群众激怒了，挺身而出与暴徒展开搏斗，当场揪住一个凶手，在他身上搜出一封重庆卫戍司令部稽查处的信件并附有法币 50 万元，指示他们提前到现场见机行事，证据确凿，群情激愤。

周恩来是中共参加协商会议的首席代表，闻讯后立即赶到会场，奋不顾身上前制止，用自己的汽车把公朴先生送到医院抢救，并到医院看望。

震惊中外的较场口事件给了我极深的教育，公朴先生勇者智者的形象在我心目中更加高大了，我看到公朴先生平时柔和而又慈祥的目光变得炯炯有神，射出了愤怒的光芒，我顿时觉得自己真正地成长起来了，成熟起来了。

较场口事件前后，公朴先生和洛峰同志常叫我办点小事，诸如给章乃器、罗淑章等人送封信之类的小事，我对交给我的这些"任务"，从来都是十分认真地完成的，自以为是一个神秘的"地下"交通了，从事着某项神圣的革命事业，有点儿自豪的感觉。

较场口事件以后，公朴先生和陶行知先生筹办社会大学，陶先生很忙，公朴先生实际上负责学校的全盘行政工作。公朴先生真是一个组织工作的天才，他组织和动员了当时在重庆的很多党内外著名的专家、学者、作家、教授到社大授课。社大开学前的某一天，他对我说："你去上社会大学吧！"于是我报了名，领了一个社会大学文学系的学生证，虽然短短两个多月，却在我的生活中多了一条经历。记忆很深刻，我听了茅盾、胡风、郑振铎、臧克家、王亚平诸大师和名家的讲课，有时也去听翦伯赞、邓初民的讲课,受益匪浅,自然,也对某些名家的讲课,有些至今没有改变的保留的看法。

公朴先生是一个活跃的社会活动家,不仅是各项民主运动的核心和中坚,在重庆文化界的活动中,也是十分活跃的,有着不可估量的作用和影响。

公朴先生离开重庆前不久,重庆进步音乐界悼念在莫斯科病故的音乐家冼星海逝世一周年,在旅渝江苏同乡会大厅举办一次纪念音乐会,演出星海遗作,最后的节目是由远在青木关的国立音乐院和松林岗的音乐干部训练班的师生前来演唱钢琴伴奏的星海名作《黄河大合唱》。这是重庆文艺界的一次有历史意义的重大聚会,厅在楼上,并不太大,但来的人很多,我和临中同学祖强君知道了这件事却没能弄到票,于是我俩径自到门口找熟人带了进去。这么一折腾,场内已熙熙攘攘,没有什么空座了,两旁的走道也挤满了人,第一排座位前接近台口两旁边沿地上也坐了人。祖强眼尖,接近台口的中间地段还有空当,两个人赶紧挤过去填进了这个第一排当中的"地座",舞台很低,坐在地上也还可以。其实我们背后第一排正中还有几个空位,但有人看住了,明显是留座。我们俩坐在前面地上倒也无人干涉,我们很得意找到了这么个好地方。

音乐会自始至终非常热烈而又最富有感情,高水平的演奏在全场观众中引起了共鸣。演奏结束时,记得公朴先生仍然穿着他那身黑茄克,忽然出现在舞台上,站在舞台当中,挥动着双臂,慷慨激昂地独唱了一支《黄河颂》,再一次将音乐会推向高潮。最后,全体起立，由公朴先生指挥，全场所有观众齐声高唱星海的《救国军歌》，缓缓离开会场，秩序井然地走下楼，走出剧场大门，走上街头，那雄壮的歌声，使人民群众欢欣鼓舞，使独夫民贼心惊胆寒，那壮阔得绝无仅有的场面，那公朴先生舞动着双臂高声歌唱的神态，连续数天，都使我沉浸在激动的心情之中，至今不能忘却。

1946 年 5 月，公朴先生去了昆明，我再无机会面聆公朴先生的教诲了。时隔不久，6 月 26 日，蒋介石悍然撕毁停战协定和政协决议，大举围攻中原解放区，发动了向解放区的全面进攻。7 月 11 日晚，公朴先生在昆明青云街口被国民党特务的无声手枪击中，抢救无效，牺牲在民主斗争的第一线。15 日，国民党特务又接连杀害了闻一多。两位民主同盟中央委员的接连被杀害，激起了全国人民的愤怒，周恩来在南京代表中共代表团严正声明，指出："这完全赤裸裸地暴露了国民党特务残暴的法西斯本质，采用了最卑劣的手段来镇压和平民主运动及其代表人物。"公朴先生的死重如泰山，在中国民主运动史上，刻下了重要的辉煌的一页。

那时，我享受公费就读的江苏临中已经结束，学校变卖了校产，发给每个同学法币 5 万元，指令同学们自行复员回到江苏报到另行转学。洛峰同志指示我：诸事未定，你先回到江苏继续读书，保持联系，准备随时回到书店工作。我仿佛第一次离开家的青年，怀着依依不舍的微妙而复杂的心情，踏上了独自的人生旅程。我随着国立音乐院的另外几位好朋友严良堃、文彦、欧阳小华、许文等几位当时音乐院的学生，乘着音乐院学生复员的一辆大卡车经贵阳、长沙等地东下了。江苏临中复员回到江苏的同学，大多分配在省立溧阳中学,我在溧阳读完了高中的最后一年。祖强兄留在南京,在市立五中完成了高中的学业。《北极星》又在溧阳办了几期,每期刊头都由祖强兄在南京画好了寄来。以后还办了一期油印本的《北极星》。

那段两年有余的生活总像缺少了一点什么,或许我受命回到江苏是个"错误"的命运特意安排的由不得自己的"选择",总觉是人生的一大遗憾。公朴先生自然无缘再见。洛峰同志也再无机会相见,直到 1982 年他不幸离开人世也再无机会见到他。范用也是1979 年他委托贵州人民出版社的朱彤找到我,来信说:三中全会以后,很多单位、很多同志找我写证明材料,唯独没有见到你的名字。又过了 5 年,我生平第一次进京,在范用兄北牌坊那老槐树的小院里方才见到了他和仙宝大姐。半个世纪以后的那次偶然的机会,我才又见到仲扬、克尘、子明、静波、昌华、谢坤等当年在一起生活和战斗过的诸位仁兄和他们的家人。仲扬又驱车带我到当年同书店关系密切的铁英同志家中看了看,铁英夫妇尚在新华社东京分社任上,只看到了她的小女儿冬冬和铁英母亲,那半个世纪不曾见过面的慈祥的老人。随后,我又在上海见到了晓光、之翔两家子。会见故人,自然是一件愉快的事情,掏不尽的话题,却又热泪盈眶,充满了终于又见到了亲人、又回到了家里的感情。

公朴先生离我们而去 50 个年头了,我怀着极深的感情,写了这篇杂乱无章的回忆,寄托我的深深的敬意和无尽的哀思。公朴先生的一生是光辉的一生,他的一生献给了民主运动,唤醒了民众,他的精神影响了一代青年。而他的另一项功绩就是在《申报》

的一个《读书问答》专栏,到《读书生活》杂志,创办了一个三联书店之一的读书出版社,三家书店被国民党反动派查封以后,他又在昆明创办了北门书屋和北门出版社。我和当年的许多青少年都是在三家书店培养和锻炼出来的,三联精神和三联传统,理应有公朴先生的一份功绩。

后记与说明

我的书店生涯曾经应店史资料之约写过一篇《重庆读书出版社回忆散记》,后来发表在《贵州文史丛刊》1982 年的第三期上,同年 8 月新华书店总店出版的《书店工作史料》第二辑也收进了这篇回忆。因此,书店生活回忆,已经没有什么可写的了。这次纪念公朴先生殉难 50 周年,被逼着又写了一段回忆,回忆那段难忘的生活,也怀念公朴先生,提到了一些由于自己性格上的某种缺陷和弱点,过去不愿提到的人和事,但绝无借重已故和在世名人光采照亮自己已经是"不逾矩"之年的暮年生活之意。

要说明的是重庆那次纪念星海音乐会,祖强兄写过一篇精彩的《不会忘却的美好回忆》,那是从缅怀周恩来总理的角度写的,经我编辑,发表在 1991 年第 6 期的《贵州政协》上,后来,1992 年 5 月中央文献出版社出版的《周恩来与艺术家们》一书,收进了这篇文章。如今,我怀念公朴先生,却又不能隐去上述那个情节而不得不旧事重提,似有重复抄袭侵权之嫌,好在是我俩共同经历,想必祖强兄能予谅解。祖强兄那篇文章,着意的是另一个精彩情节的动

人回忆,转述如下,供未曾看到他那篇文章的同仁共享:

我们在"地座"入座不久,在专注地向台上张望,却未注意背后已经有人入座。忽然,祖强听见在我背后有一个熟悉的声音叫他的名字,回头一看,是《新民报》记者高汾,高汾对祖强说:"你也来了。"然后向坐在祖强背后的周恩来同志介绍说:"这是祖光的六弟祖强。"周恩来说:"噢,你是祖光的弟弟,你哥哥的话剧《风雪夜归人》很不错啊,你看过了吗?"高汾接过去说:"祖强刚刚在戏里扮演了序幕中的乞儿乙。"周恩来爽朗地笑了起来:"是嘛!那好啊。"他侧过身去向坐在旁边的邓大姐说:"把糖拿来,喏,吃糖,吃糖。"先拿了一块糖给祖强,又给了我和高汾,自己和邓大姐也各自剥开一颗放在嘴里。周恩来还问了一些在哪儿读书、多少岁之类的话。随后音乐会就开始了,音乐会结束时群情激荡的场面连相互道别都没有了可能。周恩来和邓大姐等是怎么离开会场的,我们也一点没有注意。周恩来是伟大的中国共产党人,人民的好总理,而当时给我们的印象却完全是一个没有架子、平易近人、和蔼可亲的普普通通的人。

祖强兄新中国成立后也成了名人,与周恩来同志有过多次接触,周恩来同志具有惊人的记忆力,但周恩来同志未必记得在他面前的这位著名音乐家就是当年曾经吃过他和邓大姐一颗糖的,曾经坐在他和邓大姐座位前面地上听星海《黄河大合唱》的普通的中学生。

周恩来同志长期亲自关心和领导三家书店,我也曾在书店的总管理处见到过他,也曾经吃过一颗他和邓大姐的糖,恩来同志接触过许多书店店员、报童、抗日救亡团体中的当年勇敢地献身革命事业的少年,虽未必都记得他们,但他的形象以及在接触中的细微末节,一些微不足道的小事,都给了他们巨大的影响和力量,让他们终身受益。

　　李公朴,读书生活出版社创办人之一。1946年去世。

　　袁伯康,1941年在重庆参加读书出版社。后曾在贵州省政协工作。

原载《联谊简讯》(贵阳)第 7 期,1996 年 7 月 11 日

缅怀公朴先生

范　用

　　57 年前 1946 年 7 月 11 日，国民党反动派用极为卑鄙的手段，派特务在昆明暗杀了李公朴、闻一多先生。

　　我知道李公朴这一名字，还在上小学的时候。1936 年，从报上看到沈钧儒、邹韬奋、李公朴等七位抗日救亡运动领袖被国民党逮捕的消息，即震惊全国的"爱国有罪""七君子事件"。

　　抗日战争爆发，1938 年我逃难到汉口，被读书生活出版社收留当了练习生。读书生活出版社的创办人就是李公朴先生。不久，李先生到山西办民族革命大学，然后访问延安，1939 年到重庆，住在读书生活出版社，我见到了李先生。

　　李先生给我的第一个印象，是留有一大把胡子，人称"美髯"。讲起话来嗓门很大，谈笑风生。他见到我这个小孩，用手摸我的脑袋，问这问那。当知道我是镇江人，更加亲热，因为他十几岁时在镇江的百货店当过学徒。于是我们大讲其镇江话。

　　李先生跟我们讲山西敌后和延安的情况。那时是夏天，他穿着汗背心裤衩，扭秧歌舞给我们看，边跳边唱，进两步退一步，唱

"二月里来好风光,家家户户种田忙。都说那今年的收成好,多种那五谷送军粮!"六十多年了,我记得清清楚楚,难以忘怀!

我是个"夜猫子",夜里看书,早上睡懒觉起不来。李先生大声叫醒我:"你学斯大林、毛泽东啊!"原来斯大林、毛泽东夜里办公白天睡觉。

李先生要我每天把报上的重要新闻告诉他,因为一大早就有青年求见,他可以跟他们谈论时局。他还打算介绍我给沈老(钧儒)读报,我因工作走不开,没有去。

李先生在外国轮船上打过工,做过侍者,懂得吃西餐的规矩。他带我到上清寺一家西餐馆吃西餐,教我如何拿刀叉,如何喝汤,咀嚼食物不出声音。

当时重庆常有群众集会,推李先生当主席。国民党特务捣乱,李先生就站到台前大声叫特务站出来,特务只好溜走。

1946年,重庆市各界在较场口集会庆祝政治协商会议召开,特务捣乱行凶,大打出手。我正在台上散发传单,目睹李先生被打得头破血流。同时被打的还有郭沫若、施复亮先生。我陪同他们去医院验伤治疗。至今我还留着验伤单,前不久连同其他"较场口血案"资料送给重庆市博物馆保存。

1940年,李先生写了一本《华北敌后晋察冀》,介绍华北敌后军民英勇抗日事迹,嘱我绘制一幅《晋察冀边区形势略图》,交刻字店刻版作为插图。

李先生毕生热心教育事业。1938年在武汉写有《抗战教育的理论与实践》一书。1946年在重庆创办"社会大学",让失学青年有上学的机会。"社会大学"的教员都是知名的进步文化人。还编了一本《社会大学》,交我排印出版。印书的经费是李先生从昆明汇给我的。我收到他的最后一封信写于 7 月 5 日。当时昆明、重庆之间并非天天有航班。7 月 12 日早晨看报,惊悉李先生不幸遇难,中午收到李先生的信,悲痛万分,欲哭无泪!

当时,毛泽东、朱德给李夫人张曼筠的唁电中说:"先生尽瘁救国事业与进步文化事业,威武不屈,富贵不淫,今为和平民主运动遭反动派毒手,实为全国人民之损失,亦为先生不朽之光荣。"

公朴先生遇难的消息传到上海时,正是深夜,周恩来在马斯南路①一〇七号开会。他掉下眼泪,并指着一位参加会议的人说道:"你总认为李公朴是政客,是投机分子。我问你,他的生命是不是为民主运动而献出的?李公朴当然有他的缺点,但是他的缺点并不是主导的一面。应该肯定他是一个为民主革命而献身的战士。"

韬奋 1936 年在苏州狱中写的《经历》一书,介绍同狱的李公朴求学奋斗情况甚详,兹附录于后。

2004 年 7 月 10 日

---

① 编者注:今思南路。

〔**附录**〕

"难兄难弟"的又一个

韬　奋

其次要谈到"难兄难弟"的又一个——李公朴先生。

上次谈起的章先生（乃器）是银行练习生出身，倘若练习生可算是摩登学徒的另一名称，那么李先生却也有着相类似的发源，他原来做过镇江一家京广洋货店的学徒！他原籍常州，生长在镇江，十三岁的时候就被送进京广洋货店去"学生意"。一学就学了三年半，除最后一年每月有一块钱的收入外，其余的时候，每月只得到所谓"月规钱"两角！他十六岁"满师"，但是他刚刚"满师"就开始"不安分"了！这个时候他就在"五四"运动的怒潮中发起爱国团，参加抵制日货，攻击店主卖日货，结果被开除！我觉得公朴最大特点是勇气，不怕难，就在这个时候已可见端倪了。

幸亏有他的阿兄公愚先生帮助，勉强入学求学。在武昌文华大学附中只读了一年半，因校医虐待学生，酿成学潮，开除了百余人，他是附中学生代表之一，也被开除，于是被开除的学徒又做了被开除的学生！他只得转学，最后转到沪江大学的附中，总算毕了业，但是在沪大一年级的时候，他又不"安分"了，他加入国民党，参加革命，从广东随北伐军出发，由福建、浙江而到达上海，做政治工作。到民国十八年，美国某大学有给予中国学生奖学金的机会，他便毅然赴美留学。在他动身的前几天,他的盘川还未筹足,可是他并不灰心,还是极力设法,终于得到朋友们的协助,达到他的目的。他到美国以后,很热心地替《生活》写通讯,我和他做朋友,就在这个时候开始。我替所主持的刊物选稿向来是很严格的,那时的公朴,思想还不及现在的成熟,写作能力也还不及现在的好,他的来稿并不是篇篇都登得出的。但他并不管这些,你登,他很兴奋地再写来;你不登,他还是很兴奋地再写来! 在这件事里,也可以看出他的有勇气,不怕难。

他在美国虽有奖学金,仍不够用,所以同时还过着工读的生活。以这样的一个穷学生,毕业后居然还心花怒放,要从他的学校所在地的仆特冷(Portland)到纽约去看看! 可是没有盘川。他得到一个朋友的介绍,去见一个轮船公司的经理,想在他们开往纽约的货船上做工,免费乘到纽约去。那里的工头看他是中国人,不肯传达,叫他出去! 他过一两天又去问,又被叫着出去。他不怕麻烦,继续着去问了十几次,才碰到那经理,结果许他在船上做些工作。途中弯了许多码头,整整一个月才到达纽约。他在船上和水手们同干着笨重的苦工,还偷闲看他的书! 这是他有勇气不怕困难的另一表现。

他回国以来,对于民众教育特别努力。除他所办的《读书生活》外,尤其有成绩的是他在上海所办的补习学校和流通图书馆。补习学校的数量由一个增加到八个;学生人数由两三百人增加到四千五六百人。图书馆里的书籍由两千册增加到三万册;登记的读者由两三百人增加到两万人。补习学校的最近的全部经费,每年不及五万元。这些在中国都打破了纪录！在这图书馆里还附设有读书指导部，在中国可也算是创举。这些还是在表面上，在数字上，可以看得见的方面。至于经费支绌时的奔走经营、黑暗势力压迫时的艰苦支撑，那却不是局外人在表面上所看得到的。倘不是有勇气不怕难，这个责任是很不容易担负起来的。

现在公朴正把他的勇气和不怕难的精神用到救国运动的阵线里来，这是我们要为救国运动前途庆幸的。

李公朴，读书生活出版社创办人之一。1946 年去世。

范用，1938 年在汉口参加读书生活出版社。后曾任人民出版社副总编辑、副社长，生活·读书·新知三联书店总经理。

原载《联谊简讯》（北京）第 11 期，2004 年 12 月 31 日

黄洛峰的得力助手万国钧

刘大明

　　万国钧同志于 1974 年在北京逝世,已经 20 多年了,读书出版社(以下简称读社)、三联的同志们一直在怀念他,都称誉他是像"徐伯昕为韬奋的得力助手,华应申为徐雪寒的得力助手"那样,是黄洛峰的得力助手。

　　抗战前夕,万刚参加读社,即遇上"七君子"在上海被捕,读社一时处于非常困难的时期,正在这时,他协助黄洛峰打开了发行渠道,在全国重大城市建立了发行网,读社的资金也得以周转,业务也由复苏乃至兴旺起来。抗战开始,万受黄洛峰委托,先期到了武汉打头站,使读社在炮火连天中顺利地由上海转移到汉口,业务很快地得以在内地展开。继之,他又返回上海"孤岛",协助郑易里解决了《资本论》三卷全译本的印刷、纸张等一系列问题,使马克思的这部巨著很快在上海奇迹般地呈现在读者面前。嗣后他赴香港,奔广州,转桂林,到贵阳,最后达重庆……,就像一支大军的开路先锋,"逢山开路,遇水搭桥",使读社的出版物,遍撒在抗战时期的半壁江山。迨日寇投降,抗战胜利,万在七八年后重返上海,又值国民党白色恐怖变本加厉,他依然奔波于沪、港之间协助洛峰与国民党反动派周旋,直至 1948 年在香港成立"三联书店"。整整 12 个年头,万总是在风里雨里默默耕耘,从不计较个人得失,为新中国出版事业播下了丰硕的种子。

万国钧同志 1906 年 1 月 14 日生于浙江嘉兴。1919 年高小毕业,1920 年在嘉兴王店镇久来估衣店作学徒,三年期满后,于 1923 年到上海恒源估衣店当店员,受尽了旧社会当学徒、店员的凄苦。

1926 年冬,北伐军攻占上海前,北洋军队节节败退,上海工人在中国共产党领导下,纷纷组织工会,万即参加了上海估衣工会(当时上海重要的店员工会——四个赤色工会之一)为会员,参加了向资本家提出改善生活待遇的罢工斗争。资本家迫于形势,接受了工会提出的绝大部分条件,罢工取得了胜利。1927 年蒋介石叛变革命,在上海血腥的进行了"四一二"大屠杀,资本家也乘机反扑,破坏了原已签订的劳资协议。是年 6 月,党领导了上海全市职工会进行全市罢工斗争,淞沪警备司令部强行封闭工会,取缔罢工,但工会仍坚持斗争,坚持罢工,终于迫使资本家不堪忍受罢工所致的经济损失而履行协议,但不久资本家又采取了大批解雇职工的手腕,令工会忍无可忍,又再次发动了罢工,迫使资本家不得不履行原定协议,罢工又一次取得了胜利。在历次罢工斗争中,万国钧同志立场坚定,斗争英勇,工作积极,于 1928 年初经中共上海估衣业职工会支部书记徐维铣及王福寰介绍参加了中国共产党。

1929 年春,估衣业资本家在国民党反革命气焰嚣张的鼓动下,重玩大批解雇职工的伎俩,经职工会抗议无效,乃决定进行"怠工斗争"(实际仍是罢工,即职工不离店,但不干活)。在斗争中万被选为罢工委员之一,负责领导沪东区工会工作。万在一次率领职工40余人阻止一个资本家营业时,被资本家家属叫来两名巡捕逮捕并投入提篮桥监狱,开庭审判时,虽经工会聘请的律师为其辩护,但仍被判以"聚众闹事"而判徒刑三月。刑满释放后万即回到原恒源估衣庄,但经同事告知,估衣工会已遭取缔,工会领导人大多被捕,有的已被杀害。同时从中获悉原有关系的党员,也不知下落。二十多天后,突然有一个不相识的人找到万,自称叫"赵大民",在双方对上党的暗号后,万终于接上了组织关系,赵当即向万布置:寻找原工会的积极分子,重组工会组织,继续开展工作。万即积极活动,并又和赵碰头多次,赵还曾通知万,以上海估衣业职工代表的身份,出席了党领导下的在上海召开的"第五次全国劳动大会"。但由于原工会被摧残得太严重,万的寻找积极分子,重组工会的任务始终没有进展,延至1929年底,姓赵的再也未来联系,而万也不知其所在,于是最后和党失去了联系。

在革命低潮中,万虽一直在估衣庄当店员,但事实上处于半失业状态,生计十分艰难,直至1936年参加读社。在这漫长的五六年中,一个曾在惊涛骇浪中受过锻炼的共产党员,失去了组织关系,不得不蛰居在资本家的"屋檐"下静待时机而不沉沦,特别是日本帝国主义在1931年发动九一八事变,侵占我东三省,又在1932年一·二八发动淞沪战争后,风起云涌的抗日救亡运动,时刻在激励着他"重投党的怀抱"的决心。

1936 年 11 月初，经邻居夏宗禹介绍，万到了读社。夏宗禹思想进步，是李公朴创办的"量才流通图书馆"的工作人员。在邻里相处中，夏宗禹对万有基本了解，而万对李公朴领导的量才图书馆以及读书生活出版社的抗日进步的方向，也是有正确认识的。他认定读社即令不是党直接办的书店，也是党的外围组织，因此非常乐意到读社，并决心努力工作，以优良的成绩来寻找党的关系。他相信：早年自己入党，是因为自己斗争积极，于是党吸收了他；现在他更相信："只要自己工作有成绩，党更会来找我！"

到读社时，他正好三十岁。他的职务是"练习营业员"。当时读社营业部门的同志，大抵都是二十来岁的小伙子，以他一个三十出头的，曾经入过党，领导过激烈的罢工斗争的"而立"之人，在二十来岁的同事的"关照"下任"练习营业员"，应该说也是一个小小的考验。但他到读社后心情很愉快，就像回到了自己的"家"一样。他对自己现在从事的出版发行工作——进步的文化工作，与原来估衣庄的工作相比，感到简直有天渊之别。加之他的社会阅历较丰富，对上海福州路（四马路）等大小书店也有一些了解，因此他和他们建立批发业务的工作，很快进入了"角色"，赢得了同志们的称赞和敬重。他工作勤勤恳恳，不分昼夜，他虽家在市内，但平常就住宿在社内，和几个小练习生一起在办公室睡行军床，到周末才回家，大家都亲热地称他"万先生"！

他到社不久，就发生了"爱国七君子"被捕事件。社长李公朴和其他六位抗日救亡领袖同时被捕，读社一时陷入异常困难的境地。后来，营业部的张季良、李自强（高玉林）、洪涛等几个同志又离社去延安、新安旅行团,营业部重担自然而然地压在了万的头上。幸好不久经艾思奇、郑易里等同志筹集了一笔资金,使读社度过了周转不灵的难关,又邀请了黄洛峰同志出任经理,重振业务,很快出版了《读书》半月刊以替代已被反动派查禁的《读书生活》半月刊,《大众哲学》等被禁的书籍,也予以重版。万国钧同志于1937年3月转正,并被委以批发部主任,从而在他努力下,不但上海本埠的发行业务重又走上轨道,而且由于他机智灵活的交往艺术,读社大大扩大了和外埠同行建立的发行网。特别是由于国民党政治上的高压政策,使外埠同行对批进读社的"抗日"书刊顾虑很多,他就从对方的处境着想,耐心讲解引导,介绍经验,消除对方顾虑,终于建立了关系,做出了突出的成绩。

在全社同志的努力下,1937年上半年,读社的业务蒸蒸日上,得到了新的发展。七七卢沟桥事变,打响了抗战的第一炮,全国振奋。继之八一三日寇又入侵上海,全面抗战形成。根据形势的发展,读社的工作重心,决定转向内地武汉,洛峰同志乃派万西去武汉打头站,寻租房子,建立据点。在上海行将陷落前,万已在武汉办好立脚点,洛峰乃率赵子诚(刘大明)等携大批书刊纸型到达了武汉,开创了抗战初期读社在内地发展的新局面。

万刚把武汉读社安顿好,新的任务又接踵而至:读社原已决定在上海出版的《资本论》全译本第一卷,译者郭大力先生已翻译完毕,可以付排,根据当时情况,读社的资金是紧张的,武汉的印刷条件远比上海要差,而这时上海已完全被日寇占领,仅租界未被占领而成为"孤岛",全岛百业萧条,印刷业也不能例外,为此印刷厂、纸行等老板,也均苦于没有生计,到处低价揽活。鉴于这种难得的机会,洛峰与易里等决定将《资本论》一、二、三卷全译本在上海突击出版。于是专派万到江西赣州陪同译者郭大力到上海抓紧译完二、三卷。万到上海后,又立刻协助郑易里同志联系好了印刷厂,备足了纸张,建起了"翻译、排版、校对"一条龙的流水作业方式,终以较短的四个月的时间,将马克思巨著《资本论》三卷全译本呈现在读者面前。其效率之高,是近代出版史上仅见的,也大大鼓舞了抗战时期文化界、出版界和全国广大读者的士气。

考虑到战局的变幻,洛峰在《资本论》出版方面见万的工作已告一段落。于是一方面派刘少卿(刘耀新)西去重庆筹建据点,以备武汉不守时可以西迁;一方面又派万去了广州建分店,以便转运上海的出版物到内地,同时也在广州造货(印书)。1938 年 10 月,广州、武汉相继沦陷,洛峰等顺利地转到了重庆,万也将广州机构撤至桂林,并陆续将存书运至柳州转发重庆,发行工作因而未遭阻断、梗塞。

在社里诸事停当后,重庆的洛峰和上海的郑易里,于 1939 年春在昆明聚首,面商读社今后增资、发展等事宜。在黄、郑同返重庆途经贵阳时,又通知万即日赴贵阳与他们二人见面,筹措与新知书店在贵阳合办一个"读新书店",万乃在贵阳经办开店事宜,待上任副经理孙家林到达后,历经三个月,才奉命到重庆总社,负责财务、出版工作。

1939 年冬,经延安艾思奇同志介绍,送来了女作家陈学昭著《延安访问记》一书原稿,当即由万交新民报馆印刷厂排版打纸型,准备送香港转上海印刷发行。1940年春纸型打出,刚取回没几小时,突然来了个重庆图书杂志审查委员会姓朱的"官员"气势汹汹地喝令道:"你们《延安访问记》是危害抗战的非法出版物,已经查禁,快把纸型交出来。"

万接待了来人,立刻想到了这肯定是新民报馆有"鬼"告了密,一面寻思:取来的纸型有两包,一包是"八页一张的",一包是"四页一张的"(这是报馆印刷厂打纸型时,随打型时材料条件方便与否偶然造成的结果),不妨把量少一点的那包"八页一张"的纸型给他搪塞一下,乃一面从容地把"八页一张"的纸型交给了他(量大的"四页一张"的藏起来未交),姓朱的不明就里,以为全部"斩获",也就扬长而去。

姓朱的走后,万立刻和洛峰商量对策,当下决定立刻把原稿和剩下的"四页一张"的那部分纸型以急件发往香港转上海,并嘱上海立刻把已被没收的"八页一张"的那份内容补排出来,出版,发行。

过不几天,姓朱的反动派他们发现上次所获纸型,仅是该书的一小部分内容,尚缺一大部分,因而恼羞成怒,立刻派出宪兵到社里来"要"经理洛峰到"图审委",勒令将其余纸型立刻交出。洛峰去后,答以"其余部分认为你们不在收缴范围,已发香港印刷,既然如此,可让香港退回",对方限定必须于一周内上缴,洛峰答以"运输困难是众所周知的,一周无论如何来不及",如此等等,洛峰被扣整整一天始得释回社,为敷衍其事,洛峰一面找滇军方面关系,请他们向宪兵队及姓朱的方面疏通关系,一面电告上海速将"四页一张"型纸型再打一份寄渝,并告上海此书仍应照常出版无误。

一周过去,宪兵队又来要经理,万称:我们经理有病,我可跟你们去。万去后见到了朱,朱说一周已过,可以再延一周,否则你们自己负责(意即仍要扣人)。万答:"现在香港停收邮件,我们已派专人前去提取,到时提不来,扣了我,我也交不出东西。"大概朱姓方面已得到了滇军方面的招呼,也就"见好而收"。后来"四页一张"纸型在限期前一天终于到达重庆,就立刻送了过去,而《延安访问记》一书,则于上海也已顺利出版。由于万处理机智得当,图审委方面也没再来找过麻烦。

1941年皖南事变爆发,读社(以及生活、新知书店)除重庆总社外,各地分社全部被封,贵阳孙家林等被捕,反动派对进步文化事业摧残殆尽,洛峰在重庆也已难立足,乃在对各分社善后事宜作出安排后,秘密去香港,留万在渝妥善处理。至是年10月大抵就绪后,万也偕范用、丁仙宝二人撤至桂林、湛江,正准备转赴香港时,12月8日太平洋战争爆发,又不得不转回桂林,而这时洛峰也已平安自港返回重庆,乃又通知万尽早返渝,范、丁则留桂林办起了新光书店。湘桂战争后,桂林沦陷前,范、丁返回重庆。

洛峰返抵重庆后,根据党的指示,为了团结在渝出版界坚持抗战,顶住反动派对新出版事业的摧残,于1943年下半年与张静庐、姚蓬子等发起了新出版业聚餐会,最多时曾达50余家之多,相互建立起联系渠道和信任,最后并在重庆开办了具有相当影响的"联营书店",接着又于1944年8月在成都也办起一个"联营书店",并派万去临时负责,以壮大新出版业坚持抗战、进步、团结的力量和意志。是年 11 月,日寇进攻湘桂,逼近贵阳,威胁重庆,洛峰令万暂不回渝,以便必要时将成都作为总社的立脚点。后重庆形势稳定,联营也派了孙明心赴任,万乃又返洛峰身边。

1945 年日寇投降,形势急转直下,大后方文化中心又东移上海,洛峰因救国会工作、争取民主的工作、庆祝旧政协成立的工作,及至后来出现沧白堂事件、较场口流血事件等,必须与反动派继续斗争等原因不能分身去沪,乃又派万先期去上海主持工作。万随即携带大批图书纸型乘船于 11 月中旬抵沪,并即在北四川路仁智里 115 号找到房屋一幢,开始筹备工作。随后刘耀新、吴毅潮、范用、丁仙宝、金思明等也陆续到达。不久,读社在抗战八年后以壮大精干的阵容重返上海公开挂牌,开始与阔别的上海读者见面。

1946 年春,山东解放区,在上海设立了驻沪贸易机构,其负责人苏同志访问了徐伯昕同志,要求三家书店和他们合作,到烟台去开设书店,工作人员及书刊由三店解决,运输问题由他们解决。徐表示此举符合三家书店向解放区发展的方针,乃和万商量,并征得在重庆的洛峰的同意,决定派吴毅潮、何步云等同志携带书籍纸型,经山东石岛转烟台办店,店名为"光华书店",并于 1946 年 5 月 2 日开幕。这是抗战胜利后三店联合派人去解放区书店的第一炮,接着大连、安东、佳木斯等地又陆续开起了门市部,后来又派出邵公文、孙家林、朱晓光等先后到哈尔滨、沈阳等地大量翻印及出版多种图书,以满足东北读者的急需。为更好地解决运输问题,三店决定自己搞副业,由王泰雷、曹健飞、刘建华等同志雇用风帆船,在上海、宁波、大连、山东之间做贸易,同时又解决了书店人员、书籍的输送问题。

1947年4月，国民党掀起全面内战，对进步文化事业的摧残益剧，文萃杂志社出版的反蒋反美的秘密小册子由人人书报社发行而被敌侦知，致人人书报社多人被捕，有的很快被杀害。正在这时范用、欧阳章二人也先后突然失踪未归，而又打听不出下落，洛峰和万当即研究营救办法。其第一步是必须立刻通过社会关系摸清他俩的下落，几经周折，没有结果。正在此时，万收到了范、欧二人着人送来的便条，称他们二人现在"亚尔培路①二号"，要求给他们送去衣服、牙具等物。"亚尔培路二号"是中统特务所在地，至此确认范、欧确为中统所逮捕。于是决定托国际文化服务社韩侍桁先生从中周旋，又托光明书局负责人王子澄先生出具"范、欧确系读社职工，以后保证随叫随到"的铺保，范、欧二人终于平安返社，历时已达60多天，以后总算没有"传讯"。为答谢韩、王等帮助，后来特买了美国"51型派克笔"、进口白兰地酒及精制广东月饼（时值中秋节）分送了有关方面，以了人情。

鉴于上海政治形势的险恶，洛峰于1947年10月离沪去香港和三店领导共商今后工作大计。上海读社工作，由万全面负责。

1948年3月间一天，刚上班不久，社里来了一个自称是印刷厂的跑街来揽生意，但看其穿着打扮，行动举止，东张西望，极不自然。当时欧阳章发现此人极似上次逮捕他们的特务中的一个，立刻引起了我们的警觉。当其要求见经理时，欧即回答其"经理不

---

① 编者注：今陕西南路。

在",此人即说"那改天再来",遂即时遁去。

此人走后,万即和范、欧等同志假附近小饭店研判分析此一动向。大家认为此人是特务无疑,必须立刻采取应急措施。即"现有社址已不能继续工作,房子可即出让;人员立即转移,范、丁夫妇可自找宿舍,其余人员暂住三联总处;存书可装箱存入银行仓库",并立即就以上措施电告香港洛峰。当接到洛峰回电为:"重版书暂停出版,新书可打完纸型,但也暂不印刷,其余同意所报,并嘱注意安全,做好工作。"经过大家努力,后来未发生什么事故。

1948年9月初,三店初步确定合并,成立"三联书店"并最后决定三店自上海撤出,万即在上海和三店驻沪同志商定:三店于10月18日同时在报上刊出结束启事;人事安排,读社除留范、丁仍秘密留沪继续完成《剩余价值学说史》及《英汉大辞典》的排校印刷外,其余人员及财产基本上都转赴解放区。在诸事料理妥帖后,万也奉命赴港,参与建立"三联"事宜,1948年11月"三联总管理处"正式成立,黄洛峰任管委会主席,徐伯昕任总经理,沈静芷任副总经理,万国钧任协理。

成立三联的工作停当后,万于1948年11月向党提出了重新入党的申请。1949年初,经上级党委批准重新入党,预备期一年,离开党组织漫长的20年后,万庆幸地重新回到了党的怀抱。

关于万重新入党的过程,据万自称是这样的:

我1929年被捕出狱后不久即和党完全失去关系,直至1936年入读社时,始终没有头绪。入读社后,知道这里是进步书店,设想和共产党一定有某种关系,但观察一段,总不能确知是不是有共产党员。到武汉后,见到洛峰同志和新华日报、八路军办事处的同志经常有来往,甚至和新四军的著名将领罗炳辉也多有接触,因而甚至肯定了洛峰是个共产党员,但自己总是在想:"如果我表现好,洛峰是会找我谈入党问题的。我第一次入党就是这样的。既然洛峰没有找我,那说明我条件还不够,只有更加努力的工作。"直至 1948 年 11 月在香港某日下班后,沈静芷问我:"你对入党有什么想法?"我答:"我早就想入党,只是没有人找我谈?"沈问:"你知不知道黄洛峰是党员?"我答:"知道。"沈说:"那你为什么不向他提出?"我当时大吃一惊,说:"我这多年来一直在等党找我,我 1928 年初次入党就是党认为我够条件了才找我的。现在黄多年来不找我,想必我条件还不成熟。"沈说:"入党应该自己申请,经党组织审查,够条件即可批准。你既有入党要求,你写个入党申请和一份自传交给黄,我可和黄作你的入党介绍人。"我苦等了 12 年,至此"如梦初醒",立即写了入党申请和自传交给了黄,不久即得到批准,邵荃麟代表上级组织和我谈了话,举行了入党仪式,和黄、徐、沈编在一个党小组,重又回到党的怀抱。

全国解放后,万于 1949 年 5 月由港赴北京,于 7 月得中宣部出版委员会通知,回上海任联合出版社经理,着重负责印制小学课本供应刚刚解放的华东全区。1950 年底又调任北京中国图书业发行公司总管理处任副总经理兼任上海分公司经理。1953 年 1 月又来京任总处副总经理。1953 年中国图书发行公司和新华书店合并,万任新华书店北京发行所副经理。1958 年新华书店成立外文发行所,万任经理。"文化大革命"时,万被诬为"走资派""叛徒",受尽折磨,又于 1969 年以病弱之身,携带老妻至湖北咸宁文化部五七干校进行"劳动锻炼",身心备受摧残,不幸于 1974 年 11 月 29 日病逝。一个对党忠心耿耿,对革命事业无私奉献,为党的出版发行事业贡献毕生精力,生活一贯艰苦朴素,待人热诚的好党员、好同志将永远铭刻在我们心中。

2000 年 10 月北京

　　万国钧,1936 年在上海参加读书生活出版社。后曾任中国图书发行公司总管理处副总经理、新华书店外文发行所经理。
　　刘大明,1936 年在上海参加读书生活出版社。后曾任国际工业出版社社长。

原载《联谊通讯》(北京)第 78 期,2001 年 5 月 1 日

一生难忘的往事
——纪念大众书店女战士王兰芬同志

沈一展

　　时间已经过去了半个世纪,有时清夜醒来,缅怀战友,她的身影常在我眼前闪动,如此难以消逝。

　　我和王兰芬相识在新四军苏中三分区抗日根据地大众书店。王兰芬原在重庆读书出版社工作,1941年1月国民党反动派发动皖南事变,重庆笼罩着白色恐怖,党组织通知王兰芬,要她离开重庆,到苏中新四军根据地,在敌后开展书店工作。当她离开重庆之前,党组织交给她一个任务,要她把进步文化人、已经上了国民党黑名单的女记者戈扬同志负责带离重庆,经沦陷区到上海,一起奔赴新四军苏北根据地。王兰芬出生在一个知识分子家庭,父亲是中学教员,她读到高中,抗战爆发,她离开上海到了重庆,在大后方参加了中国共产党。她为人稳健、沉着,遇事善于思考,性格内向,很难看出是一位年仅二十出头的女同志。现在党组织把护送戈扬的任务交代给她,重庆的党组织是经过周密考虑的。对王兰芬来说确是一件责任重大的任务。

戈扬同志在 1984 年 3 月人民日报上发表《大姐，您好》(大姐指邓颖超)一文中这样写道：

> 这天晚上，大姐在她的卧室里正襟危坐，和我一直谈到深夜，先是为我安排行程，如何从蒋管区潜入沦陷区的上海，到了上海去找什么人接头，大姐安排这一切事，细致、周到、无微不至。她处处征求我的意见，路上用什么化名，她打电报用什么化名。我准备和读书出版社的一位女职员(指王兰芬)同路去上海，她又询问这位女职员的情况及性格。第二天大姐派了一辆汽车到两路口。在一个没有人的地方，机警的司机同志立即停下，让我下车，把小箱子递给我，我坐上一辆人力车飞奔而去，到读书出版社找到我的旅伴王兰芬，在她的掩护下，我以"王梅芬"这个化名，和她姊妹双双走出重庆，逃出了国民党特务追捕的罗网！

事实也确是如此，化名王梅芬的戈扬和王兰芬安全到达上海后，戈扬由组织安排到了苏北新四军根据地，而王兰芬在完成党组织交给她陪同戈扬到上海的任务以后，通过组织关系来到了新四军苏中三分区大众书店。

1941 年 1 月，国民党反动派悍然发动皖南事变后，大后方受党领导的生活、新知、读书三家书店(即后来的三联书店)，除了重庆三店以外，统统被国民党下令封闭。在三家书店工作的同志，得到周恩来同志的批示，纷纷奔赴八路军和新四军根据地，开办书店,开展敌后文化工作。新四军苏中三分区大众书店,除了上海地下党派来的几个同志以外,其余都是从大后方来的三家书店的工作同志。我和王兰芬相识就在苏中三分区大众书店。书店那时人数不多,什么事都得干,王兰芬经常到上海去,把生活、新知、读书出版社在上海被禁售的进步书籍,以及当时苏联在上海出版的一些书刊,经过敌伪封锁线,冒着生命危险,秘密运到新四军根据地。王兰芬有时也当印刷厂校对,也管经济账,经常帮助炊事员给大家做饭。她勤劳朴素,受到同志们的爱戴。

1942 年冬天,党组织通知当时大众书店负责人诸侃和王兰芬两同志,去接受一项重要的秘密任务。要他们到上海把国民党反动派和敌伪搜捕和重金悬赏缉拿的邹韬奋同志护送到新四军根据地。上海地下党和新四军敌工部周密地安排了秘密护送的工作。

计划决定从上海坐船到苏北敌占口岸——新港上岸,再进入苏中第三军分区领导机关所在地如西县(离新港约十八里地)。任务是十分光荣和艰巨的。诸侃和王兰芬到了上海,上海地下党周密地布置了护送过程,从码头到船上,都有党的忠实儿女在保护韬奋同志。当时韬奋同志化装成一个有病的商人,头戴毡帽,穿了一件紫酱色长袍,外罩一件绸质黑坎肩。王兰芬打扮成苏北姑娘(她原籍扬州),装成一路服侍病人的女儿。上海地下党还找了一位姓华的老太太,提着拜佛的香篮,充当这位商人的岳母。诸侃也化装成商人模样,同船一路护送韬奋同志,安全地到达了新港,上岸后和我们有关系的伪军人员帮助他们避开了日军的检查,终于胜利地到达了根据地。

诸侃和王兰芬把韬奋同志带到我们书店的情景,时间虽已过了五十多年,仍然是我一生难以忘怀的一幕。当时诸侃先几分钟到了大众书店驻地,要我们大家走出庄子,去迎接一位我们日夜想念的人。大家带着疑惑的心情向村庄外面走去,迎面看到王兰芬跑步过来。她欣喜地喊道:"你们看,谁来了?"我们看到一个四五十岁商人模样的人向我们走来。王兰芬对我们又补充说了一句:"我们日夜思念的人,现在来看望我们了,大家再仔细地看一下,他是谁?""这不是韬奋同志吗?"大家惊奇地说。这时,韬奋同志急步往前走来,紧紧握住每一个同志的手,他眼中饱含热泪,激动地说:"你们辛苦了,大家都好吗?"书店的同志见到韬奋同志来到我们身边,好像久别的儿女见到了自己的亲人。我们这些在国民党的白色恐怖下被追捕的人,来到了共产党领导下的新四军根据地,现在又和韬奋同志团聚了。回想一年多来逃离大后方的经过,大家禁不住流下了激动的泪水。

几天以后,韬奋同志由军分区首长护送到了苏北新四军军部。

1942年冬天,日伪军对长江以北新四军根据地调动重兵,进行疯狂的清乡扫荡,我军分区要求机关及文化单位实行精兵简政。大众书店和印刷厂有三十多人,也要进行精简,只留下十来个人。动员家在上海敌占区或根据地有依靠能回去的人暂时回去,等待情况好转后再回来。在会上,领导也动员王兰芬暂时回上海家中住一段时间,但是她坚决要求留在根据地,愿意接受艰险环境的考验。她说:"1937年抗战爆发后,离开上海辗转到了重庆参加抗日救亡活动,听党的吩咐,又来到了苏中根据地参加了新四军。现在不管敌情如何紧张,坚决要和新四军军民生死在一起。"她的这一番充满革命激情的言语,深深地感动了我。我的情况正和王兰芬一样,也是在抗战爆发后,离开上海参加抗日。皖南事变后,由桂林到了苏中根据地。现在除了和根据地的军民生生死死在一起以外,已经别无去路。因此,我们的处境是相同的。

在这段时间里,王兰芬同志对我的教育是比较多的。我虽然几年来在大后方参加了抗日进步团体,由于政治觉悟不高,对党的认识还有一定的距离。王兰芬虽然在年龄上比我小几岁,但在党性锻炼上,比我成熟得多,她几次三番地耐心对我进行党的教育,启发我的觉悟。我在两年以后,经过战争环境的考验,光荣地参加了共产党,这和王兰芬同志当时对我的帮助是分不开的。至今思之,仍然不禁满怀对她的感激之情。

就在那年旧历年的前夕,因敌情紧张,上级通知我,把一大批书籍带到情况比较缓和些的东台、兴化、滨海地区去发行。苏北大地,北风呼号,王兰芬同志送我出了村庄,我们紧紧地握着手,互相勉励,微笑着说:"同志,再见。"谁也想不到,这一次握手,竟成为我们的永别。

半年后,敌人的清乡扫荡,以失败而告终。我回到三分区书店,没有见到王兰芬同志。我急促地追问:"王兰芬到哪里去了?"谁都知道,在战争年代,彼此生死与共,大家朝夕相处,生活、战斗在一起,在感情上远远超过了自家的兄弟姊妹。留在印刷厂工作的同志沉痛地告诉我:1943年元旦刚过不久,敌人进行清乡扫荡。大众书店印刷厂通过敌工部关系,搬进了解放区边缘敌伪据点如西县郭家园,继续印刷解放区扫盲课本等。王兰芬分管财务,经常从敌伪据点回根据地到第三专署领取粮票和报销经费,那时她身体有病,求医吃药也没有效果,经医生检查,说她患了胸膜炎。组织上决定让她回到上海治疗,她到上海不久,就因病逝世了。

王兰芬同志是党的优秀儿女,她死时年仅 24 岁。她的一生是短暂的,但她把自己绚丽的青春献给了祖国和人民。

王兰芬,1938 年在重庆参加读书出版社。1943 年去世。

沈一展,1940 年在苏北参加大众书店。后曾在新四军研究会工作。

原载《联谊通讯》(北京)第 42 期,1995 年 3 月 1 日

在读书出版社的六中同学们

张子生

　　1937年，日本鬼子侵占山东，许多中学生随着山东省立联中流亡到河南，我们用双脚步行数千里经过湖北到了四川绵阳一带，改名国立六中，由于受到战争的洗礼，目睹了当时国民党反动派的倒行逆施，不少人加入革命的队伍，在湖北郧阳，就有两个大队一百二三十人投奔了延安。1941年初国民党在皖南事变后掀起反共高潮，多少进步同学被逼得四处逃亡，有人到工厂做工，有人在云南中缅公路上开车，有的到湖北李先念部队，有人回山东参加抗日队伍，也有的被国民党关进集中营，当时有几个同学就牺牲在中美合作所。说来我们四个人真是最幸运的，能够进了读书出版社和新知书店。

　　第一个进读书出版社的是吴毅潮同志，他是国立六中一分校的师范毕业生，当时他最多也不过二十四五岁，但却是一副老成持重的样子，具有一个革命工作者的坚忍不拔的气度，他几乎是日日夜夜地工作着，约稿、看稿、改稿、发稿、校对、跑印刷厂，又陪着小板车把要发行的书拉回来，指挥我们发行，他不是总经理，却是我们读书出版社重庆分社的总指挥,是我们四个孩子气的实习生的老大哥。我一生看到过不少好同志,但像毅潮同志那样勤恳、那样专一、那样毫无自私自利之心,全心全意为人民而耕耘的同志,他算是最杰出的一个。其实他身体最差,高高的颧骨,黄巴巴的脸色,瘦瘦的,走路都像是很吃力的样子,多少同志都劝他去看看病,他总是笑笑说抽不出空来,就那样硬撑着,玩命地拼搏着。后来听说他到烟台、大连做光华书店的经理,最后病逝在自己的岗位上,他应该是还不到 30 岁就英年早逝了,是出版事业的一大损失。

另一个六中的同学是马以光,后来改名马仲扬。我俩曾一起在木洞乡下小学里教书,后来又一起到了读社。仲扬,我们叫他老马,是我们的老大哥,在工作、生活、政治上处处关心我。他也是个工作狂,他踏实、勤奋、待人诚恳热情,他不同于毅潮的是,他不但会工作,同时也会休息,会锻炼身体,他总是那么充满活力。在百忙中他会抽空到新华日报社去打乒乓球,有时还会跑老远的去打篮球,他是个文武双全的好同志,他以自己的才能、自己的学习钻研,成为一位很有政治修养的、对马列主义理论哲学思想的研究者,有颇高的成就。加之他为人忠厚,做事公正,思想方法不大偏激,深得党的信赖,因而一解放就出任武汉市各界人民代表、中南新闻出版局出版处副处长,后来又任《红旗》杂志副总编,仲扬是我们国立六中同学们引以为荣的好同志。

还有几个六中的同学在书店工作的时间较短,但总也是我们艰苦岁月时的战友,令人难以忘怀。

赵枫林是个诗人,1941 年前后就发表过不少诗作,1946 年在冀鲁边区文联工作,以他的才华和工作能力,应该在学术上有很好的成果,后来听说他在北京文联工作,我没来得及看望他,就听说他已在"文革"中被迫害致死,这么好的人这么个诗人竟死于四人帮之手,令多少同志都为之怅然,我多么想去看望一下他的夫人、他的孩子,去安慰一下他的亲人,并能得知些他不幸的情况,假如《联谊通讯》的朋友能有这方面的讯息,望能来信联系,以解我多年的悬念之情。

还有个六中的同学是杨一凡,也是六中师范部的学生,他在读社的时间不长,但同志的情谊不是以长短来论的,有的只那么短短的几天,特别是患难之交,只是一次短短的经历都会令人终生不忘,一凡就是这样的同志。他为人干练、精明,待人极为热情,他总是那么精力充沛的样子,在书店时工作积极认真而又快当利索,他文学根底好,后来我们一起在乡下中学教书,他顶多廿二三岁,就能教好高中毕业班的语文课,生活上他也十分充实,体育、演戏、文娱活动,样样都很精到。这么充满活力的一个小伙子,自然会得到不少靓女的爱慕,他那个班上的一个女学生就大胆地爱上了他。当时四川偏远地区还很封建,地方恶势力家族恶毒地攻击这个师生之恋,一凡就毅然地带着那个女孩投奔了解放区,在抗日战争最艰苦的岁月,转战在冀中一带。后来听说他做了石家庄市的市委宣传部长,按说以他的政治文化、人品、经历,该是个很有水平的宣传部长,没想到"文革"中竟也死于"四人帮"手下。他去世时,最多也只四十几岁,正是为人民工作的好时候。多少朋友为他们的遭遇而痛心。另一个同学是白玉印,1941 年就在新知书店工作,后来说是到了解放区,以后就失去了联系。

在这一批进书店工作的同学中,最小的一个就是我了。我所以能进读社,年龄小,也是个原因。当时正是反共高潮的白色恐怖时期,年纪小不大引起敌人的注意,因而多少次到中央图书审查委员会送审稿件的工作就交给我去办,我清楚地记得当时受到特务们威胁的情况。他们看我去送审的稿件就指责我说:"小东西你干什么不好,要干共产党,没看这是什么!"他指指自己手上戴的一个大骷髅头的大戒指,"当心你的脑袋,也会变成这个样子"。显然我的那孩子样的模样方便了不少革命工作的开展。

能进读社的另一个原因是我会画画,可能是老马介绍说我能画名人像,当时的门市部主任汪晓光同志是个艺术爱好者,就叫我画了鲁迅、莎士比亚、高尔基、罗曼·罗兰的画像挂在门市店堂里,受到不少人的好评,多少都不敢相信那些画竟会出自一个才十七岁的小青年之手,我就这样幸运地参加了书店的队伍。

书店,自然多的是书,除去门市的一些新书外,我们还有一个难得的珍本图书馆,我们几个兄弟就如饥似渴地几乎每天一本,以每小时五十页的速度,读了不少难得的世界名著,我一生看过的书,大部分都是在这近两年时间里阅读的。

我看了不少的全国一流的画展。书店的同志工作都是十分自觉,逢到雨天、大雾,顾客很少,我们就机动地去看各式各样的展览,我第一次看到齐白石的近百幅大作,看到吴作人归国后的大型油画展览,几幅创作于西欧的油画,如悼亡妻图,可谓我一生中看到过的最好一幅油画。我两次看到徐悲鸿壮年时期的国画大展、张大千的国画、张善子的虎、秦威的水彩,还有延安的木刻、苏联的版画、多少漫画展、第三次全国美展,这些难得的机会,我这个乡下孩子大大的开了眼界。

两年中,我结识了不少各界的专家学者,郭沫若、曹禺为我们讲过课,我由于做发行工作,店里出版了新书,总要送些给这些学者、专家一本,以便听取他们的意见。周恩来同志日理万机竟能记得我叫小张;沈钧儒老先生,每次见我去送书,总是像个爷爷样,给我倒水,拿点心吃,并语重心长地抓住我的手说:"你能长大到我这个年龄,"他摸摸自己的胡子,"到时候革命就会胜利"。其他的著名画家、名导演、名演员如白杨、秦怡,都常到书店里来玩,同我前后进店的刘川兼中华剧艺社的儿童演员,我跟他免费去看话剧。当时在重庆上演的《屈原》《孔雀胆》《日出》《雷雨》,使我受到了极好的艺术教育。

在政治上给我教育最深的是日本鬼子的大轰炸,大半个重庆被炸得断壁残垣,雾季一过,跑不完的警报,有时鬼子一架飞机也敢来轰炸,这样就轮番地称之为疲劳轰炸,实在是欺人太甚。我亲眼看到隧道大惨案,看到堆放近一人高的尸体,几天都没运完,看到大后方豪富名门的腐败,从而坚定了自己的政治信念。后来我因肺病大吐血,那时生活书店、文化生活出版社两个小青年先后死于痨病,我得感激地下党同志的帮助,使我在乡下中学里教了一年书,阳光、空气、丰富的食品使我竟奇迹般的活了下来。

后来我考进了免费的大学,学了美术,做了徐悲鸿的学生,解放后,我做了几年中学专科学校的书记后,1956年又重新回到美术队伍里来,专攻水彩画,作品在各地、国外不少国家地区展出、出版,受到各界的好评。

这一切都得感谢同志们给我的教育。我们几个在书店工作的国立六中的同学在国家、民族最困难的岁月没有辜负人民的期望,没有辜负三联书店对我们的培养与教育,我将永远记住这一点。

张子生,1940 年在重庆参加读书出版社。后曾在南京工艺美术学校工作。

原载《联谊通讯》(北京)第 54 期,1997 年 2 月 5 日

出版战线的一位出色战士

——忆吴毅潮

马仲扬

　　我常常想起吴毅潮,他是一位不能被人遗忘的出版战线上的可敬的战士。在他短短的一生中,在出版战线上留下了不可磨灭的业绩。不论是在抗日战争中的读书出版社,还是在解放战争中的东北光华书店,一直到他在大连牺牲在工作岗位上,他那长期带病坚持工作的紧张而负重的形象,他那坚韧不拔坚持不懈的毅力,会长期留在战友们的记忆中,也会长期留在现代出版史页上。我写的仅是记忆中的若干片段。

　　在40年代初期的重庆读书出版社的同事中,我同吴毅潮接触较多,但是,要我写出他的经历和身世,就感到是件困难的事情了。我手边没有关于他的任何资料,也很难查出有关他的资料。我访问过同他在一起工作过的不少同志,回答都同我一样:印象很深,但无详实资料。越是这样,我越觉得有责任把我的记忆写下来。

　　我认识吴毅潮,是1938年春在湖北均县。那时那里有个国立湖北中学即山东省的流亡学生汇集起来的联合中学,分布在均县和郧阳。他和我同编在湖北中学师范部的一个班级里。当时,在我们年岁较为小的同学中,都称他为"大学生"。因为他平时沉默寡言,而当作起抗日救亡的演说来,则滔滔不绝。加上他沉着冷静,使同学们对他非常敬佩,却很少同他交谈,对他有些神秘感,认为他谈吐水平高,辩论才能也强,所以叫他"大学生"。1938年,在日本侵略军的攻击下,武汉告急,学校奉命搬迁四川。他没有随校迁移,留在了湖北,参加了第五战区战地文化工作服务团。后来,他也离开了湖北,通过郑楚云介绍到重庆读书出版社工作。

我和他在重庆读书出版社的相见,是同学重逢,加上我们经历的相近,共同语言自然比较多了。这次重逢,我不再把他当"大学生",而当作一位老大哥了。

吴毅潮原叫吴葆铭,还是在孩子时期,经受过极大的折磨,以致使他失掉了青年人应有的活泼,而常常沉默多思。

他原来是个非常活泼的学生。他告诉我,那还是在他进入济南第一简易乡村师范二年级的时候,刚刚才满十五岁的孩子,由于和同学开玩笑,说过在他看来不过是"异想天开的胡话":"中国人要想不受日本帝国主义的侵略,只有要学生打天下坐天下。"这就被诬陷为"危险分子"的"危险思想"。韩复榘的便衣侦探把他当作"共产党嫌疑犯"抓进了监牢,而且列为重要的"政治犯",同一批老"政治犯"关押在一个牢房里。他在"政治犯"的行列中,无论年龄和身材都是最小的,每次"放风",他都是前锋。

正因为他年龄很小,仍然是个孩子,手铐脚镣对他都是不合适的,给他戴上以后,手脚都可以随时脱出,他利用这个条件串联于

"政治犯"之间,成了义务通讯员,被难友们称为"自由犯"。其实,他究竟犯了什么法、怎样成为犯人的,连他自己也说不清楚,因为监牢里的审讯者,也从来没有向他说清楚过。他自己说,稀里糊涂地被抓进去,稀里糊涂地被审讯,稀里糊涂地被判刑,也是稀里糊涂地被释放。当时,他还不怎么懂事,甚至什么是"政治犯"也不大清楚。可是,在老"政治犯"们的教育帮助下,他倒是真的懂了点政治,成为真正的"政治犯"了。他后来在监牢里参加了中国共产党。他说,由于两年的监狱生活,改变了他的性格,简直变成了另外一个人,也是在"政治犯"们的熏陶下,使他变得老练持重起来,学了一套"犯人"的斗争经验。

抗日战争爆发后,他被提前释放了。可是,释放后的处境并没有得到改善,"政治犯"们所给他的热情中断了,在接触的人们中,几乎处处受到白眼和冷遇,使他的性格更加孤僻了。但抗日救亡的歌声,又唤起他的热情,随着流亡学生的团体,他到了湖北均县,参加了国立湖北中学。这个学校迁到四川以后,就改称为国立六中。

他到重庆读书出版社时,失掉了党的组织关系。他到处探听曾经教育过他的那些"政治犯"的下落,可是他们即使活着,也天南地北,各自一方,向哪里去找呢?他曾苦痛地向我说过,失掉党的组织关系之苦,胜过坐牢。这就是他平时沉思寡言的主要原因。

读书出版社在"皖南事变"之后的局面和处境,是极端困难的。除了防备日机的狂轰滥炸,天天处在警报之中,还要警戒国民党的特务和宪警,出版社承受的压力够大了。反共浪潮席卷着整个"大后方"，白色恐怖笼罩着"陪都"重庆。生活书店和新知书店有着同样的遭遇。三家书店分布在其他城市的几十个分店，已经被一一查封，有的同志被捕入狱。剩下重庆的店，真是"山雨欲来风满楼"。在这种形势下，坚持出版和经销进步书刊，不亲临其境的人，是难以想象的。吴毅潮正是在这个关键时刻，勇于挑起重担，支撑起重庆分社所遇到的那个艰难局面，并且开拓出新的途径。他对外张罗奔波，同各色人打交道，无论黑的还是红的，都要慎重对待；他对内既抓业务，又抓学习；他是各种业务的里手，工作上严格认真，一丝不苟；他热爱自己从事的事业，一心一意，别无牵挂；他善于经营管理，勤于思考，勤于分析，能从艰难困苦中走出一条新路来。出版社的所有同志，都非常清楚，他多病缠身，工作却夜以继日。不仅表现了他的坚强毅力，同时也表现了他的组织能力和干练的业务才能。

为了出版事业的生存和发展，出版用纸需要专门经营，吴毅潮又肩负起这个任务。他曾在梁山、万县同新华日报社派出的苏国华一起，开设纸行，经营纸张。他很快地变成了内行。他在万县期间，我们曾多次交谈工作和学习，交谈许多同志的不幸遭遇。他同在重庆时一样，帮助解决了不少同志的社会职业问题，他通过和万县的进步人士的接触，为共产党在万县站住脚，花了很大力气。当时山东医专的几位共产党员，都是在他的协助下开展社会活动的。

由于吴毅潮的特殊经历所造成的孤僻性格，并不为周围的人们所了解，他又很少向人吐露他的不幸的过去和自己苦闷的现实，以致长期以来，他都没有得到恢复党组织关系的机会，直到他牺牲在工作岗位之后,还没有恢复共产党人的称号。其实,他是一个抗日战争以前的老共产党员。他的生活实践,他的思想和行动,一再证明他是一位扎扎实实、埋头苦干的共产党人,是当之无愧的共产党员。尽管他被人误解,可是,凡是在危难中的同志,一经同他接触,就会立即感到他对人热诚的高贵品质;凡是认真了解过他所做的工作,也会为他那高度的责任心和坚强的事业心所感动,他简直像一团火一样在燃烧着。他确实是位满怀革命豪情的战士,具有对马克思列宁主义不可动摇的信念,又在三联书店的熔炉中,经过难得的锻炼。正因为这样,我和许多同志一样,同他结下了深厚的友谊。他的早逝,确实是我们的一大损失。

每当想起吴毅潮时,总感到有件未了的事情常常使我内疚。我们在一起工作时,应当帮助他找到党的组织关系。但没有容我完成这项任务,我们便各自东西了。处在地下组织的状况,受到各种限制,要解决这样的问题,就特别困难了,把希望总是寄托在全国解放。当全国解放的1949年,我满怀信心地认为一定会在北京见到他,那该是一番别后的畅谈。遗憾的是,传来不幸的消息说,1948年他已经在大连逝世了,而且他正在为出版工作奔忙中就与世长辞了。他那副瘦弱而坚毅的形象,使我久久难以忘却。正因为了解这位出版战线的出色战士的人不多,尽我所知,写了这些片段,以示对他的怀念。

1988 年 10 月修改

吴毅潮，在重庆参加读书出版社。1948 年去世。

马仲扬，1940 年在重庆参加读书出版社。后曾任红旗杂志社副总编。

原载《理论与实践》1986 年第 7、8 期;《联谊通讯》(北京)第 5 期，1989 年 2 月 15 日

怀念张汉卿同志

刘大明

1936 年冬,我在上海读书生活出版社当练习生。记得社长李公朴先生和沈钧儒、邹韬奋先生等被捕(即爱国七君子被捕事件)后不久,社里新来了一个"老师傅",他就是张汉卿同志。

当时上海一般书店,除了职员、练习生从事相应的书店业务工作外,有些跑腿、出力、打杂的事情,都是由老师傅来承担的。就书店来说,老师傅的主要工作是:捆打邮包、搬运书籍杂志,以及打扫卫生等事。不过读书生活出版社历来有个传统,即有关老师傅应做的活,全社同志,不论职务高低,从来都是大家一起动手的。但毕竟那是张汉卿同志的主要工作。

张汉卿同志当时不到 20 岁,面目清秀,个子较为瘦小,有一条腿还有些跛,穿着一件蓝布长衫,有点像个文弱书生,同一般"老师傅"身强力壮的形象来比,距离是较远的。但他上班后,总是把长衫一脱,一声不响,埋头干起活来。不论活多重多紧,他总是默默地完成了,使同志们觉得这个"书生"做起活来还是挺能干的,因而大家都很尊重他。

那时我们年龄小的几个同志,都是在办公室搭临时铺住在社里的,晚上的时间,大家都用来读书、学习,或参加职业界救国会的一些秘密活动。从不逛大街。我们学政治经济学,学大众哲学,读一些什志和文艺作品。汉卿同志学习是很努力的,不但白天利用工作短暂空隙学习,晚上更是孜孜不倦地学。开始我对他的文化水平并不了解,有一次,我们在随便交谈时,他对我说:"要革命,就要学马克思主义。"

我那时才 15 岁,听了他这句话,一方面自己确实还不能深刻理解,另一方面,我却深深地知道了面前这位"老师傅",有较高的政治水平,因此对他很敬重。

八一三以后,我随黄洛峰同志赴汉口开办汉口分社,汉卿同志暂留上海,我们从此分手了。以后,听说汉卿同志到了新四军那里开辟书刊发行工作,我很为这个"老师傅"能得到发挥才干的机会而高兴。听说他那时经常往返于根据地和敌占区上海之间,做秘密运输工作,出生入死,历尽艰险,都很好地完成了任务。

1940 年,我和李文、王华二同志同去太行山创办华北书店,与当时说的大后方读书生活出版社的同志们音讯阻断。全国解放后不久,当老同志从各个地区在北京出版总署重逢欢叙时,我才得知张汉卿同志在 1948 年不幸牺牲的消息,哀痛不已。具体情况据说是这样的:正值解放战争紧张进行,并节节取得胜利期间,汉卿同志又一次从根据地转道宁波到上海执行任务。在宁波时,不幸被敌人发现了随身携带的重要物证而被捕,后死在狱中,今年整整是40 周年了。

我和汉卿同志共事时间不长,但他勤恳工作、刻苦学习的精神,使我永远不能忘怀。五十多年过去了,每逢想起当年上海同甘共苦的同志们,就要引起我对汉卿同志深深的怀念和哀思。

1988 年 10 月 31 日于北京

张汉卿,1936 年在上海参加读书生活出版社。1948 年去世。

刘大明,1936 年在上海参加读书生活出版社。后曾任国际工业出版社社长。

原载《联谊通讯》(北京)第 5 期,1989 年 2 月 15 日

郑一斋先生

刘大明

　　读书生活出版社在白区的建立,由于得到了广大读者和作家,以及许多热心的社会人士的支持,得以日益壮大,其中要特别提到的一位,应是郑一斋先生。读社的老同志们,除了他的胞弟郑易里外,恐怕只有洛峰、思奇、刘麾、郑权等极少数同志曾和他见过面,其余恐怕连知道他名字的同志也是不多的。可正是他,在读社最困难的时候,却曾一次又一次地给了读社以有力的扶助,从而使读社得以一次又一次地度过了困难。

　　他是读社发展史上一个真正的无名英雄。

　　每一个曾为读社作出过贡献的同志和人士,我们都不应该忘记。为了让读社的同志、三联的同志以及广大读者尽可能多地了解郑一斋先生,我于1995年晚秋季节,曾两次访问了郑一斋先生的胞弟郑易里老人。

　　郑老已届90高龄,但依然脸色红润,精神矍铄!谈起往事,思维十分清晰,兴到之时,更是妙语横生!

　　范用曾保存有《郑一斋先生讣告》一份,这是50多年前,郑一斋先生去世时,他的子女为他发布的。我访问郑老时,曾随身带着这份讣告,一则是希望郑老在看到这份讣告时,能够引起他的回忆,补充一些事迹,二则是希望郑老能在郑一斋先生当年资助出版《资本论》等方面的情况作较为具体的介绍。

当郑老阅完讣告后,他说:"事迹大致就是这些了,但有些事情可以边改边想,边想边说。"我说:"我正是这个意思。"

下面就是拜访郑老后经过我整理的史实:

郑一斋名重毅,字一斋,云南玉溪县人。生于1891年(光绪十七年,岁次辛卯)他们弟兄姐妹共九人,郑一斋行二,郑易里行七。一斋是在昆明被美国兵开的吉普车撞成重伤,经抢救无效而去世的。那是1942年8月1日,易里那时在上海,听到噩耗后,伤感备至,难于言表。但因路途遥远,又兼战火纷飞,未能返滇奔丧,非常遗憾。

一斋对读社的事业,是作了一些帮助。据易里回忆,比较大的帮助,大概有三次:

第一次是1936年底,这时国内白色恐怖十分嚣张,在上海又发生了"七君子"被捕事件。读社的李公朴是被捕七人中的一位。由于他的被捕,接踵而来的是读社发行的《读书生活》半月刊被勒令停刊,最受读者欢迎的艾思奇著的《大众哲学》等书被查禁,社里营业顿时受到挫折,资金也迅即告罄,正所谓"一日数惊",到了极端艰难的地步。

郑易里和艾思奇是云南同乡,在日本留学时,他俩曾住在同一宿舍,因而关系较为密切。1936年时,他在上海帮助二哥做生意,经艾思奇鼓励,他曾利用业余时间和艾思奇合作翻译出版了《新哲学大纲》一书,受到读者欢迎。"七君子"事件发生后,他们谈起了读社种种困顿的情况,特别谈到读社若无资金接济,就要破产,言下十分忧虑。易里随即问他:"需要多少才能坚持下去?"他答:"三千元左右。"易里听后思忖,三千元(银元)不很多,也许能解救这一危难。乃函昆明二哥,二哥当即回电支持,并指示款项可从沪拨付。这对读社,正是解决了燃眉之急了。由于这一援助。读社终于得以渡过这一难关,把业务工作坚持了下来。后来他们又得到同学黄洛峰的赞助来接任经理,工作逐渐走上轨道,读社得到了"中兴",这是大家都知道的了。

第二次是1938年对《资本论》全译本出版的支援。《资本论》三大卷,原计划是出一卷,分三次出全。抗战爆发后,洛峰当机立断,将总店移设汉口,上海只留刘嵤、卜朝义二人负责,由我从旁协助,尽可能利用上海印刷条件印制书籍,供内地销售。但不久上海成了孤岛,其处境是外有政治迫害,内无资金周转,要想作为武汉的"出版后方"工作十分艰难,但是正是由于上海成了"孤岛",上海的印刷行业,也纷纷陷入萧条的苦境中,不得不降价揽活,反而成了出版界的一个有利条件。能否利用这一形势,把《资本论》三大卷一口气全印刷出来呢?冷静分析起来,认为大有可能。因为从《资本论》翻译的进度来说,第一卷已在抗战前夕译完,第二卷1938年春也基本上译完,如果第三卷能及时赶译出来,那么付印当没问题。但是说来说去,还是有没有资金的问题。《资本论》三大卷如每卷印2000本,共6000本,按当时印刷降价计算,仍需垫

资三万元（银元）之巨。经过洛峰和各好友们深入分析，认为有
"险"无"危"。唯一问题仍然是只欠"东风"（资金）罢了。于是他又
致信昆明他二哥，他二哥又欣然同意了资助，并说款项可仍由货款
内按需分批拨付。

这个喜讯，大大地鼓舞了读社所有的人，于是《资本论》三大卷
"一气呵成"，形成了上海读社最大的奋斗目标。经过翻译、出版、
校对、印刷等各个环节上全体同志的努力，《资本论》三大卷 6000
册，仅用三四个月的时间，就奇迹般地问世了，1938 年 8 月，第一
卷出版了，1938 年 9 月，第二卷、第三卷又相继出版了。如此大部
头的书籍，在短短几个月的时间内，在战争中的"上海孤岛"全部出
版，这也可说是出版界的一次盛举。

第三次支援读社，是抗战胜利后的事了。这时一斋去世已有
多年，但一斋的长子郑瑞之继承父志援助进步文化出版事业遗志，
仍对读社有不少帮助。

抗战胜利，洛峰和其他许多同志先后回到了上海，但国民党反
动派却挑起了全面内战，对进步事业，更变本加厉地进行迫害，读
社和生活、新知三家书店，不得不又撤离上海，到了香港，但大家决
不屈服于反动势力，仍留下少数骨干，以各种形式坚持斗争，如改
换出版者的名称，开展副业以养出版正业，坚持了出版工作，出版
了多种书籍，其中大的如《资本论》三卷本，请郭大力亲自对全书作
了订正后再次出版，《资本论》"第四卷"，也即《剩余价值史》的三大
卷，还有他和曹成修编辑的《英华大词典》等。这些书籍的出版，是
同志们在极其艰难的时局中冒着逮捕、杀头的危险进行的，资金的

困难,也是不言而喻的,就在这时,一斋之子瑞之仍然每次予以资助,先后共约垫资又达三万余元(银元)之多。

一斋和瑞之三次接济读社,共约七万余元,对这笔款项,尽管易里和洛峰总想有朝一日能够如数偿还,但终是没能如愿。而一斋父子方面,则自始就把接济读社看作对进步文化事业的支持,所以也从未提过要得到偿还的要求。一斋父子的这种义举,如果我们读了"讣告",也就可以更加清楚了。那么,郑家是如何起家的呢?

郑家世代务农,到他们父亲时才开始经商。先在玉溪城内开了一个杂货铺(名"宝臣号"),后来一斋又在昆明开设了"景明号",一面为玉溪采购适销百货,一面也在昆明进行香烟染料等项商品的零整批发营业。起初几年,营业平常。抗日战争全面开展以后,云南是极便于沟通海外的抗日大后方,同时成了商业活跃的大舞台。景明号在这一时期的营业是相当顺利的,真是"一顺百顺"。原来宝臣号是玉溪有名的一个老字号,洋广杂货全来自昆明。玉溪距昆明旱路白天一整天,然后坐船通过滇池一整夜就到昆明。

一斋从小用功读书,曾以高材生被选送省立优级师范附中肄业。这时满清政府政治腐败,外患日亟,自由爱国思想,在青年中引起了很大热情。当时云南来了一个万慧法师,据称学识渊博,正准备道经昆明到缅甸去研究藏缅文字,一斋和四弟闻讯后,简直像着了迷,立刻和几个志同道合的同学,穿了禅服,徒步跟随法师,前往缅甸留学,不料才到半路,被父亲发现后连夜赶上追了回来。后来一斋考入省立师范学校,毕业,后任教于昆明劝学所附小,并在解放后曾任云南省副省长的进步人士张天放创办的《救国月刊》热情工作。后因时局动乱,月刊被封,暂时失业。这时父亲执意要一斋继承父业,帮助家里"跑"生意。父命难违,一斋不得不暂时弃教从商。但一斋志在教育事业,经商不是他的长处,开始时曾不免蚀本,由于一斋忠厚有信,各方关系处理周到,因此在生意场中这一"跑",却"跑"出了一条道路来,且越来越顺,不但玉溪小店搞得不错,继后还在亲朋好友的帮助下,在昆明又开起了一个百货店,并且生意也很兴旺。

一斋虽然长年劳碌奔忙商务,但仍不废攻读,不论金石书画、诗词佛经、科学哲学、文化艺术,无不涉览,每有新书出版,无不搜集。"讣告"中有一句说:"布帛之中,杂陈书史。"这正是一斋一面经商,一面攻读的生动写照。他不但自己购书阅读,还经常将书刊赠送友人,一册一卷地送人的数目无法统计,就是像《鲁迅全集》《资本论》等大部头书成套送人的也为数甚多。

他对文化教育事业,尤其热心,如他对云南大学、达文学校、求实中学、云大附中、玉溪中学和希圣、敬一等小学校,或捐赠图书,或购买教具,或修建校舍,有的数目是很大的,再如他对战歌出版社、木刻协会、金马话剧社等,也多有捐赠。特别是抗战爆发后,途经昆明的文化界名人甚多,如李公朴、楚图南、范长江、赵沨等,一斋也多予接待,真情实意,结为友好,使人难忘。毛毛(邓榕)写的《我的父亲——邓小平》一书中,写到易里曾如何协助她母亲(卓琳)上学等事情,这自然也是和一斋的热心分不开的。

一斋的长女系聂耳的哥哥聂守先(叙伦)的夫人,所以二哥和聂耳家有亲家之谊。1935 年聂耳于日本游泳时,不幸遭水溺,其骨灰是由郑家兄弟亲到日本去接回到上海,又移昆明。又是在一斋等筹画下,将聂耳之灵安葬在昆明西山之麓的。

英国人柏西文教授,英文很好,把自己后半生贡献给了中国的教育事业,一斋曾多次受教于他。一斋对他也很关怀,平时对他多有馈赠,柏生病时,尽力为其延医购药,柏病殁后,又为其安葬于昆明。

一斋因车祸受伤不治,在弥留时仍不忘帮助文化教育事业,断断续续地谆谆嘱咐他的子女要勉力从家产中凑集 30 万银元,捐助云南大学、求实中学、云大附中各 5 万元,以备其购置图书,另 15 万元可捐助玉溪,建筑县立图书馆。

一斋从事的商业,在不长的时间里,得以有所发展,大体情况是这样:

云南地处边陲,交通不便,工业百货全靠上海。当时易里正在上海养病,也乘便在上海一面和艾思奇合作翻译《新哲学大纲》,一面替一斋采办一点行销货品打邮包寄去昆明。后来路道熟了,便大件购销,生意有赚无贴,后来抗战全面开展,意外众多,如运货途中遭遇轰炸、被人抢劫,以及商品丢失、损坏等,所幸一斋并未遇到这些不测,所以或贴或赚也就靠的是个人机遇。

在多年的经商中,也曾发生这样一个笑料:有一次,昆明店里从上海进了一批染料存在仓库里,待机销售。忽有一天,所存染料全失踪了,只见墙上留下一个大窟窿。原来是存货全数被盗,也唯有叹息,倒霉! 谁知一天玉溪店里到了一个客商,问店里要进不进一批染料。玉溪店一看货样,觉得这种染料在云南只有昆明自家店里有货,其他店家几乎不可能有的。因此多了一个心眼:一面稳住客商,一面电询昆明。结果昆明发现玉溪客商要求脱手的染料和被小偷盗走的染料牌号完全相同,于是将详情回答了玉溪店,玉溪店当即向"客商"盘问,"客商"无法抵赖,承认确系盗自昆明本店。"小偷自己送上门来!"多么有趣!于是大家哈哈大笑。由此可见机遇有时是求它不到而会自己来到的。

承郑老介绍了以上这么多情况,内心非常感谢,但又不安的是我已占用郑老太多的时间,不能再影响他休息了,这才向郑老告辞。

郑一斋,郑易里之兄,读书生活出版社重要的资助人。1942年去世。

刘大明,1936年在上海参加读书生活出版社。后曾任国际工业出版社社长。

原载《三联贵阳联谊通讯》第 28 期,2002 年 11 月 18 日

记郑易里同志

刘大明

1936年11月，我到上海读书生活出版社邮购科当练习生，开始接触到许多社会科学和进步文艺新书。其中邮购读者要求购买最多的一本书是艾思奇同志写的《大众哲学》，而凡是购买《大众哲学》的读者，又往往都要买一本艾思奇、郑易里合写的《新哲学大纲》，因而郑易里的名字，也为大家熟知了。我那时未见过易里同志，但每当我拿起那本厚厚的28开见方、装帧精美、用重磅木造纸印制的封面上再蒙上一张玻璃纸，因而发出光亮的《新哲学大纲》时，我心里就在说：郑是一个大作家。

我到社不久，"七君子"事件发生，社长李公朴先生也在被捕七人之中，读社顿时陷入了困境，除了其他领导人也时刻有被捕危险外，《读书生活》半月刊被封，其他书籍被禁，营业停顿，资金拮据，工作很难坚持下去。后来大家知道，已由郑易里同志设法筹到一笔款项，不久，黄洛峰同志又来社出任经理主持工作，郑出任董事长。读社工作开始有了转机，大家情绪也稳定了下来，但这时郑易里同志仍没到社里来过，所以我们仍未见过他，不过我自己又把他看作社里的大股东了。

1937 年抗战开始，黄洛峰、万国钧同志等到武汉全面开展读社工作，上海读社即由郑易里同志带领几个同志坚持工作。由于上海印刷条件较好，上海社的主要任务是"造货"（印书），以供武汉等内地读者需要。因而在 1938 年后这一时期，上海陆续出版了好多书籍，其中主要的一件工作，是出版了《资本论》三卷全译本。大概 1938 年 10 月武汉失守前，《资本论》一、二、三卷全部出版了，其速度之快、质量之高，在当时出版界是少见的，这个成绩，应归功于郑易里同志组织擘画有方和参与这一工作的同志高度的劳动热情。这时我已到武汉，所以仍未见过郑易里同志，但我又把他看成一个"大出版家"。1938 年 10 月我们自武汉西迁重庆后，在 1939 年三四月间，听说郑易里同志将要冒着战时旅途的艰险，从遥远的"孤岛"上海到重庆来。因为同志们都很仰慕他，所以很高兴，都在盼望他早日到来。一天，我一向认为的大作家、大股东、大出版家郑易里同志，终于来到了重庆，来到了我们中间——原来他不是个大个子，也没有大派头，我本是把他看作老师、长辈的，而他却和颜悦色、平易近人，倒像我们的大兄长一样，彻底改变了我几年来想象中的形象。

郑易里同志在重庆时，白天和洛峰同志出去办事，比较忙碌，但只要有机会，总是和我们一起吃粗茶淡饭。晚上，我本是在附近一个书库里打地铺睡觉的，而他却也天天晚上过来和我一起睡地铺。我那时是一个十八岁的小青年，他这样真叫我过意不去。

不久，他又循原路回上海，我也始而到了成都分社，继而又和生活书店的李文、新知书店的王华二同志到了太行山办华北书店，从此天各一方，音信杳无，一隔就是十年有余。直至解放后不久，忘了哪一年，我们才得各自带着历经多年战争和斗争的印记重聚于北京。而足以表示我们阔别重逢的见面礼，则是我从洛峰同志手里得到了两本珍贵的书籍：一是布面、烫金、限印 35 本，非卖品、精装本的三大卷一套的《资本论》，一是布面精装的大本子，由郑易里同志主编的首版《英华大词典》。这两本书，都凝聚了易里同志心血的结晶，而特别是这套精装本非卖品《资本论》，虽经历了抗战八年和解放战争三年的辗转和劫难，但黄、郑二同志却一直为我保存着，因为大家坚信终有一天必将胜利会师，他们就可当面把书交到我手中，感情是何等的真挚。

此后大家都在各自岗位上忙碌着，虽然在北京也曾见过几次面，但直至在我撰写《资本论》全译本出版经过时，才得以比较多地了解易里同志。

郑易里，名重良，字雨笙，原籍云南玉溪县，1906 年出生，祖上世代务农，至父亲宝臣一代始在玉溪、昆明经商。1926 年，郑抱着"实业救国"的理想，到北京就学于农业大学（现翠微路罗道庄）。但上学不久即赶上了三一八惨案，参加了天安门游行示威，在段祺瑞血腥镇压青年学生的枪林弹雨中经受了一次锻炼。农业大学当时因经费困难，经常停课。他觉得长此下去，很难学成。于是下决心到日本留学，考入了东京高等工业学校（后改为东京工业大学）攻读。在校中，他参加了党领导下的"新滇社"东京分社，政治思想又有了很大提高。在东京时，因同住一个宿舍从而认识了云南同学李生萱(即艾思奇),从此结为至交。1928年5月3日,发生了济南惨案。日军的野蛮行为,震惊了世界,消息传到东京,更激怒了留日同学,他们纷纷回国,立志参加抗日活动。郑也毅然弃学同回,经上海回到了昆明。1928年11月,经中学同学介绍,郑加入了中国共产党,并被派到蒙自区委书记王德三处任秘书。1929年冬,因有人叛变,云南党组织受到很大损失,他不得不于1930年,经四川到了上海。郑在上海期间和这时正在上海办报、办出版社的老友艾思奇又见了面。在艾的鼓励下,他一面为在昆明经商的二哥郑一斋先生办理转运商品事务,一面和艾思奇合译了《苏联大百科全书》中米定写的《辩证法唯物论》一文,用《新哲学大纲》的书名由读书生活出版社出版。从此他就和读社结下了不解之缘。《新哲学大纲》出版后受到了广大读者的欢迎,曾连印十多版,成为当时畅销书之一。

抗战开始前后,艾思奇、柳湜、李公朴等先后离开上海,分别到了延安、华北、武汉等地,黄洛峰则率部分人员和大批书籍到了武汉开创新局面。上海就只留下了易里一人主持工作。编辑人员有罗稷南、郑孝洵等,业务方面的有刘麌、张汉卿、卜朝义等,社的主要任务是利用上海较好的印刷条件出书,以供内地销售,《资本论》三卷全译本的出版,则是读书生活出版社,也是郑易里这一时期的主要贡献。

1939年开始,汪伪对上海孤岛迫害愈烈,政治性较强的书刊用读社的名义已很难出版。为坚持出版工作,易里同志曾用过辰光书店、鸡鸣书屋、高山书店、彗星出版社、北极书店等化名出版了一批一批书籍发往内地,对支持内地读社开展工作起了很大作用。

1941年11月,日伪特务机关突然逮捕了罗稷南和郑易里,并到郑家中搜查。当时读社有一部分纸型和书籍正好存放在现永嘉路(原西爱咸斯路)郑易里家中的三楼亭子间,情况十分危急。幸而当时敌特没再上三楼,得以幸免,否则后果不堪设想。后来因敌特抓不住证据,郑易里被囚一个多月后,终于释放。

至1941年12月太平洋战争爆发,日寇全面侵占上海止,上海共印书籍有《辩证唯物论辞典》《列宁战争论》《苏联内战史》《列宁在1918》《高尔基与中国》《鲁迅纪念特辑》,以及翻印重庆出版的《学生生活》《文学月报》等数十余种,还请周建人、胡曲原等同志编辑了《哲学杂志》。出了二期后因形势突变,不得不停刊。

太平洋战争爆发后,敌寇全面占领上海,读社在上海就完全失去了印刷出版条件。上海读社的正常出版业务也只好暂停,以观望局势采取应变措施。

1945年8月,日寇投降,抗战胜利,举国欢腾。西迁内地的单位,纷纷重返上海,期望更好地开展出版工作。万国钧首先带了一部分纸型回到上海。然后范用、丁仙宝、郑权、孙家林、汪晓光、欧阳章等也陆续来到,由于郑易里在上海长期的隐蔽坚持,东返的同志和从未在上海读社工作过的同志,有了现成的立脚点,就像回到了老家一样温暖。不久,他们在四川北路仁智里155号租下了房子,正式开展工作。但由于国民党撕毁政协决议,破坏和平,挑起内战,致使黄洛峰迟至1946年6月初才返回上海。郑易里也才得以主要精力负起编辑重担。

随着内战扩大,国民党对各地进步文化事业,也变本加厉地进行新的迫害。北京、武汉、重庆、长沙等地的生活、读书、新知分店,都遭到了封门、抓人等不同程度的破坏,上海读社的工作也十分艰难。但在大家努力下,还是出版了多种书籍,如《卡尔·马克思——人、思想家、革命者》《西洋哲学史简编》《论一元论历史观之发展》以及冼星海的《黄河大合唱》,艾青、臧克家的诗等。郑还组织了对《资本论》全译本的订正再版。

这个时期困扰读社的另一个问题,则仍是资金周转困难的老问题。为此他又向自己的侄子,即郑一斋先生之子郑瑞之那里商请支援,特别是《剩余价值学说史》一、二、三卷的大部头书,其资金之巨,不下于当年《资本论》。由于郑瑞之一如乃父郑一斋老先生之古道热肠,先后又拨款三万多元,才使该书终于在解放军解放大上海的隆隆炮声中抢印出版。

在此期间,他还曾考虑到,尽管眼前国民党反动派气势汹汹,但其必败已成大局,为此读社一方面仍应以巧妙机智的办法按原定方针坚持出版外,他觉得也应着眼于将来全国解放后经济建设所必需,因此他建议洛峰编一本《英华大词典》。这一工作,既可免遭政治上的迫害,又可为将来建设需要作准备。这个建议得到了黄洛峰的支持,于是郑即约请曹成修开始了这一工作。但这一工作,当时虽然还没有学习"苏联一边倒"的说法,但一提"英华大词典"就好像跟"资本主义",跟"单纯技术观点"有了什么联系似的。但郑并不因此而犹豫却步,一心扑在了词典的编纂上,就这样,他和曹成修二人,夜以继日,专心致志,只在校对时请了几个人帮助,三四年功夫,定名为《英华大词典》的初稿宣告全部完成。当时正处于解放战争从北向南节节胜利,国民党岌岌可危,上海社会十分动乱,物价飞涨,金圆券贬值,此词典的出版前景也难预测,在这种情况下,郑易里为不使曹成修同志蒙受损失,用银元付给曹多笔稿费,从而抵偿(即买断)了曹的这部分版权。新中国成立不久,这部词典就在上海以三联书店名义出版了。这部词典的主要特点是增加了许多一般词典所没有的新词目,因而异常丰富,又编排了中英对照的索引部分,使查用者感到特别方便和满意。后来这部词典又由北京时代出版社印刷了多次。到 1964 年,郑又应商务印书馆之请,对此书进行了全面修订补充,他排除了"文化大革命"的干扰,每天清晨 4 点起床,孜孜不倦地日复一日年复一年地坚持工作。用了五年时间到 1969 年终于全部修订完毕,增补了几十万字的新科学新技术方面的词汇。但由于"文化大革命"之故,修订版的出版工作受到了影响,可惜的是这部巨著,花五年心血修订的巨著原稿在商务组织人力重新誊抄后,即未保存此原稿。到 1984 年,商务准备出版又请郑易里修订,从而使《英华大词典》又以新的面目出现在读者面前。此书不但国内学子交口称赞,而且又行销到了东南亚、美国、西欧等国,并曾以政府的"国礼",赠送给了英国首相撒切尔夫人。

郑易里在年轻之时,对民族的瑰宝——汉字深感兴趣并孜孜于字的结构、规律、内在的联系等进行了大量研究。多少年来,在日常生活和工作中他和大家一样,都深感汉字不论在检索、打字、电报、印刷排版等方面作科学处理之艰难,因此他默默地潜心研究

汉字字形曾达数十年之久。早在 1929 年,郑老对汉字的研究已颇
有建树。他创立了汉字的基本笔划是点(丶)、横(一)、直(丨)、斜
(丿撇)、弯(く)、纽(乛)六笔,用笔画对汉字实行排序检索的学说,
并投稿到《时报》,引起了社会很大反响。而后又用数字 1—6 作为
六种笔序的代码,发明了"六笔查字法"。1950 年第一版的《英华
大词典》的汉英对照的中文索引部分,汉字的检索,就首次实际应
用了这一"六笔查字法"。

　　1978 年,我当时在中国科学院半导体研究所工作,和郑老住
处相距较近,由于大家都历经了十年动乱,不免多年没有来往。一
天,郑老突然来所找我,真使我喜出望外。

　　郑老以七十高龄的长辈身份来找我,我想必有重要事情相商。
果然郑老以从容不迫的神气对我说(大意),他发明的那种六笔笔
划查字法,现在用来把大部分常用汉字按拉丁化拼音字母编成号
码,每个字只要按钮两三次,即可出现一字,比现行中文打字机不
知要快多少倍了。他说据他了解,现在的电子计算机的技术水平
已可实现这个愿望,如果有关这方面的专家,愿意参与这件工作,
他可以将全部研究成果公开,以期共同完成此一时代的理想。我
当时听得很出神。因为我对如何改进中文排字,也曾动过一些脑
筋,只是无功而罢。现在他有此成果,理应尽力支持,因此我很快
找到了所里的有关专家之一,科学院院士王守觉教授磋商此事,并
又约请郑老和王教授当面深谈了一次。王教授当即认为,从当时
国内计算机技术水平而论,确可有望实现,并称如能解决经费,可
以进行研制。可惜的是当时"科学的春天"虽已来到,但又处在百

废俱兴的门槛上,这个题目在半导体研究所一时排不上队,我也心有余而力不足,内心非常愧疚,事情也就这样耽搁了下来。后来知道郑老又找了当时负责科学院工作的方毅同志,我才稍释重负。

时隔几年,我得知郑老将多年研究所得,写成了《从人查字到机器查字》《一笔查字法》等经典著作,引起了各方面的注意。河南省科委得知郑老有此成果后,首先和郑老取得了联系,并将该省正在研究此一课题的南阳王永民介绍给他。王永民在多次请教了郑老介绍"六笔字码"后,得到了很大教益。遂在郑老直接指导下,最后确立了现在的五笔字型码,并通过计算机进行反复研制和实践,终于实现了现在的"五笔字型码"。郑老苦心研究数十年的成果——这一开创性的贡献,终于在计算机上快速打出了汉字。

但郑老深深知道,"五笔字型码"只是走出了第一步——解决了有没有的问题,"五笔字型"需要改进的地方还很多,此时因王永民忙于推广,郑老只得在农科院的帮助下进行更高层次的研究。

时至80年代,郑老已进入耄耋之年,但他仍在苦苦思索:

中国汉字多达六万字以上,如何把这庞大繁杂的汉字,如常用字、古体字、罕用字、异体字、繁体字、历史社会用字等均能包容在内,而且可为图书馆、出版印刷、书籍整理、户籍整理等提供有效的服务,不但符合国家文字规范,能与中小学教学一致,而且还能和国际联通使用,特别是和港、澳、台地区和朝鲜、韩国、日本以及东南亚使用汉字的诸国进行交流和软件兼容,以及必须建立一个"大型汉字字形数据库"等,问题还尖锐地摆在郑老面前。

1985年,一个从理论上确立基础的《ZN 电脑汉字 26 键拆根编码方案》在农科院通过了鉴定,并取得了1986年农牧渔业部科技进步一等奖。1990年,该题又通过了相当国家级的评测和鉴定。

此后,郑老在八十高龄时离休,然而他离而不休,仍在潜心提高他的编码方案,但已力不从心。然而,郑老事业,后继有人,他的原是学飞机制造专业的女儿郑珑,理解父亲的心思和事业,毅然投入了这个艰巨的事业。在郑老的谆谆指导下,在有关单位和人士的人力、物力的支持和关心下,他们父女二人,日复一日,年复一年,终于一步又一步地逐个攻克了一系列难关。1992年郑氏父女《字根编码输入法及其设备》终于获得了"美国专利"和"国家专利",并于同年在北京国际发明展览会上荣获金奖和最高奖——最优秀发明大奖,宣告了郑老的多年研究取得了圆满的结果。这个发明被誉为"最佳字型编码",现在也就称为"郑码"。

1994年,中国发明协会推荐"郑码"代表我国参加第22届日内瓦国际发明展,评委们不但一致把"郑码"评为金奖,而且又作出了"郑码汉字系统的发明,对中国和亚洲地区的文化信息事业的发展作出了重大贡献"的高度评价。

现在郑氏的北京中易电子公司,业务还很兴旺,郑码的研究工作,在继续深入和提高。

在郑老和郑珑为"郑码"艰苦搏斗的这十来年中,我曾和郑老父女有过一定的联系,他们坚韧不拔克服重重困难的顽强精神使我十分感动,他们取得的成就,尤使我欣慰。几十年来,我确实一向把郑老看成大作家、大编译家、大出版家的。现在,我确实还把郑老看成一个大文字学家、大发明家了。

愿郑码前程无量!

祝郑老健康长寿!

1998 年北京

郑易里,读书生活出版社创办人之一。后曾在中国农业科学院工作。

刘大明,1936 年在上海参加读书生活出版社。后曾任国际工业出版社社长。

原载《三联贵阳联谊通讯》第 27 期,2002 年 6 月 18 日

三店对我的影响

陈汝言

我与三店的关系，是从 30 年代与三店的几位创业者的接触开始的。当时，抗日浪潮汹涌澎湃，在抗日救国的大旗下，我们走到一起来了。在这期间，我经常面聆他们的教诲，获得不少教益。以后随着形势的变化，我们的情谊也日益加深和发展，我们以出版为武器，与国民党在宣传阵地上展开的激烈斗争中，风雨同舟，患难与共，取得了辉煌的业绩。

现在把过去那个严峻的年代里的战斗历程追忆于下：

启蒙

30 年代，我在上海《新闻夜报》任职。业余时间去量才补习学校学习国文和英文。校长是救国会领导人之一的李公朴先生。此时，正值日帝侵占我东三省，又把魔爪伸向华北，图谋并吞全中国。上海各界人士义愤填膺，奔走呼号，纷纷成立救国会，抗日救亡运动风起云涌。

在这国势岌岌可危、民族处于生死存亡的严峻形势下,李校长常常在课堂上给我们讲解国内外局势,并慷慨激昂地指挥我们唱《义勇军进行曲》《毕业歌》等爱国歌曲,激发同学们的抗日热情。与此同时,我在公朴先生的教诲下,参加了"职业界救国会",积极参与了在该组织领导下的一系列的爱国救亡活动。

我在课余之暇,还常常到量才流通图书馆借阅书刊,该馆读书指导部的柳湜、艾思奇、夏征农等人经常前来辅导。我也经常向他们请教,他们总是不厌其烦地进行指点。

学校为了提高学生的写作能力,宣传抗日救国,成立了国文研究会,邀请金仲华、艾思奇、柳湜、夏征农等人前来讲演和指导,我提出的许多问题,他们深入浅出地给予解答。这种诚恳热情、平易近人的作风,使我深为感动。

学校为了激励学生积极投入到抗日洪流中去,办了一个刊物,名叫《暮鼓》,李校长要我担任主编。他见我有难色,就鼓励说:你积极干吧,今后有什么问题,可来找我。

公朴先生对青年的学习是非常关心的,他除了热衷于社教事业外,还与艾思奇、柳湜等人创办了《读书生活》杂志(以后由于形势的需要改名为"读书生活出版社")。社址就在静安寺斜桥弄,他常常到那里去办公。我为了《暮鼓》的组稿和编辑工作中的一些问题,经常前去向他请教,因此也时常遇见艾思奇、柳湜等同志,他们对如何办好这个刊物,作了不少的具体指导。在我去"读社"看望公朴先生时,也数次碰到在座的邹韬奋、胡愈之先生,面聆教诲,得到不少教益。

1936年冬,发生了"七君子事件",沈钧儒等七位救国会领导人被捕后，读书生活出版社由黄洛峰同志出任经理。此时，公朴先生虽不在那里，而我们受到洛峰同志亲切招待。他真挚热情，待人诚恳，我把刚出版的《暮鼓》带去请他指教，他就组稿、编排、印刷等方面作了精心指导，使我这个根底浅薄、缺乏经验的青年人，得到了很多启发，对这个刊物进行了各方面的改进，在青年学生中产生了良好的影响。

在 30 年代这个形势严峻的时期，生活书店、读书生活出版社和新知书店这些革命文化出版事业的先驱者，他们以出版为武器，宣传真理，鞭笞反动，引导青年走向光明，对唤起中华民族的觉醒，起了巨大的作用。他们的这种爱国主义思想和带头行动，使我受到了深刻的教育，对我以后所走的漫长的人生道路，产生了重大的和深远的影响。

同舟

八一三事变后，我离开了上海，辗转抵达重庆，当时因人地生疏，一时找不到工作，生活十分困难。在这内忧外患的严峻形势下，受三店事业的启发和影响，想着今后的工作，尽可能与抗战救国、振兴中华结合起来。于是设法与到后方来的各方面的进步人士联系，后来，终于在冉家巷的读书出版社找到了李公朴先生和黄洛峰同志。他们见我也到了重庆，非常高兴，关切地询问了我离沪后的经过情况，接着，探讨了时局形势。

这时，李公朴、黄洛峰在上海出版发行进步书刊，激发青年爱国思想的情景,不时在脑际浮现,于是我说,南京失守后,沦陷区的一些大专院校纷纷迁到大后方来,沙坪坝是大专院校集中的地方,如果到那里去开设一家书店,宣传抗战,传播先进思想和科学文化知识,那是大有可为的……

公朴先生和洛峰同志很赞赏我这个见解。表示全力支持。次日,我又去拜望了出版界的前辈张静庐先生,他也赞成我这个设想,他诚恳地说,对外就打上海杂志公司沙坪坝书店的招牌。于是通过洛峰同志的介绍,得到了生活书店(徐伯昕、李济安)、读书出版社(黄洛峰、万国钧)、新知书店(先是岳中俊,后是沈静芷)、《新华日报》图书部(潘梓年)的赊销书刊特别优惠的待遇。我们的书店就很快开业了。

当时,沙坪坝是知识分子集中的地区,意识形态、思想领域非常活跃,被称为"大后方的文化区",这就理所当然地引起了各方面的重视。为了争夺这块宣传阵地,国民党在这里先后设立中国文化服务社、青年书店、时与潮书店。此外,尚有商务印书馆和翻印外文书的龙门书局,专售文化生活出版社出版物的互生书店,在这仅有数百米长的小镇上,开设了七家书店。这些书店各有其立场和特色,几家御用书店,由于他们出版发行的是违反潮流的反动书刊,因此,冷冷清清,门可罗雀。而我们发行的是生活、读书、新知和其他出版社的进步书刊,不仅适应时代潮流,而且品种多、数量大,因此读者熙熙攘攘,门庭若市,尤其到了课后和节假日更是热闹异常。许多著名的教授学者也常到这里来蹓跶,我经常和他们交谈。随着时光的推移,接触多了,和他们的友谊也与日俱增,其中尤与徐悲鸿和柳无忌的情谊更深。当时为了壮大新出版战线的阵营和力量,适应客观形势的需要,我们合作创办了正风出版社。沙坪坝这个书店,也改为正风出版社门市部。

由于沙坪坝是个复杂和敏感的地区,国民党对此特别重视,他们除了在这里开设三家御用书店进行反动宣传外,"中美合作所""白公馆""渣滓洞"等特务机关和集中营也设在附近。此外,还在大专院校里埋伏职业特务学生监视进步师生的言论和行动。

由于我们在这地区大量发行了生活、读书、新知的进步读物,引起了国民党的严重注意,为此,不断遭到摧残与迫害,如重庆图书杂志审查委员会,不断派人前来查抄他们认为有"问题"的书刊,大批大批地提出"审查"(实际是没收),其次数之多,数量之大,无法统计。此外,我还接到"铁血除奸团"的恐吓信,警告说:"如果你再与共产党来往,请你尝尝手榴弹的滋味……"但我置之不理。埋伏在各大学的特务学生,也不时前来滋事。一天傍晚,他们纠集了数十人,以退书换书为由,故意引起纠纷,从而冲砸我店,我也被围打致重伤,住院治疗三个多月。

抗战时期,我除了从事出版发行工作外,还以正风出版社负责人的名义,参加了黄洛峰等同志领导的,以三店为核心的一系列的政治活动和爱国民主运动(其中有的会议,洛峰同志交给我经费,叫我租借会场,组织文艺节目等)。此外,我还参加了洛峰同志等人发起的,以三店为核心的联营书店。

抗战胜利以后,生活、读书、新知等出版业纷纷复员回到了上海,建立了他们的出版机构和门市部。

次年,国民政府迁回南京,这座六朝古都重新成为国民党反动统治中心,在文化出版领域里,几乎是他们的一统天下,生活在这里的广大人民,感到压抑、窒息。为了打破这个局面,我派弟弟陈汝钧,作为开路先锋,带书东下,在国民政府的眼皮底下(大行宫东海路),开办了正风出版社的门市部——正风图书公司。他每周夜车去沪批购三店及其地进步书店的出版物,当天夜车返宁,及时地供应广大读者新出版的书刊。

此外,正风门市部还担任了《文萃》《世界知识》《妇女生活》以及我参与创办的《展望》等刊物在南京地区总发行的任务,并秘密发行《群众》杂志。

正风门市部的建立,使南京的广大人民得以凭借这个窗口呼吸到新鲜的政治空气,因此受到极大的欢迎。因此,读者川流不息,南京图书馆和机关学校的图书馆,经常前来选购书刊。但国民党对此却十分忌恨,妄想前来破坏,他们首先在我们门市部的隔壁,突然开设了一家名叫天地出版社的反动书店,以监视我们的行动,同时,还不时派特务前来骚扰试探,如要我们代向香港订购《华商报》《群众》杂志。有次,他们前来选购了大批图书,声言要我亲自送到国防部二厅(特务机关),我借故回避,到上海躲了一段时间。

新中国成立后,正风图书公司为了响应第一次全国出版会议"出版与发行分工"的号召,于1952年秋天,结束了业务,完成了历史所赋予她的使命。

我涉足出版工作,加入民主革命阵线,宣传抗日,反对内战,参加推翻三座大山的行列,在党不便和不能起作用的地区和城市所做的一些工作和所起的一些作用，都是与我受三店及其主持人的影响分不开的。他们是我的指路人。

信任

我与三店的同志，在文化出版战线上，同国民党反动派的长期斗争中，建立了深厚的情谊，得到了党的信任。如：

1. 1946 年 1 月下旬，黄洛峰同志让我参加新出版业为庆祝政协会议的成功，召开联欢大会的筹备工作，给我的任务是，预先租借会场、组织文艺节目，并让我担任大会执行主席。在洛峰同志的领导下，筹备组的同志们通力合作，使大会开得很成功，推动了当时和平民主、反对内战的群众运动的发展。随后，我又参加了重庆各界在较场口广场举行的庆祝大会，与三联书店的同志一起在会场上散发传单。那次大会被国民党特务暴徒捣毁破坏，李公朴、郭沫若等人被打伤，当时称为"较场口事件"。

2. 抗日胜利后，三店的同志陆续搭船抵宁，然后乘车去沪。正风南京门市部，常常作为他们的中转站。如 1946 年秋，读书出版社范用同志，带了六大木箱党的秘密文件，由渝搭船抵宁，准备中转去沪，当时他把这些木箱寄放在正风门市部，他本人也在门市部楼上休息（楼上是我的家），过了两天，他把这些木箱托火车转运去沪。

同年冬天，生活书店方学武同志偕夫人朱芙英同志由渝乘船抵宁，也在正风南京门市部楼上歇息，然后，乘火车去上海。

3. 1947 年 2 月，《资本论》即将再版，洛峰同志让正风在南京办理预约征订工作,这自然是义不容辞的。同时,他提出要在国民党的机关报《中央日报》上刊登预约广告,让我想方设法实现这一策划。我当时有些犹豫,继而一想,这是革命斗争的需要,也是对我的极大信任,于是毅然承诺尽力去办。随即冒着风险,打通关节,终于把此事办成。1947年2月20日《中央日报》报头的显著地位赫然登出了《资本论》的预约征订广告。此事轰动了南京城,犹如在国民党反动统治的心脏里投下一颗炸弹,震撼了反动阵营。

4. 民盟转入地下后,经常在正风出版社南京门市部的楼上召开秘密会议。是地下民盟的通信处和联络站。

5. 解放前夕,南京被逮捕了一百多人,方学武同志交给我一笔银元,用以接济其中的一些同志。

以上类似情况尚多(其中1、3我在悼念洛峰同志的文中已详述,见《联谊通讯》14期),这里不一一赘述了。

时光易逝,生活、读书、新知三店的革命出版工作,转瞬已六十周年了。在过去漫长的革命历程中,我得到了三店的引导和同志们的帮助,在宣传阵地上与国民党的长期斗争中,风雨同舟,患难与共,建立了深厚的情谊,缅怀往事,无限感慨。愿逝世的战友在地下安息,祝在世的同志健康长寿。

陈汝言,三联之友。后曾在江苏省出版总社工作。

原载《联谊通讯》(北京)第28期,1992年10月25日

摇篮忆

刘　川

　　凡是八年抗战期间到过"陪都"重庆的人,大约都记得通远门外、七星岗下,有一条长二三里、通向闹市区较场口的著名街道——民生路。就是这条晴天尘土飞扬、雨天泥水横流的老街路,竟在八年抗战中,因聚集在它街路两旁的百十家书店出版社而博得"文化街""图书市场中心"美名,名扬整个大后方。在这百十家书店出版社中,又以销售革命进步书刊、高举时代思想火炬的生活、新知、读社三家——亦即后来结成一体的"三联书店",在读者中声誉最高,对那些追求进步的知识分子、青年学生来说,三家书店更是革命进步的象征、汇聚新思想新知识的神圣殿堂。我在那时因为一个完全偶然的原因,意外地走进了三座神圣殿堂之一的"读书出版社"(即"读社"),度过了一段时间不长,但在我走向革命的途程中却极为宝贵、永难忘怀的日子——这对我既意外,又幸运,更是始料不及的遭际!

　　记得 1941 年初春一个寒气逼人的日子,我因"皖南事变"被阻去不了延安,拿着曾家岩"周公馆"张颖大姐(当时她的公开身份是

《新华日报》记者)写的一纸介绍信,到民生路临江路口北边的读书出版社门市部联系工作。那时的门市部,面积不过二十多平米,两边贴墙书架,中间一张长书案,左后角一个小收银柜,右后角一架楼梯通上办公的小阁楼。它不仅面积比生活、新知都小,而且因飞机轰炸,还从街边人行道缩进去几米,显得有点寒伧可怜,但在读者——特别是广大青年读者群中,仍然享有生活、新知一样的威望,每天的营业额也差不了多少。

当天接待我的是正在店堂里替人"站班"的吴毅潮同志。吴年纪不大,但成熟稳重,很有一副"当家人"样子。他看过那张纸条(就是介绍信),立即笑容满脸地跟我握手表示欢迎,也没有经过什么麻烦的研究考察手续,便向我简捷地说起了书店情况和我将要分担的工作分工。我一边听他讲一边心里深感诧异:一家商店的经理式的负责人怎么会到店堂里来值班卖书,又怎么会这样平易地站在店堂里跟一个来求职的员工谈工作,并很快解决问题?⋯⋯的确,这里有我从未见过的作风和风气。这里的负责人和员工之间是一种类似朋友、亲人的关系——我喜欢这种关系。

随后吴毅潮向我介绍了正在店堂值班的袁伯康和另一位瘦瘦的杨同志(真遗憾,我怎么也想不起他的名字!)。袁伯康热情活跃,因年龄同我仿佛,三两句话一搭就引出了一大堆共同语言,成了声气相通的好朋友,关于怎样"站门市"、怎样包书扎书、怎样给书款打折扣、怎样整理书架分类书刊,以及怎样向不同层次的读者推荐不同的书刊等等"基本功",可说都是他教给我的。

中午吃饭,自然又是袁伯康带我回到距门市部半条街远的废墟中的宿舍楼。这楼原本就是假三层的一座老旧小洋楼。日本飞机炸毁一半后，小楼就更显得偏小，除顶层两间小阁楼外，一、二楼的五间正房就是排满竹板床的宿舍和饭厅，全店同志的食宿生活都在这里。吃饭前后，我又见到了店里欧阳章、赵枫林、张子生、马仲扬、汪晓光和女同志汪静波、余潜等等。因为饭堂同"新知"合用，我又认识了新知的刘建华、朱启新、石立程等等。这群年龄相差最多不过十岁左右的男女青年，思想活跃，热情坦率，又爱唱爱笑。每天下班回来，饭堂和宿舍里立马就传出欢笑和歌声，升腾起一股青春的朝气，在那艰苦郁闷的环境里，给人带来多少欣慰和激励！

据袁伯康后来向我介绍，"读社"的创始人和总领导人是黄洛峰和万国钧两位"先生"。他俩艰辛创业，从上海撤退到大后方后，又在西南、西北的几个中心大城市里，陆续建起了分店。如今，他们远在桂林，一时不能来重庆，就把重庆店交给吴毅潮、汪晓光两人负责。当一听说汪晓光也是位领导人，我脸上禁不住又挂上了个大大"诧异"的表情，我怎么也想不出，这个长着一张胖嘟嘟娃娃脸、说话柔声细气、整天笑容可掬、与严肃稳重的吴毅潮判若两人的"小汪"，竟能在重庆这样复杂尖锐的政治环境里担当起领导指挥全店的思想业务工作的重任来！

在我进店后不久的一个周末傍晚，饭堂里贴出了通知：晚饭后七点，不上班的同志都到楼下大宿舍里集合开会——那几年，我习惯了文艺团体的个人散漫生活，对开会很陌生，也有点好奇的新鲜感。但从袁伯康起，店里所有同志对此都很习惯。七点一到，大家都齐崭崭地坐好在床铺上，一种自觉的纪律性、集体精神，无声地感染了我,使我也及时找好座位,等待坐在中间写字桌后的小汪宣布开会。这时候的小汪,仍是笑容可掬,不紧不慢地拿出一张大纸说,按店里学习计划规定,今天是搞"时事测验",由他提出二十道测试题让大家回答。这二十道题有填充、选择、改错和问答。内容则从苏德战场到国内政局、敌后抗战以及社会科学和政治历史常识等,显示出小汪原来还是个学习勤奋、知识面广、有水平有素养的人。他出的这些题目,使我也大感兴趣。和那个年代的许多"热血青年"一样,我也是个时事迷、政治迷,对这类活动乐此不疲,对这样的人也充满了好感。

个把小时后,大家纷纷写好答题交卷。小汪迅速评分宣布成绩。得满分的表扬,错失多的改正。自然,大家虽也注意"评分",但主要还是借此进行一次生动活泼的时事政治学习。

测验结束,小汪又讲了几点店里工作和业务情况,介绍了新进店的同志(比如我),还提醒大家工作上生活上应注意的一些问题,也请大家发表对工作、生活、学习的意见和建议,……前后约两小时,会开得生动活跃。掌握会议的小汪,似乎一下子长大成熟了,不但说话干脆利索,处理回答问题也井井有条,使我不得不对他刮目相看。几年后我到解放区过一部队集体生活,才懂得这就是我党我军极其重视的干部的组织工作能力,不经过一定的实际工作锻炼,干部就很难具有这种能力。而这种周末开会的形式,则是革命部队里普遍流行的"民主生活会""小组学习会"在店里的学习应用。这也是书店"革命化"的一个侧影。正因为有书店早期这段革命化生活的锻炼,后来我到部队过起更严格的组织生活时,才能很快适应,没有什么思想情绪上的抵触。

从这次"时事测验"开始,我日益强烈地感受到存在于店里的那种浓郁的学习气氛。下班后读书看报翻阅杂志写日记、笔记等等,可说是每个人的生活习惯。休息日也很少有人上街看电影,不是坐在桌前写,就是靠在铺上读,读的都是健康的革命进步书刊,从马列主义到世界文学名著,从当代革命进步作家作品到解放区文艺。对《西风》这样的中性刊物,大家几乎都不屑一顾,这样的学习气氛和环境,对塑造我们正在形成中的革命人生观、价值观,真是起到了难以估量的作用。

我的小朋友袁伯康就是个读书学习的积极分子。他不仅好学,而且爱买书。凡是书店进来比较著名的新书,他总要抢先买下一本,以至于每月津贴费的大部分都付了书费。据他说,他之好读书买书,是受"读社"一位传奇式老同志范用的影响。范用读书之多之广,令人惊讶。传说他几乎读遍了门市部所有卖过的书。而他节衣缩食买书、彻夜不眠读书的刻苦精神,更令人望尘莫及!范用我只是后来匆匆见过一两面,接触不深。但从袁伯康身上,我却看到了爱书读书的效果,由于博览群书、视野开阔、思想锐敏、知识丰厚,袁伯康后来不仅写得一手好杂文和诗歌、散文,而且是一位优秀的文学编辑家,他主编的几份很有特色的文艺学术期刊专刊,至今仍是我每期必读的喜爱读物。

我的另一位年龄相仿的朋友张子生和诗人赵枫林,也是两位勤奋好学的人物。小张聪敏活跃,外号"小画家"。他整大捏着个速写本,有空练速写,画素描,店里人几乎都当过他的"模特",由于我俩喜爱的艺术品类不同,我同他谈心接触的机会都不如袁伯康多。但他那不畏艰难,执着地献身绘画艺术的刻苦精神,仍给我留下了深刻的印象!功夫不负有心人,数十年后,我意外地在南京美术馆看到了一次很有特色的他的个人画展,我和不少老同志、老朋友都为他的艺术成就高兴振奋。遗憾的是,在数十幅烙印着他漫长生活途程的多彩画幅中,竟没有留下一幅民生路门市部或宿舍小楼的历史风情画来。

赵枫林长留在我脑海中的印象是,裹着厚厚的粗呢大衣,顶着零下严寒,坐在墙角桌后奋笔写作或阅读的学者形象。他年纪也不比我们大几岁,但已是经常在报刊杂志上发表诗作的青年诗人。我和袁伯康那时对刚崭露头角的邹荻帆、曾卓等一辈青年诗人作品十分热衷,对于赵枫林也怀有敬重之情,但因水平层次和年龄阅历差距,这种敬重之情也未能在以后的接触中深化发展。不过,能有一位青年诗人和我们同站店堂同卖书,不仅使我们精神上感受鼓舞,也促使我们认识到:这是"革命书店"才能具有的一种特色。

总之,我保持至今的"有空时间就翻翻书"的读书习惯,就是在书店里最后铸造定型的。

学习气氛奋发向上和集体主义精神对我的潜移默化,使我对完全陌生的书店出版行业,对这种看似刻板而又清苦的生活,渐渐体会出一种新的精神境界和生活情趣:"别看我们物质生活上贫穷,可精神领域里比你们的花花世界富有千百倍!"这是我在心里常常默念的一句话,由此,我也像别的同志那样,除了互相关怀帮助外,也将书店这个大集体的前途盛衰萦系心怀,因为它已不单是我的生活依靠,而是一种值得为之奋斗的革命进步事业,尽管在书店数十年的闪光历史中,我只是个瞬间即过的匆匆过客!

我还记得在"读社"有两次业务活动高潮:一次大约是1942年的春夏间,吴毅潮拖着病弱的身体,经过数月的奔走筹划,终于在叶以群等一批进步作家的支持下,出版了一期16开本的《学习生活》。刊物保持了当年《读书生活》杂志的风格,以广大青年读者为对象。从时事政治、社会科学到文学艺术,内容丰富,文字生动活泼。自"皖南事变"后及其逆流汹涌以来,在高压统治下的重庆,久已不见这种对广大青年进行革命启蒙教育的刊物了。因此刊物一出,门市部一天就零售出近百本,同行来批售的也不少,销售的热潮使大家兴高采烈。"读社"总算克服千难万苦,向读者奉献出一本代表自己传统风格、受读者欢迎的刊物了,真是野火烧不尽,春风吹又生。然而,这种热销现象仅仅出现在重庆市区里,一到外地,刊物就被扣被禁,弄不好书店、读者还要吃无头官司。于是,这份深受读者欢迎的刊物印数也仅有三千份而已!

此后不久,书店又掀起了另一次销售热潮:引外地进步书刊冲击重庆的思想文化高压。这次是"万先生"(万国钧)亲自挂帅出马,从桂林批进大批新书,运来重庆发售。那时,桂林的政治环境比重庆宽松些,大批左翼进步作家聚集于此。他们的作品和在香港出版的进步书刊,都可在桂林出版发售。这些书刊一到重庆,就像天外吹来一股清风,把压抑沉闷、黑雾迷蒙的重庆,冲开了一个大缺口!那些天里,全店同志起早贪黑,放弃休假。拆包理书,重排书架书案。夜以继日,兴高采烈!每天门市一开,等在门外的读者很快挤满店堂。最忙时,连万先生都到门市部来帮着卖书。这销售盛况使我体验到一种少有的、完成重要任务的使命感和兴奋感,因为我知道,运售这批新书,就是在思想文化战线上向反动统治发起的一次冲击、一次战斗,这些书就是抛向反动统治的颗颗定时炸弹,终有一天会在反动派的心脏里爆炸开花。

不过,策划指挥这次战斗的万先生——据说还有黄先生——却从未给我们宣讲过这些政治大道理。他总是笑眯眯地鼓励我们好好干,能把这些书迅速送到读者手里,就是我们的胜利。以后我才知道,万先生是位老地下党员,他默默无闻地为党的文化事业、为"三联书店"事业辛勤工作一生,朴实忠诚、淡泊名利,至今我对这位虽然接触不多但充满敬意的革命前辈,仍旧记忆长存,永难忘怀!

我在"读社"学到的一些干书店出版社业务的基本功,帮助我在以后工作中发挥了作用。但从这时起,我就离开了"读社"那个艰苦朴素、朝气勃勃的、战斗的青春集体;离开了第一次给我带来巨大潜移默化影响的革命摇篮。

1998 年 7 月 25 日完稿于北京

刘川,1941 年在重庆参加读书出版社。后曾任南京军区政治部文化部专业作家。

原载《联谊通讯》(北京)第 64 期,1998 年 10 月 20 日

新知

走向光明的劫难

曹健飞

我 20 岁前的简历：

1920 年出生。

1935—1937 年，南京汽车公司公共汽车售票员。日军侵占南京前夕（1937 年 12 月 7 日）逃离南京。

1938—1939 年 3 月，受同学鼓励，投入抗日救亡运动。后任国民党军事委员会后方勤务部政治部政治大队队员，随队沿武汉、长沙撤至重庆。在重庆为投奔革命根据地，曾找过《新华日报》，未果；后找到从山西返渝的张友渔，他说：山西已不能立足，你们去干什么？

1940 年 4 月，加入中国共产党。

一

1939 年 4 月间，我从重庆往昆明探望母亲。从昆明返渝途经贵阳时，见到原先在政治大队工作的汪北炜和戴旭初。他们已在贵阳读新书店就业。读新书店是读书出版社和新知书店合作开办的。他们劝我参加书店工作。我那时想,去延安和解放区都很困难,并且我也不能再回驻在重庆的政治大队,因为与反共的副大队长的矛盾已经公开化,而大队长(地下党员)已被迫离队,于是我留在贵阳参加读新书店工作。书店经理是沈静芷,会计是戴琇虹。

皖南事变前,生活书店、读书出版社和新知书店三家在各地的书店除重庆、桂林、昆明、贵阳四地外,其他各地全部被国民党查封。皖南事变后,国民党又勒令在桂林的书店停业,对昆明和贵阳两地的三店进行查封。

1941年2月22日午夜,贵阳宪警对贵阳读新书店进行抢劫式查封,所有财产被洗劫一空,全体工作人员(包括孙家林的家属刘瑛)被逮捕,关押在国民党宪兵团的团部里。由于贵阳监狱已是人满为患,因此除经理孙家林被继续监禁外,其余五名工作人员(王祖纪、蔡铣、余汝光、刘瑛和我)关押三天后取保释放。被释放那天晚上,我去找贵州企业公司(宋子文之弟宋子良创办)总经理王新元(地下党员)。徐雪寒于1940年经过贵阳时,曾告诉我,书店遇到困难时可找他帮忙(解放后,王新元曾任轻工业部副部长,"文革"时被迫害致死)。

当时,贵阳读新书店和贵阳生活书店为一个党支部,支部书记是熊蕴竹("文革"时被迫害致死),沈静芷和戴琇虹都是党员。

1940年初,贵阳地下党组织调尹克恂到"读新"。我入党介绍人是戴琇虹和尹克恂,接受我入党的是熊蕴竹。不久,这些党员都另有工作,纷纷离开书店,如熊蕴竹去了延安,尹克恂在1940年下半年去了新四军(现在贵阳),读新书店的党员,便剩我一个了。

我找到王新元后,当晚便住宿在他家里。王新元告诉我,他得到消息,贵阳宪警当局认为我是被放错了的,仍要逮捕我。次日凌晨,王祖纪给我送来衣物。我便在黎明前的黑暗中逃离险区。由于贵阳郊区图云关设有公路检查哨所,我只得避开公路,翻山越岭,步行七八十里,走出贵阳,到达龙里县,再从龙里搭乘车辆经柳州到桂林。

在桂林,我受徐雪寒派遣,执行去江西(吉安)设立地下交通站任务,后来知悉任务是周恩来副主席下达的。

1943年我调到新知书店二线机构远方书店工作。桂林沦陷前撤退到桂东昭平、八步,开办了兄弟图书公司(是最早的三联书店之一),又在粤北连县设立了分店。抗战结束后,接三联总管理处指示,结束八步和连县两店业务,进入于1945年12月1日开设的广州兄弟图书公司。

广州兄弟图书公司开业,受到沦陷七年的广州人民群众的热烈欢迎。翌年1月,在重庆举行的政治协商会议(旧政协)取得成功,虽是暂时的、表面的,但对于饱受战乱之苦的人们来说,于国内形势估计有一种乐观的预期,以为中国从此可以进入和平建国时期。因此,我们图书公司对外发行工作没有应变思想和措施。旧政协结束不久,1946年三四月间,茅盾先生由渝来穗,在一次文化界座谈会上说,广州进步文化界开展得很活跃,但整个工作布置,如踢足球一样,都打前锋,没有后卫和防守,一旦遭受打击,将会损失惨重。事情的发展确实如此。重庆在政协会议后发生了较场口、沧白堂反共、反民主、反和平事件。在广州,国民党当局利用五四青年节游行之际,派了许多特务混入游行队伍制造混乱,乘机捣毁香港《华商报》《正报》设在广州的门市部以及我们的书店。我们不仅书店被捣毁,五名工作人员和一位读者被打伤,书店的现金和其他财物都被洗劫一空。门市部被毁,在书店所在地的惠爱东路①,书刊散落得满街都是。6月21日,兄弟图书公司和其他12家文化单位被查封。

"兄弟"被查封,我留在广州善后。地下党组织从国民党广州卫戍司令部得悉,卫戍司令黄珍吾下令,抓住曹某某就地正法。组织上立即要我隐蔽起来,以防不测。没过几天,党组织安排我搭乘渔船去了香港。

二

1946年7月,我从香港回到上海。在年底前,我还到江西和安徽做过两次副业(我们称书店业务为主业,主业以外如搞贸易称之为副业)生意。年底,总管理处黄洛峰通知我,说台湾有位朋友叫黄荣灿,是个版画家,抗战胜利后去台湾接收了一个日本书店。由于抗战胜利,日文书籍没有销路,要求与我们合作,即黄荣灿提供店址,我们提供货源和经营人员。总管理处决定派我和胡瑞仪前去。

---

① 编者注:今中山四路。

我们于 1947 年年初到达台北,经过紧张筹备,2 月 1 日以"新创造出版社"为名的三联书店正式营业。台湾被日本侵占了 50年,很少有大陆出版的书刊。我们运去了大量书刊,门类丰富,是台湾光复后,第一次有那么多大陆书刊出现在台湾书市上,受到广大读者欢迎,可谓盛况空前。不仅台北门市部生意兴隆,高雄、台南、嘉义、台中等地都有书商来批销。但不久便爆发了著名的二二八武装起义,国民党当局派了大批军队进行镇压。在镇压全岛武装起义的同时,也开始对进步文化加紧监控,检查扣押所谓禁书,检查扣押上海寄来和我们寄出的书刊,并经常发现一些形迹可疑的人在门市部监视我们工作人员和读者。七八月间,我在台北街头,偶然见到一个在广州捣毁我们书店的国民党特务,尽管我出去时化了装(戴了宽边眼镜),这个特务还是认出了我。虽然我甩掉了这个"尾巴",但估计这个特务认为我在广州搞书店,到台北也会搞书店,他会顺这个思路来跟踪我。果然不出所料,这个特务经常"光临"我们书店门市部。出现这种情况后,我就不能再到门市部去工作了。

随着国民党在台湾统治逐渐加强,我们门市部受到的威胁也逐渐加剧。特务经常借口检查没收书刊、跟踪读者,甚至威吓读者,门市部便无法正常营业,处境日显险象,不仅如此,文化界许多进步朋友也纷纷离台。我向总管理处作了汇报,为避免更重大损失,总管理处决定书店自动停业,撤离返沪。1947 年 11 月间,我们采取"突然停业"的办法,避免了敌人事先知道而来捣乱。与我们合作的黄荣灿先生没有离台,他后来被国民党当局逮捕,于

1952 年惨遭杀害，罪名之一是"在台发行反动书籍"。

三

　　从 1948 年初至 1949 年 5 月，我在三联设立的贸易机构"庆裕纱布行"从事书店副业工作，主要是与解放区进行贸易。从 1947 年开始，三联书店已在胶东和东北用光华书店名义开设许多分店，通过与解放区贸易，不仅供应了解放区需要的物资，还加强了总管理处与解放区各店的联系。这一年多时间里，我先后五次往返国统区与解放区之间，其中两次是从上海经宁波去大连，一次是去山东石岛，另两次是由香港去天津。当时正是解放战争连连胜利之时，从国统区去解放区，敌人封锁极为严密；本来危险性就很大，再加上走海路，遭风浪袭击，每次往返可说险象环生。

　　我们第一次到解放区，那里的贸易单位知道我们身份后，就委托我们办些一般商人不愿意采购的危险性较大的货物，如军用医疗用品和通讯器材。这些货物被国民党当局严格监控，一旦被敌人查出，后果自然可想而知。举个例子，约在 1948 年，我们曾委托上海一家商行采购部分通讯器材。这个商行长期与解放区做生意，它设在上海爱多亚路（现延安中路）一个弄堂里。当我和刘建华到达弄堂口时，发现有几个人鬼鬼祟祟地东张西望，形迹很可疑。我与刘建华认为情况异常，决定不能去了。我们在一个公共电话亭给这家商行的老板打电话，老板本人没有接电话，而接电话的人却要我们去面谈，后来得知该行已被国民党特务侦破。

再如，在 1948 年九十月间，我和刘建华从大连分别返沪。这次是在浙江平湖登陆。当时，蒋经国在上海以改革金融为由，发行金圆券，主要是搜刮人民手中的黄金，规定私藏黄金超过多少，以死刑论处。由于我们从大连回来，没有回头货可带，大连的贸易单位给我们钱款，都是 10 两一条的金条。刘建华把金条放在大连买的一个旧留声机里，我把金条装在布袋缠在腰部。我从平湖经嘉兴到达上海，天刚蒙蒙亮，过海关要检查，我腰缠大量金条，弯腰非常困难，幸未被察觉。走出海关叫上三轮车，车资高达金圆券 50 元，相当于 1/4 两黄金的价格（当时蒋经国以 200 元金圆券收购 1 两黄金）。回家后，我迅速将金条送到负责副业工作的王泰雷家里。

1948 年，石家庄解放，新中国书局开张，急需书籍供应，同时，华东局社会部委托我，要给解放区搞五本上海电话簿，为他们了解研究上海情况，以备解放上海时需用。时近年底，正是严冬季节，我们带着书籍和物资去解放区。所乘的木船，是浙东一带渔民用的风帆船，只靠风行驶。夏秋季节一般都是东南风，顺风顺水行驶平稳，乘风破浪，走得很快。严冬季节，西北风大起，渔船因逆风行驶（逆风要"之"字形行驶），不但行驶缓慢，而且危险性大，渔民都不愿出海。

因此，我们只得高价租船。由宁波经镇海出海北上，途中几次遇到强西北风。一次船行到山东海面，被刮回到浙江、福建海面，后来慢慢驶到舟山群岛补充淡水。再一次行驶到山东海面，又遇到强烈的西北风，将船吹到南朝鲜海面。这次航行共 27 天，途中遇到几次大风浪袭击。船上共有九名船工,在大风浪中竟晕倒六名。我是第一次遇到这样的大风浪,开始紧张害怕,后来心一横也就不怕了,有时还帮船工干活。船上的淡水快用完时,船老大规定除了吃喝之外,都不准使用淡水。到第 27 天时,突然刮起东南风,吹着我们的船很快地到达这次航行的目的地石岛。

这次与我同行的有欧阳章(他是调入解放区工作的),他呕吐得不能进食,吐出的都是黄胆汁。到达石岛时,他是被抬上岸的。由刘建华负责的另一条船,与我们同时出发,在海上行驶了 25 天才到大连。到达石岛后,遇到原书店同事唐泽霖,他在华东局贸易部门工作,从香港租了一条外国海轮运物资到石岛。据他告知,香港书店领导人很久没有接到我们到达解放区的消息,以为我们在海上遇到国民党的军舰或是发生意外。这是"海龙王"给我们的一次生死考验。

这次去石岛送去了物资、书籍,还有五本上海市电话簿(当时华东局社会部有一个机关在俚岛)。石岛的贸易局知道我们不是一般商人,在没有回头货的情况下,除付给我们一批金条外,送给我们五万斤咸鱼(石岛是中国四大渔港之一,由于国民党封锁,存鱼很多)。我们的船运回了五万斤咸鱼,进宁波报关,填写报关单说是从舟山沈家门运出的。这时一件意外情况发生了,检查人员检查后找到我,要我如实交代咸鱼的来源。我开始还是坚持说是从舟山运来的,但检查员一口认定是从北方来的。他说咸鱼上的盐粒说明鱼不是舟山的。舟山的咸鱼盐粒是细的,而我船上咸鱼盐粒粗,是北方的盐。真相隐瞒不了,我只得找帮我们出进口的报关行老板从中斡旋。我们每次出进口手续，都是这个报关行的老板（后来据说他是个特务）经办的，每次都得送给他一定数量的干股。事情发生后，根据当时情况分析，这些检查人员并不想把事情捅开，只想收贿就可私了。经过请吃和讨价还价，对方开价10两黄金，最后以2两黄金了结此事，总算化险为夷。发生此事的前一年，原读书出版社的同事张汉卿由苏北解放区运来一批物资被查出，不但船、物全部没收，张汉卿还为此而牺牲。

记得第四次去解放区，是1949年3月，香港总管理处电沪调我去港工作。3月9日离沪赴港。到香港后才知道是中共港澳工委要送一批民主人士和文艺界人士到北平参加即将召开的人民政协会和全国文代会。工委要我们书店联系香港民族资本家合作租船，以贸易为名前往天津。这条货轮上共搭乘民主人士和进步文化界人士200余人，其中有严济慈、阳翰笙、冯乃超、臧克家、史东山、丁聪、张瑞芳等人。此行天津贸易部门以较优惠的利润给予合作租船的民族资本家，回报他们的合作。

我们租用的是货轮宝通号，悬挂挪威国旗，排水量4000吨。3月27日，宝通号离港北上。经过台湾海峡时，台湾国民党空军曾在货轮上空盘旋。七天到达天津，航行还算顺利。这是天津解放后第一艘海轮直接驶入天津码头，天津市市长黄敬亲自到码头迎接。

4月中旬返港时，为了增加收入，我们委托船运公司出售返港船票。当船驶抵公海时，乘客中有一个是驻津国民党宪兵团的头头，居然在船上大肆攻击我党我军。此人便引起了我的注意。

我回港前,北平总管理处黄洛峰又安排新的任务,要我回港后迅速返沪,到南京潜伏,迎接解放,以便协助解放军接管和快速开设书店。于是,我准备乘船返沪。但上船那天,发生了看起来一件很小的事。就是我上船后,顺便在船舱上买一份报纸,而报贩无零钱找,我正在犹豫之际,突然背后有人招呼说:"曹先生,我这里有零钱。"我回头一看,要代我付报费的正是上次搭乘宝通号货轮的那个国民党宪兵团头头。由于我是那次"宝通号"轮船上的"买办"(即负责人),在天津多次公开参加活动,如出席黄敬市长的欢迎宴会、外贸部门的座谈会等,报上都报道过我的名字。对这个人的出现,我很警惕。当时想到,如果与这个宪兵团头头同船返沪,危险性太大了。我当即上岸向书店负责人万国钧汇报了此事。他当机立断,决定不让我走了。我上船去拿行李时,此人问我为什么不走了,我说回沪是接家眷的,刚刚接到电话,家眷已乘机来港,所以我不去上海了。不几天,我军发动了渡江战役,我已没有必要再返沪了。

转眼到 4 月底,香港英商太古轮船公司恢复港津班轮。港澳工委组织一批民主人士和文艺界人士搭乘太古公司班轮去津。但这次不取上次包船方式,而采取有组织的分别购票分别上船的办法。在班轮上,由姜椿芳、周而复负责,指定我协助工作。现在记得起的,民主人士和文艺界人士中有李达,郭沫若的夫人于立群(和她的几个孩子),还有著名电影演员舒绣文等。李达上船前,工委有关同志曾告诉我们,说李达是毛主席请的客人,要多多照顾。

驶往天津途中,班轮需要在南朝鲜仁川停靠一夜。现在记不起当时是否清楚客轮要途中停泊仁川,总之,那时出现这种情况,我们不得不预防发生意外。因为,那时仁川由美军占领,也不清楚我们此次行踪会不会被在港的国民党特务探知。于是,我们迅即通知有关人员组成若干小组,相互照应,派人员值班,随时联络,并要求我们有关人员在任何情况下绝对不要下船。所庆幸的是,那夜没有发生任何意外。次晨,该轮由仁川驶往天津。虽有一场虚惊,但顺利抵津。完成这次任务后,我就被分配到新中国书局(后改名为"三联书店")北平分局任经理,接替南下的赵晓恩的工作。

从 1939 年到 1949 年,革命工作十年,工作流动性大,生活非常艰苦,遇到不少险情,但总有一股正义的力量在支持着我们,有一种必胜的信念在鼓舞着我们。我们工作非常努力,心情非常舒畅,对组织分配的任务,总是积极地去完成,真正能做到义无反顾,勇往直前。

我至今仍很怀念那段艰难的走向光明的十年。

曹健飞,1939 年在贵阳参加读新书店。后曾任中国国际书店总经理。

原载《三联贵阳联谊通讯》第 32 期(2003 年 11 月 8 日)

"一日留人间，莫把光阴负"

——怀念霞初同志

俞筱尧

霞初同志不幸去世的噩耗传来，我不禁深感悲痛。我认识霞初同志是在 1948 年夏天，那时他结束了南昌文山书店业务，来到新知书店上海办事处工作。许季良、张炜和我当时都在那里。霞初同志到来后，我们四人曾经在一起工作和生活，直到办事处结束。我们相处虽然只有几个月时间，原来也都不相识，但是相互间工作配合很和谐，相处十分融洽。

霞初同志刚到上海，立即投入了"新认识丛书"和"国际现势丛书"两套政治时事读物的编辑出版工作。这两套书是上海党组织在 1947 年 7 月"文萃丛刊"被查封以后，12 月间开始在新知书店出版的。

对这两套书的继续出版，国民党当局显然是很恼火的。于是，从中央社到地摊上满街泛滥的反动小报（如《小活报》之类）一起鼓噪起来，甚至肆无忌惮公然指控新知书店是共产党在上海建立的搞武装暴动的据点，耸人听闻的谣言四起，不一而足。尽管如此，这两套书由于所论述的主题都是为当时国统区广大知识分子所关心，而且篇幅短小，说理透彻，论据充分，再加上文笔犀利，著作人又都是名家，所以很受读者欢迎。霞初同志为这两套书能迅速及时地出版，经常通宵达旦地干。他比较胖，特别怕热，工作时经常光着上身，仍汗下如雨。听到有人敲门，便急急忙忙躲了起来。我们经常笑他狼狈的模样，这一幕幕情景虽然已经 40 多年过去了，依然如同昨天的事一样。也有的稿件因政治性太强，不便由新知书店出版，但任务紧急又不得不赶紧印制，记得有一本在出版时临时改用了"正大出版社"的名义。这个出版社是我们几个人商量后虚构的，事实上并不存在，出版社的地址同样也是虚构的，书名是霞初同志的手笔，写的是隶书。我和张炜同志常去福州路一带向同业送货，人头较熟。几家书店见到我们，经常不问什么书就收了下来，通常是凭回单按月结一次账。他们是发行单位，经销的书刊何止千百种，对书籍的政治内容可以不承担责任。这本书我们送货时对方虽没有详细过问，但如再去结账便很容易暴露。经许季良等同志共同商量，霞初同志刚到上海不久，又不经常外出，在同业中是生面孔，决定暂且由他凭回单去收款。但也正因为他是生面孔，万一发生意外，也就不容易隐蔽。明知山有虎，偏向虎山行。霞初同志立即承担了这个任务。果然不出所料，那本书在销售中出了"问题"，霞初同志只在一两家书店收了款，再也不能继续收下去了。后来，没有发出去的一批书，恰逢学校暑假期满，北京大学学生会的周辅之（许可成）等同志随大伙乘轮船北上，便装在他们的皮箱里当行李混过检查，带到了北平，在平津地区发行。霞初同志在上海几个月后，新知上海办事处最终在 10 月 18 日和生活上海办事处、读书上海分社奉命同时结束。我们都先后离开了上海。

1948 年冬或 1949 年春，我在山东潍坊光华书店，霞初同志经过潍坊去大连，在潍坊住了一夜。我们分手虽然只有几个月，这次在解放区重新聚首，好像已经分别了许多年似的，甚至有隔世之感，见面时分外亲切，有说不尽的话要说。我虽明明知道他第二天还要起早赶路，一再劝他早点休息，却又不停地说这说那，自己也感到好笑。那晚我们说了一夜的话，都没有睡意。他告诉我在上海分手后，他去了香港汇报工作，这次是去大连报到的。当说到上海一段工作时，他说邵荃麟同志对出版两套书的工作很肯定，说这件事做得好。邵荃麟同志是代表中共香港工委领导书店工作的，我听了这些话感到在上海的那些日子没有白白度过而欣慰。当时淮海战役正在进行，平津战役似也揭开了序幕。自从辽沈战役胜利结束，解放大军进关以来，胜利捷报接二连三，真如俗话所说的像雪片一般飞来，我们无时无刻不被大好的革命形势激励着，浸润在胜利的欢乐之中。这天晚上，我们激情满怀地谈到即将诞生的新中国，谈到新民主主义和社会主义，谈到新中国的出版事业，还谈到我们的美好未来。总之，在我们面前呈现着无限的光明和希望，我们将要用自己的双手去实现我们的前人争取实现而没有能够实现的工作和事业……

1949 年春天，淮海战役胜利结束，解放大军直逼国民党反动统治的心脏——南京、上海和华中重镇武汉，国民党政府已经处在土崩瓦解之中。这时大连光华书店有批书经过山东运到南方去，我随车押运去徐州。霞初同志随大军南下,在徐州整装待发,我们不期而遇。他当时身着戎装,精神焕发,神采奕奕,给我很鲜明的印象。他正准备和艾寒松等同志一起前赴江西。江西是霞初同志的家乡,在旧中国,他在党的领导下,在那里曾经做过多年出版发行工作,对当地的情况很熟悉,又有广泛的社会联系,我想他去江西是十分适当的,一定可以大有作为。在南昌,他先在新华书店江西省分店。不久,由于工作需要,调北京总店工作了一段时间。1962 年又去了广西人民出版社,直到去世,为我国革命出版事业奋斗了一生。

霞初同志在江西和广西期间,曾多次来过北京,多半因我出差在外地,见面机会很少。1982 年 10 月,我出差去云南,归途中经过广西南宁。当他得知我到南宁的当天,便约我在一起叙叙,这是建国后难得的一次聚首。在我离开南宁的头一天上午,我应约前去,一起游览了南湖,因时间太匆促,没有能够尽兴。当晚,他又特地赶到我旅居的邕江饭店。当谈到他打算写一部以旧中国在国统区从事革命出版工作为题材的小说时,我特别高兴。我以为搞出版工作的虽有不少同志是弄笔头的,但在他们经手出版的书籍中,讲出版的书却很少,以出版工作为题材的小说更绝无仅有了。霞初同志从 1936 年以来,长期从事出版事业,阅历丰富,文笔也好,是有可能完成这一工作的。再说,他那时似即将离休,在离休以后,有志写这类题材的小说,这种设想也是可取的。当时我答应他如果需要什么材料,只要写信来,我一定尽力照办。我还把自己写的《新知书店一年间》初稿复印件交给他,供他参考,并请他提出修改补充意见。后来这篇稿件发表在《中国文化研究集刊》创刊号上。霞初同志一再希望我能够在南宁多住几天,陪我到处走走看看,我因回北京的机票已由广西博物馆代订,只得相约在以后有机会再叙。大约在 1983 年霞初同志离休定居南昌后,经常有《生活之歌》组诗寄来,一首首小诗都整整齐齐写在他亲手制作的折叠式的小本本上。这些诗篇反映了霞初同志离休后的生活情趣,倾吐着一位老战士对祖国光明前途和社会主义事业坚定不移的信念。

霞初同志为人正直厚道,待同志诚挚热情;作风正派,襟怀坦白;生活朴素,廉洁奉公。他在青年时代为了挽救中华民族的危亡,投身革命出版事业,几十年来,虽饱经忧患,但矢志不移,勤奋工作,无私奉献。正如他在《生活之歌》中所表达的"一日留人间,莫把光阴负"。他虽然离开我们而去了,但是他留给我们的一位老战士的优秀品德,将永远活在我们的心中,永垂不朽!

1990 年 10 月

曾霞初,1938 年在武汉参加新知书店。后曾任广西人民出版社副社长。

俞筱尧,1947 年在上海参加新知书店。后曾任文物出版社副总编辑。

原载《联谊通讯》(北京)第 17 期,1990 年 12 月 15 日

悼储姊

戴琇虹

储继同志因病医治无效,不幸于 1994 年 7 月 21 日晚 9 时 15 分和我们永别了,享年 82 岁,噩耗传来,不禁使我万分悲痛。

一

储姊 1912 年 2 月生于江苏宜兴,我们两家相距不过里许,她比我年长几岁,但是我们从小学到宜兴女中(初中)都在一个班上学。宜兴女中毕业后,我们又一起考取了苏州女子师范学校(简称苏女师)。每逢新学期开始或寒暑假期,我们总相约一起去学校或回家度假。由于我们从小在一起长大和学习,储姊又比我成熟,对我处处关心照顾,所以我们从小就以姊妹相称。

储姊学习成绩很好,又关心别人,同学们都很钦佩她。在小学时,她就是全班品学兼优的优等生。在宜兴女中时,每学期都举行一次全校作文比赛,我记得至少有两次,她都获得第一名。她的一手颜字,一个个方方正正,遒劲有力,也是下了功夫的,为同学们所赞赏。

苏女师办有贫民夜校,有段时间,由同学朱光熙大姐担任校长,储姊担任教导主任。有次,学校缺数学教员,储姊鼓励我去担任,说:"这是边学习边实习的好机会。"经过这次实习不但使我教学得到了锻炼,并且为我以后走向社会上了有益的一课。

1935年秋,苏女师将在下学期解聘孙起孟等六位教师,这六位教师平时都是同学们十分尊敬和爱戴的。为此引起了同学们普遍不满,纷纷要求校方收回成命,挽留他们继续执教。校方拒绝了同学们的正当要求,并且开除了为头"闹事"的十位同学。储姊也是这次"学潮"中被开除的十位同学之一。

储姊离开苏女师后曾在宜兴和桥镇的贫民小学教书。后来到上海教书,白天在工人子弟学校,晚上又去女工夜校,工作安排很紧,生活清苦,但是她的精神生活却十分充实。

二

1937年七七卢沟桥事变,紧接着八一三淞沪抗战,中国军民奋起抵抗,抗战的一天终于来到了。上海沦陷,战争的烽火燃烧到了我的家乡,我不能继续在宜兴教书,流亡到了湖南长沙,1937年底,我进了长沙郊区的电瓷厂当练习生。其间,全国各地抗日救亡运动风起云涌,长沙也和全国其他城市一样。当时我虽流亡外地,但精神异常振奋。在工厂,我和女工们住在一个宿舍里,每星期三晚上给女工们讲解时事和借新书刊给她们阅读。每逢星期日,我经常到长沙市区东长街书店集中地段去选购出版的书刊。有次在东长街新路书店购书时,竟意外地遇见储姊,我们都十分高兴。我们各自倾吐了别后的一切,知道她在上海参加了上海青年救国服务团,从事救亡运动,后来随团到了武汉,由于国民党禁止服务团的活动,她在武汉经徐雪寒同志介绍,参加了新知书店工作。后来又调到长沙。事后知道,她在服务团时,已经加入了中国共产党。这时她就在新路书店楼上的新知书店长沙办事处担任会计工作。我向她谈到工厂里的情况,她很感兴趣,对我所做的工作十分支持。这次在长沙和储姊见面,我十分羡慕她的书店生活,尤其是经常有机会参加到长沙抗日救亡运动的行列中去,呼喊出中国青年要求中华民族独立和解放的声音,令我最为向往。储姊看出我的心事,答应我以后一同去参加。从此我每星期日去她那里。她经常带我去参加《新华日报》读者座谈会,还去听过叶剑英同志关于抗战形势的报告会和薛暮桥同志主讲的经济学。生活书店长沙分店组织的抗日歌咏队,我们也常一起参加,这些活动都使我深受教育与鼓舞。

1938 年 10 月武汉沦陷,新知书店总店从武汉撤退到桂林,储姊也要调到桂林去。长沙办事处只留下了负责人沈静芷同志一人,储姊担任的会计工作急需人接替,储姊要我赶快辞去工厂工作,到新知书店长沙办事处报到。就这样经过储姊的介绍,1938年 10 月下旬,我就在长沙参加了新知书店工作,开始了我新的生活。

三

长沙当时的形势也很吃紧,我在长沙办事处工作了一个多月,总店要我撤退到桂林去。我到桂林时,副总经理华应申同志和储姊热情地把我接到罗家巷4号楼上宿舍与储姊同住一室(楼下是《新华日报》桂林分销处负责人张尔华[敏思]同志的家)。应申同志和储姊见我生活用品不全,要储姊陪我去百货店买了新的脸盆和毛巾等日用必需品。书店领导和储姊亲切周到的关怀,使我十分感动。

桂林分店是1938年12月初开业的。我分配在门市工作,储姊负责邮购。她对邮购读者服务热情周到。凡是读者需要的书刊,她都尽力配齐后及时邮出。有时缺一两本,她也认真登记下来,配到后寄去。为此她总特地向读者写信说明表示歉意。在轮换门市同志吃饭之际,她在门市总要主动热情地向读者介绍新出版的书刊,往往引起周围读者的兴趣,都来听她的介绍。后来时间长了,不少老读者到书店购书,都愿意请她当参谋。直到全国解放以后,储姊在全国妇联担任城工部部长时,遇到过几位在机关、工厂做妇女工作的干部,她们见到储姊时都格外亲切,清楚地记得当年储姊对她们的政治上的关心和帮助,一致称赞储姊是她们的革命引路人哩!

有一位在桂林郊区将军桥电工二厂工作的蔡铣(蔡自强)同志,经常在星期日来找储姊买书刊,并介绍工厂女工的思想状况。

有一次蔡铣同志因在女工中传阅进步书刊被厂方察觉，无法再回厂工作下去了，来找储姊商量。储姊经过慎重考虑后，先要她暂时避避风，然后要她在书店做些包扎书刊和书写读者地址等工作。经过一段时间，储姊与应申同志商量，决定让她随王祖纪同志一起乘红十字会的汽车去贵阳参加读新书店工作。那时我正在读新书店，听蔡铣同志讲起这件事时，她还十分激动地说："储继同志真是我的救命恩人啊！"

1940年2月初，衡阳分店被查封，分店经理陈在德（王华）等六位同志全部被捕。同时被查封的还有生活书店衡阳分店。事件发生后，桂林八路军办事处李克农同志，亲自来新知总店指示营救措施。这个任务是交储姊去完成的。她以商人身份，拿了李克农、沈钧儒、郭沫若、胡愈之等同志的信件，在衡阳国民党警备司令部、市党部和市政府之间，利用各方面关系，经过一个多月的奔波和周旋，陈在德等同志终于在3月中旬得以恢复自由。听到这个消息，我既十分高兴，同时也敬佩储姊的坚强、灵活和机智。

四

我在桂林分店工作期间，先和储姊住在一个宿舍，晚上下班回来，她不断从各方面帮助我，要我首先做好门市工作，要熟悉书，我们不可能读遍所有的书，但对每本书的序言、后记和目录，对书的内容要有个大致的了解，心里有个底，便于向读者介绍。对作家、画家、诗人等文化工作者上门购书，要注意他们的专业需要。又如

《解放》《论持久战》等要优先向老读者提供。不久,她与应申同志结婚后,他们的新房就在我住房的对面,我们仍旧经常往来。我永远不会忘怀的是,储姊有一次到我住房来,谈了一个多钟头的话。她说我们从小同学,后来又一同在新知书店工作,我的历史她最清楚,她结合形势和我们的经历启发我要树立革命的人生观,并鼓励我争取入党,只有共产党才能救中国。又要我在下班后到他们宿舍里去,教我学习《共产党宣言》和《论政党》等书籍。在白天空袭时,应申同志约我和他一起到郊外七星岩或老君洞去躲警报,他趁此机会和我谈人生的追求和理想。1939 年 4 月我经储姊和应申同志介绍,并经沈毅然同志代表桂林"八办"谈话,批准我光荣地参加了中国共产党。

皖南事变后,我们都奉命从桂林撤退,储姊和应申同志撤退到了"孤岛"上海。在这之前,我已与静芷同志结婚。我们先到浙江金华,后又到"孤岛"上海,静芷同志因工作需要,仍回桂林,我暂留上海,在应申同志主持的泰风公司工作。当时储姊任上海亚美书店经理。太平洋事变日寇侵占"孤岛",应申同志去了苏北,我和储姊因有身孕,暂时隐蔽在宜兴和桥。后来我奉命调回桂林,储姊则去苏北,先后在苏北公学、华中和山东新华书店工作。我们这次分手有 8 年之久,直到新中国成立,我们才又在北京胜利重逢。我和储姊虽不在一起工作,但交往如旧。储姊仍和过去一样关心着我。她是我最尊敬的战友。

储姊的一生是平凡的一生,也是伟大的一生。她认真的工作作风和朴素的生活作风,以及严于律己、宽以待人和言行一致的高尚品德,都为我们树立了学习的榜样。她虽然离开我们而去了,我们再也听不到她的声音了,但是她的忠于党忠于革命的精神将永远活在我们的心中,永放光彩。

储继,1938年在武汉参加新知书店。后曾在广西壮族自治区妇联工作。

戴琇虹,1938年在长沙参加新知书店。后曾任中国印刷器材公司副经理。

原载《联谊通讯》(北京)第40期,1994年11月5日

悼念昌泗

曹健飞

对昌泗的逝世，我是有预感的。前些年知道他患肝病，曾经到无锡疗养过，可一直也没有康复。1987年在京新知同人聚会，他带病来了，但聚餐时却一点东西也没吃，说是肾不好，忌油腻。这样肝病未好，肾又出了问题，经常受病痛的折磨。同志们也就经常为他的健康担心。这次病倒，情况比较严重。我得知他住院后，就与迪畅和张炜去看望他，那天他的精神较好，由儿媳搀扶着在走廊上散步，回到病房，还和我们谈了一些往事，我们看到他的病有点好转，都很高兴。但过了一些天听说他病情恶化，医生已下了病危通知。我赶到医院探视，他已处于昏迷状态，后来虽然苏醒过来，轻微地和我谈了几句，已经是有气无力了，我感到他的病是沉重了。那时得知天津有位治肾病的专家，我们正努力设法安排他赴津治疗，但终因他太虚弱了，恐怕经不住途中的颠簸而未去。虽然预感到他将不久于人世，但噩耗传来，我还是感到有些突然，他毕竟走得太早了。

我和昌泗相识是1943年在桂林的新知二线书店——远方书

店,我们同在那里工作了一年多。远方只有七八个同事,既搞出版又搞发行。昌泗几乎是出版方面的全才,从拿到原稿到出书的全部过程,每一个工序,完全由他包揽了。抗战期间,物质条件很差,印书用的都是黄色的土纸,封面纸也是略白一点的土纸,根本不能用铜锌版,在那样艰难的条件下,远方的书封面常常是双色、三色,有的还是四色的。这些都是昌泗精心设计的,他将封面的每一色做一块木刻,然后在小圆盘机上一色一色地套印。文学名著《奥布洛摩夫》是四卷本,《喀尔巴阡山狂想曲》是三卷本,在当时都是印得比较精美的。可以想象到那是要花费昌泗多少心血和辛勤的劳动啊!昌泗除担负全部出版工作外,还积极搞发行业务,当时有三千多个邮购户,他就经常为邮购读者配书、打包、写信。他那不声不响、勤奋工作的形象,深深地铭刻在我的记忆中。

1944 年湘桂战役爆发,蒋介石执行消极抗日、积极反共的反动政策,国民党军队在日军进攻面前,节节败退,从湖南衡阳一直退到贵州独山。书店根据周恩来同志事先的指示,一路西撤去重庆,一路由水路撤至桂东。昌泗撤到桂东,参加了党领导的利用国民党省报的名义的工作,即《广西日报》昭平版。

1945 年抗日战争胜利后,《广西日报》昭平版停刊,昌泗回到书店,参加了国统区第一个三联书店——广州兄弟图书公司的筹建工作。兄弟图书公司自 1945 年 12 月 1 日开幕到 1946 年 6 月 21 日被国民党反动派封闭,这段情况吴仲和李梅甫同志曾写过专文,这里就不再重述。我要介绍的是昌泗在那次事件中的表现。

兄弟图书公司在被封闭之前,国民党特务和警宪利用五四青年节学生游行的时机,手执利斧、木棒、铁棍在光天化日之下冲进店堂,将书架、书柜和书台等全部捣毁,而且大打出手,把门市部的五位同志全部打伤。其中昌泗同志被打得鼻青脸肿,血流如注,手臂也被打伤,是伤势最严重的。我们为了抗议和揭露国民党反动派的暴行,决定第二天照常开业,被捣毁的店堂未做清理,受伤的五位同志照常接待读者。以昌泗最为突出,他头缠纱布绷带,受伤的右臂用纱布吊着,和其他同志坚守岗位。门市部涌进大批读者,一方面亲切地向我们表示敬意和慰问,一方面愤怒地控诉国民党反动派的暴行。读者并以多付钱的方式表达他们对书店的支持和同情。当时门市部收款处已被捣毁,就摆了一个竹筐,收读者交的款,许多读者都以多出书价数倍的钱交付,有的不是购书而是捐献,很快就将竹筐装满了钞票,那场景现在回忆起来仍然令人激动不已。昌泗同志和其他几位受伤的同志在接受读者慰问时,都感动得热泪盈眶。他们以不畏强暴、坚强不屈的革命精神,忍着伤痛在门市部连续坚持了三天。

昌泗同志离开我们了,但他那勤勤恳恳、埋头苦干、不计名利、谦虚谨慎、艰苦奋斗的作风将永远激励着我们,让我们永远怀念他。

昌泗,安息吧!

华昌泗,1943 年在桂林参加新知书店。后曾在中华书局工作。

曹健飞,1939 年在贵阳参加读新书店。后曾任中国国际书店总经理。

纪念华应申同志

许　静

应申同志离开我们业已 10 年了。但是,他的音容笑貌和他那朴实而沉毅的风范,却永远铭刻在我心中;他对我的帮助和教育,更是我所无时忘怀的。

我是 1939 年春天认识应申同志的。但在这以前,远在 30 年代之初,他已在党的旗帜之下,为革命事业做了很多有益的工作,也因之遭到反动派逮捕。长期监狱生活的折磨,严重地损害了他的健康。他顽强地承受了一场生与死搏斗的考验,一出牢门又立即进入了新的战斗行列。我们相见时,他是桂林新知书店的负责人,我在他的领导下工作。

我参加新知有一些偶然性,开始也不够安心。应申同志是很细致的,他察觉到这一点。但他没有指责我,而是以聊天的方式亲切地向我做工作。他从我们门市读者的众多谈到读者迫切需要革命理论,从而证明进步书刊在群众中的影响和作用。又如谈形势,他说政治低潮反动派总以查封进步书店为先导,进而引申出坚持抗战就必须加强宣传党的政策,书店的作用也就不言而喻了。他善于从日常的现象中揭示出事情的本质来,用演绎的方法把事情分析得很细致、透彻,却没有半点说教的口吻,那样的亲切和自然,使人从潜移默化中受到启迪。当时,我就是在他的帮助之下结合自己切身的体验,提高了认识,从而才坚定了从事革命出版事业的信心的。当然,我们这些青年中得到应申同志这样谆谆教导的,决不只是我了。

当时,我们这些青年人都是不知怎样做书店工作的,好在应申同志既平易近人又很有耐心,他就手把手地教给我们,从打算盘开始,什么开发票、进货、打包、站柜台、接应读者以及印刷、纸张等,一一都由他先示范,我们跟着学,直到学会为止。当时人少事情多,工作十分繁忙,一有新书出版,大包小包就有几百本要打好寄出去,他也总是抢着一起干;而且是哪里忙他就会出现在哪里。他的那种以身作则埋头苦干的精神,成为我们学习的榜样,也成了新知的好传统。

应申同志刻苦学习的精神也是十分突出的。他业余的时间,只要能抽出空,总是手不释卷地读书。新知的政治学习和时事学习都是定时考试的,特别是时事,大家轮流出题,有时题目很冷僻甚至是有意的诘难。应申同志每次总能准确而完备地答出来,并时常被选作标准答案而公布在壁报上。他也热心地帮助别人学习,和大家闲聊学习的方法和对某一问题的看法。记得当时社会上对"亚细亚生产方式"发生兴趣,我也曾经凑热闹收集了一些材料,想啃一啃这块硬骨头。他马上劝导我搞这样远离现实的大题目,不如就当前的生产、物价、赋税式兵役这些现实性的问题作一些调查研究更实际。我接受了他的忠告才止了步。以后,我在学习上虽然仍无精进,但能比较注意实际,也还是得益于应申同志的。

1940 年左右,应申同志和他的爱人储继同志添了一个小宝宝,因为他俩的身体都不好,奶水也不足,孩子入夜常啼哭,他们怕影响别人的睡眠,就不论是晴天还是阴雨,也不管是酷暑还是严冬,孩子一哭就立刻抱出大门,在龙隐岩的山脚下,直等入睡才又抱回来。有时一夜好几回,但他们依旧是轮流地抱来又抱去,使同志们看了都很过意不去,但他们还是这样熬了过来。

1941 年他调到了苏北。直到 1949 年春天我们又在解放后的北平重逢。他仍一如既往,既无声色犬马之情,也无洋洋得意之色;依然是那样的谦逊和勤恳,还是老习惯爱把手拢在袖筒里,像一个乡小的教师。"左"的风日渐刮紧了,一天他悄悄地告诫我说,不成熟的东西成了白纸黑字,就是一个很大的问题呀。当时他说话自然不能不隐晦些,但它的含义我是能够理解的,是出自肺腑的忠告。谨遵他的忠告使我又一次避免了可能产生的错误,我每忆及此,都有得益无穷的感受。

动乱的岁月里他在广西。我从小报上看到一些他的消息。"英雄"们把一切可以构成罪名的帽子都给他戴上了。约 1975 年,他又调回了北京,我们见了面。他没有讲起那些动乱年代的山海经,只是淡淡地一笑,似乎什么酸、甜、苦、辣都包括在其中了。

1979 年,大概在他染病住院之前,我曾在西城三里河见到他,当时他正在寒风凛冽的马路上问路,而为他开车的青年司机却端坐在汽车里。以后我和我的老伴到医院去看望他,他安详地告诉我们看来病势转移了,尽自己的努力配合医疗吧。后来我们才知道在入院前他已经知道了病情,并以诗的形式写好了遗言,提出不办一切的追悼活动,却要求对他的工作进行检查和批判。诗言志。他以纯净的诗的语言,深刻地反映了他纯净的心灵。

半个多世纪,应申同志以他所特有的朴实的风度、平易近人的作风,勤恳地,甚至是任劳任怨地为党的事业默默地奉献了一生。寓朴实于无私,寓恬淡于深邃。他有很深的理论素养,但他不求有宏文传世;他能流畅而准确地翻译科学著作,但他不是翻译家;他的书法既苍劲又秀丽,但他也没有标榜为书法家;他几乎一生从事于出版,但最后却归终于文物。他既无奴颜也不趋势,更不是谨小慎微的人。是故,可能是不符合时尚了。但他是一个真正的共产党员,一个完全摆脱了低级趣味的人,是当之无愧的。

本来,把应申同志那样说来平凡其实更为崇高的形象勾画出来,是很有现实的教育意义的事情,所恨的是我的水平低,不少问题看到,说不透,不能做到这一点。是既有愧于故人,也是自己所十分难过的事情。

华应申,新知书店创办人之一。后曾任人民出版社副社长、国际书店经理、国家文物事业管理局副局长。

许静,1939 年在桂林参加新知书店。后曾在科学出版社工作。

原载《联谊通讯》(北京)第 19 期,1991 年 4 月 25 日

缅怀蒋建忠同志

徐　波

　　蒋建忠同志是我们新知书店同仁的老战友,不幸于 2002 年 1 月 31 日因脑梗塞医治无效,度过了革命的一生,终年 87 岁。

　　蒋建忠同志,浙江绍兴人,1915 年出生于城市贫民家庭,本人印刷工人出身,1936 年参加革命,1938 年入党。

　　从参加革命到全国解放前后,蒋建忠同志一直从事党的地下工作,1949 年 2 月才公开参加中央广播事业局工作,历任科长、处长、中央电视台筹建处主任、中央电视台副台长,直到 1985 年离休,达 36 年之久。他主管修建的我国彩色电视大楼,从 1973 年立项,1981 年 5 月破土动工,1986 年 11 月竣工,蒋建忠同志孜孜不倦地付出了 13 年的辛勤劳动,为党的广播、电视事业作出了卓越贡献。

　　蒋建忠同志还是一位老地下工作者。1940 年春天,他奉命从香港调入上海市委任地下交通员,递送内部文件和内部资料,同年冬天参加新知书店上海办事处,秘密发行革命书刊。

　　1938 年武汉失守,新知书店总管理处从武汉撤退到桂林,派王益同志赴上海成立办事处,利用"孤岛"的特殊环境和印刷条件秘密出版毛主席的《新民主主义论》等革命书刊。当时中共上海市委梅益同志主编的《时论丛刊》《大陆》月刊也由新知书店办事处秘密出版发行。1941年皖南事变，徐雪寒、华应申二同志又遵照中共南方局指示，先后来上海成立了泰风公司和远方书店，继续从事出版工作，并保持与大后方、香港和没有离开"孤岛"的进步作家的联系。以中国出版社名义印制了马、恩的著作和"远方"的名义出版了如《钢铁怎样炼成的》《时间呀！前进！》《索特》《彼得大帝》（上册）、《对马》（即《日本海海战》）、《简明哲学辞典》等书籍。出版发行这些进步书刊，对"孤岛"人民鼓舞非常大，使"孤岛"人民在黑暗中看到了光明和希望。

1941年12月8日太平洋战争爆发，日寇进占"租界"，"孤岛"的形势突然发生变化，泰风公司领导和部分同志撤离上海去苏北新四军工作，留下来的同志转入地下。从事与苏北、山东（胶东、鲁南）和浙东根据地的联系，把那些宝贵的精神食粮全部输送到那里去。任务紧迫，时不我待，当时蒋建忠同志也承担了这一任务，走马上任。1941年10月，蒋建忠同志开始了这一毕生难忘的开辟海上运输线的工作。

在敌占区向抗日根据地输送革命书刊的任务非常艰巨也非常危险是显而易见的。敌占区所有交通要道——轮船、码头、车站，甚至长江和黄海、东海水域都被日寇、汉奸走狗严密控制，严密监视。海面上也还有以多种反动势力为背景的海匪、海霸、地头蛇的抢劫，情况非常复杂，困难重重。再说，凡从上海输送根据地的物资要通过多种关系购买，买到以后，还要运到静安寺路和新闸路的两个秘密仓库改装,如白报纸每令面积太大,容易暴露,就要切成四开的,用蒲包、麻袋伪装成盐巴或其他物品;油墨被放在煤油桶里,印刷器材等都要用草包、麻袋伪装成别的东西待运;一切准备就绪以后,必须根据领导人精心研究决定的路线,在地下党的护卫下,将待运的物资避过日寇和汪伪警察的眼睛,隐藏在黄浦江边轮渡附近,等到夜色降临,抢在敌人检查完毕离开了码头和渡轮待开的空隙,把全部物资火速抢运上船,十分紧张。

1941 年 10 月,他第一次押运一批新知书店图书到苏北根据地,从浦东偷运出海,比较顺利地到达目的地,受到当地部队指战员的热烈欢迎。部队首长们向他问清了海路情况以后,顺便托他代买一些纸张、油墨、蜡纸、铁笔、钢版、油印机之类的文化用品。因种类不多,数量不大,也还没有什么困难。随着根据地形势发展的需要,委托他代办的东西种类、数量越来越多,风险也越来越大。1942 年春节以前,他们装了两船图书、印刷器材(油墨、印刷机、号码机——印钞版、铜模)、江淮银行印钞版、多色进口优质油墨、医疗器械等重要物资,出吴淞口运往苏北根据地,不料在黄海海面上被一群打着忠义救国军旗号的海匪抢劫。他们得知海匪老窝在崇明,与当地士绅、地头蛇有关系,胶东根据地海上工作站认为只有通过这些关系才能把这批物资要回来。当时徐雪寒同志在上海。他得到这个线索,便亲自深入虎穴,经过两个多月的艰苦努力,这批物资才失而复得。徐雪寒同志马上将这批物资押运到胶东转去苏北。1943 年,又一次向浙东根据地输送物资,在海上被早已混入船里的匪徒劫持,押运的张晓初同志被捆绑抛入大海,所有印刷器材被抢劫一空。又一次往苏北,在海面上遇到日寇军舰拦截,押运的王福和同志英勇还击,弹尽援绝,纵身跳入大海,壮烈牺牲。在上两次运输以后,蒋建忠同志积累了许多经验教训。不久,他接受了向苏北运送军需物资两大木箱约有几百公斤硝酸盐的任务,他遵照领导上的交代,在指定的时间到达指定地点,在一个黑弄里看到两只大木箱,安放位置、形状大小、包装的颜色完全与领导上交代的一致,便不顾一切,急忙雇了一辆老虎车往秘密仓库转移。为了安全,中途换了一次车,快到目的地时,又把大木箱换到自己蹬的车上,亲自送到秘密仓库。打开一看,都是洁白透明的晶体,和太古白砂糖差不多,但是包装体积大、目标大,在敌人面前太显眼,也不便运输,于是改成小包装,伪装成太古白砂糖似的小包装,再放在大袋子里运出去。虽然渡黄浦江到浦东一路上有地下党派人引路、护卫,他仍然站在渡轮上眼观四路、耳听八方,监视敌人动静,丝毫不懈怠。蒋建忠同志将这批军需物资运到苏北沿海,虽大大松了一口气,仍马不停蹄地又雇了十几个民工挑到部队驻地。这时他已筋疲力竭。有位旅长见到他和硝酸盐非常高兴,不断地问他需要什么,他说:"我实在太累了,需要休息。"蒋建忠一觉醒来,部队临时有任务已转移阵地,部队首长委托房东接待他。蒋建忠同志伸伸腰、洗了脸、吃了饭,怀着胜利的喜悦,雄赳赳地返回了上海。他们经历的一次次艰难险阻,不但完成了图书运输任务,还将新知书店在上海的秘密机构逐渐变成负有特殊使命的转运站和海上运输线。

蒋建忠同志和其他同志 1941—1944 年往返于海上运输线上,经过无数次惊涛骇浪,英勇、机智、灵活、沉着地完成了党交给他们的光荣任务。根据地指战员见到他们运去的新书如获至宝,争相传阅,有时竟把一本书拆开成两三本互相交换阅读,有时战士躺在担架上,怀里还揣着用自己鲜血染红的《钢铁是怎样炼成的》,有的书上还有敌人的弹孔,也舍不得丢掉。他们运去药品和医疗器械,改善了战地医院设施,抢救了无数的垂危生命。运去的印刷器材,使根据地的报纸印刷数量增加,发行数量也大大增加,扩大了党的方针、政策宣传,团结了根据地人民走向抗日救国战场。他们运去的印钞器材,使根据地土纸抗币改变成用多色进口油墨印制的优质抗币,受到人民群众的热烈欢迎。硝酸盐是制造弹药的主要原料,这更是根据地部队所十分需要的物资。

蒋建忠同志的一生,是革命的一生,是热爱党的事业无私无畏忘我奉献的一生。当前,在努力实现党的"十六大"提出的各项任务,全面建设小康社会的伟大历史进程中,蒋建忠同志的光辉形象,永远鼓励我们前进!

2003 年 1 月 25 日

蒋建忠,1940 年在上海参加新知书店。后曾任中央电视台副台长。

徐波,1940 年在桂林参加新知书店。后曾在人民出版社工作。

原载《联谊简讯》(北京)第 5 期,2003 年 3 月 20 日

忆念敬爱的店长李易安同志

石泉安

李易安同志于 1973 年 9 月 29 日逝世,离开我们已 26 年了,他为革命出版发行事业奋斗了一生,是一位可敬可亲的兄长。三联书店广州分店的许多同志经常谈起他,深情地怀念着他。

李易安同志是广东新会人,他父亲是位工人,1938 年因家境贫寒而进了一家私营书店工作,在此期间他读了不少进步书籍,包括斯诺的《西行漫记》等。当时他与广州的《新华日报》机构有所接触,后来就参加新知书店工作。1941 年春夏之间,他创办新知书店的三线机构桂林实学书局。抗战胜利后,他回到广州,积极协助曹健飞同志筹办广州兄弟图书公司,后在热闹繁华的惠爱东路①328 号之一的三层楼房开设了门市部,这也是李易安同志利用人地两熟的关系租赁来的。

我认识李易安同志是 1942 年在桂林的实学书局,当时我还是个小青年。后来,1947 年我路过广州时见过他,1948 年在香港我

---

① 编者注:今中山四路。

们又相处在一起,直至 1949 年底,他任三联书店广州分店经理,我才在他领导下工作,受益良多,许多往事就像昨天一样,清晰浮现在我的眼前。

陈毅行同志在《难忘的回忆》中写道:为了扩大影响,主动服务,1946 年 3 月间,李易安同志和我到台山县城,开平县的公益、荻海、长沙等地各中学流动供应书刊时,一位教师激动地说:"在抗日战争时期,生活书店来过,现在才盼到你们来啦!"又提到:李易安同志和我流动供应乘船回店的路上,船到码头,船员突然说,书不是行李,要检查,补运费。李易安同志果断地让我们立即将所有的两大包书带上岸,找人先挑走,他留下来理论,结果他被推推搡搡地伤了手。事后他说:"要紧的是保住书刊和你的安全,我受点伤不要紧。"同年 5 月的一个傍晚,在台山华联图书公司,一名国民党军官把书架上的书气势汹汹地甩到坐在售书柜前的李易安同志面前,大声吼叫:"你们竟敢卖禁书!"李当即指出这些书都是审查通过的。但那人还横蛮地要"没收"。李易安同志当即严肃指出:"政协(指旧政协)决议的言论、出版自由算不算数?"那国民党军官才狼狈而去。这些具体事例都说明李易安同志深入实际,处处带头,而且毫不畏惧对敌展开斗争。

1947 年 11 月,重庆三联书店遭到国民党反动派的严重迫害,我从重庆去香港路过广州时,李易安同志接待了我,就在越华路他的住所短住了几天,他的住所离广大路邮局很近,他经常给读者寄书刊忙不过来,我还帮他到邮局寄过邮包。1948 年 10 月 26 日三家书店在香港合并成立了三联书店,当时李易安同志就在场。

1949年下半年,解放战争取得重大胜利,大军南下时,李易安同志又北上,到东北当"开荒牛",参加了光华书店工作。

　　1949年10月14日广州一解放,香港三联总管理处派张朝同、蓝真、庞国万和我四人作为先头部队,骑自行车来广州,李易安、吴超两位正副经理也随军南下抵达广州,我们会师后,很快就开展广州分店的筹备工作,各门市部的选点、办公地方、仓库和宿舍等场地,人员和货源等一连串工作有待安排。接着,广九火车一通,从香港调来十多人。李易安同志为新吸收的人员上店史课,进行三联书店的革命传统教育。其中提到:针对反动派对进步书店的查封和迫害,三家书店采取了不断更换店名的办法,来和反动派进行针锋相对的斗争,先后使用过"光华""春秋""新中国"等店名。广州解放前,也曾用过"兄弟图书公司"的店名,在1946年5月4日,还不幸遭到反动派的打砸查抄。次日,公司的同志昂然照常开门,这无疑地是给反动派打下了响亮的耳光。听课的新同志心情都十分激动。由于李易安同志解放前就在广州工作过,各方面他都熟悉,这是有利的条件,经过两位正副经理的日夜操劳,只用了一个月的时间,三联书店广州分店就于1949年11月15日在闹市繁华的永汉北路①开幕,与读者见面,各种政治类的马列主义、毛泽东思想的书籍大量供应给读者。这期间,还有另一项任务,就是接管反动文化机构,如正中书局、怀远书局(印刷厂)等单位,李易安、吴超两位正副经理均参加这项工作,有时也要我一起去,同去

————————

① 编者注:今北京路。

还有姓夏的解放军战士。

我在书店的具体工作是负责图书宣传推广工作,重点是门市橱窗宣传推广、布置节日气氛、编印各种图书目录。这些工作我过去没有干过,但李易安、吴超同志很信任我,放手让我去做。吴超同志因工作需要,1951年夏季调往大连任三联书店经理。

有一段时间,李易安同志调往北京工作好几年,他对我还是很关心的;多次书信往来,我编印的图书目录也经常寄去请教他,他总是以鼓励为主,适当提些建议和意见,对我的工作加以肯定,给我鼓舞很大。他知道我爱好美术,曾先后寄过全国民间工艺美术展览会的纪念章给我,还有一块画板刻着一匹骏马,造型非常精美。这些纪念章和物品一直珍藏在我身边。

李易安同志刻苦学习,自学成才,调回广州后,他对古籍很有研究,广州海关和文物鉴定部门对一些古籍书能否出口有疑问,还得请他前去鉴定,他成了这方面业务的专家,后来他调往中山图书馆任馆长。在此不长的时间里,不幸的是,他的夫人余咏茜同志和小女儿因病去世,对他打击很大。从1969年底开始到1972年5月,我每隔两个月从佛山五七干校放假返广州时,必须到文明路中山图书馆的宿舍看望慰问他,经过10年"文革"灾难的折磨,后期他得了较严重的肺病,卧床不起。当时生活相当贫困,要变卖物品来过日子,他也经常借酒浇愁,后来在医院病逝。失去这位我们敬重的兄长,我们深感痛惜和悲伤。在悼念李易安同志时,才见到在外地当知青的李昭淳(李易安的儿子),后来在佟德山同志的关照和支持下,从农村回到广州来,并被安排在中山图书馆工作。经过多年来的磨炼,昭淳能努力学习,刻苦钻研,发奋图强,像他父亲一样,自学成才,现任中山图书馆副馆长,成为一位对社会有所贡献的专业人才。

李易安同志一辈子为图书出版发行工作而操劳,他为人诚恳,作风正派,生活简朴,关心他人,学习勤奋,刻苦钻研,知识广博,尤其对古汉语造诣颇深。他为党的文化事业作出了贡献,是我们三联广州分店的好领导,是我们的良师益友,他过早地离开我们,使广州三联人痛失了一位领头人、一位优秀的出版发行家。他的强烈事业心和高度责任感、默默耕耘的精神将是我们永远敬佩和学习的榜样。

李易安,1939 年参加新知书店。后曾在广东省图书馆工作。

石泉安,1942 年在桂林参加读书出版社。后曾在广州文物商店工作。

原载《联谊通讯》(北京)第 69 期,1999 年 9 月 10 日

书店送我上大学

刘默耕

这是 47 年前的往事。但每当我读到《联谊通讯》时,它总会再一次浮上我的心头。

皖南事变后的白色恐怖迫使我弃家逃亡,经历许多饥寒艰险,辗转到达重庆。经原贵阳地下党的同志介绍,我进了新知书店重庆分店,生活和安全才有了保障。特别是沐浴在我有生以来从未尝过的团结、活泼、认真、严肃的共同战斗的生活气氛中,店领导岳中俊大哥以及刘建华、杨瑛、陈克等老同志待我甭提有多好,我当时简直觉得犹如置身于朝思暮想的延安了,认为书店就是我这个无家可归的小青年喜出望外的归宿地,决心在书店好好干一辈子。

在一年多的书店生活中,我有了不少的进步。例如:新知的铺面木板足有两丈来长,尺把宽,一寸多厚,开始时我扛一块还得龇牙咧嘴地走不稳路,天天锻炼,后来也能像别的同志那样,一摞四五块,扛起来就走;开始时我不会理书,一次也抱不了几本书,天天锻炼,后来也能像别的同志那样,一两秒钟就能将书架上的一格书理齐;在台子上理齐了的书,两手一夹,也能夹起一两尺厚的书走路而不散不掉;开始轮到我坐账台收款和瞭望时,由于我不会打算盘,简直是心慌意乱手忙脚乱,到晚上轧账时不是"轧多"就是"轧少",后来慢慢学会了打算盘,再坐账台时就从容多了,错误减少,瞭望效力提高。最难的要数记住什么书放在什么地方、定价多少、作者是谁、内容梗概是什么,读者开口一说要什么书,很快就能取出来给他;如读者说不出具体的书名,或指名要的书当时没有,只要他说出是什么方面内容的书,我都能找出有关的书介绍给他。对我来说,还有一项最难最紧张的事,就是民主生活会轮到我当"主席"。开始时我简直是语无伦次,手足失措。记得每次会毕,我的心还在怦怦跳的时候,参与会议的领导同志就笑眯眯地鼓励我说:"不错不错,今天小牛又有进步!"(当时大家都叫我的小名"小牛")此外,我还逐渐学会了看校样、算纸头、写广告艺术字等。我不厌其烦地叙述这些微不足道的进步,是因为它们成了我几十年来得益非浅的本事。尤其是思想上的进步,更使我受用终身。我只举一个小例子:我曾经一度流露过"成天卸铺板、上铺板、打扫店堂、理书卖书,这就是'伟大'的革命事业吗?"在民主生活会上得到老同志们的耐心开导,我认识到任何伟大的事业都是一个人一个人所做出的一点一滴平凡小事汇集起来构成的。当时这些战友们举给我听的例子是:鲁迅、高尔基、托尔斯泰、肖洛霍夫等的著作伟大不伟大?我承认伟大。但这些伟大的著作是作者一个字一个字写出来的,是排字工人一个字一个字排出来的。是印刷工人一张一张印出来的,是装订工人一本一本钉的,是我们一本一本卖的。拆开来看,每个人所做的每一点都是极平凡的……我似乎开了窍。

从此,几十年来,组织上分配我做什么我就认真去做什么,从不挑肥拣瘦,更不"此山看着那山高",安安心心干了一辈子小学自然教学和教材的研究、编写、出版工作。

说起干了一辈子小学自然教学,教材的研究、编写、出版工作(这是国家教委的重点科研项目之一,六五期间我是这个项目的负责人),就跟书店送我上大学有关了。

1943年夏,组织上安排有上大学条件的青年同志去报考大学,我是被动员的一个。当时我说什么也不愿去,说得出口的理由是我只想在新知好好干一辈子革命工作,内心里的顾虑是流亡怕了,不肯离开安稳的新知书店。好几个同志都没能说服我,最后是总店的沈静芷同志耐心开导,我才答应了。沈大哥对我说:"去上大学,就是为了更好地革命。一来大学里有许多革命工作要有人去做,你在高中参加过革命运动的,应该懂得这个道理;二来上大学可以学到一定的专门知识,将来革命在全国胜利了,建设新中国正好使用得上……我们这里几个老同志年龄不合适去应考了;年龄合适的几个同志有的没有高中毕业文凭,有的功课荒疏了,考不上;只有你一个既有高中毕业文凭,又离开学校不久,有可能考上。所以你应争取考进大学去,不要辜负大家的期望。至于生活上的困难,相信组织上会设法帮助你找工作,大学里还有点战时的贷金,首先自己努力通过勤工俭学解决,真遇到重大困难的时候给书店来信,书店也会帮助你的。"

于是,我带着到大学去要努力参加学校中的革命工作的自觉考上了西南联大。去应考和上学去的路费都是书店组织上给的,刚到大学时要用的书和没找到工作时的生活费也是书店给的。此后,我一直按照辞别书店时领导对我的嘱咐,在大学里"勤学勤业勤交友",积极参加了"一二·一"运动和复员到北平清华大学后的因"沈崇事件"掀起的反美抗暴运动,然后听从组织的安排到晋鲁豫解放区去参与创办行知学校,参加了延安保小撤出后两千里行军的后半段,电视剧《悬崖百合》所反映的那些艰险情境,在后半段行军中我都经历过,一直到胜利进入北京,成为北京育才小学。

由于新知书店送我上了西南联大—清华大学,我又在新知学会了一些编辑校对出版发行等业务,新中国成立后,在1954年我就被调到人民教育出版社主持编写小学自然教材等工作以迄于今。

今天,透过47年厚厚的日历回顾往事,虽然事件有些模糊了,但意义却更鲜明了。好比发射火箭时预先给它规定了运动轨迹的理论曲线那样,1943年新知送我上大学,就规定了我这一生的运动轨迹。检查我的实际情况,自觉基本上没有大偏离"理论曲线";实践也证明了沈大哥所说的"到大学也是做革命工作"和"学到一定的专门知识,在全国革命胜利后建设新中国用得上"。这些话我当时虽然听了,理解并不深,现在才深感它具有多么巨大的重量和多么高屋建瓴的预见和气魄。

新知送我上大学,固然规定了我一生的运动轨迹,但我更要说,一年半的新知书店的生活,乃是我的第一所革命人生大学。我的革命人生观、革命事业观都是在那时奠定的基础;那时的优良店风潜移默化地使我形成了艰苦朴素、忘我劳动等生活作风和工作作风;这些虽经几十年的风风雨雨,都未曾动摇。我在新知学到的许多编辑出版本领终生受用。就连在新知学到的打算盘,也成了我当教师时教珠算的本事;在新知扛铺板压出来的双肩,使我在解放区经常挑百八十斤担子劳动或行军不犯难。

"透过一粒沙子看世界。"我不过是新知培养的许许多多的小青年之一,如今也从"小牛"变成"老黄牛"了。我相信,三联书店几十年来,通过它们的革命出版物和种种方式(不止送我上大学一端),从读者和同人中不知造就、输送了多少革命人员。所以,我常在心底里大声说:新知、三联,对我这一代人,是比任何大学都更加宝贵的革命人生大学!

刘默耕,1942 年在重庆参加新知书店。后曾在人民教育出版社工作。

原载《联谊通讯》(北京)第 14 期,1990 年 8 月 15 日

一则招考启事把我引进了新知

欧阳文彬

　　1939年秋，桂林《救亡日报》上刊登了一则新知书店招考店员和练习生的启事。刊登的位置并不显眼，内容也很简单，一般地说不怎么引人注意的。可是对我来说，却好比一盏指路的明灯。事实上，它也确实在我的生活道路上产生了重大的影响。

　　那时候，国民党反动派制造平江惨案之后，已经暴露了破坏团结、破坏抗日的狰狞面目。我和一批由衡阳八路军办事处派往九战区政工队工作的地下党员，按照上级指示，陆续找理由离队，需要自谋职业，再接组织关系。我托病请长假回乡，暂住零陵家中，正为今后的去向伤脑筋。当时的大后方，要算桂林局势最开明，进步力量较强，我心向往之。可惜既无关系，又无熟人，不得其门而入。这则启事来得正是时候。何况新知书店对我的吸引力甚至超过了桂林文化城。因为我读过它出版的不少革命书籍，了解它的政治倾向。若能考进新知，非但工作有意义，而且能得到良好的学习条件。启事中说这次招考的是店员和练习生，二十岁以上的可以报考店员，二十岁以下的可以报考练习生。那年我实足十九，虚岁二十。心里盘算着两者都沾边，可上可下。店员考不上，估计练习生总该考得中。于是，我满怀信心，背着个小背包冒冒失失地上了路。

没钱买火车票，凭着一身军装和离队时带走的差假证免费搭乘。到了桂林，没钱住店，把背包寄放在一家汤团店里，就直奔桂西路新知书店门市部。接待我的是总经理徐雪寒同志，他带我到门市部楼上的办公室，询问了我的来意和情况，然后叫我留个地址，等考试日期定了就通知我来参加考试。我说：我在桂林人生地不熟，哪有地址可留？他问：你一点行李都没有吗？我说：有个背包，寄放在汤团店里。他愣了一会儿，才说：那就先把包取来吧！我感到这下有门了，连忙跑到汤团店把背包取来。果然，徐雪寒同志把我向华应申、储继等同志作了介绍，又安排我等门市部打烊后暂时睡在陈列书籍的台子上。我终于有了栖身之处。闲着也是闲着，就主动在门市部帮助干些零活，跟大伙混熟了。三顿饭嘛，不用说也跟着大伙上太平路宿舍里去吃白食。反正这就像是我的家，店内同人就都是"自己人"了。

最有趣的是，等到报考截止，正式考试的时候，徐雪寒同志交给我两项任务：一是试拟考题（当然要经他审阅通过），二是接待考生。记得考生不多，录用的更少。这几位新同人还以为我是个老同人。说起我和他们一样是看到招考启事前来报考的新同人（实际上是未经考试就被录取），他们还不相信呢！遗憾的是，我竟想不起这次考进新知的几位同志的姓名了。否则，共同来回忆半个世纪前这段往事和彼此进新知后的生活历程，既可为店史增添一个细节,又可从另一个角度重温新知对我们这些青年同人的教育和培养。

　　欧阳文彬,1939 年在桂林参加新知书店。后曾在学林出版社工作。

原载《联谊通讯》(北京)第 26 期,1992 年 6 月 20 日

英魂昭千古

——"新升隆轮事件"60周年兼怀钱岐烈士

本刊记者

1938 年的武汉,离开现在虽然已经整整 60 年了,但是,它在中华民族团结抗战的历史上,那慷慨激昂,热血沸腾的岁月,是多么激动人心啊。

一

这年 10 月,武汉三镇已处在日寇三面包围之中,国民党政府仓皇迁至重庆,武汉势将弃守。中国共产党机关报《新华日报》坚持按时出版,根据形势发展,曾在 8 月间由徐光霄(戈茅)、华岗(西园)带队,调动部分干部和印刷器材、纸张等设备物资,租用两条木船,先期撤至重庆,预作准备。10 月中旬,随着田家镇失守,武汉危在旦夕。22 日下午,《新华日报》(包括《群众》周刊,下同)和八路军武汉办事处奉命由李克农、潘梓年、徐迈进带队,租用新升隆轮撤退。一起撤退的还有新知书店等党群团体和临时上船逃难的难民,共 100 余人,新升隆轮已显得十分拥挤。

新知书店总管理处撤往桂林,总经理徐雪寒和副总经理华应申等已在前几天和大家一起将图书等打包疏运出去,并交代了撤退的关系以后,分途撤离,只留徐律、陈敏之、钱岐在武汉。10 月22 日下午,钱岐负责押运一批纸张和书籍等物资,随新升隆轮一起西撤。徐律和陈敏之则于当晚乘船经长沙、常德等地,分别撤至桂林和重庆。徐律不久在重庆建立了分店。

钱岐那时只有二十三四岁。他原来在上海当过店员,参加上海职业界救国会和蚂蚁社(简称蚁社),从事抗日救亡运动。上海沦陷后,他随蚁社流亡到了武汉。1938 年 8 月,他参加新知书店。工作积极,待人热情,学习认真,善于思考问题。他参加书店工作才两个多月,徐律算是和他共事时间最长的一位,并都留守武汉,坚持到最后才分别。

钱岐在接受押运任务撤离武汉之前,根据他在新知书店工作了一段时间的体会曾经向徐律表示:这次到重庆去,准备把抗日救亡的文化运动,从城市扩大到农村去(详见徐律:《悼钱岐同志》①)。钱岐虽然是押运纸张等物资撤退的,但他心目中却肩负着更为远大的神圣使命而到重庆去迎接新的战斗。

———————————

① 编者注:载 1938 年 12 月 5 日《新华日报》。

二

《新华日报》和八路军武汉办事处等单位西撤的人员,在 22 日下午离开武汉。经过一夜航行,次日一早到达嘉鱼燕子窝江面。为免受日机轰炸,决定白天停泊在那里,船上的人员除少数留下照管外,分五组疏散到附近乡间宣传和访问,下午四时前回船。下午三时许,多数人陆续回船,准备到齐后开航。这时发现空中有四架敌机,低空绕船飞行两周后,连续投弹,一枚烧夷弹投中前舱,轮船立即起火。随后日机又往返俯冲扫射,达半小时之久。这时前舱进水,逐渐下沉,有的同志当场牺牲,有的不顾安危,前后奔走救火救人,使许多伤员得到及时救护,但自己却遭到了不幸。也有受了伤的看到船身下沉就跳入江中,身体较好会游泳的,最后多能被救,不谙水性又负伤过重的,便葬身大江之中。也还有一些人虽不会游泳,但他们抱起一块木板跳到江中,随水漂流,后来终于在老乡共同救援下脱险归队。

到了夜间,经过最后寻找和查核,在《新华日报》遇难的同志中,有编辑部的潘美年、李密林、项泰、程德仁和胡宗祥,印刷部的李鉴秋、胡炳奎、罗仁贵、王祖德,营业部的陆从道、许厚银、李元清、易竟成,经理部的罗广耀、潘香如、季履英,共 16 人。八路军武汉办事处的有张海清、赵兴才、徐挺荣、伍高年、傅世明、韩金山、张清新、孙世实,共 8 人。新知书店钱歧 1 人。共 25 人。在这些遇难烈士中,有编辑、记者、排字工人、刻字工人、管理干部、营业员和炊事员。在他们之中,有参加过辛亥革命的老战士,有参加过二万五千里长征的老干部,有参加过一二·九爱国学生运动和平津学生救亡宣传团而辗转来武汉的,也有从上海等地沦陷区流亡到武汉参加工作的知识青年。此外,同时遇难的还有船员和难民妇孺50余人。同志们眼见自己的同志和同胞,死在日寇的疯狂轰炸之下,无不悲愤填膺,充满复仇的火焰!

三

10月25日武汉沦陷,12月5日,《新华日报》馆在重庆社交会堂举行"《新华日报》保卫武汉殉难同志追悼会",公祭殉难烈士。这个平时只能容纳2000多人的会堂,这次竟容纳了5000余人,许多人一早就来到了会堂,毛泽东、周恩来、朱德、彭德怀都为殉难烈士献了挽词。林森、孔祥熙、孙科、于右任、居正、戴季陶、张群、陈立夫等国民党政府要员和国府参军处,以及立法、司法、考试、监察四院,还有几十位国民参政员,也都送了花圈和挽联,共有花圈100余个,挽联挽词300余件,布满了会场的里里外外,体现了全民族的团结抗战和同仇敌忾的精神。

追悼大会由潘梓年担任主席,他首先向殉难烈士致敬。在熊瑾玎哀读祭文和易吉光敬献花圈后,由主席致哀词。吴玉章、董必武分别代表中国共产党和八路军指战员致悼词,并向烈士们默哀致敬。吴玉章着重指出,殉难烈士在日机轰炸下,因抢救其他同志和同胞,以致牺牲自己,表现出中华民族优秀儿女的伟大精神。他们的牺牲是全中国的损失。我们要为死难烈士复仇,要坚持团结,坚持抗战,争取中华民族的彻底解放。华岗报告殉难烈士的略历,并说:"在这次殉难烈士中,有共产党员,有非共产党员,他们都团结在一个目标下共同奋斗,死后的血也流在一块。我们应该踏着烈士的血迹,完成他们未竟的事业。"

这天的报纸出版了悼念特刊,发表了陈绍禹、博古、吴玉章、董必武、凯丰等题为"悼《新华日报》及八路军武汉办事处殉难烈士"的唁函,抗大、陕公、鲁艺在重庆的同学,读书出版社和新知书店全体干部,两位在贵阳狱中的难友,川江工会的会员和流亡到大后方的爱国者多给《新华日报》写了吊唁信,表示沉痛的哀悼。潘梓年、华岗、章汉夫、吴克坚、熊瑾玎、许涤新、吴敏、戈宝权、陆诒、舒宗侨、韦君宜、徐律以及殉难烈士家属和生前友好,也都发表了悼念文。邓颖超发表了一首白话诗,题为《敬悼新升隆轮二十五位死难烈士》。此外,还发表了部分殉难烈士的照片,同时介绍了他们的革命事迹。

在 60 年后的今天,我们回顾"新升隆轮事件",很自然地会想起新知书店的钱岐烈士,当时他虽然还只是二十几岁的青年,参加书店的时间也很短,但是他通过书店工作,认真思考,希望把工作做得更好,更合乎革命的需要,他的这种精神是很感动人的。他的思想境界和工作态度,都是值得我们认真学习的。新知书店的干部本来不多,他是在抗日战争时期最早牺牲的一位烈士。想到他英年早逝,我们失去了一位年轻有为的干部,这是多么令人悲痛啊!

　　"新升隆轮事件"虽然已成历史,中国人民不但取得了抗日战争和世界反法西斯战争的伟大胜利,经过解放战争,建立了人民共和国。现在,中国人民在中国共产党领导下,为了建设祖国,正在进行新的长征,烈士们的鲜血没有白流。但是日本军国主义的阴魂不散,有那么一些人总是不愿意真正承认和认识侵略战争的罪恶,并且把发动侵华战争和太平洋战争的罪魁祸首之一,被远东国际法庭判处死刑的战争罪犯东条英机一类的亡灵供奉参拜,这究竟为了什么? 中国人民历来主张和平,爱好和平。但是世界上既然还有人热衷于参拜战犯亡灵,我们岂能放松警惕,又焉能置之不闻不问?

　　钱岐,1938 年在武汉参加新知书店。1938 年去世。

原载《联谊通讯》(北京)第 62 期,1998 年 6 月 10 日

永别了，静芷同志

徐雪寒

　　沈静芷同志不幸病故了。多年来他身体多病，健康情况欠佳。今年春节，他还抱病来看望过我，但是没有想到竟这么匆匆地离开我们了。4月22日我参加了遗体告别仪式，不禁深为悲痛，感慨万千。

　　1938年初，新知书店从上海撤退到了武汉。那时静芷随抗日救亡团体——蚁社也来到了武汉。不久蚁社被国民党当局解散，他参加了新知工作，我们也就在这时开始相识。说起来，这已是50多年前的事了。

　　在武汉时期，新知的业务发展很快。静芷不久参加了中国共产党，被派往长沙办事处和贵阳分店（读新书店和读书出版社合作经营）担任领导工作。新知从武汉撤退到桂林后，我曾奉李克农同志之命，接办中共湖南省委机关报《观察日报》的印刷厂，将它迁移到了桂林。静芷又从贵阳来到桂林，担任改名为秦记西南印刷厂的经理。静芷精明强干，处事谨慎有魄力，工作都很有成绩。

　　1941年发生皖南事变，华应申同志和我奉命从大后方撤退，在"孤岛"上海干了一段时间。太平洋事变后，应申去了苏北，长期在苏北和山东等根据地从事宣传出版工作。我随后在1943年也撤退到了苏北根据地，从此离开了书店。在我们撤离了大后方后，新知在重庆、桂林等地的干部，在白色恐怖笼罩下，多不得不处在独立作战的状态之中。静芷正是在最困难的时候，临危受命，肩负起大后方新知的领导责任，挑起了这副担子的。当时除重庆以外，各地已没有公开的新知书店，政治上、经济上处境都十分艰难。静芷在桂林，在中共中央南方局统战委员会文化组邵荃麟、张锡昌等同志领导下，以秦记西南印刷厂经理的身份为掩护，设立了远方书店、实学书局、裕丰贸易行等二、三线书店和副业机构。1944年湘桂失陷，静芷遵照周副主席兵分两路撤退的指示，组织新知和生活、读社三家书店部分干部撤退到桂东的昭平和八步等地，继续坚持斗争。静芷率领另一部分干部撤退到重庆。静芷到重庆后，一方面加强了重庆分店的工作，一方面与读社的黄洛峰和生活的薛迪畅等同志一起，通过新出版业联合总处的活动，团结中小出版社和文化界人士，积极从事民主运动。新知和生活、读社团结一起，成为大后方新出版业从事民主运动的核心，应该说是从这个阶段开始的。

抗日战争胜利后，新知复员上海。在短短的时间里，以极有限资金，不仅在虹口北四川路桥塊开设了颇有影响的门市部，直接与上海和国统区广大读者见面，同时迅速组织重印和新出版了一批书籍，如胡绳著《辩证法唯物论入门》，侯外庐著《新哲学教程》，薛暮桥著《经济学》，许涤新著《现代中国经济教程》，范文澜主编《中国通史简编》,侯外庐、杜守素(杜国庠)等著《中国思想通史》,程浩(陈昌浩)著《近代世界史简编》,王士蕃著《鲁迅传》,梅益译《钢铁是怎样炼成的》,聊伊(刘辽逸)译《前线》等,都深受读者的欢迎和喜爱。在"《文萃》事件"之后,"文萃丛刊"被封,静芷按照中共中央上海局文委的意见,在新知安排出版了"新认识丛书"和"国际现势丛书"。这两套小丛书实际上是"文萃丛刊"的延续,对开展国统区第二条战线的斗争,起了积极配合作用。

新知资金短缺,周转为难。但静芷努力的结果,既出了书,资金困难的状况也逐渐有所缓解。战后在上海一段,可以说是新知建店以来经济上较好的时期。在这个时期,静芷还和生活、读社联合,先后抽调资金,派出干部到山东、东北及华北解放区,建立了光华书店、新中国书局(1949 年 8 月 15 日统一改为生活·读书·新知三联书店),还建立了香港分店。1948 年,新知迁往香港,静芷在中共香港工委领导下,和邵荃麟、胡绳、黄洛峰、徐伯昕等同志组成领导小组,组建了我国知识界熟悉的生活·读书·新知三联书店,并担任副总经理。

生活·读书·新知三联书店成立不久,静芷到了东北解放区的大连和沈阳,又和邵公文同志一起主持新中国书局东北区管理处。静芷担任区管理处主任,奉命组织印制《社会发展史》等 12 本"干部必读",向新解放区的广大干部和知识分子供应急需的精神食粮。在三联的历史上,应该说这是一项很有意义的工作。

新中国成立之初,静芷和应申都在中央人民政府出版总署任职。我在上海工作,和静芷已经将近 10 年没有见面了,有时因公来京，才又有见面机会。静芷当时正在为建设新中国的出版事业操劳，使我深感欣慰。那些年，静芷着重抓了商务印书馆、中华书局等出版企业的社会主义改造，还参与建立高等教育出版社、财政经济出版社、科学出版社和中国地图出版社等几家重要的出版机构。为此，静芷呕心沥血，竭尽全力。在旧中国，我国的出版机构多集中在上海，静芷的这些工作也都与上海有关。由于他能郑重将事，各方面对他的工作都还比较满意，有人甚至称他为"上海通"。

静芷是中国地图出版社的创始人，历任副社长、社长并兼任党委书记、副书记等领导职务。为贯彻办社方针，在他的倡导下，全社上下树立了依靠领导、依靠群众、依靠专家的良好风气。他主持制定了地图出版工作的长远规划；充实了制图的技术力员，建立了教学地图、中国地图、世界地图、历史地图等编绘室和资料室等机构；出版了大量教学用图、实用参考图和较高层次的《中华人民共和国地图集》《世界地图集》《中国历史地图集》等，他还开办了地图专业门市部和邮购部，规划和组建了办公大楼和职工宿舍，为建设和发展我国地图出版事业作出了新的贡献。

令人痛心的是，正当地图出版事业日益兴旺发达的时候，我国发生了"史无前例"的十年动乱，静芷在当时被认定为"走资派"批斗这是不奇怪的，但到了1971年8月，竟还不得不被迫退休回了原籍。直到十一届三中全会拨乱反正，1979年6月落实了政策，才重新恢复工作。静芷在恢复工作以后，仍能兢兢业业，努力工作不懈，这是难能可贵的。

1982年静芷离休以后，继续关心地图出版事业，积极参加出

版界的各项社会活动。在"生活书店、读书出版社、新知书店革命
出版工作 50 年"纪念活动前后，他动员戴琇虹、华昌泗、俞筱尧等
同志，着手搜集有关新知书店的史料，组织当年的老同志写作回忆
文章。在静芷的倡导下，经过多次酝酿，1990 年 6 月组成了《新知
书店的战斗历程》编辑委员会，公推静芷为召集人，总揽其事，由于
静芷当时已身体有病，不胜烦具，故同时推举曹健飞同志任编辑小
组组长，主持实际工作。在大家的共同努力下，《新知书店的战斗
历程》终于在 1994 年 5 月得以出版。在这个问题上，我是真诚地
承认静芷是有远见的。没有他，新知书店前后 10 余年，经历几个
历史时期，100 余位为党的文化出版事业艰苦奋斗，以致被捕、坐
牢、遭受酷刑和牺牲了生命的同志，他们的历史事迹就可能被淹没
了。对此，我再一次向他表示敬意。

　　静芷把自己的一生贡献给了他所从事的出版事业，并且干一
行学一行，作出了成绩。他的敬业精神，他的锲而不舍的韧劲，思
虑周密，不搞空头领导，这是十分宝贵的，值得我们学习的。

1995 年 4 月 25 日

（本文由作者口述，俞筱尧整理）

　　沈静芷，1935 年在上海参加生活书店，1938 年在武汉参加新
知书店。后曾任地图出版社社长，中国出版工作者协会理事、顾问，
中国印刷技术协会理事。

　　徐雪寒，新知书店创始人之一。后曾任国务院发展研究中心常务干事和顾问，中国国际贸易促进会理事、顾问，生活·读书·新知三联书店北京联谊会名誉会长。

　　俞筱尧，1947年在上海参加新知书店。后曾任文物出版社副总编辑。

原载《联谊通讯》(北京)第44期，1995年6月20日

忆唐兄在桂东的艰苦岁月

李梅甫

当我在电话中听到健飞同志告诉我唐泽霖同志不幸逝世的噩耗时，宛如晴天霹雳，内心受到极大的震撼，紧接着就是一股心酸，热泪不禁夺眶而出。一时间，唐兄那和蔼可亲、平易近人、乐观豁达、谦虚诚恳的音容笑貌就浮现在我的眼前。怀念唐兄的思绪不断涌上心头，久久不能平静。

唐兄原籍安徽，抗战爆发，安徽陷敌，他是国立中学的爱国学生，后来又念了大学，此后就参加了桂林西南印刷厂的工作。

1944 年国民党军湘桂战役大溃退，桂柳疏散，书业萧条，我们书店的营业也不景气，为了以副业养活书店，根据上级指示，在广西平乐开办了桂乐园食品店，唐兄任经理，工作人员还有赵志诚夫妇、小吴、谢国贤和我。从此，我和唐兄在患难中共事，在我们的相处中，对他的处世为人、高尚品德，特别是对革命事业的高度责任感有了较深的了解。全店工作人员六人，他身为经理，工作最辛苦、最忙碌，挑水、做饭、扫地、上卸店铺门板，给顾客端送豆浆、猪肝粥、及第粥、绿豆沙等等，样样工作他都抢着干。每天早上四点多钟就得起床,到市场去采购猪牛肉猪肝等,回来还得赶紧切成薄片,以应付早市。他每天总是早起晚睡,中午也没有休息,一天工作十五六小时,夜深,把几张八仙桌合拢起来,就算是床铺,上床合眼几小时,又开始了第二天的紧张的工作。生活虽然那么艰苦,但他总是那么乐观,那么刻苦,那么努力。更令人感动的是,尽管政治环境那么险恶,只要是组织上交给他的任务,他总是不畏艰险,机智勇敢地完成它。

他是个大学生,不追求荣华富贵和功名利禄,却偏偏投身到我们这穷书店和印刷厂来,他追求的是什么呢?这不能不引起我的思索。

唐兄经常写些诗文,记得 1945 年元旦他在《广西日报》昭平版著文写道:"让我们埋掉旧的尸骸,向新的道路奔走,今后,我们要用我们自己的手取得自由,取得解放,坚强不屈,百折不挠。"这一段话使我终于明白了唐兄的追求,就是要用我们大家的双手,去埋掉国民党的反动统治,迎接自由解放的新中国的诞生。至此我也才豁然明白为什么桂乐园打烊后,他总是热情地教我学习屈原的爱国诗句"路漫漫其修远兮,吾将上下而求索",教我学习高尔基的战斗的散文《海燕》,还特别着意于"让暴风雨来得更猛烈吧!"那时我是一个年仅 18 岁的青年,思想幼稚,正是唐兄的教导,使我在敌后茫茫黑夜的桂东,看到了祖国的光明和希望;使我正确地看待人生的价值和眼前平凡而又伟大的工作。他是我政治思想上的启蒙老师!

唐兄的一生是战斗的一生,革命的一生!他的革命精神和优秀品质将永远鼓舞我们为建设繁荣富强的社会主义祖国而奋斗!

1988.8.20

唐泽霖,1942年在桂林参加西南印刷厂。后曾在中共广东省委八办工作。

李梅甫,1942年在桂林参加实学书局。后曾在北京师范学院工作。

原载《联谊通讯》(北京)第3期,1988年10月15日

通过敌人封锁线

——缅怀吴新陆同志

张　佗

　　吴新陆同志离开我们已经三十年了,他为我国的新闻出版工作辛勤劳动的一生,永远值得我们怀念。

　　1946 年冬,新陆同志在上海新知书店门市部工作,他勤勤恳恳,兢兢业业,不辞辛劳,什么事都干。1947 年夏,上海的政治环境越来越恶劣,国民党反动派加紧了对进步力量的迫害,真是"黎明前,更黑暗,路难行"。根据新的形势,为保存力量,新知书店上海门市部决定自动停业。组织上安排新陆同志和我二人转移到东北解放区工作。

　　1947 年冬,我们二人到了北平,住在朝华书店。当时北平到沈阳的火车只开了一次就中断了,我们只好另想办法。由于我们初来北平,情况不熟悉,只能依靠朝华书店的同志设法解决。在等待联系期间,新陆同志经常躲在楼上角落里埋头刻蜡版,印制宣传材料,然后送到各大学校去散发。不久,许季良同志为我们找到关系,经他联系妥当后,新陆同志和我到天津的一个地方(已记不清具体地址)找一位三轮车工人。见面时新陆先问他:"你有轮胎卖吗?"他回答:"你要内胎还是外胎?"新陆说:"我要内胎。"接上联系暗号之后,那位三轮车工人非常热情地向我们介绍通过敌人关卡和封锁线的情况,并交代好要做哪些准备。同时要求新陆同志负责带领十二位大学生到解放区去。新陆同志不怕风险,毅然应允,接受了这个任务。

第二天清早我们每个人都略加化装,到约定的地点乘一辆大马车向沧州方向前进。途中经过关卡重地,国民党官兵荷枪实弹,警卫森严,对我们这批人一一盘问,新陆同志从容不迫地回答敌人的盘问,并出示在北平美国新闻处工作的同志帮助弄来的路条,证明我们将前往济南(当时还未解放)。刚过了关卡没多远,突然出现几个便衣特务又继续向我们查问。新陆同志非常机警、沉着,依然不动声色地一一作了答复。离开这些特务之后,忽然马车前面出现了那位三轮车工人,他在热情地向新陆同志打招呼说:"大哥,有钱吗? 借一些。"新陆同志含着会心的微笑给了他一张一百元的伪钞,三轮车工人笑着点头说:"谢谢! 再见!"原来他是在这里接应我们的,暗示我们已脱离敌人的封锁线,可以快马加鞭向解放区前进吧。

走了一天一夜,东方升起了鲜红的太阳,阳光照耀着大地。迎面是威武的解放军岗哨,有个战士很和气地问:"你们是从哪儿来的?"新陆同志回答说:"从天津来。"战士又问:"你们带报纸了吗?"新陆说:"带来《益世报》和《大众报》。"战士马上非常热情地和我们握手,表示欢迎。啊! 我们终于到了久已向往的解放区了,有的同志情不自禁地唱起了"解放区的天是明朗的天……"有的充满激情地高呼："中国共产党万岁！毛主席万岁！"真是兴高采烈，兴奋异常。

到了泊头镇接待站，新陆同志把三轮车工人给的一张伪钞（金圆券）交给负责接待的汪志远同志，他仔细看了金圆券的号码之后说："前天我们就得到通知说你们将要来了。"十二位大学生按计划安排到北方大学去了，我们二人往何处去呢？按上海出发时原来计划是到东北的，但在这里去东北路途遥远，交通不便，也上北方大学吗？我们怎么能半途脱离与书店的关系呢？后来泊头镇党组织建议我们去山东惠民找新华书店想办法。到了惠民，见到华应申、王益、叶籁士同志，他们非常热情地招待我们，并给我们粮票、伙食费和致各兵站（各地招待单位当时统称兵站）的介绍信。我们二人各背十五公斤行李，起早贪黑，晓行夜宿，徒步行军，走了一个半月才到胶东的石岛。在石岛遇到刘耀新等同志，他们也是非常热情地招待我们，并为我们找到机帆船，送我们去大连。我们趁黑沉沉的夜色在茫茫大海中航行，国民党的军舰在海上巡逻，不断以探照灯巡视海面。驾驶机帆船的舵手非常勇敢和机警，开足马力，横冲直闯，终于通过了敌人的海上封锁区。当一轮红日从海面上冉冉升起的时候，大连码头靠我们越来越近了。在众多同志的热情帮助下，我们终于安全抵达大连，在光华书店开始了新的工作。

当时解放战争的胜利捷报频传，革命形势发展很快。我们在大连工作了一阵子，不久我就随光华书店调到瓦房店，准备迎接沈阳解放。新陆同志则去了山东，在新解放的济南光华书店工作。回想起这段经历，转眼间已经四十多年过去了，但当时的情景仍历历在目,恍如昨日。新陆同志由于喜欢摄影,后调到《人民画报》担任摄影记者,经常背着照相器材到全国各地采访,健康情况不好也不注意,不顾辛劳地忘我工作,以致积劳成疾,终于不治,过早地离开了我们,但是他的音容笑貌仍不时萦回在我的脑际。

吴新陆,1946 年在上海参加新知书店。后曾在人民画报社工作。

张佗,1947 年在上海参加新知书店。后曾在中国对外展览公司工作。

原载《联谊通讯》(北京)第 30 期,1993 年 2 月 25 日

怀念徐雪寒

骆耕漠

徐雪寒同志走了,一个94岁的老人,虽然离开了我们,但他的音容笑貌,他作为一个共产党员的情操和品德,却永远留在我们的记忆中。尤其是他在革命奋斗生涯中,勇挑重担,帮助同志,在困难面前勇于承担责任的革命精神和崇高形象,让人们永远难以忘怀。

监狱中的斗志

徐雪寒同志(原名徐梅君),早年加入中国共产党时只有15岁。1926年,任杭州地委组织部部长,1927年在绍兴地委工作,当时绍兴地委接受浙江省委的领导,下辖23个支部。1928年初,徐雪寒同志在宁波被捕,1月中旬,他与鲍悲国、庄起东等一批政治犯从宁波转押到杭州陆军监狱,与关押在杭州陆军监狱的政治犯骆耕漠认识。从此,两人在杭州陆军监狱一起度过了6年多的铁窗生涯。在狱中,徐雪寒同志与难友们一起把监牢当作大学,坚持苦读马克思主义著作,同时,和其他难友一块学习世界语,此外他自己还坚持用上海澄衷中学的教科书自学日语。这种难能可贵的精神,真值得我们后人学习。

1928年至1933年徐雪寒同志在杭州陆军监狱期间,一边学习马克思主义著作,一边与狱中难友一起参加了要求宣布刑期和罪状、改善监狱医疗条件的绝食斗争。并经历了狱中的拷打等磨难,充分展现了一个共产党员坚强的革命品格和意志。

"新知书店"的战斗历程

徐雪寒同志1933年出狱后,在钱俊瑞同志负责的中国经济情报社开始了新的工作。之后不久,于1935年同钱俊瑞、薛暮桥、姜君辰、孙晓村、张锡昌、骆耕漠、朱楚辛、石西民、孙克定、华应申等共同集资创办了新知书店(现在的生活・读书・新知三联书店的前身之一),徐雪寒同志负责日常业务工作。

新知书店在私人事业合法掩护下,在国民党和敌伪统治区积极进行革命活动,从创办之日起,就完全在党的领导下工作。创办人当时明确提出了书店的经营原则:一是把书店作为革命的工具,进行革命宣传;二是专门出版社会科学书籍,宣传马克思列宁主义。徐雪寒同志按照书店这样的经营原则,积极从事革命的宣传工作,出版了《中国货币制度往那里去》(钱俊瑞、章乃器、朱楚辛等著)、《意阿问题与二次世界大战》(钱亦石、姜君辰等著)、《帝国主义铁蹄下的阿比西尼亚》(孙冶方译述)①、《中国农村社会性质论战》(中国农村经济研究会编)等社会科学书籍,还出版了狄超白著《通俗经济学讲话》②、吴大琨译《大众政治经济学》、吴清友译《帝国主义论》(增订本)、薛暮桥著《农村经济基本知识》和《中国农村经济常识》,以及钱俊瑞、姜君辰、徐雪寒合著《中国经济问题讲话》等书籍。此外还在上海组织作家编译了《苏联文学选集》,包括梅益译《钢铁是怎样炼成的》等书,特别是翻印延安出版的范文澜著《中国通史简编》,使国民党当局惊慌失措,国民党南京《中央日报》曾专门发表题为"介绍一本历史奇书"的社论,进行大肆攻击,反而促使读者抢购此书,最后不得不加以查禁。

徐雪寒同志不仅在书店经营管理的业务上、在革命宣传工作方面做得很出色,而且在与革命战友的相互支持、帮助方面,都勇挑重担,走在困难的前面,勇于承担责任,充分显示了他处处关心和帮助同志的革命情怀。

1937年七七卢沟桥事变之后,国内的民族矛盾急剧尖锐起来。8月13日,日军以突然袭击的方式向驻闸北八字桥一带的中国军队发起进攻,同时炮轰上海市区,中国守军奋战还击。这就是著名的八一三上海抗战。由于上海形势日益紧张,各种社会机构和社团都在做离开上海的相应准备,徐雪寒同志也随同新知书店

---

① 编者注:章乃器、钱俊瑞、骆耕漠、狄超白著《中国货币制度往那里去》,新知书店1935年11月初版;陈仲逸、张仲实、沈志远等著《意阿问题与二次世界大战》,新知书店1935年10月初版。
② 编者注:狄超白著《通俗经济学讲话》,新知书店1936年4月初版。

一起迁移到了汉口开业。这期间,骆耕漠曾两次出差上海,两次都处处感受到了徐雪寒同志在工作和生活各方面的关怀。

1938 年 2 月,骆耕漠由浙江丽水战时物产调整处出差汉口,同年 5 月,再次去汉口出差。尽管当时新知书店在汉口的经营很困难,但徐雪寒同志两次都是设法让老战友骆耕漠住在汉口的新知书店。徐雪寒同志说,这样开支比较小。

在武汉期间,全国掀起了抗日救国运动的革命高潮,群众对于新知书店出版的马列主义著作和抗日救国书刊,求购殷切。为了配合全国的抗日救国运动,新知书店在国民党统治区竭力开设分店。当时党的浙西特委凑钱在丽水开设了新知书店分店。新知书店负责人徐雪寒同志积极配合地方党委的工作,通过骆耕漠到武汉出差之便,发运去大量书籍,并派新知书店的朱执诚前去增设金华书店。徐雪寒同志和骆耕漠二位老战友在这两次见面后商谈了在金华、丽水开设新知书店分店事宜。一是从汉口新知书店带一部分书籍回丽水,在丽水办一个战时书刊供应区,但不挂新知书店的招牌,以满足丽水城内市民的迫切需要。二是设法在浙江金华、丽水租到合适开设的小屋平房。在解决金华和丽水新知书店分店调剂从温州到金华再到皖南岩市兵站来往运送书籍中,徐雪寒同志都是以关心同志、以事业为重出发,书籍先不要支付钱,由徐雪寒自己先垫支。在第二次徐雪寒同志派人带了第二批书籍到浙江金华火车站时,都是徐雪寒同志主动想办法、动脑筋,积极开展工作。

1940 年骆耕漠去浙江,都是住在新知书店,一切都是徐雪寒同志主动安排。当时新知书店还是很困难，但徐雪寒同志依然是只要同志有困难，就出面帮助。

1941 年初，骆耕漠、麦青接受任务从皖南屯溪战时物产管理处到苏北盐城新四军军部，由于在湖州受到日寇检查站的刁难，只能转道香港、上海再到苏北盐城，不幸的是，骆耕漠在从浙江到桂林的途中盘缠又被人偷走。所以，骆耕漠一到桂林，就告诉徐雪寒同志，他急需 200 元钱的帮助。100 元是自己从桂林转道香港再到上海的费用；另 100 元是借给滞留在浙江於潜的麦青同志前来桂林的路费。最后，骆耕模从桂林转道香港再到上海所需的 100 元费用，由徐雪寒向党组织申请帮助解决了，而麦青同志从浙江於潜到桂林所需的另 100 元费用，则由新知书店负责给予解决。之后，徐雪寒同志又依靠党组织关系帮助骆耕漠、姜君辰一行拿到了从桂林到香港的签证飞机票，才使行程得以顺利成行。

徐雪寒同志早年参加革命，思想进步很快，因此，得到了当地党组织的重用，担当了很多责任。徐雪寒同志为人十分正派、对战友坦诚、热诚、乐于助人。解放以来，徐雪寒同志一直坚持马克思主义观点，孜孜不倦地进行理论研究，继续为党兢兢业业地工作。近年来，得知他身体状况不太好，心中十分牵挂。他在北京医院住院期间，我曾专门向他的主治大夫李大夫询问过雪寒同志的病情，也向他的司机询问了一些具体情况。为避免两人见面后情绪激动，影响他安心养病，所以没有与雪寒同志见面。现在他走了，没料到他的病情会发展的那么快,我为失去这样一位并肩战斗多年的老战友而万分悲伤。当雪寒同志生病时,在我的眼睛还较好时就应该多去看看他。作为老同志、老战友,大家从艰苦的革命岁月中一起走过来,现在他走了,在他病重期间,没有多去看看他,多关心关心他,这令我非常难过。

现在,虽然我眼睛看不见,但雪寒老战友的音容笑貌却时刻萦绕在我的心里。在徐雪寒同志逝世的日子里,我的学生王进才同志作为一个晚辈,在向老前辈学习中,代为整理出这篇怀念徐雪寒同志的文章,以示追忆和悼念。

骆耕漠

2005 年 5 月

徐雪寒,新知书店创始人之一。后曾任国务院发展研究中心常务干事和顾问,中国国际贸易促进会理事、顾问,生活·读书·新知三联书店北京联谊会名誉会长。

骆耕漠,新知书店创办人之一。后曾任中国科学院哲学社会科学部学部委员,中国社会科学院经济研究所研究员、顾问,国家计划委员会副主任,国务院经济研究中心顾问。

原载《联谊简讯》增刊,2005 年 7 月 20 日

怀念徐雪寒同志

李志国

我思念，思念我们的大哥，尊敬的徐雪寒同志。

雪寒同志是我最敬爱的领导人，他是师长，又是朋友。他生前，我和许多同事一样，称他大哥。如今我们这位大哥竟然离开了我们，他不会回来了，我们见不到他了，只能思念他了。三十年来，我们都住在北京。一年里，总有几次见着他，可以随心所欲地说些什么。谁说错了话，他开导几句，觉得很轻松。有些事，经他一说，豁然开朗。逢年过节，老同事涌向他家里，挤满一屋，还是和桂林时代一样，亲亲热热。如今，大哥不在了，这样的团聚，不可再有了。经过了所谓的"文化大革命"，我常有疑虑的问题，愿意向他倾诉，经他一点拨，问题就化解了。如今，大哥离我们而去，再有疑虑问题，向谁去倾诉呢？唉！

我是 1939 年在桂林到新知书店工作的，那时，我是湖南塘田战时讲学院的学生。国民党说我们的学院是延安的"抗大"（确实是），派武装部队把学院封闭了。一部分学生由老师介绍或经党组织推荐到许多地方去工作或学习，我和刘逊夫、邓晏如三人经党组织推荐,先后去桂林,进了新知书店。对新知书店,我们事先是了解的,知道它是干什么的。

我进新知是徐大哥接待的。他指定一张竹片拼凑成的床铺给我,一条床腿是坏的,他叫我自己修好。没有任何进店手续要办,我立即开始工作——在桂西路新知书店门市部站着卖书。

业务上,徐大哥没有管过我们。业余时间,参加学习会,共同讨论。但是,徐大哥把刘逊夫、邓晏如和我三人单独编成一个组单独学习,学联共党史,他主持,我们三人讨论,他讲解。为了躲避日本飞机轰炸,进城郊的岩洞。一进洞,就摊开新买的油香扑鼻的《联共党史》读本,我们三人讨论,徐大哥讲解。虽然日本飞机的轰隆声传到洞里,清清楚楚地听到,它却干扰不了我们的学习。

在书言书,卖书要读书,有人说新知书店像救亡团体,我看更像个小书院。我们养成了读书习惯,这和徐大哥重视读书学习很有关系。我们三人,虽然在进书店之前参加了共产党,但对共产党的性质,对共产主义的理想和近期的任务,进了新知书店,才算得到一些基本知识。

1941年,皖南事变之后,徐大哥从重庆来桂林,把我叫到一家旅馆,与跟他同来的张纪恩见面。徐大哥拿出一笔现款,要我和张纪恩去浙江,先做点生意,赚些钱,然后去福建南平开间小商店(后来,我才知道,是作为党的一个据点,准备必要时用它)。我经常在浙江、福建、江西几个省,跑单帮,做小生意。这时期,徐大哥从上海寄来一次信,蝇头小字,密密麻麻两大页。细细勉励我好好地做生意,善于和各种各样的人打交道。他说长袖才能善舞,又要出污泥而不染。千里以外寄来的家书,好不亲切啊!

1949年3月，我在香港，有人捎话给我，说是徐大哥在九龙半岛酒家大厅等我，叫我赶快去。我去了，坐下，大哥替我要来一杯咖啡。闲谈几句，大哥对我说，你常发牢骚，讲怪话，这不好。然后，他加重语气说，在延安这就在叫作"自由主义"哩，要我改掉。我听完他的话，喝完咖啡，就离开了半岛酒家。徐大哥的规劝，我听了，把这个缺点也改了，在"文化大革命"以前，没有重犯。回味这种同志式的规劝，是良药，但不苦口，很受用，而且终生难忘。

也许没有人称徐雪寒是经济学家，而已经出版的《徐雪寒文集》，主要是经济方面的论文。薛暮桥在这本书的序言里评价说，在30年代，徐雪寒才20来岁，就写出了"高质量的经济论文"。说抗日战争爆发前夕，徐雪寒写的经济论文，"是运用马克思主义理论，结合丰富的史料进行科学的分析，具有很强的说服力。他的论文愈到后来愈精彩"。20世纪80年代徐雪寒写的人口问题、经济改革方面的文章，其中所提出的主张，很切合实际，如果经济改革的决策者予以采纳，会很有益处的。

正在编辑当中的《徐雪寒论文续编》（尚未定名）主要是1980年至1990年之间的经济论文，这段时间，他侧重经济研究工作。按薛暮桥说的，他这个时期所写的论文一定是科学水平更高，对推动当代的经济建设会有极大的作用，相信这本文集出版之后，经济界会作出恰当的评价。

徐雪寒还有许多没有写成的论文，那就是他的通信。他年老力衰无力著述，但在朋友通信里，往往针对政治、经济、社会上的重大问题，进行剖析，作出论断。这些论断多数都是金玉良言、宝石珍珠。如果处在广开言路的时代,遇上有识有胆、胸怀宽广的主政的人,他的金玉良言应该有表达机会的。

徐雪寒以94岁高龄去世很不幸,在他一生中,年轻时,被国党关押6年,又不幸,在社会建设中,被冤案牵连,被判刑12年,虽于1965年提前假释出狱,紧接着是十年浩劫。前后26年。这是人生精力最旺盛的年华,却白白地被消耗了,他在国民党监狱里学了外语,系统地学习马列主义的理论为后来从事经济工作,对财政经济进行研究打好基础。以后的不自由、半自由的20年,却是在写交代材料、写检讨中虚度的。

我现在假想一下,徐雪寒,我们的大哥,如果没有26年的灾难,以他的才华,以他的勤奋,以他的办事严肃认真,要为国家为人民多作出多少贡献,在经济研究工作方面会有多大的成就。

2005年6月10日北京

徐雪寒,新知书店创始人之一。后曾任国务院发展研究中心常务干事和顾问,中国国际贸易促进会理事、顾问,生活·读书·新知三联书店北京联谊会名誉会长。

李志国,1939年在桂林参加新知书店。后曾在中国出版工作者协会工作。

原载《联谊简讯》增刊,2005年7月20日

终生铭记您的教诲
——悼念徐雪寒同志

曹健飞

　　徐大哥（新知书店同仁大都这样亲切地尊称雪寒同志）经数年
与病魔的顽强斗争，不幸终于在 2005 年 4 月 27 日下午 5 点零 5
分逝世，终年 94 岁。这应该是高寿了。但听到噩耗，我仍是悲痛
万分。5 月 4 日我去他家中，在他遗像前献上花篮，想起他一生为
党的事业艰苦卓绝的斗争，想起他在精力最旺盛时期（40 多岁—
60 多岁）受潘（汉年）、杨（帆）大冤案的株连而被投入监狱（被判十
二年徒刑，之后又在"文革"中被批斗劳改十年），想起他对我的教
导，我向他遗像鞠躬致哀时说了"大哥，您走好"，不禁流下热泪，哽
咽得不能再说下去了。

　　我 1939 年在贵阳参加新知书店工作，但从没有与他在一起工
作过。1941 年皖南事变后，全国书店遭国民党反动派封闭（仅重
庆一地除外）。他被组织上调至上海和苏中解放区工作。我在这
一年多期间仅见过他几次，但就在这几次接触中，受到深刻的教
育，它不仅使我坚定不移地在革命出版工作岗位干了一辈子，而且

使我一生懂得做人的道理，能够规规矩矩、清清白白地做人。现在我已是风烛残年八五老人，但回顾他对我的教诲，不仅还能清晰地铭记在心，而且还时时在激励着我鞭策我继续前进。

一

　　1939年我在贵阳参加新知书店（当时店名是读新书店，是与读书生活出版社合作开设的）。入店不久，他由桂林去渝途经贵阳。知道我是刚参加书店工作的一名新兵，他在短暂停留期间找我谈了话，了解我的家庭以及抗战后参加救亡工作的情况，着重了解我为什么要参加书店工作。我如实介绍我的经历，主要谈了在救亡团体（当时我在国民党军委会政治部下属的一个机构里工作），是被当时反动的领导所不容，在离渝前，曾设法去延安不成（我是从渝去昆探亲途经贵阳），经过已在书店工作的同事汪北炜介绍入店。当时考虑回到重庆后，已不能在原单位继续工作，知道书店是进步书店，卖的书大都是进步书籍，在书店里工作可以读很多书。他听了我介绍的情况后，肯定了我入店可以读书的愿望外，还着重告诉我书店工作是向人们传播进步思想，鼓励人民群众积极参加抗日救亡运动。做好书店工作是一项极有意义的工作，鼓励我努力学好书店的各项业务工作，将书店工作做好。他亲切的富于说服力的谈话，使我认识进步书刊发行工作的意义，为我做好这项工作打下了思想基础。

二

　　1940 年他经贵阳去昆明视察昆明分店的工作,他知道我母亲住在昆明,要去了她的住址。他到昆明后,在百忙中还抽空去看望我的母亲。我幼年丧父,家里极为贫穷,童年生活极其困难,完全依靠母亲做些零散佣人般杂活来维持水平极其低下的生活。到了我十三四岁时,我做的是旧社会被认为低下卑贱的工作,如报童、侍者、学徒、公共汽车售票员的工作。他知道我童年一些情况,我母亲在昆明是依靠一个亲戚过活,我那时的工资(记得当时每月12 元),是不能赡养母亲的。他去探望我母亲时,给了她 20 元钱并安慰她说我工作很好,请她放心。我在 1940 年去昆明进货时,我母亲对我说,你的“老板”人真好,她对我在这样的“老板”手下工作极为放心。我听了极为感动。我丧父后,母子相依为命,过着极为苦难的生活,经常遭遇冷漠、侮辱和歧视,很少得到同情、照顾和关怀。他去看望我的母亲,不单是送钱,更重要的是送去亲情般的关怀。他这行为,不仅使我母亲大为感动,也使我终身感受到人与人之间要互相关怀、互相帮助,这是做人的基本道德标准。

三

　　1940 年我入党后,有个读者朋友,先在贵阳红十字会工作,后来调至陕西褒城红十字会运输队工作,来信告诉我他那里经常有

汽车运送药品去延安,要我速去。我盼望去延安已有多年,有这机
会怎能放弃呢?我向书店经理要求辞职,经理不同意,做了我许久
工作,我还是坚决要走。当时雪寒同志在贵阳,他找我谈话,由于
我坚决要走,因他知道我入党不久,就以党的纪律教育我,服从党
组织决定是党员的准则,不能随意行动。我思想未通,但不敢违反
纪律因而未能成行。从此,我认识到做个党员要遵守纪律的重
要性。

四

1941 年皖南事变后,书店被国民党反动派查封,全店人员被
捕关进监狱。后来因监狱人满为患,除经理被关押外,其余人员均
被保释出狱。我出狱后即赴桂林(桂林新知书店被勒令停业,还保
留一个办事处,名义上是处理善后工作,实际还在继续工作)。我
到达桂林后,雪寒同志还在桂林,他详细了解贵阳书店被查封和我
出狱的具体情况。这实际上是审查我被捕情况。在他与我讲话
时,我至今还记得他告诫我:被国民党反动派逮捕入狱,这是一次
考验和锻炼,新知书店同仁中被逮捕、坐过监狱的大有人在,不能
因此而骄傲。

五

我在桂林休息了一段时间,雪寒同志找我谈话,说给我一个任

务,交给我一笔钱(5000元),让我去浙江(当时浙江有些城市,如宁波、绍兴未被日寇占领,还与上海有商业往来)做一次生意,赚点钱然后去江西吉安或泰和(当时江西省会设在泰和)设立一个小店(最好是文具店)以备使用。他着重说明这不是书店的任务,而是党设立的据点(见《周恩来年谱》P481)。在我出发前一天,他向我详细谈了单独工作应注意的事项,如这次工作任务不要与书店其他同事谈及,在途中不要与书店同事接触,注意要慎独(当时我不懂这两字的意思),他向我解说:独立工作,在没有组织和人员监督下,应遵守纪律,要严格要求自己,同时在各个方面提高警惕,不要暴露自己,努力完成任务。当晚他为我"饯行",在桂东路口老正兴饭馆为我叫了一碗排骨面,另外多加了一块排骨,还要了一杯葡萄酒。他什么都没有吃,只是看着我吃完这顿送行饭。事隔64年有余,当时的情景,我至今记忆犹新,每有念及,仍激动不已。

六

全国解放后,他先在上海工作,后调到中央对外贸易部担任副部长。1955年突然听到他被隔离审查,这讯息使我们许多老同事大为吃惊且迷惑。后来知道是戴了反革命帽子而被判刑。这对我像是晴天霹雳,我是绝对不能接受的。一位15岁入党,经历了那么多艰险的考验和斗争,为党的事业作出了那么卓绝的贡献,我们极为爱戴和尊敬的这样一位师长,竟然是反革命!?我无论如何也不会相信。在他隔离期间,我每年春节初二都去看望伯母和朱大姐（他的夫人），不仅我去，我还组织动员老同事一起去，将近十年，从未中断。以致日后在"文化大革命"中，有人"揭发"我划不清界线，查问我去的动机，我因此受到批斗。

"文化大革命"开始后，我是书店里斗争重点对象，头上戴了好多顶帽子；他当时在外文局图书馆工作，被造反派称为"死老虎"，经常受到批判不在话下，有时我们还是同台挨斗。

1969年我从牛棚被转移到河南汲县外文局干校，他也下放在同一干校，我在一连，他在机耕队，相距不远。我头两年除繁重体力劳动外，还经常接受大小会的批斗。有时在农田里相遇，也只能对视一下，不敢交谈。他那时是花甲老人，还干着繁重的体力活。我是1972年从干校调回北京，他是在汲县干校结束又随之迁往河北固安。我回北京后将近一年才分配工作。他仍在固安干校劳动。后听到朱大姐说到他健康状况不好，不堪劳动之重负。当时外文局局长是冯铉，1956年他在瑞士当大使时，我曾接受过他布置给我的一项工作任务。有过这层工作关系，我以曾经是雪寒同志领导过的一名干部的身份，给他去信，请他照顾年老多病年逾六十的老人，免除他的体力劳动。不知他是什么时候调回北京的。

七

"文化大革命"结束后，他没有及时得到完全平反。一个优秀的共产党员，二十多年来的大好时光，竟在共产党的监狱里度过十年，又在"文化大革命"批斗劳改中度过十年。后来听说经薛暮桥、钱俊瑞等同志找到胡耀邦同志详细汇报雪寒同志的经历和冤案经过,到 80 年代初他才得到彻底平反。此时他已是年逾古稀的老人了。

再次见到雪寒同志时,他已在《经济研究》杂志社担任编辑,后又调到国务院发展研究中心工作。二十多年来,我经常去探望他,在与他接触中,他给我印象最深的有两点:

一、他的冤案对他的体力和精神都造成了极大的损伤,但他从不提及,即使问到,他也只是轻描淡写简单地说几句,丝毫没有怨气,而是表示将继续努力工作以弥补损失的时间。

二、他非常关心党和国家改革开放中的重大问题。对一些重大的政治经济改革问题,他都有看法,不但在工作中提出意见和建议,而且还写出文章,如对三峡水利工程,如建议中央对上海"松绑"(即减少对上海税收)促使上海有资金大力发展(这建议被中央所采纳)。最近读到他在前几年给上海陈敏之的 200 多封信,充分说明他自认对国家大事"匹夫有责"的高度责任感和积极态度。再如他对产生严重贪污腐败现象及有些重大改革措施不力,表现出极大的忧虑。晚年,他的健康状况急剧下降,在已不能写作,也不能长时间谈话的情况下,我们去看他时,他总是抱着急迫的心情询问重大问题的情况,表现出极度忧国忧民的思想感情,我们都提醒他已年老体衰,应保重身体为要,但他总是以一个老共产党员的身份和立场表示不能不关心国家重大问题的进展。他这样以天下为己任的原则立场教育了我也感染了我。我虽也努力劝说,但又分明感到他这种立场的震撼力,确实难以做到无动于衷。

　　大哥:您走好! 我终生铭记您的教诲,您永远活在我的心中!

2005 年 6 月 12 日

　　徐雪寒,新知书店创始人之一。后曾任国务院发展研究中心常务干事和顾问,中国国际贸易促进会理事、顾问,生活·读书·新知三联书店北京联谊会名誉会长。

　　曹健飞,1939 年在贵阳参加读新书店。后曾任中国国际书店总经理。

原载《联谊简讯》增刊,2005 年 7 月 20 日

"还是我去"
——悼念战友许静

陈国钧

　　明西来电话,告诉我许静走了,我像是被猛击了一下,头有些晕了。我不禁回想起我俩1948年在北平朝华书店相处的日子,泪水潸然而下,辗转反侧一夜未眠。

　　1947年12月,我在沪待分配工作。一天,万国钧同志告诉我,组织上派我到北平朝华书店任经理,原经理吴丰国因病要返沪。之后,薛迪畅又对我讲了类似的话。两位领导还分别指示我去朝华书店的任务:(一)尽一切努力把书店维持下来,你必须以买卖人身份出现北平,书店尽量做到"灰色"一些,要将书店里的现实斗争的书刊、马列著作及本版书籍等类似著作,清理下架,不得出售。(二)必要时,一些老同事路过北平,你们要尽一切可能给予帮助。

　　1948年1月,我来到北平朝华书店,店里共有吴丰国(复之)、许静、李小梦(当时叫他小孟)、伙房师傅和我(化名陈守仁)5人。

　　吴因病返沪,书店人手紧张。我与许静商量,写信给万国钧,并请吴丰国回沪时,向万国钧与迪畅同志汇报,请总店考虑:北平朝华书店除了门市之外,还有批发和进货任务,希望总店增派人员。不久,杨和从上海调到北平朝华书店。

朝华书店是吴以他的名义从谭允平手中顶买下的,门市后院为房东等人住,其中有军统特务,门市斜对面是国民党联保办事处,书店的右侧是宪兵队,门市店中常有"读者"(特务),工作环境较为险峻。

我到北平不到两天,就先后向吴丰国、许静传达了上海总店的指示。为了更好地应付敌人,继续战斗,我和许静等人商议:说吴是我的表兄,因病到南方治病并回家休养,我暂代他看管书店;杨和是吴的舅子,管理钱财;许静与小孟都是店里原有的伙计。许静看门市,我负责对外联络等。后因业务关系及更好地应付"外事",加之小孟去了解放区,我们增加了曹肇琦和刘兴武两位同志。刘是我和许静商议后,从东安市场书摊上招来的。

许静对店里情况比较熟悉,陆陆续续向我介绍了不少情况。如朝华书店对外业务往来,以及北平国民党对朝华书店的态度等等。我也比较倚重他,店里很多事情都找他商议。

为了完成总店交给的任务,首先我们以搞卫生和整理书架为名,把进步和革命色彩浓厚的书刊清理下架,这需要新的存放点。我不仅要考虑到这些革命书刊的安全,也要考虑革命书刊的存放,不能给房东带来麻烦。经我与许静商议后,找到北大文化服务社负责人朱彤(解放后曾任中央党校出版社社长兼总编),得到他的大力支持,找到一教授的空闲房,其光线极暗,我们将店里的革命书刊和他们搞到的《新华日报》存放在一起。我们这样做,既保证了书店门市的安全,又防止了敌人查抄没收。在此,我向这些在敌人眼皮下,帮助我们存放过书刊的同志再次表示感谢。

前面说过,朝华书店工作环境险峻,平时常有"不速之客"。在1948年,小孟未去解放区之前,敌人的军警、宪特及社会局就较大规模地搜查我店3次。有一次,来了十来人,查得异常仔细,并把许静同志带走了。被敌人带走之前,我与许争着去,他说:"你是新来的,店里过去的事情,你不清楚,还是我去吧。"许静被敌人带走后,我心里很焦急,想暗中跟着他们,一出门,看见有便衣,便转身回到店中,过了一会儿,看到便衣已走,我急忙向许静被带走的方向追去,追了好一会儿,不见他们的踪迹。我回到店中,思来想去,决定去找民盟的沈一凡求助,沈能量不小,如杨和被诬告、我到地方法院出庭、倪子明等人去解放后的石家庄搞假路条等,在他的帮助下,都顺利"摆平"。于是,我赶去他处,向他说明情况,请他帮助查找许静的下落。等我回到店中,喜出望外地看到许静已回到店里。许静说:敌人查问了朝华书店过去的一些人和事,能说的我作了回答;敌人又问及谭、吴等人去了哪里,我说我怎会知道?我的心里总算松了一口气。直到北平解放,我们店里的人和物均安全。

在解放军围困北平的前夕,为了稳定北平知识分子和工商业主的心态,宣传我党的方针、政策,让其不受国民党的谣言蛊惑,我与北大的朱彤,根据解放区的报刊和党的文件编纂印刷了两本小册子《论知识分子政策》《城市工商业政策》,悄悄散发到知识分子家中、学校里、商店等处。这件事,因时间和安全等因素,事后才告诉许静和杨和等。

在北平和平解放的日子里,我们忙的是:摸清市中心官僚、特务等机构位置,以便提供给有关部门接管;把藏放在 5 个地方的革命书刊取回到书店、张贴广告、出售革命书刊等等。

回想起那些日子,那真是团结对敌斗争的日子。我总不能忘怀的是许静同志"还是我去"这句话,这是许静这位共产党员革命气质的崇高表现。

我深切地怀念你,我的好战友——许静!

许静,1939 年在桂林参加新知书店。后曾在科学出版社工作。

陈国钧,1942 年在重庆参加生活书店。后曾在求是杂志社工作。

原载《联谊简讯》(北京)第 2 期,2002 年 5 月 1 日

祭为国捐躯视死如归的朱枫大姐

朱晓光

朱枫大姐为国死难 40 周年了。人生匆匆,历史有情。伟大祖国的社会主义革命和建设道路,是无数先烈用血肉躯体铺设起来的。生命的意义,在于为人类作出贡献。朱枫大姐是为人类作出了贡献的,所以我们要纪念她。

我和朱枫彼此相熟悉,始于 1931 年九一八事变她从沈阳逃难回到故乡来以后。她对我一直十分关心。我小学毕业后,她托人把我介绍到南京路大陆商场,当时中国最大的专营国货的百货公司"中国国货公司"当练习生。30 年代中期,随着日军步步进逼,侵略华北,进攻察绥,全国支援绥远抗战和一二·九运动轰轰烈烈地兴起,上海各大公司职工抗日爱国热情也高涨起来。我在南京路上大陆商场站柜台,大见世面,大开眼界。一方面锻炼了业务能力;另一方面参加地下党领导的民族武装自卫会和职业界救国会,从事救亡活动,提高了政治觉悟。1935 年,曾参加梁桐芳(就是那位因反对日本货倾销,扔炸弹炸断了一条胳膊的爱国青年)组织的中华青年劝用国货促进团,上溯长江各口岸,举行了一次宣传推销国货活动。七七、八一三全面抗战以后,才回镇海开展抗日救亡工作。从此时起,与朱枫朝夕相处,度过了三年热烈紧张的共同生活。

朱枫,原名谌之,字弥明,待人诚恳真挚,虽身为女子,素有大丈夫抱负,对国难日急、祖国垂危、人民遭殃,极表忧心。她是宁波女子师范毕业的,琴书诗画,很有根底。曾教我们学唱古调岳飞《满江红》和《花木兰从军》。此时,则积极组织歌咏队,大唱抗日救国的革命歌曲,还借县城隍庙戏台,演出宣传抗战的活报剧《保卫卢沟桥》《放下你的鞭子》等节目。并在镇海县民众教育馆举行义卖,把自己多年创作和收藏的金石、书画、工艺制品,标价出售,将全部所得捐献国家。朱枫心灵手巧,对编织、刺绣、缝纫等项,独具匠心,曾去上海参加美商胜家缝纫机公司的培训班,学习技艺。此时,为了解决众多从沪宁返乡青年的生活问题,又出资组织"镇海工艺传习社",教授技艺,让大家生产自救。还组织了三个"货郎担"形式的"抗日宣传小分队",推销工艺社自己的产品,兼贩一部分农民急需的小百货,每队三、五人,走遍山乡,先宣传抗日救国道理,后出售各种商品,并演出街头小戏,说唱演讲,招徕观众。这些小分队,也是战时救护队,遇到敌机轰炸投弹,就会同当地唯一的私立"同泽医院"医务人员前去救援。朱枫多才多艺,既是组织者,又是参加者,终日为抗日救亡奔波忙碌。

1938年,镇海吃紧,我们举家来到战时首都武汉。武汉会战前,我们渡洞庭至湘西常德,与华应申同志的家属合租了一条木船,溯沅江至桃源、沅陵。在朱枫分娩后,我们又返回浙江金华。

此时,我的二哥朱执诚(朱希)担任新知书店金华分店经理。我们把眷属老小,安顿在山城云和,新知书店股东陈曾善在云和县政府当教育科长,县长是公开的共产党员潘一尘,此地比较安全。朱枫回金华后,会同党所派遣的两位台义队秘书张毕来(一之)和华白沙(云游),帮助台湾爱国志士李友邦筹建起了"台湾抗日义勇队"。台义队成立之初,没有钱办不了事。朱枫慷慨解囊,第一次就捐款八百元,使台湾医院迅速开业,以后有了业务收入,工作才正规化。朱枫把八岁的女儿朱倬(现名朱晓枫)送进台义队少年团,使之过集体生活,锻炼成长。不久,朱枫同我奔赴抗日前线,在新四军教导总队驻地中村设立了随军书店,她在那里工作了约一年。

皖南的书店是应新知书店发起人之一薛暮桥同志(当时任新四军教导总队训练处长)的要求,由朱希从武汉运送书刊去设立的,以后生活书店也来供应书刊。此时新知、生活两店合并组成随军书店,最多时有工作人员十余人,主要任务是向新四军各支队搞流动供应,金华、丽水新知书店的蒋峰北、陈树穗等同志都曾经来前方供应书刊。留在中村的朱枫和我,则为各方配货,如曾经为魏今非(广州解放时的第一任市长)办的皖北无为书店突击配发大批书刊。

朱枫除管门市外,也向野外上大课的学员们供应书刊,并旁听讲课。工作虽然艰苦,精神却很愉快,她在生活和思想上得到了进一步的锻炼。

金华新知书店被查封后,朱希奉桂林总店之命去上海购买印刷制版用的薄型纸,朱枫和华云游偕行。到上海后,住在朱枫同学朱慰庭家里,她的丈夫吕逸民先生是泰康食品公司的股东兼总会计师,一位有正义感的爱国商人。朱枫曾委托其代向上海银行租用保险箱,她把一颗三克拉的钻戒取出来,兑给珠宝商人,得"储备票"三千余元,购买了日本生产的薄型纸五十令,连同新知上海分店为总店印好的何治坟著《无线电学》两千册,把薄型纸夹在书包里打了二十二个大包,运来内地。因宁波日舰封港,回程只得走香港、大亚湾、沙鱼冲、溯东江转至桂林。一切手续均由新知书店香港办事处张朝同同志妥为办理。抵桂林后,执诚由徐雪寒同志介绍给陈劭先先生,担任了桂林文化供应社第一任营业处主任,朱枫则参加了新知书店桂林分店的工作。这时,朱枫又向新知书店捐资,她把用钻戒换购薄型纸的价款充实了总店的资金。加上上海分店对总店的贡献(两千册《无线电学》每册两元),应申同志曾慨叹地说:"我们是得道多助,书店以后不愁没钱了。"后来,党所领导的湖南《观察日报》被查封,书店及时地出资收购全部印刷器材,使湖南省委得了一笔钱,我们把它运来桂林,成立了"西南印刷厂"(由沈静芷同志任厂长),成为桂林文化城印刷出版业的一个重要支柱。

皖南事变中我被捕囚禁于上饶集中营。这年下半年,朱枫获得确讯后,请新知书店内地总负责人张锡昌同志给当时在第三战区当粮食委员会主任委员的孙晓村同志写了一封介绍信,由她持信去上饶营救我。晓村同志曾经是新知书店出版的在全国很有影响的《中国农村》月刊的主编,对新知同仁非常关心。他恳切地说明营救困难,经他向上层疏通,允许探访,与本人接谈一次。次日,朱枫在集中营里见到了我,我当时患回归热病,且满身疥疮,气息奄奄。朱枫当即去上饶城里购买了一大瓶(一千粒)和一些散装的奎宁丸送来。这些奎宁丸解决了一个现实问题。次年四月,我跟蔡谟(现已离休,居南京)二人在大雨中越狱成功,靠它换钱生活,得以穿越赣、闽、浙穷山野岭,回到云和。朱枫又从桂林来浙江接应,决定让陈宜和四个孩子偕行,经福建、广东两省,艰难地度过千里关山,掩护着我来到桂林。陈宜当即参加远方书店(新知书店的副牌)工作。朱枫把孩子留在桂林,自己又陪伴我转移至陪都重庆,在静芷同志安排下,当了民生路上"珠江食品店"的"老板娘"。1944年初,我们又通过封锁线,经武汉来到了上海。

从上饶出来,在大后方绕了一个不小的圈子,又回到上海。三十功名尘与土,八千里路云和月,我和大姐生死与共,形影不离。患难之中见真情,大姐是我的"护法韦驮"。然而,三年蹉跎岁月,使我渴望在新的岗位上有所作为。抵上海后我们共同参加了新知书店在上海的副业"同丰商行"的筹建工作。1944年10月,日伪破坏了这个机构。朱枫被捕时,我正出差山东解放区。后来我负责把新知书店留在上海的最后一批人员转移至华北地区,主要是把张朝同夫妇及幼子和许季良等同志护送和安排到天津,我自己就留在山东工商局系统开辟工作。

抗战胜利后,东北地区急需开展文化出版工作,以消除长达十四年的日伪统治对东北人民所加的精神枷锁的影响。周恩来同志曾要求我们以民营面貌在解放区办书店,在政府资助下东北光华书店就负担起了这一任务。为了加强领导力量,我奉薛暮桥同志之命,渡海至大连,参加了东北光华书店的建设工作。光华书店以原来的生活、读书、新知三店的出版物为根基,聘林汉达等组成编辑部,邵公文同志任总经理,常驻大连;我任副总经理,我携带图书和纸型,绕道朝鲜,驰赴哈尔滨,会同孙家林同志,开辟了祖国北疆地区的文化阵地,广泛地建立和发展了出版发行业务。我们和李文同志等负责的东北书店,同受东北局凯丰同志的领导。1948 年11 月 2 日,东北全境解放。不久,我随大军进关。天津战役后,我在华北最大城市开设了新中国书局,我任经理。1949 年 1 月底,北平和平解放,我的二哥朱希,担任中央宣传部出版委员会出版科长,忙于为各新解放区提供新出版物和印书纸型。我们兄弟重逢,欢叙了离情。同年四月,我又随大军南下。上海解放,我参加接管工作,并且担任了上海市新华书店的第一任经理。

在一个长时期里,由于革命需要,我和大姐劳燕分飞,地北天南,祖国万里,情思绵绵。我因积劳,带病工作,大姐得悉后,两个月里,从香港给上海,连发十余信,亲切慰问,再三要我宽心,说明工作即将交代完毕,团聚有期,把晤在即,还说有她亲自护理,准保恢复健康,情真意切,字字句句暖我心怀。但我也深知大姐是个无畏无私无我的人,她的来信中也提到:"这个时候,个人的事情暂勿放在心上,更重要的事应先去做。"多么镇定、平淡,却又是放射着无限光芒的理智语言啊! 她终于实现了对党的誓言,去做更重要的事情,而且英勇壮烈地奉献了自己的生命。

我和朱枫相交十八年,朝夕聚首,只有中间两个三年,大部分日子,各自奔波。特别是解放战争几年,我在文化战线,北战南征,戎马倥偬,无法通信。别时容易见时难啊!待到有可能欢叙衷曲的时候,她又肩负时代重任,昂首赴义,离我而去。历史可以作证,人生能有几回搏,我们两个渺小的生命,都没有辜负时代的嘱托,为祖国的革命和建设,殷勤地付出了自己的心血。朱枫大姐,你在我的前半生,是我幸福生活的源泉和保护神,我也曾经用全身心陪伴着你,驱除忧患和冷寞,创造欢乐健康的生活,并且踏上追求真理的光荣道路。朱枫大姐!谌之大姐!弥明大姐!纸短情长,言有尽而意无穷,你为共产主义事业奋斗到底的崇高品德,你为国捐躯,视死如归的光辉形象和牺牲精神,将永远激励我前进,将一代一代地感召后人为实现人类的伟大理想而战斗不息!

朱枫烈士永垂不朽!

1990 年 5 月 5 日

朱枫,1938 年在武汉参加新知书店。1950 年去世。

朱晓光,1938 年在武汉参加新知书店。后曾在中国图书进出口总公司工作。

原载《联谊通讯》(北京)第 13 期,1990 年 6 月 5 日

一位老战友一位女烈士

——悼念朱枫同志就义四十周年

徐雪寒

　　今年是朱枫（谌之）同志就义四十周年，1950 年 6 月 10 日，她在台湾台北街头与吴石先生一起壮烈牺牲。不久，她的原工作单位华东局驻香港有关几个企业的数十位同志曾秘密地为她举行悼念会，由刘若明同志主持。四十年后的今天，伟大祖国经历了风风雨雨，曲曲折折，建立起社会主义社会，屹立于世界的东方，并且日益繁荣昌盛，我们终于能够公开地集会纪念我们曾经与之共同奋斗过的尊敬的战友和同志。心香一瓣，愿朱枫天上有知，能鉴及之。

　　我认识朱枫是在 1938 年春夏间，地点是武汉新知书店。她是新知老同事朱执诚（朱希）的亲戚，在浙江镇海沦陷前，被迫离家，关山跋涉，辗转来到战时首都武汉。打算去湘西某地分娩，放下身上这块包袱后，再上抗日前线。我虽然看她满面风尘，像一个中年世俗妇女，但眉宇间有英秀之气，看去是个知识分子。经过执诚介绍，她用变卖家产所得，对新知书店投了一笔数目较大的资金。说投资,是句门面话,实质上是对党的出版事业的无偿捐献。这一点,她和我们都心中有数。对于我们这家资金十分窘迫的书店,实在是雪中送炭,大大鼓舞了我们在艰苦生活中坚持岗位工作的士气。她在武汉逗留时间很短,我同她交谈不多,这时我还不很理解她。

武汉撤退后,新知书店总管理处搬往桂林,由华应申同志(我们书店的第二负责人)主持工作,直接受八路军驻桂林办事处领导。我本人长住在重庆分店,直接受周恩来和凯丰同志领导;也办理编辑、出版、发行、筹款等事宜,每年总去桂林住上几个月。我陆续知道朱枫生产后举家东返,把老小安顿在浙江云和县,自己则到金华帮助党所领导的台湾抗日义勇队工作。她把年仅八岁的女儿晓枫,送进台义队少年团,当了一名最年幼的革命战士。这时,执诚任新知书店金华分店经理。不久,她和她的爱人朱晓光同志被派赴皖南新四军军部办随军书店,在那里工作了一个时期。我为她欢喜,这位大姐终于投身到抗日洪流中来了。到1940年9、10月间,我由重庆到桂林,她同执诚都已转移来桂林工作。这次,到1941年4月,我撤离到香港、上海为止,前后约五六个月,一直留在桂林,同朱枫有较多接触,发现她在两年中有很大变化,她衣着朴素,同大家一样过着艰苦的物质生活,她懂得爱护集体,待人亲切热情,善于团结同事,绝没有孤芳自赏、在背后议论别人的习气,大家自然而然地称她为大姐(她是我们全店最年长的一个)。她在分店干邮购业务,能完全主动负责,胜任本职工作,但凡有所需要,她总乐于支援别人。她对外有相当交际能力;轮到在门市部站柜台时，逢到官方检查人员，能应付裕如，对进步读者，能很好照顾，千方百计地满足他们对书籍的要求。我也知道了她的身世：她出身于浙江镇海一个富商家庭，从小得到父母教育培养，写得一笔好字，能画几笔国画，熟读了许多唐诗，宁波竹洲女子师范学校毕业，和宁波最早的女共产党员陈修良同志是同窗好友，莫逆之交。所不同的是修良同志去了上海念大学，一直献身于革命事业；而朱枫则回到旧家庭结婚生孩子，过着旧式妇女生活。经过抗日战火的燃烧，激发起爱国主义的思想，绕了一段小弯路，她终于也走到党所指引的光明大道上来了。这就大大增加了我对她的理解和期望。皖南事变后，她不知道在新四军工作的爱人的下落，但她能够控制自己的感情，沉着冷静，全身心扑在工作上。在桂林期间，她还从所余不多的遗产中拨出部分，第二次投资捐献于党的出版事业。我和华应申同志（他当时是桂林新知书店党支部书记，桂林出版发行业的党组织负责人）都认为朱枫同志已经是一个书店合格的战士了。我们3、4月间先后离开桂林转移去香港、上海时，决定把她留在桂林，与许静等同志坚持工作。

1941年12月8日，日寇挑起了太平洋战争，进占上海租界，我们书店已经失去半公开的工作条件，决定疏散存货，撤退到根据地去。到次年年底，大部就绪，留下汤季宏同志负责继续完成未了的工作。我本人于1943年初到淮南路东华中局工作。次年秋，我到上海出差，知道朱枫已在书店的一个对外作掩护的商行工作。我见到她，知道她曾去上饶集中营探访爱人，后来她爱人越狱成功，利用她送去的一大瓶奎宁（集中营里普遍患回归热），得以逃离浙赣山区。朱枫再次去浙江接应晓光,他们又经桂林来到重庆,经营书店开的一家饮食店,赚些钱来支持书店(经过几次反共高潮的摧残,这时书店在经济上难以支撑)。后来发现有暴露的危险,他们又经武汉转移到上海。她的爱人去了鲁南根据地,朱枫就留在上海书店里。

1944 年 10 月,书店混入汪伪特务,遭受破坏,大部分同志被逮捕,在日本宪兵队受审。我知道后即到上海设法营救。朱枫虽经残酷拷问,但能从容应付,混入店内的汪伪特务因不认识她,就和其他女同志一起被释放了。之后,她还冒险在晚上从店后的小窗口爬进店里去,把仅有的一些存款和支票本、账册等提出来,以便接济尚在狱中的同志,并为陆续获释后去根据地的同志提供路费,等等。经过这些考验,和出于本人的愿望,我和史永同志介绍她参加了中国共产党,时间大约在 1945 年春节稍后。她归我们驻上海秘密机关的负责人张唯一直接领导。抗战胜利后,陈修良和她的爱人先后回到上海,他们都是地下党的领导干部,因为史永的关系,朱枫同修良她们建立了密切的联系。

1946 年 4、5 月间,华中局根据中央命令,派我去上海筹建一批完全公开合法的企业,并领导一个采办物资和运输的秘密机构,这一机构由汤季宏、陆明具体负责。到上海后,张唯一同志知道我需要干部,就把朱枫的组织关系转交给我,由我调遣,业余时间仍为他们兼管一些经济事务。我分配她到一个纱布公司主管财务会计工作,她在公司里是恪尽职守的。1947 年春节旧历初四,我得到警报,要我不回家,尽速离沪。经朱枫安排,让我在吕逸民家里躲避。吕是泰康食品公司的股东兼总会计师,有正义感,其夫人也是朱枫同窗好友,这是一个安全可靠的地方。我把上海的摊子移交给帮助我工作的陈明同志后,由朱枫为我办妥手续,送我上了去香港的轮船。

同年冬,上海的秘密运输机构负责人汤季宏被捕,由于他伪装商人,应付得法,被保释出来了。我有理由怀疑,释放可能是假的,目的在于找到我们的其他线索。我又知道汤的运输机构有船只被敌人扣押,部分同志被捕,担心汤冒险去处理这些后事,我决定亲自去上海处理。我在找到汤后,要朱枫负责办妥一切手续,送汤上了去香港的轮船。朱枫圆满地完成了任务。最近,我同汤核实了一件小事:朱枫送汤上轮船时,买的船票是舱面上统舱席子铺,海风一吹,汤感到寒冷,抖缩不已。朱枫当机立断,到女厕脱下自己的厚毛衣,让汤穿上。她对同志就是这样恳切真挚。

1948年春,我奉命回山东根据地,途经上海,曾经见过她,谁知这是最后一次同她见面。

1949年5月,上海解放,我参与接管工作,才知朱枫已调香港工作。6、7月间,接到她的来信,说华东局有关部门要调她到台湾去,问我的意见。我知道多年以来,为了革命工作,她与爱人和女儿天各一方,渴望回来团聚。我答复她说:可以将个人愿望如实向组织说明,但最后还应服从党的决定。以后就没有再得到她的信息。

9月,我的爱人带领一家老小回到上海,告诉我朱枫已奉命前去台湾,临行将两个男孩托她带来大陆。朱枫终于像人民解放军那样慷慨从命。我们敬佩她,并默默祝祷她工作顺利,平安归来。

1950 年 7 月间,我突然收到华中局联络部送来的一包资料,都是从香港报上剪辑的有关朱枫不幸被捕,与吴石先生一起在台北就义的报道。我除了立即通知她的亲友外,也把这个消息告诉了我的爱人和老母。我们一家为她在心中默哀致敬。

1983 年,中央主管部几位同志向我调查朱枫的一生历史,以及她的就义情况。我就所知如实地作了汇报。有关领导部门作了正式结论,肯定朱枫同志是一位为伟大祖国和党的事业而献身的英勇烈士。

朱枫,人如其名(她原名谌之),是一个真诚的人,一个不断追求进步和革命的女战士。我写成这篇悼念文章在《联谊通讯》刊载,表示三联同仁要学习她的优秀品质和革命精神的心情,她将永远活在我们心中。朱枫烈士永垂不朽!

1990 年 4 月 30 日

朱枫,1938 年在武汉参加新知书店。1950 年去世。

徐雪寒,新知书店创始人之一。后曾任国务院发展研究中心常务干事和顾问,中国国际贸易促进会理事、顾问,生活·读书·新知三联书店北京联谊会名誉会长。

原载《联谊通讯》(北京)第 13 期,1990 年 6 月 5 日

朱希同志传略

王　益

　　朱希,原名朱曦光,曾用名朱执诚,1916年出生于浙江镇海一个商业资本家破落而转化为自食其力的工人阶级的家庭里。祖父辈家境富足。在他父亲刚成年不久,祖父去世,家里遭了大火,烧得精光。经营的商业,也都垮了下来,家庭经济很快就败落了。他父亲16岁就抽上了鸦片,一辈子没有好好做过事。在他三岁时,出亡不归,病死在上海。家庭生活靠母亲和三个姐姐做纺织工维持。

　　朱希在家乡上过七年制小学,1931年经人介绍,到上海秀英制版所当学徒,学徒生活很苦,整天的工作就是做饭、带孩子,根本谈不上学习。他非常反感,对腐朽的社会制度有了初步认识。九一八事变和一·二八淞沪抗战后,他对蒋介石的不抵抗政策极度愤慨。制版所附近有一个报摊,出售的邹韬奋主编的《生活》周刊强烈地吸引了他,使他成为《生活》周刊的忠实读者。受《生活》周刊影响,他又广泛地阅读各种进步书刊,还学习了世界语。

　　1933年,他在《生活》周刊上看到生活书店招收练习生的启事。报名应考,被录取了,从此脱离了学徒生活的苦海。他被分配在批发科。这个科仅两个人,科长邵公文,他做记账工作。练习生期限 6 个月,练习期满,他成为生活书店的正式职员和社员。

生活书店同事中,有不少进步青年,其中有共产党员和共青团员。朱希在他们的熏陶下,思想日益进步。1934 年下半年,经朱照松介绍,参加了中国共产主义青年团。当时国民党白色恐怖很残酷,对共青团员的迫害不亚于对共产党员的迫害,他毅然决然参加共青团,说明他对革命已经有了相当高的觉悟。

生活书店职工们求知求进步心切,自发组织的业余学习很活跃。朱希是积极分子,对此很满意。但是,这种情况却与因业务繁忙希望职工们加班加点多做工作的书店领导的愿望相违背,他们自己是能以身作则、夜以继日地工作的,但当时邹韬奋出国考察去了,不在国内,两种意见没有及时得到沟通,矛盾激化了。1935 年夏天,书店领导采取断然措施,开除了华应申、朱希等人。几个月后,邹韬奋从国外回来,了解到朱希还没有找到稳定的工作,亲自介绍他到上海中国国际贸易协会工作。介绍信上说:有志青年朱曦光,急切谋求适当工作,请予以鼎力帮助,感同身受。这"感同身受"四字,使朱希非常感动。

朱希曾说过,对他一生影响最大的三个人:邹韬奋、华应申、聂绀弩。他认为华应申是他平生遇到的思想最丰富、理论修养最深刻的学者型革命青年,是良师益友,他以拥有这样的战友感到三生有幸。

朱希在国际贸易协会工作一年。1936 年夏,新知书店需要人,他辞别协会,到新知书店担任会计工作。

抗日战争爆发后,1937 年 11 月,朱希奉命到汉口为新知书店内迁作准备。新知书店到达汉口后,他仍担任会计工作。1938 年 3 月,朱希经华应申介绍,在武汉正式参加中国共产党,成为党员。1938 年 8 月,他被任命为新知书店金华分店经理。他在浙江工作两年多,在 1941 年皖南事变后才撤回内地,这期间他工作非常活跃,成绩很大。当时浙江省政府主席黄绍竑,政治态度开明,实行国共合作,对新知书店开展工作极为有利。新四军军部驻皖南泾县云岭,与外界联系,须通过宁波和温州两个港口,而从泾县到宁波、温州,金华为必经之地。大后方和上海孤岛的进步出版物,分两路源源不断地运到金华,金华成为将这些出版物输送到浙江省和新四军的集散地和转运站。朱希到新四军军部,筹设抗敌书店(随军书店),受到项英副军长亲切接见。项英对新知书店的工作很重视,对朱希慰勉有加,通知兵站与新知书店密切联系,相互配合,把革命书刊运送给全军将士。朱希还在丽水、温州、龙泉等地设立分店或特约分销店,受到各地群众热烈欢迎。他还接受新四军秘书长委托,利用当地印刷条件,出版新四军军部机关刊《抗敌》杂志,向国内外广泛发行。他还出版了其他革命书刊。

1939 年 6 月 12 日,国民党发动了第一次反共高潮,制造了"平江惨案",浙江的政治局势也受到影响。6 月 30 日,国民党第三战区宪兵查封了新知书店金华分店,丽水分店随之自动歇业。两个月后,朱希机智地向金华地方法院提出申诉,据理力争,要求启封,发还存书,居然获得成功。但新知书店的招牌和原有店铺不能用了。朱希又另租店铺，开设金华书店。除继续发行抗日书刊外，还出版了邵荃麟编写的《论第二次世界大战》等书。1939年底，朱希离开金华，从宁波搭轮船到上海，为桂林总店采购印刷物资薄型纸。原打算仍回宁波，从内地去桂林。不意到上海后，宁波港为敌寇封锁，不得不绕道香港经广东去桂林。到桂林后，总店也在办理结束。朱希经徐雪寒介绍，进入文化供应社任营业处主任。文化供应社由广西参议院长李任仁任董事长，实际工作由胡愈之主持，是一个很成功的统一战线出版机构，朱希在文化供应社工作了一年。

朱希离金华时，以为是短期出差，未带党的组织关系。谁知离金华后未能回去，因此失去了组织关系。

1941年年底至1942年年初，太平洋战争爆发，国内政局略有好转。朱希辞去文化供应社的职务，用新知书店资金，在桂林创办远方书店，任经理，一直到1943年1944年湘桂大撤退，才宣告停业。远方书店出版了许多由国际新闻社编辑的有关时局的热门书，在大后方引起普遍的关注，还请聂绀弩任特约组稿编辑，出版了许多有影响的文艺著译。

抗日战争胜利，急于想回上海，但交通阻塞，不能成行。1946年5月，终于筹到了路费，办好了交通工具，从重庆经川陕公路、陇海、津浦铁路回到上海。1946年8月，在解放战争的炮火声中，踏进了华中解放区，参加华中新华书店工作，任营业部主任兼出版科长。1947年，华中新华书店与山东新华书店合并，任出版科长。他办了一个会计训练班。当时山东新华书店有50个分店，每店派一个人来学习,全班 50 人。朱希每天凌晨 3 点钟起床编写讲义,6点把讲稿交付刻蜡纸油印,9 点分发给学员开讲,天天如此,为山东新华书店培养了一批会计干部。讲义以后用《实用商业簿记》书名由胶东新华书店和大连光华书店出版,颇得好评。

1948 年,全国形势发展很快。在华北财委工作的薛暮桥向华应申要干部。华应申把朱希推荐给薛。朱希对财政经济工作有兴趣,欣然从命。他从山东新华书店所在地惠民乘大卡车到达石家庄华北财委机关。薛把朱希介绍到中央组织部,解决久拖未决的组织问题。经中央组织部审查,批准朱希重新入党,党龄从 1948年 5 月算起。至于过去的历史,待有充分证明后,可考虑恢复前一段的党龄。中央组织部原来同意朱希到华北财委工作,在了解朱希有 15 年出版工作历史后,改变了主意。因为那时党中央机关已从延安迁至河北平山西柏坡,急需补充干部,不许改行。朱希由中组部分配到中宣部工作。

那时中宣部部长是陆定一,副部长有徐特立、陈伯达、周扬、胡乔木、廖承志等 5 人,干事有于光远、王惠德、曾彦修、田家英等 5人,助理员有毛岸英、朱希 2 人。毛为教育助理员,朱为出版助理员。朱希在西柏坡和这么多文化人一起工作,而且经常能见到毛、刘、周、朱、任弼时等中央首长,感到非常愉快。他认为他的中宣部出版助理员,是他毕生的"最高职务"。以后祝志澄、华应申等到了中宣部,成立出版组,他成为出版组成员。1949 年 2 月,黄洛峰来到中宣部,成立出版委员会,任朱希为出版科长,出版委员会做了大量出版工作。

朱希在西柏坡期间,自学了俄语,达到能翻译俄文书的水平。他还学习过英语,也达到较高水平。在哪里学的,情况不明。

1949年10月3日,出版委员会召开全国新华书店第一届出版工作会议,朱希出席了会议,受到毛主席亲切接见。

中央人民政府成立,出版总署决定创办国际书店,派朱希负责筹建。1949年12月1日,国际书店正式成立,朱希任副经理。国际书店的工作,是书刊的进出口贸易,是对外文化交流工作。三联书店和新华书店的工作人员中,没有一个人做过这方面的工作。业务范围开始时仅仅与苏联打交道,以后扩充到东欧的人民民主国家以及与我国建立了外交关系的资本主义国家,既有进口,又有出口,还在北京和上海等地建立国际书店8个分店,出售进口的外文书刊和我国外文出版社出版的外文书。国际书店的业务十分繁重。朱希在国际书店的两年半中,做了打基础的开拓性工作。

1952年6月,朱希调回出版总署,担任出版管理、翻译管理和图书审读等出版行政工作,任图书审读处副处长。出版总署合并于文化部,朱希在出版局任原职,前后历时5年。

1957年4月,中共中央发出《关于整风运动的指示》,决定在全党进行一次普遍深入的反对官僚主义、宗派主义和主观主义的整风运动。运动的目的,是要造成一个既有集中又有民主,有纪律又有自由,有统一意志又有个人心情舒畅、生动活泼这样一种政治局面。但是,在整风过程中,出现了复杂的情况。5月中旬,运动的主题开始由正确处理人民内部矛盾转向对敌斗争,由党内整风转向反击右派。在这场运动中,朱希被错误地划为"右派分子",用朱希自己的话来说,是被"打入另册",21 年后,直到 1979 年才得到改正。1979 年 5 月 23 日,国家出版局机关右派分子审改小组作出了《关于朱希同志错划右派的改正结论》,内称:"朱希同志在1957 年整风反右期间的言论,经审查,不是右派言论。根据中央关于《划分右派分子的标准》的规定和中央(1978)55 号文件的精神,朱希同志 1958 年被划为右派分子是属于错划,应予改正。撤消 1958 年 2 月 28 日出版局局本部整风领导小组所作的《右派分子朱希的结论》和 1958 年 3 月文化部整风领导小组的批文。1966年 6 月文化部党委关于开除朱希公职送强劳的决定也是错的,应予撤销。1970 年 3 月的现行反革命逮捕关押问题,山西晋东南地区中级人民法院已负责认定,确系错捕。依法裁定,宣告无罪。为此,予以朱希同志恢复公职、恢复党籍、恢复行政 13 级待遇、恢复政治名誉,消除影响。"朱希看过这个结论,于 5 月 26 日签名"同意"。

1982 年 10 月调整工资时,提高 1 级工资改为 12 级。1982 年12 月决定离休,并享受司局级干部待遇。

朱希于 1982 年发现患膀胱癌,经医院治疗,病情得到控制。1999 年 10 月 25 日,突然胃肠道大量出血并发展到昏迷,送医院急救无效,不幸于 1999 年 11 月 17 日因多脏器衰竭逝世,享年83 岁。

朱希被错划为右派已得到彻底改正,但他在错划期间肉体上受到的伤害和精神上受到巨大痛苦是无法消除的,工作上受到的巨大损失也是无法弥补的,反右派斗争毁了朱希整个后半生,在回顾朱希生平的时候,我们感到特别沉痛。朱希是一个真诚的共产

党员,他刚正不阿,敢说真话不说假话,这种优秀品质,永远值得我
们学习。他是一个优秀的富有经验的全能的出版发行家。他在长
期出版工作中作出的贡献,永远值得我们怀念。他的认真负责工
作和努力学习的作风,永远是我们的榜样。

朱希同志,安息吧!

朱希,1933 年在上海参加生活书店。后曾在新闻出版署
工作。

王益,1936 年在上海参加生活书店,1937 年进新知书店。后
曾任新华书店总店总经理、国家出版局副局长。

原载《联谊通讯》(北京)第 73 期,2000 年 7 月 15 日

珍惜与怀念

俞筱尧

　　我参加书店是 1947 年夏秋间，最早的工作岗位是在上海虹口北四川路新知书店门市部，在这之前我在浙东三五支队。当时刚到上海，对站门市很别扭，跟部队里的生活距离太远了，感到很不习惯。但门市部毕竟是书店的窗口，比其他部门有更多地接触各方面读者的机会。众多读者如饥似渴的求知欲，一对对心领意会的眼神，热情轻声地问讯和道谢，都促使我从处于读者之外转而进入读者之中，渐渐改变了原来的想法。《中国通史简编》被查抄的事件在门市部发生，不三不四的人物不断出现在拥挤的读者群中，这一切都使我越加感到门市部既是窗口，又是对敌斗争的前哨阵地。

　　每当傍晚打烊以后，我们要清理账目，整理书架。我想起了张佗，他不但工作积极性很高，对我来说，更主要的是他成天很乐观，使我深受感染。他负责橱窗布置，有时也参加整理书架等工作。当我们在一起时，常听到他在低声地哼什么歌曲，十分动听，却又听不清楚。记得有一次忽然有几句歌词被我听懂了，当我听出他哼着"有的做官,有的滚蛋,有的还不知怎么办……"时,我问他唱的是什么歌,他回答说是国民党的一支什么进行曲。经他这么一说,我不禁捧腹大笑。原来他是利用那支歌的曲谱,改换了歌词,变成一首政治讽刺歌曲而哼歌的。就是在这样的工作和生活气氛中,我爱上了门市工作。

不久,由于政治环境的日益险恶,为免遭敌人的进一步迫害,领导上决定新知书店门市部自动结束,张佗与吴新陆同志转移到东北解放区,尤开元调到时代出版社。沈静芷、戴琇虹、华昌泗同志转入地下。我和杨明搬到北四川路底的一个偏僻的弄堂里,名义上是上海办事处,实际上不挂招牌。开始时公开只有两个工作人员,但正是这样,说明新知书店仍在坚持斗争,并没有被白色恐怖吓倒。自然,我们也确实没有停止过工作,像"新认识丛书"和"国际现势丛书",就是继"文萃丛刊"被迫停刊后在这期间陆续出版的。

在当时的上海,工作是很困难的,按我原来的说法是够憋气的,很不痛快,于是又有点闹情绪。张佗走了,没有机会听到他那样的歌声了。杨明不久调香港,许季良、曾霞初同志先后从北平朝华书店和江西文山书店调来上海,随后,张炜也因北平中外出版社被封来到上海,这时是办事处最"兴旺"的时期。张炜喜爱文艺,常常朗诵新诗,这就又为我们的生活增添了情趣。他特别喜欢鲁藜的一首诗,虽然只短短几行,但是寓意深刻,给人以启迪:

　　总是把自己当做珍珠,

就时常有怕被埋没的痛苦。

把自己当做泥土吧，

让众人把你踩成一条道路。

每当张炜在谈论或背诵这首小诗时，我总是把它看成对自己的监督和期望。

在新知书店，不管走到哪里，我从来都是小弟弟，大哥大姐们对我总是特别关心和照顾。我做了不怎么像样的事情，总是给以原谅，告诉我以后应当怎么做，有点成绩，便给以鼓励。我从小失去父母，可以说是在新知书店这个大家庭的关怀爱护中长大的。现在，时隔四十多年，我这个小弟弟也已年近花甲了。韶光易逝，回顾往昔，在艰难岁月里结成的珍贵友谊终生难忘。虽然几十年来风风雨雨，也不无令人产生世事沧桑的感触。然而，在上海新知书店工作和生活的那段日子，毕竟是我青春年华中值得永远珍惜和怀念的。

俞筱尧，1947 年在上海参加新知书店。后曾任文物出版社副总编辑。

原载《联谊通讯》(北京)第 3 期，1988 年 10 月 15 日

三联

回忆上海职业界救国会书业界分会

李济安

一、一二・九以前上海书业界的救亡活动

1935年一二・九北平学生救亡运动以前,在国民党政府统治下的上海和帝国主义的租界上,人民是没有政治活动权利的。老百姓"莫谈国事",否则就有被抓坐牢的危险。因此,上海书业界职业青年没有统一的救亡运动组织,只有少数进步青年职工参加进步的学习团体。如当时在大陆商场三楼李公朴主办的量才补习学校,组织学生读进步书籍,组织读书会讨论时事问题,《生活》周刊、《读书生活》等进步刊物是最为进步青年爱读的刊物。

生活周刊社和生活书店的职工在邹韬奋的领导和教育下,政治生活和业余活动较为活跃,阅读进步书刊思想进步较快,对国家的危亡极为关心,而且积极参加实际工作。《生活》周刊从九一八以后,对日本帝国主义占领东北,蒋介石的不抵抗的反动政策极为不满,积极主张"团结起来,抗日救亡"。邹韬奋发起为东北抗日将

士和东北义勇军募捐。1932年一·二八日本出兵猖狂侵略上海，蒋光鼐、蔡廷楷将军领导的十九路军英勇抵抗。生活书店职工和上海全市人民一起，积极参加募集军需物资支援十九路军，并设立"生活伤兵医院"救护伤兵工作。邹韬奋和职工们轮流值班守候电话，答复读者询问前线战事消息并及时编印战况号外分发。韬奋的爱国救亡实际行动，对全体职工教育影响很大。韬奋还亲自参加社会上各界的救亡活动，鼓励生活书店职工参加社会上的救亡活动并给予积极的支持。有的职工业余参加沪西工人区和沪东杨树浦、提篮桥等地的工人夜校，有的职工业余参加量才补习学校的读书会活动，有的参加蚂蚁社、武卫会、社联的活动。

1935年8月韬奋在美国考察，阅报得知《新生》周刊被封、杜重远被判刑关在监狱。他决定回国，到达上海码头即去监狱探望杜重远。当时局势更为严峻，日本由于蒋介石的不抵抗投降路线，在占领东北四省后，又得寸进尺，企图吞并华北五省，胁迫国民党反动政府签订屈辱的塘沽"何梅协定"，引起全国人民更大的义愤，抗日救亡情绪高涨。韬奋立即筹备出版《大众生活》周刊并于11月创刊，积极宣传抗日救亡的主张，深受海内外广大读者的欢迎，发行量达20万份，为全国当时发行量最大的刊物。

韬奋回国后，听到国民党上海市法庭审判杜重远的情景：当法官宣布杜重远判刑一年二个月时，全场震动，群众情绪激昂，提出抗议示威。李公朴、胡子婴带头高呼"打倒日本帝国主义，要求无罪释放杜重远"等口号，当时法庭秩序大乱，法官和监审两个日本帝国主义分子抱头鼠窜，场面狼狈。他很兴奋地说：群众组织起来的力量是巨大的。

这次"新生事件"在国民党上海市法庭上的斗争,是宋庆龄担任主席、章乃器任经济部长的中国民族武装自卫会(简称武卫会)组织的。武卫会上海市分会是在1935年成立的,顾准为市分会主席,委员会成员顾准、李建模、杨仁祺,分会有个直属小组,成员李建模、王纪华、王永德(生活书店职工)。武委会上海市分会在"新生事件"中作了大量的抗日救国的宣传组织工作:1.成立"新生读者会""要求无条件释放杜重远后援会";2.发动捐助慰问关押在监狱的抗日志士杜重远,并写了"杜重远监狱访问记";3.配合各界参加宋庆龄、李公朴、胡子婴、沙千里、王纪华、袁清伟等组织的在新衙门伪法庭的示威,生活书店的大多数青年职工都去参加了。

是年冬,我和毕子桂、华风夏、殷益文几位生活书店同事为组织书业界青年职工学习,主办书业界图书馆,需要生活书店捐助图书、刊物,邹韬奋和徐伯昕经理同意,我们在福州路中西药房西弄堂里租房子成立起来,有读书生活社张季良、李自强,华通书局张国钧,还有上海杂志公司、现代书局、光明书局等职工参加读书会和进行团结书业界青年职工的抗日救亡活动。

二、一二·九运动后,上海各界救国会相继成立

一二·九北平学生运动的消息传到上海,韬奋在《大众生活》周刊上以最大的篇幅作了详细的报道,发表了热情的声援文

章。连续几期的封面照片,都是北平学生和群众英勇斗争的场面。每期主要内容都是报道全国响应北平学生运动的文章,激起全国各地救亡运动的热潮,极受海内外读者的欢迎。上海复旦大学等数千学生连日来要求去南京请愿,要求政府停止内战出兵抗日。

12月10日上海文化界救国会马相伯等283人签名发表了"上海文化界救国运动宣言"。12月21日上海妇女界救国会成立,发起者为中华妇女同盟,妇女生活社等团体,史良、陈波儿等千余人参加了成立大会。大会主席团团长史良领队出发游行,四人一排,手挽着手,高呼抗日口号,唱《义勇军进行曲》等抗日歌曲,由四川路经南京路、西藏路、浙江路、宝山路抵天潼路,沿途参加游行的群众达万余人。12月28日上海文化界救国会成立,沈钧儒、陶行知、章乃器等300余人参加,有上海教育、作家、出版、新闻、电影、戏剧、法律等知名人士出席,马相伯、沈钧儒、邹韬奋等27人被推举为执行委员。次年,1月16日前上海各大学教授救国会成立。二月,上海国难教育社成立,到会400余人,有工人、农民、商人、学生、店员、大中小学教师、小先生,还有艺术家、科学家、新闻记者、教育家、宗教家、律师等参加。1月28日纪念一·二八四周年,上海各界救国会成立,韬奋被推举为执行委员。2月9日上海职业界救国会于西藏路宁波同乡会礼堂召开成立大会,沙千里等被推选为理事会常务理事。6月1日全国各界救国联合会在上海成立,出席代表50余人,代表18个省市、60余个救国团体参加,通过了成立大会宣言和抗日救国初步政治纲领。选举执行委员及候补执行委员,韬奋又被推选为执行委员,分工负责宣传工作,他主编《大众生活》周刊,大力进行抗日救亡的宣传工作。

生活书店的职工,有的参加文化界救国会,有的参加妇女界救国会,有的参加职业界救国会。在大的救亡活动中,互相配合共同参加。如12月24日在南京路举行的上海工商学各界为响应北平一二·九学生运动的示威游行活动,生活书店印刷了"上海文化界救国会宣言(民族解放运动呼声)"等宣传品,一清早我们运往大陆商场内的楼梯口,由我和卜兆麟(卜明)看管。八时许从四面八方的各界游行群众会集起来。这时巡捕房的警车、巡捕也赶到进行搜查,在这紧急时刻,我和卜兆麟就急忙将宣传品搬往三楼量才补习学校的窗口,往南京路上散发下去,顿时传单如雪片似的飘落下去,群众抢着捡传单,游行队伍立即组织起来往西藏路进发,几个巡捕跑上三楼抓人,我们早已从别处下楼跟上游行队伍。有七八千人的群众游行队伍唱救亡歌曲,喊"打倒日本帝国主义"等口号,往北火车站去支援去南京请愿的复旦大学等学生队伍,直到晚上五、六点钟才散会。这次行动在《大众生活》1卷7期的封三上留有游行示威时南京路上满地传单的照片。这次在南京路上的抗日救亡游行示威行动,是十年前五卅惨案运动以来从未有过的大规模群众示威运动。

连日来,上海市八千余大中学生在火车站聚集去南京请愿,要求出兵抗日,惩办汉奸卖国贼,引起全市各界的爱国热情和积极支援,各界昼夜往北火车站慰问者络绎不绝,市各界联合会、国货厂商联合会、各食品公司和大中小学校派代表前去慰问送面包、水果等慰问品。12月25日《申报》第二版还报道一条小消息："上海正中书局全体同仁组织'正中书局上海同人救国会'实行援助晋京请愿学生工作,当场募捐银洋18元购买食品赴北站慰问。"正中书局是国民党办的书局,这义举说明爱国之心人皆有之,少数卖国贼汉奸除外。

三、上海职业界救国会的组织和书业界分会的活动

一二·九以后,上海"职救"第一次筹备会是在蚂蚁社召开的,蚂蚁社是沙千里在1930年组织起来的进步职业青年的群众团体。"职救"的筹备会由武卫会的王纪华、李少甫与沙千里等共同筹备,1936年2月9日在上海西藏路宁波同乡会礼堂召开成立大会。会上选出沙千里、葛师良、杨修凡、李少甫、王纪华等20余人组成理事会,沙千里被推选为常务理事,作为"职救"的代表参加上海各界救国会,并参加全国救国联合会,任执行委员会委员。

职救会理事会下设干事会,分组织、宣传、总务等几个部门,干事会中有不少人是中共党员,他们是职救会的核心力量。武卫会顾准是职救会党团书记,职救会的成员来源于蚂蚁社、立信会计学校、量才补习学校、中华职业教育社、银行界、商业界、书业界等单位的职工和群众。职救会的组织严密,队伍整齐,成立时根据职业系统,按三三制编制,分为五个大队,每个大队分为三个中队,每个中队分为三个小队,是按照行业而划分中队的。如书业界就名为

书业中队,银行界就名为银行中队;每个中队分为三个小队,有的是五个或更多的小队。这样的编组主要是按照当时的形势,经常进行游行示威行动的需要。

当时我们的大队长是卜兆麟(卜明),他原在生活书店工作,后来到中国征询所去工作,是武卫会的成员。那时他常来书业图书馆讨论救亡工作问题,我们就编在职救会的书业界中队了。我和卜兆麟也常去量才图书馆活动,经常在一起的还有在中国国货公司工作的袁清伟,他与我都是社联的成员,他是商业界的中队长;还有银行界的中队长杨修凡,他是蚂蚁社的社员。我们一起参加上海职救会的筹备工作,成立大会时被选为理事,经常一起参加干事会的会议。

书业界中队(后改为分队)的活动,在游行示威活动中负责纠察和宣传工作。如1936年的"三八"节,妇女界救国会在四川路青年会开大会,生活书店的女职工参加大会,我们书业界中队就在青年会门外负责维持秩序,散会后,我们一起参加了游行,负责纠察工作。

1月28日为纪念一·二八四周年,成立上海各界救国联合会,我们在前一日接到通知,在上午九时前去市商会大礼堂参加大会,到会有800余人,马相伯、沈钧儒、何香凝、史良、章乃器、李公朴等19人为主席团,沈钧儒作了报告,王造时、李公朴、史良等相继发表演说。会后全体代表由主席团领导整队出发,高喊"纪念一·二八四周年""庆祝上海各界救国会成立""打倒日本帝国主义"等口号,高唱救亡歌曲,精神百倍,步行十余里,到达庙行镇,公祭无名英雄墓。最后高唱纪念一·二八歌曲,在雄壮的歌声中散会。

"五一"国际劳动节,书业界中队分组在晚上去大世界附近的酒家、饭店进行抗日救亡的宣传和为援助日本纱厂工人罢工斗争而募捐时,生活书店的张锡荣、殷益文不幸被暗探抓走,送到法租界巡捕界,殷益文因年龄小被释放,张锡荣被判刑三个月,关进卢家湾监狱,我们多次去探望,张刑满才获释放。

七月初,职救干事会研究,为了使工作开展更深入,领导更集中,会员组织改为按行业成立分会,书业界中队改为书业界分会,有会员100余人,生活书店的职工占近半数,按科室分成小组,进行学习,谈论时事政治,进行形势分析。有大的政治活动时组织集体参加。

"九一八"五周年纪念,接职救干事会通知,18日下午3时在十六铺集合去沪西漕河泾参加九一八纪念碑奠基典礼,书业界分会通知会员1点集合,由山东路经过爱多亚路①通过法租界去老西门到十六铺与大队会合,我们沿途喊救亡口号,沿路的群众也有参加游行的。不料法租界和中国地界戒严,铁门关闭不让通过,法警还用皮鞭和木棒殴打示威群众,我们反抗互相冲突起来,华风夏等几位同志被打伤流血,全救会领导之一的史良也受了伤,但是我们还是冲出铁门与老西口的游行大队会合了。

10月19日,鲁迅先生在上海逝世,全国各界救国会决定在万

———————————

① 编者注:今延安路。

国殡仪馆举行三天各界群众瞻仰遗容的吊唁活动,22日下午举行护送灵柩往万国公墓安葬。职救会通知各分会参加,书业界分会有60余人于下午一时许到达万国殡仪馆,我们向鲁迅先生默哀致敬,鲁迅先生安详地卧在鲜花丛中,四周布满花圈和挽联。参加悼念的学生、工人、店员、作家、教授等各界人士六七千人。瞻仰遗容后,在门外整队出发,由巴金、田军负责指挥。二时许,全体救国会领袖沈钧儒、邹韬奋、章乃器、李公朴、史良、王造时、沙千里和作家们陪同宋庆龄、蔡元培等扶灵出殡仪馆走在队伍前面,后面是仪仗队,灵柩上覆盖着由沈钧儒先生亲笔书写的"民族魂"大旗,我们拿着花圈和挽联走在后面,最后是悼念的群众共七千余人,两旁是巡警马队。队伍整齐一路上高唱《义勇军进行曲》《打回老家去》等歌曲,高呼"鲁迅先生精神不死!""打倒日本帝国主义!""民族解放斗争万岁!"等口号。送葬的队伍有二里地长,到达万国公墓墓地时已是傍晚五点多钟,沈钧儒、宋庆龄、蔡元培、邹韬奋等作了简短的讲话后,进行入葬仪式,待散会时已是夜幕降临了。

11月23日,国民党反动当局与英、法租界捕房勾结,深夜到全国救国会领袖家逮捕了沈钧儒、邹韬奋、章乃器、李公朴、沙千里、王造时等送往苏州高等法院看守所关押,制造了著名的"七君子事件"。春节时生活书店的书业界分会的同事前去苏州看守所探望慰问,见到沈老、邹韬奋、章乃器、李公朴、沙千里、王造时等,我们转达了同事和会友的问候,他们询问起救国会的情况,并鼓励我们要挤时间读书,以便更好地工作、学习,为抗日救亡斗争多做工作;沙千里还问起日本纱厂工人罢工斗争的情况,要我们深入基层,做好支援工人斗争的工作。我们回来后,向会员们作了传达,并讨论今后如何深入基层做好群众的宣传工作,要继续到沪西、沪东工人区去工作。

1937年"七七"卢沟桥事变,日军发动武装侵略,我军奋起自卫。紧接着八一三日军又疯狂侵犯上海,企图灭亡我中华民族,全国人民奋起全面抗日战争。生活书店、新知书店、读书出版社都迁往武汉、桂林等地内地作长期抗战准备,上海留部分骨干坚持地下斗争。我和华风夏被派往重庆,在筹备生活书店重庆分店过程中,我们与重庆《新华日报》、重庆救亡群众团体——重庆职业青年互助会取得密切联系,积极参加抗日救亡活动,不久张国钧和杨修凡也到重庆参加互助会活动,张国钧参加生活书店分店的筹备工作。在分店的筹备中也得到互助会的热情帮助,分店在民生路迅速建立起门市部,每天挤满广大读者前来阅读和选购进步书刊。书店职工在星期天也配合互助会下工厂、农村宣传抗日救亡工作并销售书刊。以后,我们与读书出版社和新知书店职工组织书业界青年职工成立书业界联谊会,建立读书组和歌咏队的活动,并出版"书联"壁报宣传抗日救亡的报道。各地分支店也同样密切联系群众,发行进步书刊,竭诚为读者服务,深受广大读者欢迎和支持。但是,在1939年以后,国民党反动派消极抗战,掀起反共高潮,各地生活、读书、新知书店都受到特务、宪、警的随意查禁,没收书刊,抓人和封门残酷破坏、摧残。各地的广大读者群众强烈不满,积极热情地支持我们与国民党反动派进行不屈不挠的斗争。抗日救亡,进步文化的火种是打击摧残不尽的。正如唐代诗人白居易的

诗句:"野火烧不尽,春风吹又生。"直到抗日战争、解放战争的
胜利。

1997 年 2 月 19 日

　　李济安,1934 年在上海参加生活书店。后曾任北京钢铁学院
(现北京科技大学)副院长。

原载《联谊通讯》(北京)第 55 期,1997 年 4 月 5 日

启蒙与引导

范　用

　　我于 1945 年参加救国会,当时,我已经是个共产党员,又参加救国会,是我愿意的。可以说,我之走上革命的道路,离不开救国会思想上的启蒙与政治上的引导。

　　这要打 1936 年说起,那时,我还是个小学生,在周坚如老师那里看到上海出版的刊物:杜重远主编的《新生》周刊,韬奋主编的《大众生活》周刊。知道国难当头,用当时报刊上的说法:"寇深矣!"国将不国,中国人只有一条路可走,团结御侮。

　　不久,掀起了一二·九学生救亡运动,接着发生了"七君子"事件,沈钧儒等救国会领袖被捕,他们成为我心目中最敬仰的人。那时,我还不知道共产党,只听说过"朱毛"。"西安事变"以后,对共产党、红军才渐渐有所了解,当然,也还是朦朦胧胧。

　　抗战爆发,逃难到汉口,进读书生活出版社当练习生,不仅接触到许多有声望的爱国人士,还认识了一些共产党员,有公开的,有秘密的。李公朴先生原先是读书生活出版社创办人,常常来出版社,平易近人,在他的周围,总有一群年轻人。李先生年轻时在镇江当过店员,知道我是镇江人,又是个孩子,格外亲切。救国会其他诸君子,我也在一些集会上见到,听到他们的演讲。

1939年初,我在重庆参加共产党。可是始终跟救国会保持密切的联系。救国会的主张与号召,我都赞成。救国会的活动,我都参加,是一个不是会员的救国会员。

在重庆,李公朴先生住在读书生活出版社,聆教的机会就更多。沈钧儒先生很忙,每天起身就要接待来访者,其中不仅是年轻人,谈话离不开政局与时事。沈老来不及看报,李先生要我把日报上的重要新闻、重要文章圈出来,让沈老先看一看,谈话心里有数,我当然很愿意。只是沈老住在枣子岚垭,出版社在民生路,不在一起,这件工作没有做成。

1945年,党组织要我参加救国会,出版社同时参加的有仲秋元、吴毅潮。黄洛峰早在30年代就参加救国会。那时,正在筹备政治协商会议,为席位分配,民社党、青年党在民盟内部兴风作浪,气势逼人。在这种形势下,沈钧儒、李公朴、史良、沙千里、陶行知等改组救国会为中国人民救国会,在民盟内外开展活动。

当时,给我的任务是担任会议记录和整理保管文件。开会地点,或在史良、任宗德家,或在民生路会所。我乐意担任这项工作,可以经常见到沈老和史大姐。

1946年秋,出版社调我到上海,中断参加救国会活动。

解放以后到北京,1949年12月中国人民救国会宣告光荣结束。几年之后,我参加民盟,又在沈老的领导下了。周恩来曾经称沈老是"民主人士左派的旗帜"。作为这面旗帜下的一员,我感到光荣。

沈老去世后,王健同志搜集整理救国会资料,问起记录,我只记得离开重庆时交给了史良大姐,以后就不清楚。后来,王健同志在沈老遗物里找到记录,写信告诉我:"近来我翻阅沈老保存的资料,发现很多很宝贵的东西,1945 年底 1946 年初中国人民救国会的记录本相当完整,其中多次会议是您作记录的,我复印了一份给您,能引出您的很多回忆。这份记录对研究救国会的历史有非常重要的价值。"

王健同志复印给我的,是 1946 年 4 月 13 日人救会第七次会议记录。

这次会议,沈老担任主席,向会议报告政局和民盟近况,然后,听取自延安来到重庆的柳湜的报告。

我早就认识柳湜先生。他早年在上海与李公朴、艾思奇合办《读书生活》杂志,主编《大家看》半月刊,由读书生活出版社出版,抗战期间在武汉,又与李公朴、韬奋合编《全民周刊》《全民抗战周刊》,写了很多通俗易懂的文章,我是他的小读者,我在读书生活出版社工作,他把我看作"小朋友",关心我的学习,给予我很多勉励与指导。1938 年他去延安,担任陕甘宁边区政府教育厅厅长。这次重见,分外高兴。

柳湜先生做报告,浓重的湖南口音,我倒听得清楚,因此能够详细记录下来,现在看到这份记录,柳湜先生的音容,犹历历在目。

记录全文有两千几百字,王健同志认为"对研究救国会的历史有非常重要的价值",这里我录其中的一部分。

柳湜先生说："无论在抗战以前，抗战时期和今天，救国会都占着很重要的地位，有着很大的作用。中国共产党领袖毛泽东先生就曾经和本人谈到，认为中国的抗战是由两种力量打出来的：一、红军北上，这是武的；二、救亡文化运动——这是文的。在救亡文化运动中，救国会起了中心的作用。为什么能有这样大的作用呢？原因很多，主要是'九一八'以后的危机日益严重，国内不团结的现象令人痛心，因而酝酿与展开了救亡运动。救国会团结了全国进步的文化界，广大的知识分子、青年学生，在意识上团结了这一阶层的力量。伟大的'一·二九'运动，救国会正代表了这一阶层人民提出自己的要求，更进而变为力量。

"救国会不是空头政党，它有物质基础，有文化出版机关，通过许多刊物联系了无数进步的知识分子，进行了巨大的思想教育工作。其时，中共还不能公开办刊物，公开它的政治主张与号召。救国会如果没有这物质基础，是不可能有如此重要的地位。

"这不是偶然的，有其必然的社会根源。这是因为中国社会的特点：中国的阶级力量是两头大中间小，代表两头阶级利益的政党发展大，而中间没有有力的政党，使得阶级对立十分尖锐。国共两党内战了十几年，今天谁能抓到中间这一部分力量，谁就可以取得胜利。如果这一部分力量不起来，民主运动的基础便不能巩固。

"要动员组织中间阶层力量并非易事，因为包括很多阶层，既不要右，又不想左，也不高兴有严密的组织。救国会正应根据此种客观现实，把这一部分巨大力量动员组织起来，参加到民主运动中去。今天国共两党的斗争仍然很尖锐,还有很多人徘徊犹豫,如果这一部分力量不起来,中国的前途,一定还要经历更多的曲折与困难。

"救国会的任务并未完了,抗战固然是救国,建国也仍然是救国,民主还没有开步走。该更进一步坚持文化教育出版工作,作为我们的阵地来领导社会。"

毛泽东与柳湜谈话中有关救国会的评论,无疑十分重要,历史也完全证实了这一点。所谓救国会有它的"物质基础",指的就是有宣传工具,有书店和刊物。当时共产党不能公开办刊物,只能秘密印发传单,在党员和少数有联系的群众之间流传,一旦落入敌人手中,会被逮捕,还会使组织受到破坏。救国会则采用公开的合法斗争方式,办了好多刊物。有时,国民党查封了一个,就改换名称再办一个。这些刊物以广大知识分子、工人为对象,按照他们的思想水平,用大众熟悉的语言,讲解时事,指出中国人民大众的奋斗目标和救国之路,也就是把共产党的政治主张和号召,传达到广大群众中去。同时还通俗介绍社会科学基本原理,引导读者科学的世界观,学会正确的思想方法。这些刊物的主编者和撰稿人,都是在读者中享有盛誉的知名人士、作家,如胡愈之、茅盾、夏衍、沈志远、钱亦石、钱俊瑞、沈兹九、金仲华、章乃器、李平心、柳湜、艾思奇、张仲实、艾寒松等。韬奋、李公朴所办的书店和刊物,成为青年人的良师益友,和其他进步人士办的书店、刊物在30年代的上海,形成强大的思想文化阵地。当时,像我这样的青年,何止万千,正是在他们的影响与引导之下,汇进救国会的洪流,进而又走上革命的道路。回顾救国会的历史,饮水思源,不能不想到这一点。缅怀救国会诸前辈,一代青年的导师,我的心中充满感激之情。

沈钧儒和韬奋,"救国有罪"同狱,又是文化事业亲密的合作者。救国会的"物质基础",就包括韬奋主持的生活书店。沈老长期担任生活书店法律顾问。1939 年,生活书店合作社在重庆召开社员大会,推选沈钧儒为理事。1941 年"皖南事变",韬奋出走香港,沈老出任生活书店内地区管理处主席兼召集人。1942 年,沈老以律师的身份在重庆、昆明、桂林等地报纸刊登代表鲁迅先生纪念委员会保障鲁迅著作权益的启事,并与生活书店合资办峨嵋出版社,印行鲁迅著作,将稿费带到上海付交许广平先生。1945 年,在重庆改组救国会,出版《民主生活》杂志,即由三联书店发行。

1943 年沈老闻知韬奋在流亡途中耳患癌症,病情严重,"当时心里的难过真如刀割,路又远,无法奔视,写了两首旧体诗,以寄山川绵渺之思。"(《悲痛的回忆》)其一:

闻讯摧肝胆,思君何处寻。

疮痍连岁泪,文字百年心。

梦逐南鸿远,愁缘病榻深。

遥知妻子共,对影一灯侵。

值此纪念生活、读书、新知三店创办 65 周年、三联书店成立

50 周年之际,作为"三联人"的一员,我深切怀念沈钧儒、邹韬奋、李公朴、柳湜先生。可以告慰他们的是:书店还在,杂志还在出版。

范用,1938 年在汉口参加读书生活出版社。后曾任人民出版社副总编辑、副社长,生活·读书·新知三联书店总经理。

原载《文汇报》1999 年 1 月 10 日;《联谊通讯》(北京)第 66 期,1999年 4 月 10 日

重庆三店合并前联合举办的一次评选模范工作者运动

仲秋元

　　上个世纪40年代,在国民党统治区,在一个企业内搞劳动竞赛,评选劳动英雄、模范工作者这类事,是很难想象,且有被反动当局"另眼"相看的危险,只有从事革命出版工作的生活、读书、新知三店才举办过,而且还举办过一次三店联合的评选模范工作者运动,其意义和影响是非同寻常的。

　　1945年2月底,三店结束了动员新出版业同人在《文化界对时局进言》上签名的活动后,三店领导人作出了新的工作部署。联席会议商定,为提高三店同人在政治、思想、作风、业务、技术各方面的水平,促进相互了解,增强团结,从三月份起,在三店内部联合开展一次评选模范工作者运动。预计运动历时两个月,通过学习竞赛、评比,选出模范工作者。为使运动有秩序地进行,特制定了《模范工作者标准》《推行模范工作者运动的办法》《模范工作者促进委员会组织条例》等三个文件。

　　这是重庆三店在酝酿合并过程中举办的一次培训队伍的联合行动。运动由三店领导人黄洛峰、薛迪畅、沈静芷和三店模范工作者促进委员会(以下简称模促会)负责人组成联席会议领导。联席会议主席为黄洛峰,万国钧、仲秋元为顾问。编印《模范》月刊(油印 16 开,每期 18 页),指导三店运动,《模范》的编辑为秋渊(仲秋元)、方文之(方学武)、陈正为。

根据《模范》月刊第二期上刊登的 4 月 6 日晚和 4 月 7 日晨两次联席会议的记录,参加这次会议的人员为:

读书:黄洛峰、吴毅潮、赵一凡、周逸萍、万国钧、海铃、廖余潜、欧阳章、范用

新知:沈静芷、李克扬、杨明、刘起白、罗莎、何丕光、张式基

生活:薛迪畅、赵均、沈百民、蒋明

《模范》月刊:秋渊、方文之、陈正为。

上列名单中,有的是三店负责人,有的是三店模促会负责人,有的是模促运动小组长。

运动一开始,就得到三店同人的热烈欢迎,通过无记名投票,选出了各自的模促委员会,下分若干小组,各人自订个人计划和奋斗标准,参加竞赛。竞赛、评比项目众多,为抽查工作的测评有,时事测验、书价及著译者测验,找书竞赛,开发票竞赛,开谈心会,对思想、作风、生活、学习等方面作评比等。为及时进行书面交流,除同人们踊跃向《模范》月刊投稿外,三店还自己办壁报、编手报(一种把原稿订成本子传阅的刊物),设意见箱等交流手段,以推进运动。

运动进展得顺利而热烈,多种竞赛、评比、谈心活动和小组活动都十分活跃。会议常常召开到深夜。为上述第一次扩大联席会

议,4月6日晚上开了四个小时,未谈完,翌晨七时继续开了四个小时、八个小时的会,与会的23人中22人发了言,半数以上是多次发言,发言之踊跃、热烈,不看这记录是难以想象的,尤其值得称道的是,在思想交流中,既谦虚诚恳,又直言不讳;在相互评比中,不是争而是让,充分体现了当时三店内部的民主作风和团结合作精神。通过这次运动,不仅加深了同人们对三店事业的理解和为之奋斗的自觉性,提高了每个人的政治、业务水平,而且清除了隔阂,增进了三店同人间的了解和团结合作精神,为五个月后实行三店合并打下了思想基础。

运动结束后,黄洛峰即向三店负责干部传达了中共南方局文委关于三店应当联合起来的指示,从此,重庆三店就开始了走向合并的旅程。

仲秋元,1938 年在汉口参加生活书店。后曾任文化部副部长。

原载《联谊简讯》(北京)第 3 期,2002 年 9 月 1 日

三联书店是个革命的大学校

张强

我原在胶东解放区任教,1948年调到光华书店(解放战争时期三联书店在东北和山东的名称)。随着解放战争的发展,先后在石岛、潍坊、济南、青岛、徐州、北京、长沙等市三联书店工作。那时是每解放一个城市,书店要紧密配合去建店,及时向新解放区的人民宣传马列主义、毛泽东思想和党的政策。

初进店时,在吴超经理的领导下,组织我们学习政治理论和韬奋的《事业管理与职业修养》,树立艰苦奋斗,勤俭节约,努力办好出版发行事业,竭诚为读者服务的思想。后又向我介绍阅读韬奋先生、鲁迅先生和高尔基的一些著作。我在书店工作期间,读了约数百种书,正如鲁迅先生说的:"书籍是人类进步的阶梯。"通过学习和阅读进步图书,我进一步提高了文化和政治水平,树立了全心全意为人民服务的思想。

回忆在战火纷飞、艰苦创业的岁月里,在石岛时,正处备战状态,国民党的军舰经常炮击,企图登陆骚扰。记得一次白天,我石岛驻军与其展开了激烈的炮战,翌日,指挥驻军炮战的那位解放军首长来书店看书，我盛赞解放军英勇作战，他说，这是人民支持的结果，和你们书店的宣传也是分不开的。还有一天夜间，雨点般的炮弹落入市内，吴超带领我们背着账本等转移到深山中。当时，国民党重点进攻胶东解放区，给人民造成了严重的灾难，上级党委号召节省开支，节衣缩食支援前线，吴超和我们一起自磨自食，一次在推磨中，他头晕欲倒，仍和我们一起坚持到底，把节约下来的粮食支援灾民。那时书店只留下少部分品种齐全的书刊，其余部分都藏在乡下，在搬运中，赵毅同志带头和我一起拉铁轮牛车，汗流浃背，衣服都湿透了，虽然又苦又累，但心情特别振奋、愉快。在石岛期间，因实行半供给制，书店除供应伙食外，大家每月只发一点生活费，我用的毛巾和肥皂都是向姐姐要的。

1948 年 4 月 27 日解放了潍坊，当即筹备进城建店，临行时，只雇了一辆胶皮轮子马车拉着书包，吴超和我、邵华、贺黎、小李五人，都坐在马车的书包上面，烈日当头，跋山涉水，风餐露宿，行程千里。到达时，正值敌机日夜轮番轰炸，浓烟滚滚。在市委的领导与支持下，大家不顾路途疲劳，冒着生命危险，即投入紧张的工作，这时周虹同志也赶来了，从上到下只有六人。书店开幕了，门庭若市，进步书刊深受广大读者欢迎。紧接着解放济南的战役拉开序幕，这时，宁起枷同志从大连来了，他去中共华东局联系后，立即紧张筹备去济南建店。9 月 24 日济南解放了，宁起枷、吴新陆、周易平、周萍和我立即进驻济南，没有炊事员，周萍和我共同做饭，书店用的房子，是市委拨给，刚从国民党手中接管下来的，里面凌乱不堪,大家共同清理,打扫卫生中,发现楼梯底下有六个迫击炮弹,都怕一不小心弄炸了惹下大祸。我找个篮子把炮弹装入送到华东警备司令部,站岗的解放军战士见了,瞪着两只大眼睛说:"你好大胆子,不要命啦!"并叫我放下篮子不要动,他到里面找个解放军同志出来处理,他见篮子里有六个炮弹,非常惊讶地说:"小伙子,这玩意炸了,别说你的命,这座楼全都报销了,今天算你命大。"说着他提去篮子,这时我禁不住出了一身冷汗,额头汗珠都流到两个腮帮子上了。在市委的领导与支持下,书店很快开幕了,门市部挤得水泄不通,那天,市委宣传部长夏征农也赶来了。当时战火未熄,硝烟弥漫,敌机昼夜轮番轰炸,一次把书店门市部的玻璃橱窗炸得粉碎。

在筹备期间,我连日在库房拆书包,一天,一位蓬头垢面满身尘土的人推门进入,我问他找谁? 他却笑着问我:你不认识啦? 我是吴超。才知道他从潍坊坐在拉货的汽车上面,刚下车即来看我的。我急忙解释说:看你脸上的土,你不说,我真的认不出来了。他接着说:你没看看你。我找个镜子,两人照看,都是满面尘土,不禁哈哈大笑起来。他在济南工作数日,对我非常亲切,工作之余和我促膝谈心,使我深受鼓舞和教育,晚上还邀我看了三场电影。书店开幕不久,毕青同志从石家庄新中国书局来进货,装有十几麻袋,回去时,领导叫我同去。由于交通关系,临行时雇了一辆马拉胶皮轮子车拉着书包,他和我坐在书包上面,到德州后,在火车站买好车票办完托运手续,我们一起登上火车客厢,坐了一会儿,他起身,嘱我不要换地方,等他。等了一夜也不见他回来，我心急如焚，直等到石家庄停车，正要去找他时，他却来了，原来他走后是到装货的车厢里看管书包去了。

淮海战役结束后，吴超又接受去广州开创书店的任务，我们在徐州三联书店分别。他叫我将烟台、石岛、潍坊三店的账本送到北京总店，搭上火车后，我一人坐在那里，浮想联翩。青岛解放前夕，他带领我，还有邵华、于黎、田淑贤在青岛市军管会，住在青岛市乡下，一起睡草铺，学习城市政策，清晨起床跑早操，然后到河边找块石头砸个冰窟窿洗脸，一起背着行李吃炒面，在战火中日夜随军辗转向青岛市逼近。1949 年 6 月 2 日我军攻克青岛市，国民党残余部队被迫撤退到海边，登上四艘兵舰逃跑了。我们奉命跑步进驻青岛去接管正中书局，累得直不起腰仍在奔跑，脚上起了水泡也都不喊痛。那时领导以身示范，与大家同甘共苦，而且总是吃苦在前，关心下级，团结一致，活生生的事实令人难忘，始终是激励我奋发向上的力量。

在吴超、宁起枷、吴新陆等同志的领导和全体工作人员的努力下，历尽艰辛，呕心沥血，惨淡经营，完成了大连分店和中共山东省委交给的任务。

回顾在三联书店工作那一段艰苦的历程，也正是自己在政治上成长的过程，由于党的培养和教育，三联书店的具有革命传统的环境，以及各位领导的高尚品质和优良作风的影响，使我进一步比较坚定地树立了革命的人生观，我深切地体会到三联书店是个革命的大学校。我虽已年近花甲，但仍要继续发扬三联书店的优良传统,在振兴中华的道路上奋勇前进!

张强,1948年在山东石岛参加光华书店。后曾在陕西省化肥厂工作。

原载《联谊通讯》(北京)第 9 期,1989 年 10 月 15 日

我考上广州三联追忆

黄伟经

　　黄宝璋大姐来电话说,北京三联书店联谊会曹健飞、张明西两位老前辈为《联谊通讯》第七十期特刊来信组稿,明年《通讯》将要改为不定期出版。要我为这期《通讯》写篇稿。"这一次你唔好(不要)推啦。"黄宝璋用广州话大声叮咛。

　　在此以前,黄宝璋和唐棠大姐曾多次替曹、张两位三联元老向我约过稿,但我一直没敢答应写。不是不想写,而是觉得自己不够格写。"生活·读书·新知",这家与邹韬奋名字联系在一起的,出版与发行合一的新型的书店,曾为人民共和国的诞生呐喊催生,为在祖国传播进步思想文化作出了巨大贡献。有多少"老三联"人曾经为它工作过、操劳过、奋斗过,为它备尝艰辛,经受危难,甚至出生入死!这些"老三联"是三联书店足以自豪的创业者,他们又是进步与真理的传播者。而我,是1949年后才考进广州三联的一名练习生,当年沾三联荣光,受三联恩惠的一只"和平鸽",够格写吗?又能写些什么呢?

　　"凡在三联工作过的,只要有东西写,都可以写呀!"黄宝璋又说服又鼓劲。

"曹、张两老这次指定要我约广州三个人为《联谊通讯》写稿，你是其中一个。你唔好再推啦，就写一写你怎么考进三联的吧。"

文章题目也给我出了。已无可再推却。于是，重又忆起自己当年考上广州三联既偶然又非偶然的情景。

1949 年 11 月，广州解放已匝月，到处喜气洋洋，一片欢腾。此时我叔父黄清宇已由组织上调派，从香港返回广州参加接管工作，任广州市军管会支前司令部秘书科长。他是我父亲最小的弟弟，1936 年投身抗日救亡、参加革命的老共产党员。我记得，那年父亲卖掉一头猪凑够车船费，春节过后托一位亲戚把我从老家梅县山村带到广州投靠叔父，原以为叔父可以供我在广州读书，至少读到高中毕业。然而解放前黄清宇一直从事党的地下情报工作，他当时公开的身份是国民党军队上校、联勤总司令黄镇球的机要秘书，不但不可能供我读书，还随时可能遭受危险，就把我安排到国民党广东省保安司令部通讯营暂时待着。现在解放了，黄清宇虽已担任一定职务，但仍是供给制待遇，也还无力供养我在广州读高中，于是又将我安置在同宗同乡、岭南大学文理学院教西洋史的黄虚白教授家里暂住。

黄虚白一家住在惠爱路(今中山五路)附近的大马站。他们一家同我叔父有段时间曾经共同租住过一栋二层楼房，彼此了解，有较深的友情。他们让我跟黄虚白正在读初中一年级的孙儿同睡一张床。

"你就同阿佩共睡这张床吧。"已经七十多岁、看去还很硬朗的虚白伯母(我住下后就这样称呼她)领我去看了看客厅侧边那间她的孙儿阿佩住的房间，慈祥地对我说。"你叔父同我们都不是外人,"她说道:"我们吃什么你也吃什么。你唔使居礼("唔使居礼",客家话方言,意思是用不着客气)!"

叔父则对我说:"你就在虚白家暂住几天,我看看有什么工作适合你做,再给你介绍。"叔父的意思,他会依靠组织给我找工作(那时刚解放,到处需要用人,他作为老党员,通过组织给我找个工作并不难)。

我就这样在大马站黄虚白家住了下来。真是凑巧得很,刚开办的广州三联书店恰恰就在永汉路(即今北京路),离大马站只有几百步之遥。这就为我报考三联提供了机会和便利。

大概住进黄虚白家的第三天还是第四天,我上街闲逛,走到永汉北路财厅前,忽然发现广州三联书店门口墙上张贴着招考书店工作人员的广告。已经有一堆年轻人围着在看,我也钻进人堆中,以一睹招考内容:凡十六岁至二十五岁,具有初中、高中文化程度的学生和社会青年,均欢迎报考,择优录取。这太好了,我已十七岁,已读完初中,够条件报考。我十分高兴:你从乡下出来不是在做着读书的梦吗?现在机会有啦,书店有的是书,可以任你读!我于是立即向书店报了名,完全没有征求叔父意见。

几天后,报名应考的一百多人,就在距财厅前仅几十米的广大路一间学校大教室参加考试。考题有哪些,我想不起来了,但一直记得作文题目是:《我为什么要报考三联书店》。这题目,我可谓得心应手,围绕自己为了想多读点书才报考三联这一中心意思,洋洋洒洒写了约一千字,在教室里第一个交卷。

又过了几天,我记得是 1949 年 11 月 24 日,广州三联书店在店门口和新民路(距书店不到二百米)牌坊木匾上公布招考录取的工作人员名单。早餐后,我穿着木屐从大马站虚白伯的家前去看榜,站在牌坊木匾下,抬眼往上望去,嗄!那张大纸上,我的名字就在榜首!我揉了下眼皮,睁大眼睛再细看一次。没错!录取的十八人名单中,第一名正是"黄伟经"!我突然感到自己的血液在加快流速,心脏在急剧跳动!"我考上啦!"我禁不住喊出声来,转身就往回跑。我要将考上了三联的大好消息,尽快告诉虚白伯他们一家!我从新民路尾拐弯,再拐弯,飞一般跑向大马站。我实在太兴奋了,一口气跑到虚白家门口才发现自己光着脚板,原来穿着的木屐掀掉了也不知道!我只好沿原路再走去,在拐弯处捡回自己那双木屐,其中一只的屐皮,一半已经掀脱了。

我如愿以偿考进广州三联书店,黄虚白夫妇都夸奖我"真叻"(客家话,意即真行、有本事),叔父黄清宇更是高兴。两天后,黄清宇就成了我正式进书店工作的担保人。

初进书店,我印象特深的是,每天早晨早操之后,黄宝璋教我们唱革命歌曲。用白报纸大字抄写的《解放区的天是明朗的天》贴在书店二楼的通道墙壁上,她一边打着拍子,一边指着词曲,先唱一遍,然后一句一句领唱,耐心地教我们跟着学唱:"解放区的天,是明朗的天!解放区的人民好喜欢……"随后又教我们大家学会了唱《嗨,咱们工人有力量》和《团结就是力量》。店里的许多事,我都想不起来了。而黄宝璋教我们唱歌,她那打拍子的动作,她那清亮的歌声,她那年轻、认真、快乐、充满朝气和活力的神态,至今还仿佛就在眼前。

印象深的,还有书店里工作人员相互之间那种平等、融洽、彼此关心的风气。经理李易安、副经理吴超与唐棠、韦起应、石泉安等"老三联",对我们这些刚进店的新人,都像大兄长辈对待小弟妹那样可亲近,经常予以照拂、引导和爱护,压根儿没有现在一些单位里边人与人之间那种冷漠、紧张,乃至勾心斗角、争权夺利之类叫人生怕、寒心的现象。

书店组织上分配我跑邮局,做邮件收发工作。邮局就在广大路,骑单车前往用不了五分钟。每天上午、下午,我背着绿色大帆布挂包袋,里边装着以平邮或挂号发出的信件、邮件(多是书刊),骑单车到广大路邮局交寄,再从邮局领取寄来书店的邮件。有时信件、印刷件比较多,大帆布挂包袋装不下,我就将它们分别捆扎好,绑在单车尾架上。一次用单车运不完,就两次甚至三次接着运。寄出的信件、印刷件,不论平寄还是挂号,我都不用贴邮票,只需在邮局那一式两份的清单上填写交寄的信件、印刷件数目,挂号件则写明收件人地点、姓名,然后交邮局逐件盖上"邮资付讫"的邮戳即妥。邮局则逐日逐次列出总付邮资单据,交我带回书店财务,再按期向邮局结算支付邮费。这样填单统一交寄邮件,节省了我逐件贴邮票的许多时间,实在简便。我一天的收发工作量,一般情况下只用五六个钟头就可完成。空下的时间,我就在书店,有时也在邮局坐下来看书。

那时我们这些新来的年轻人,都过着集体生活,在书店饭堂吃饭,住在永汉南路①东横街书店宿舍。早晨一早起来跑步、做早

---

① 编者注:今北京路。

操、学唱革命歌曲,有时跳秧歌舞。我们还组织了篮球队,不时到附近文德路市第十三中学球场打球,跟附近一些篮球队有过友谊赛。我从小爱打篮球,就加入了广州三联书店篮球队,打后卫。我记得,打中锋的是一块考进书店的黄练新,他原是广州的名校广雅中学高中毕业生,投篮很准,近距离投篮几乎百发百中。

不过,最能吸引我,或者说最能让我入迷的是书,尤其是文学书籍。我从小学五年级开始看《三国演义》《济公传》《彭公案》等旧小说,开始读《千家诗》《增广贤文》等旧诗词,但我家乡只有三四百户人家,仅有一间完全小学,藏书少得可怜。我来广州以前,从小学到初中,总共也不过只读过十几本书。而进书店工作之后,到处是书,我简直面向着书的海洋!我那时还不会讲广州话,没有什么朋友交往,平时也不逛街、看电影,唯一的嗜好就是看书。同我们一起考进广州三联的杨牧荪,分配他在门市部卖书。他也是梅县人,跟我颇谈得来。空闲时,我到门市部,见到书架上自己爱看的书,就跟杨牧荪说一声,将那书借来看。看完了一本,拿回门市部交回杨牧荪,再向他借看另一本。有时杨牧荪不在门市部值班,我就悄悄地擅自从书架上"挪"一本要看的书,放进大帆布袋,带回东横街宿舍看。一本看完了,又悄悄地塞回门市部书架,再"换"过另一本(顺便说一句,我这样"挪""换"着阅读门市部的书,曾私下告诉过杨牧荪,其他人是否知道我不清楚,也从未受过责备)。我两三天、顶多六七天就看完一本小说。高尔基的《母亲》《在人间》,法捷耶夫的《毁灭》,西蒙诺夫的《日日夜夜》,革拉特科夫的《土敏土》,奥斯特洛夫斯基的《钢铁是怎样炼成的》,爱伦堡的《暴风雨》

《巴黎的陷落》，绥拉菲摩维奇的《铁流》，托尔斯泰的《复活》《安娜·卡列尼娜》，陀思妥耶夫斯基的《白痴》，巴尔扎克的《高老头》，鲁迅的《坟》《呐喊》，老舍的《惶惑》《偷生》《饥荒》，巴金的《灭亡》《家》，周立波的《暴风骤雨》《山乡巨变》，赵树理的《三里湾》《李有才板话》，丁玲的《太阳照在桑干河上》，等等，就都是我进广州三联后才读到的。好似一个饥渴的小鬼，不管理解不理解，一有空就在捧读自己想看的书。几乎天天如此。

我在书店工作不过七个月，这期间我读过的中外文学作品有四十多部。这对我后来从事新闻工作，一步步往文学之路走，可说打下了一点基础。

1950 年 7 月，经叔父黄清宇介绍，我离开广州三联书店，去到他所在机关属下的一个单位当文书。不久，我就被调去参加省机关干部组成的土改工作团，随后到台山县参加土地改革了。

而今五十年逝去了，我为自己曾作"三联人"感到自豪。广州三联给我留在记忆中的一切，都是美好的。三联呵三联，你是我人生旅程的最初的起点站。

黄伟经，1949 年在广州参加三联书店。后曾在广州花城出版社工作。

原载《联谊通讯》（北京）第 71 期，2000 年 3 月 10 日

我的起点

文洁若

　　人生在世，有些日子铭刻于心，总难以忘怀。我于 1950 年大学毕业后走上工作岗位那一天，刚好是九一八。每年到了这一天，报纸上必然纷纷发表纪念国难的文章。我不由得就庆幸自己生得逢时。在旧社会，没有门路的，毕业就等于失业；而我是在 1949 年后各方面都急需人手时走出校门，考入三联书店总管理处的。当时举国正向苏联一边倒，所以英译中、日译中，考的均为苏联小说。日语的主考者不谙日语，只会俄文。他便从日本报纸上找出一段正在连载中的西蒙诺夫的《日日夜夜》日译文，叫我把它译成中文。他再根据俄文原著来核对，以便鉴定我的日文程度。英文的主考者是 70 年代在咸宁干校不幸溺死池塘中的朱南铣。他指定我把爱伦堡的长篇小说《暴风雨》英译本中的一段译成中文。幸好总算过了关。我便在西总布胡同 29 号那座四合院的大办公室里，当上了一名校对。当时实行编校合一。两间打通了的大北屋里，连编辑带校对，满满当当地坐了十几个人。只有一部电话，但那时无人利用公家的电话办私事，更没有拉家常搬弄是非的风气。每个人一进办公室,头一件事就是在签到簿上签上到达的时间,大家都很自觉,没有弄虚作假的。

至今我仍认为,先从事校对最能为编辑工作打好基础。50 年代初叶,我们几个刚从大学毕业出来的校对员,并不满足于仅仅做校对工作。每遇到不通顺的句子,必主动向责任编辑提出来。在看焦菊隐转译的《阿·托尔斯泰短篇小说选》的校样时,我还从资料室把他翻译时所根据的英译本借出来,对译文提了不少意见,得到了责编朱南铣的褒奖。总管理处还特地印制了一种备我们提出修改意见的表格,发给校对员。我们看毕校样,就连同填好的表格一道交给责编。而且所提的修改意见几乎全部被采纳了。

总经理邵公文在我们这间大办公室西边的北房办公,做秘书工作的王仰晨和刚从上海来的王泰雷和他同室。没有人计较生活待遇,更谈不上奖金或劳务费。大家一心都扑在工作上,只想多做奉献。

当时我刚满二十三岁。经历过沦陷时期和胜利后那困难的日子,参加工作后,觉得自己十六年寒窗掌握的一点语文知识能派上用场,心情十分舒畅,真是有使不完的劲。

几个月后,听说要把三联书店总管理处的原班人马分成两批,连同文化部编审处抽出的人,分别成立以出政治书籍为主的人民出版社和出版文学书籍的人民文学出版社。我和清华的同班同学王笠耘、张奇等,都到了后者。人民文学出版社是 1951 年 3 月正式成立的。到了 6 月 25 日,人文总编室主任郑效洵便把我带到文化部旧楼的办公室去做秘书工作,直到当年 10 月间东四头条四号的小筒子楼竣工。

尽管我在三联书店只待了半年，然而在我四十余年的编辑生涯中，那是起点，也是序幕。我说四十余年，因为我于1987年底退休以来，在没有继任者的情况下，又接连不断地以回聘等方式编着书。我自信一直保持着最初那半年养成的视别字病句为恶敌的兢兢业业、认真负责的工作作风，而且也始终没改掉喜欢"管得宽"的毛病。

三联书店北京老同志联谊会编的《联谊通讯》，我每一期都认真阅读，从中了解到三联书店光荣的历史以及新老同志们的近况，倍感亲切。这里，我想就势提一桩小事。

60年代初的一天，我到百万庄外文局去看展览。那是炎热的夏天，适值三年困难时期。那会子把仅有的油糖肉都省下来，以便周末给孩子们改善生活，自己的两条腿都浮肿了。正当我一步步吃力地走向车站时，一辆小汽车突然停在我身边。车门开了，邵公文同志伸出头来招呼我上去。他要到西单，说可以顺路送我一程。十来年前在三联书店工作时，我从未跟他说过话，我甚至奇怪他还认得我。其实，对他来说，顺便带个人是桩轻而易举的小事，但当时却给了我莫大的温暖。

文洁若，1950年在北京参加三联书店。后曾在人民文学出版社工作。

原载《联谊通讯》（北京）第28期，1992年10月25日

本书在选编过程中，得到了老三联人及其后人的倾力支持和授权。虽毕其功于一事，仍难尽善周全。尤为遗憾的是，个别篇目的作者（后人）我们未能联系到。

三联书店灯光常在，三联之家召唤频仍，希望这本我们共同的记忆之书，让我们重逢。

图书在版编目(CIP)数据

　　甘苦同志/韬奋纪念馆编. —上海:上海三联书
店,2025.7. —(三联书店往事). —ISBN 978 - 7
- 5426 - 8811 - 8

　　Ⅰ. G239.22

　　中国国家版本馆 CIP 数据核字第 20255Y4F19 号

甘苦同志

编　　者 / 韬奋纪念馆

特约编辑 / 毛真好　王吉安
责任编辑 / 吴　慧
装帧设计 / 姜　明　徐　徐
监　　制 / 姚　军
责任校对 / 王凌霄

出版发行 / 上海三联书店
　　　　　(200041)中国上海市静安区威海路 755 号 30 楼
印　　刷 / 上海盛通时代印刷有限公司

版　　次 / 2025 年 7 月第 1 版
印　　次 / 2025 年 7 月第 1 次印刷
开　　本 / 890 mm × 1240 mm　1/32
字　　数 / 355 千字
印　　张 / 17.25
插　　页 / 8 页
书　　号 / ISBN 978 - 7 - 5426 - 8811 - 8/G · 1751
定　　价 / 98.00 元

敬启读者,如发现本书有印装质量问题,请与印刷厂联系 021 - 37910000